资本市场学院
CHINA CAPITAL MARKET INSTITUTE

证券公司全面风险管理

资本市场学院◎编著

ENTERPRISE RISK MANAGEMENT FOR SECURITIES COMPANIES

中国财经出版传媒集团
中国财政经济出版社

图书在版编目（CIP）数据

证券公司全面风险管理／资本市场学院编著. --北京：中国财政经济出版社，2023.5（2024.3重印）

ISBN 978-7-5223-2057-1

Ⅰ.①证… Ⅱ.①资 Ⅲ.①证券公司-风险管理-研究-中国 Ⅳ.①F832.39

中国国家版本馆CIP数据核字（2023）第042895号

责任编辑：翁晓红　　责任校对：徐艳丽

封面设计：任飞扬　　责任印制：刘春年

证券公司全面风险管理

ZHENGQUAN GONGSI QUANMIAN FENGXIAN GUANLI

中国财政经济出版社 出版

URL：http：//www.cfeph.cn

E-mail：cfeph@cfeph.cn

社址：北京市海淀区阜成路甲28号　邮政编码：100142

营销中心电话：010-88191522　编辑部电话：010-88190957

天猫网店：中国财政经济出版社旗舰店

网址：https：//zgczjjcbs.tmall.com

北京鑫海金澳胶印有限公司印刷　各地新华书店经销

成品尺寸：170mm×240mm　16开　25.75印张　366 000字

2023年5月第1版　2024年3月北京第2次印刷

定价：76.00元

ISBN 978-7-5223-2057-1

（图书出现印装问题，本社负责调换，电话：010-88190548）

本社质量投诉电话：010-88190744

打击盗版举报热线：010-88191661　QQ：2242791300

本书编写组

（按姓氏笔画排序）

王甜甜	文　华	邓迪斯	邢　洋	乔　晞	刘　文
刘双红	刘会军	安玮骐	孙　飞	孙　逊	孙淑芳
李洋洋	李　娴	杨文杰	杨　洋	杨海成	束　宇
肖启明	吴顺虎	宋超逸	张少华	张列锋	张　兴
张　妍	张国明	张信军	陈秉骁	陈梦雪	陈　媛
陈嘉亮	金　璐	周　赟	柯　颖	柏有勇	桂　璇
高淇权	唐士超	唐　凯	黄　群	蒋艺苇	覃亚申
曾　峥	曾　信	詹桂峰	谭绍薇	暴克琦	

序　言

党的二十大报告明确提出，要着力推动高质量发展，构建高水平社会主义市场经济体制。在二十大精神指引下，2022年中央经济工作会议进一步明确了金融发展的五大任务，其中之一就是要有效防范化解重大经济金融风险，压实各方责任，防止形成区域性、系统性金融风险。中国证监会党委历来重视风险防范和风险管理能力建设工作，易会满主席强调“必须持续强化（证券公司）风控能力和合规意识。……风控能力是证券公司把握好风险和收益平衡、确保长期健康发展的有效抓手”。

作为我国市场经济的重要组成部分，证券行业在过去十年，尤其是最近五年取得了长足发展，行业总资产、盈利水平、对外开放程度、风险管理水平都得到显著提升。但我们需要看到，证券行业的本质就是经营风险和管理风险，随着百余家证券公司的新业务、新产品不断涌现，风险也会随之积聚。掌握全面风险管理理念、熟悉全面风险管理操作、执行全面风险管理要求是证券公司平衡风险和收益、实现高质量发展的有效措施。只有具备优良的风险管理文化、建立完善的风险管理体系机制的证券公司，才能在新时代新征程中行稳致远。

为方便证券公司及时、全面、精准把握监管政策，推动证券公司接纳并贯彻“全覆盖、强穿透”的风险管理思维，更好地适应全面风险管理环境下的各项要求，资本市场学院从2020年开始，启动了证券业风险管理系列培训工作。在项目举办过程中，学员为我们提供了宝贵的意见建议，使我们深切地感受到有必要编写一本教材，对现行风险管理监管制度、自律规则进行系统性梳理和阐释，介绍证券行业领先的风险管理实践经验，推动行业提升全面风险管理意识和水平。为此，我们联合6家证券行业头部公司共同编写了《证券公司全面风险管理》教材，监管部门有关专家也对书稿内容提出了宝贵意见。

本书内容涵盖市场风险、信用风险、流动性风险、操作风险以及声誉风险五大风险类型，紧扣证券公司各业务种类、管理环节易出现的风险问题，结合常用的风险指标，从风险管理实践经验出发，形成有针对性、有事实依据的证券公司风险管理知识体系指南。各章节的主要内容及执笔单位如下：第一章“证券公司全面风险管理概述”（国信证券）；第二章“市场风险管理”（中信证券）；第三章“信用风险管理”（招商证券）；第四章“流动性风险管理”（海通证券）；第五章“操作风险管理”（广发证券）；第六章“声誉风险管理”（中金公司）。资本市场学院研究人员和博士后研究人员承担了全书的统筹和校阅工作。

在本书编写过程中，参编人员多次组织校稿研讨，尽最大努力确保内容的准确性。但由于证券行业风险管理的实践处于不断的改进和变化之中，且受编写人员的能力所限，书中的部分内容难免存在一定偏差，请读者在阅读、使用本书的过程中，注意对照制度规则的最新变化，作出独立判断。后续，我们也会不断修订并及时更新本书内容，敬请读者不吝批评指正，以便及时改进。

如有任何意见和建议，欢迎发送邮件至 jxyj@ccmi.edu.cn。

资本市场学院

2023年2月

目　录

第一章

证券公司全面风险管理概述

第一节 证券公司风险概述

证券公司作为资本市场最重要的中介机构，是资本市场投融资服务的提供者和重要的机构投资者，是我国金融体系的重要组成部分。同时，证券公司也是风险定价与风险管理的专业机构，自身也容易成为风险集聚地。当前，我国发展进入战略机遇和风险挑战并存、不确定难预料因素增多的时期，各种“黑天鹅”“灰犀牛”事件随时可能发生。党中央高度重视金融风险防控工作，习近平总书记早在2017年全国金融工作会议上就指出：“要把主动防范化解系统性金融风险放在更加重要的位置，科学防范，早识别、早预警、早发现、早处置，着力防范化解重点领域风险，着力完善金融安全防线和风险应急处置机制。”2019年习近平总书记在主持中共中央政治局第十三次集体学习时进一步强调：“防范化解金融风险特别是防止发生系统性金融风险，是金融工作的根本性任务。”2022年12月，中央召开经济工作会议，提出2023年“要防范化解金融风险，压实各方责任，防止形成区域性、系统性金融风险”。因此，证券公司必须贯彻习近平总书记关于金融风险防控的系列讲话精神，落实中央经济工作会议“有效防范化解重大经济金融风险”的部署，按照中国证监会主席易会满“行业必须始终把合规风控摆在更加突出的位置”的要求，系统性地加强全面风险管理，守住不发生系统性风险底线，推动证券行业实现高质量发展。

一、风险和风险管理的基本理念

（一）风险

对于风险，很难有一个统一和标准的定义。在不同的层面、不同的领域、不同的行业，从各自的视角出发，人们对风险的认知是不一样的，赋予了风险差异化的内涵和外延。从证券公司的视角，风险具有以下特征。

1. 风险与不确定性

风险具有不确定性，但并非所有的不确定性事件均是风险。不确定性是构成风险的基本要素，风险发生的频率、时间、地点、形式、程度都在发生变化，确定性的事件不构成风险。对证券公司而言，宏观经济政策的变化、股票市场指数的涨跌、利率水平的变化等均与证券公司经营活动密切关联，有可能识别和应对的不确定性事件才可视为风险。但是，并非所有的不确定性事件都是证券公司的风险。证券公司无法预测、不能干预的不确定性事件，比如地震、火山爆发、战争、疫情等，不属于证券公司风险的范畴。

2. 风险包含损失或盈利的可能性

风险对于证券公司不是单边的损失，而是包含了损失和盈利的可能性。《中央企业全面风险管理指引》指出："企业开展全面风险管理工作，应注重防范和控制风险可能给企业造成损失和危害，也应把机会风险视为企业的特殊资源，通过对其管理，为企业创造价值，促进经营目标的实现。"证券公司展业带来的收益和损失均是承担风险的后果。因此，证券公司需要在收益和损失的可能性中保持平衡。一般来讲，收益和损失的可能性正相关，期望的收益越高，潜在损失的程度越大。

3. 风险的主观性

由于各主体的风险偏好、风险承受能力不同，专业技术能力存在差异，信息不对称甚至主观偏见，以及事前、事中、事后不同的风险观测时点，因此，各类主体对风险的感受和认知是不一样的。风险事项发生前觉得风险较小，风险事项发生后觉得风险很大；同等幅度的波动，低风险偏好、低风险承受能力的主体觉得风险较高，而高风险偏好、高风险承受能力的主体觉得风险较低；由于风险识别能力的差异，越专业的主体对风险的感知越强，反之则不敏感。采用不同策略的主体对风险的关注点也不一样，债券持有到期的投资者关注发行人的信用风险，赚取价差收益的投资者更关注利率波动的市场风险。

4. 风险的不完全可知性

风险无处不在、无时不有、复杂多样。我们对某些风险有一定程度的认识，但是由于科技水平、认知能力、环境约束以及人们自身的差异性和不确定性等原因，我们对风险的认知总是处于不完整的状态，不可能对所有的风险都了如指掌。唯一能够确定的就是风险以一定的概率发生，至于风险发生的时间、地点、形式、后果，只能在风险发生前去评估，在风险发生后去回溯，可以实现一定程度的认知，却无法窥视风险的全貌。自认为了解所有风险的人，反而让自己陷入忽视风险的危机之中。

综上所述，由于风险的不确定性、风险认知中的主观性以及不完整性，因此，保持对风险的敬畏是最基本的要求。但是，由于风险既可能造成损失，又是盈利的源泉，因此，我们对风险的发生需要有容忍度，证券公司既要有"冒风险"的勇气，更要有"冒风险"的智慧，要在管理好风险的基础上实现长期、稳定的盈利，实现高质量的发展。

（二）风险管理

风险管理的对象是风险，风险管理的主体可以是任何组织和个人，包括政府、企业、家庭、个人等。风险管理包括风险回避、风险转移、风险降低、风险承受四种策略。

1. 风险回避

风险回避是指证券公司由于风险发生的概率高、潜在的收益和损失不匹配，或者证券公司不具备相关风险管理专业能力，风险承受能力不足等原因，采取放弃展业的方式避免产生潜在的损失。但回避风险的同时，也放弃了可能的收益。

2. 风险转移

风险转移是指证券公司支付一定的对价，将所承担的风险转移给交易对手方。如证券公司在投资债券的同时，购买信用违约掉期（CDS），将违约风险转移给 CDS 的发行方。

3. 风险降低

风险降低是指证券公司采取措施将风险发生的频率、影响程度下降到可承受的水平。如控制持仓规模，实施套期保值，降低市场风险；开展内部评级和统一授信设置，降低信用风险；优化流程，强化复核，降低操作风险等。风险降低会同时减少损失和盈利的可能性。

4. 风险承受

风险承受是指证券公司在正常展业过程中，在采取风险回避、转移、降低等各种策略后，为赚取合理利润愿意承受的风险。证券公司应对各项业务的各类风险进行合理计提，以覆盖经营过程中的预期损失；应保持充足的净资本以及流动性储备，应对非预期损失。

证券公司综合应用风险回避、风险转移、风险降低、风险承受等各类风险管理策略，才能逐步提高风险识别、监测、计量和应对等管理能力。

二、证券公司全面风险管理的含义

国务院国有资产监督管理委员会（以下简称国资委）发布的《中央企业全面风险管理指引》指出，全面风险管理是“企业围绕总体经营目标，通过在企业管理的各个环节和经营过程中执行风险管理的基本流程，培育良好的风险管理文化，建立健全全面风险管理体系，包括风险管理策略、风险理财措施、风险管理的组织职能体系、风险管理信息系统和内部控制系统，从而为实现风险管理的总体目标提供合理保证的过程和方法”，并列出了企业常见的风险类型，包括战略风险、财务风险、市场风险、运营风险、法律风险等。

国资委全面风险管理的概念针对大中型中央国有企业，覆盖了各个行业。但不同行业的风险、风险管理的内涵和外延有较大的差异，特别是金融行业以经营风险为主要特征。中国证券业协会颁布的《证券公司全面风险管理规范》参考了巴塞尔协议中全面风险管理的概念，将证券公司全面风险管理定义为：“证券公司董事会、经理层以及全体员工共同参与，对公司经营中的流动性风险、市场风险、信用风险、操作风险、声誉风险等各类风险，进行准确识别、审慎评估、动态监控、及时应对及全程管理。”

（一）风险类型

根据《证券公司全面风险管理规范》的定义，证券公司面临的风险主要包括流动性风险、市场风险、信用风险、操作风险、声誉风险等类型。

1. 流动性风险

流动性风险是指证券公司无法以合理成本及时获得充足资金，以偿付到期债务、履行其他支付义务和满足正常业务开展的资金需求的风险。流动性风险包括资产流动性风险和负债流动性风险。导致流动性风险的场景包括但不限于重要融资渠道受限、融资成本大幅上行、来自其他风险因素的传导（如声誉风险）等。

2. 市场风险

市场风险是指证券公司因市场价格、波动率或相关性的变动而造成金融资产发生损失的风险，市场价格包括利率、汇率、股票价格和商品价格等。证券公司面临的市场风险包括：股票价格变动导致股票持仓资产减值的风险；市场利率变动导致债券持仓资产减值的风险；场外衍生品交易中协议标的价格的不利变动带来的风险等。

3. 信用风险

信用风险指证券公司因融资方、交易对手或发行人等违约导致损失的风险，包括：股票质押式回购交易、约定购回式证券交易、融资融券等融资类业务面临的融资客户到期未能履约的风险；互换、场外期权、远期、信用衍生品等场外衍生品业务面临的交易对手于约定日期未履行支付义务的风险；债券投资交易面临的债券发行人不按期兑付的风险；交易所债券质押式回购业务面临的为经纪客户债券质押融资提供担保承担的风险等。

4. 操作风险

操作风险是指证券公司不完善或有缺陷的内部流程、人员管理、信息技术系统，以及外部事件所造成潜在或已发生损失的风险。操作风险存在于证券公司各业务条线、各部门、各流程，涉及范围广、表现形式多样化，如员工业务操作失误或信息系统缺陷、故障等导致业务中断的风险；员工违法违规、未能勤勉尽责等导致损失或者监管处罚的风险等。操作风险可能与其他风险相互交叠，造成损失扩大或对公司产生其他方面的负面影响。

信息技术风险指证券公司信息技术系统发生技术故障，导致行情中断、交易停滞、银证转账不畅，或在容量、运作等方面不能保障交易业务正常进行，可能给证券公司或客户带来损失的风险。近年来，信息技术对于证券公司的重要性越来越突出，信息技术风险成为比较独立的操作风险类型。

5. 声誉风险

声誉风险是指由于证券公司行为或外部事件及其工作人员违反廉洁规定、职业道德、业务规范、行规行约等相关行为，导致投资者、发行人、监管机构、自律组织、社会公众、媒体等对证券公司形成负面评价，从而损害其品牌价值，不利于其正常经营，甚至影响到市场稳定和社会稳定的风险。证券公司应在战略规划、公司治理、业务运营、信息披露、工作人员行为管理等经营管理的各领域充分考虑声誉风险，并密切关注流动性风险、市场风险、信用风险、操作风险等其他风险与声誉风险的交互影响和转化。

6. 其他风险

证券公司还面临战略风险、合规风险等。战略风险是指证券公司由于内外部环境的复杂性、变动性以及对外部环境的认知和适应能力的有限性，导致战略目标无法实现的风险。合规风险是指因证券公司或其工作人员的经营管理、执业行为违反法律法规和准则而被依法追究法律责任、采取监管措施、给予纪律处分、出现财产损失或商业信誉损失的风险。

（二）风险评价维度

由于风险的复杂性和多样性，证券公司需要多维度、多视角地审视风险，如财务和业务、频率和损失、可知与不可知、系统和非系统等。证券公司厘清各个维度风险的属性和特征，才能采取针对性的风险管理措施和策略。

1. 财务损失与业务风险

财务损失指证券公司财务报表中体现出的各项损失，包括持仓证券发生负向的公允价值变动，融出资金产生的坏账损失，因客户赔偿、监管处罚导致的营业外支出等。业务风险指证券公司展业过程中存在和承受的风险，可以是已经发生的风险事项，也可以是未发生、潜在的风险。财务损失主要来源于业务风险，但业务风险不一定造成财务损失。

2. 纯粹风险与机会风险

《中央企业全面风险管理指引》将风险分为纯粹风险（只带来损失这一种可能性）和机会风险（带来损失和盈利的可能性并存）。证券公司作为特许经营、牌照管理的证券公司，所面临的风险类型中，合规风险可视为纯粹风险，不合规将造成损失，几乎不能获得收益。但其他风险类型，特别是证券公司常见的市场风险、信用风险、流动性风险等属于机会风险，既有可能造成损失，也有可能带来收益。这是证券公司区别于一般工商企业的重要特征。

3. 风险发生的频率与损失

证券公司风险事项按照发生的频率、损失的程度可分为高频高损、低频低损、低频高损、高频低损的风险。证券公司会回避高频高损的风险，可以承受低频低损的风险。因此，证券公司管理的难点是低频高损、高频低损的风险。比如，证券公司信息技术故障导致交易中断的风险发生概率很低，但是一旦发生造成的损失和后果却很严重，这就是低频高损的风险；证券公司各个分支机构可能因服务质量等原因引发客户投诉，此类风险发生频率高，损失相对可控，属于高频低损的风险。

4. 风险可知性和不可知性

风险根据可知性和可测性可以分为三类：已知的已知风险、已知的未知风险、未知的未知风险。对于已知的已知风险，我们能够进行识别，可以采用概率统计等方法近似地计量风险的程度和大小，采取回避、降低、转移等管控措施。对于已知的未知风险，我们知道风险是什么，但对于风险发生的原因、概率、程度以及产生的后果并不完全清楚，难以准确地实施风险计量，但可以依靠业务经验、商业直觉来进行判断和应对。对于未知的未知风险，我们既不知道风险是什么，更不清楚风险发生的原因、概率、程度，只能被动接受风险的发生及其产生的后果。

5. 风险的可控性与不可控性

可控风险就是风险发生的概率和损失是可以控制在一定阈值范围内的风险。在一定条件下，证券公司通过一系列措施，对风险进行事前识别、事中监测、事后处置，可以将部分风险发生概率和损失的可能性减少到可承受的阈值范围内。不可控风险就是难以通过有效的手段进行管理的风险。可控的风险如果没有得到及时的干预和处置，也有可能向不可控的方向发展。

6. 风险的系统性和非系统性

非系统性风险指相对独立、可以分散、传导性较弱的风险，不会对证券公司造成破产清算、被接管等重大不利影响，不会引发证券市场、金融市场的震荡。证券公司偶发的个别股票价格下跌、债券违约、客户投诉、监管处罚等属于非系统性风险。

系统性风险是指证券公司因市场、信用、操作、流动性、声誉等各类风险相互传导、共振和集中爆发，或外部风险因素，如宏观经济衰退、重要行业出现危机、股票市场大幅下跌、其他金融机构倒闭等导致证券公司发生无法回避、转移、降低和承受的风险。证券公司作为金融体系的重要组成部分，既可能诱发系统性风险，也可能受到系统性金融风险的影响。2008 年美国金融危机中雷曼兄弟等重要投资银行的倒闭就属于系统性金融风险。

三、证券公司全面风险管理的发展历程

证券公司风险管理大致经历了从风险控制、风险管理、全面风险管理到并表监管等转型升级的过程。

（一）风险控制阶段

在我国证券公司发展初期，经纪、投行、自营等业务比较传统、简

单，对证券市场风险的认知尚处于初级阶段，普遍认为风险就是损失，通过业务审批、增加复核等方式来控制风险。这一阶段，风险管理和合规管理没有明显的划分，证券公司风险管理一定程度上就是落实好法律法规，执行好公司制度，做好“规定动作”。此种被动、单一的防范风险的方式可称为“风险控制”。

从20世纪80年代末到90年代中期，证券公司处于混业经营状态，以银行、信托公司的证券业务部门、交易柜台、代办点等形式存在，后续逐步产生专营证券业务的证券公司。1987年，我国第一家证券公司——深圳经济特区证券公司成立。1995年，我国第一部《商业银行法》规定商业银行“不得从事信托投资和股票业务”“不得向非银行金融机构和企业投资”。自此，证券公司完全从商业银行体系内独立出来。

证券公司成立之初，处于中国人民银行、地方财政部门等多头监管之下。1992年10月，中国证监会成立，标志着证券市场统一监管体制开始形成。1998年12月，《中华人民共和国证券法》（以下简称《证券法》）经全国人大审议通过，奠定了规范证券市场、证券公司的法律基础。《证券法》规定了“证券公司的对外负债总额不得超过其净资产额的规定倍数”“证券公司从每年的税后利润中提取交易风险准备金”“客户的交易结算资金必须全额存入指定的商业银行”等风险控制的内容。2001年，中国证监会发布《证券公司内部控制指引》，2003年发布《证券公司治理准则》，从内部控制、公司治理角度提出了风险控制的基本要求，成为当时证券公司实施风险控制的主要政策依据。

在风险控制阶段，证券公司大多未设置独立的风险管理部门，内部审计部门则在一定程度上承担了事后风险控制的职责，规范经营是证券公司风险控制的重点。经纪业务方面，证券公司风险控制的重点是防止挪用客户交易结算资金、客户委托管理的资产以及客户托管的证券等。2001年5月，中国证监会发布《客户交易结算资金管理办法》，建立了客户交易结算资金第三方存管机制。投行业务方面，1999年，中国证监会发布《关于成立证券发行内核小组的通知》，证券公司开始成立内核组织，建立独立于业务体系的投行项目质量控制机制。自营业务方面，中国证监会于1996年出台了《证券经营机构证券自营业务管理办法》，证券公司开始从组织架构、控制措施、监测指标等多个方面对自营业务进行规范。信息技术方面，1998年，中国证监会发布《证券经营机构营业部信息系统技术管理规范》，提出“最大限度地减少技术操作风险”“提高系统运行的安全性、可靠性与稳定性”，对安全管理、技术事故的防范与处理作了规定。

（二）风险管理阶段

随着证券公司业务的丰富和发展，风险案例、损失事故不断增加。2002年，鞍山证券由于违规经营成为我国第一个被撤销的证券公司，随后南方证券、华夏证券等证券公司因财务恶化、巨额亏损被撤销或者合并。2004—2007年，证券行业开始了为期3年的风险处置和综合治理时期，集中化解证券公司的风险隐患和历史遗留问题。

在此背景下，证券公司对风险认知逐步加深，扩宽了对风险来源的认识，加强了对市场风险、信用风险等风险类型的重视程度，丰富了事前、事中、事后的风险应对措施，尝试增强对风险的量化测度能力。在组织架构上，证券公司风险管理部门与合规管理部门、内控管理部门分离，开始设立独立的风险管理部门，名称从“风险控制部”“风险监管部”等转变为“风险管理部”，风险管理部门内部成立了市场风险、信用风险、操作风险等专业的风险管理团队。这些措施反映了证券公司从被动的“风险控制”向主动的“风险管理”的转型。

在这一阶段，风险管理的监管和决策环境、配套制度不断完善。2006年，中国证监会发布《证券公司风险控制指标管理办法》，中国证券业协会发布配套的《证券公司风险控制指标动态监控系统指引（试行）》《证券公司压力测试指引（试行）》。《证券公司风险控制指标管理办法》明确了以净资本为核心的风控指标体系，风险控制指标的计算规则、指标的阈值构成了监管意义上的风险容忍度。2008年7月，国务院发布《证券公司监督管理条例》，要求证券公司“按照审慎经营的原则，建立健全风险管理与内部控制制度，防范和控制风险”，证券公司按照条例要求，逐步建立自营、经纪、资管、融资融券等业务的风险管理措施。2009 年 5 月，中国证监会发布《证券公司分类监管规定》以及配套的《证券公司风险管理能力评价指标与标准》，“流动性风险、合规风险、市场风险、信用风险、技术风险及操作风险等管理能力”成为证券公司分类评价的重要指标。

（三）全面风险管理阶段

2012 年党的十八大召开后，证券公司迎来了发展的新时期。在这一时期，A 股市场逐步向注册制转型，上市公司数量不断增长，市场交易量逐渐攀升，证券公司各项业务快速发展，业务的复杂性、创新性也不断增加，证券市场的法律法规逐步丰富和健全，需要全面、系统地提升证券公司的风险管理水平。2014 年，为建立健全风险管理体系，实现创新发展与风险管理的动态平衡，中国证券业协会制定和发布两项重要的自律规则——《证券公司全面风险管理规范》和《证券公司流动性风险管理指引》，成为证券公司进入全面风险管理阶段的重要标志。

《证券公司全面风险管理规范》引导证券公司从风险管理向全面风险管理升级：一是提出了证券公司全面风险管理的概念，全面风险管理覆盖流动性风险、市场风险、信用风险、操作风险、声誉风险等风险类型，以及各业务条线、部门、分支机构、子公司等，实现全覆盖。二是在风险管理组织架构上突出“全员”理念，规定了董事会、监事会、经理层、风险管理部门的职责，要求证券公司必须设立首席风险官，对子公司以及比照子公司管理的孙公司进行风险垂直管理。三是强调风险全流程管理，对各类风险进行风险识别、评估、监测、应对、报告，通过评估、稽核、检查和绩效考核等手段保证风险管理制度的贯彻落实。四是与公司治理相结合，推行稳健的风险文化，形成与本公司相适应的风险管理理念、价值准则、职业操守，建立培训、传达和监督机制。目前，各证券公司基本建立健全了与公司自身发展战略相适应的全面风险管理体系，包括风险管理制度、组织架构、信息技术系统、风险指标体系、专业人才队伍、风险应对机制等。

《证券公司流动性风险管理指引》对证券公司流动性风险管理的目标、

原则、机制和流程作了规定。目前，证券公司普遍建立了较为完善的流动性风险管理体系，构建了多层次的流动性指标监测体系，头部证券公司则已初步形成集团化流动性风险管理的框架。

2019年以来，中国证券业协会相继发布了《证券公司信用风险管理指引》《证券公司声誉风险管理指引》。目前，证券行业已形成以《证券公司风险控制指标管理办法》为主导，《证券公司全面风险管理规范》《证券公司流动性风险管理指引》《证券公司信用风险管理指引》《证券公司声誉风险管理指引》《证券公司风险控制指标动态监控系统指引》《证券公司压力测试指引》为配套的“1+6”风险管理监管和自律规则体系。行业内正在组织开展相关自律规则的修订以及编撰工作，证券公司全面风险管理的体系将进一步完善。

（四）并表监管阶段

证券公司并表监管是全面风险管理的重要抓手和升级版，是从集团公司角度合并控股子公司、孙公司的风控指标报表，对集团的总体经营和各类风险进行管理。近年来，境内资本市场持续发展，部分证券公司逐步出现集团化经营发展态势，有必要将行业风险管控边界从母公司层面扩展至合并报表的集团层面，以利于更全面、及时、有效地评估风险，促使行业持续稳健发展。2016年6月，中国证监会在《证券公司风险控制指标管理办法》发布以后提出并表监管的工作安排。2020年初，经过行业互评和外部专家评审，中金公司、招商证券、中信证券、华泰证券、中信建投、国泰君安6家证券公司首批纳入并表监管试点。

证券公司并表监管是提升全面风险管理水平的有效抓手，包含了风险管理能力、支持保障措施两大维度以及全覆盖、可监测、能计量、有分析、能应对、立文化、建制度、重投入、上系统、招人才十个方面的要求。其中，全覆盖和上系统是并表监管评价的一票否决事项。

风险管理能力包含了风险管理的全覆盖、可监测、能计量、有分析、能应对五个方面。

（1）全覆盖：覆盖市场、信用、操作、流动性、声誉等风险类型，覆盖所有的部门、分支机构、子公司，业务条线均建立覆盖前、中、后台有效的风险管理体系，渗透业务运作全流程；

（2）可监测：建立风险控制指标体系、风险限额指标体系、各类型专业风险和业务风险指标体系，实现风险动态监测和预警，通过统一的风险管理平台提升监测效率；

（3）能计量：使用在险价值、预期损失、非预期损失等统一指标实现各类风险的计量和汇总，实现金融工具估值与风险计量方法、模型和流程的规范化，保证计量模型的科学合理性；

（4）有分析：建立内外部重大风险的分析评估和预警机制，定期对母公司及子公司风险状况进行分析并形成报告，建立压力测试体系作为风险分析的重要工具；

（5）能应对：建立流动性储备、平仓止损等风险事件应对机制，具有外部救助，如不可撤销的股东承诺应急支持、银行承诺应急支持等保障工具，针对流动性危机、信息系统事故等重大风险和突发事件建立应急和灾备机制。

支持保障措施包括立文化、建制度、重投入、上系统、招人才五个方面。

（1）立文化：注重风险文化的宣导和培训，建立与风险管理效果挂钩的绩效考核机制并有效落实；

（2）建制度：建立完善的风险管理制度体系以及定期评估机制，将制度执行情况纳入风险考核；

（3）重投入：要求对公司合规风控年度投入和信息系统建设年度投入占营业收入不低于规定比例；

（4）上系统：要求建立全面风险管理系统，建立并表风险控制指标管理系统、集团层面风险数据集市、各专业风险类型管理系统、与各业务线对应的风险管理模块，实现对风险的全流程管控；

（5）招人才：对风险管理人员占比、人员的相关工作年限、境外工作经历、持证［金融风险管理师（FRM）］情况给出了量化的要求。

证券公司纳入并表监管试点范围，将获得分类评价加分，下调风险资本准备、表内外资产总额计算系数等鼓励措施。试点证券公司被认为具备开展复杂业务的能力，在申请开展创新业务方面也将取得先机。

第二节　证券公司全面风险管理组织架构

证券公司全面风险管理是全员全过程的管理，证券公司各层级、各类组织、全体员工均须承担相应的风险管理职责。《证券公司全面风险管理规范》规定："证券公司应当明确董事会、监事会、经理层、各部门、分支机构及子公司履行全面风险管理的职责分工，建立多层次、相互衔接、有效制衡的运行机制。"

一、"三会一层"的风险管理职责

"三会一层"是指股东会、董事会、监事会以及经营层。"三会一层"是公司治理、内部控制的组织架构，也是证券公司全面风险管理的组织基础。证券公司作为资本市场最重要的中介机构，经营活动涉及证券公司股东、客户、员工等各方的利益。"三会一层"的组织架构和职责是否完善，一定程度反映出证券公司全面风险管理的水平，健全的公司治理本身也是全面风险管理的重要基础。由于公司治理对于证券公司经营管理的重要性，中国证监会相继发布《证券公司治理准则》《证券公司股权管理规定》等监管制度，对证券公司"三会一层"的职责、分工进行界定。

（一）公司股东

股权管理是公司治理的基础。《证券公司股权管理规定》规定了证券公司控股股东、主要股东的资质要求，确保控股股东有能力为证券公司补充资本金，在紧急情况下提供流动性支持，保障证券公司正常经营。

（二）董事会及风险管理专门委员会

董事会作为股东代表，是证券公司风险管理的最终责任承担者。部分金融领域的重大风险案例显示，董事会的失职与风险事项的发生有着密切的联系。如安然事件中，董事会对内部的财务欺诈视而不见，因而遭到法律诉讼和舆论谴责。

董事会应重视并推进公司风险管理过程中战略性、全局性、长期性的问题。根据巴塞尔委员会《健全银行的公司治理》的要求，董事会作为决策层，在风险管理方面的职责应主要包括：定期审议并向股东大会提交银行的全面风险管理报告；确定银行风险管理的总体目标、风险偏好、风险容忍度，审定风险管理战略和基本政策；批准重大决策、重大风险、重大事件和重要业务流程的判断标准和内控机制；审议批准内外部审计部门提交的评估报告，并监督管理层落实整改；审定风险管理组织机构设置及其职责方案；聘任首席风险官和首席审计官等关键岗位人选；对管理层的风险管理能力和执行情况进行考核、评价和监督；督导银行风险管理文化的建设等。

我国《证券公司全面风险管理规范》明确了董事会的风险管理职责。证券公司董事会承担全面风险管理的最终责任，履行以下职责：

（1）推进风险文化建设；

（2）审议批准公司全面风险管理的基本制度；

（3）审议批准公司的风险偏好、风险容忍度以及重大风险限额；

（4）审议公司定期风险评估报告；

（5）任免、考核首席风险官，确定其薪酬待遇；

（6）建立与首席风险官的直接沟通机制；

（7）公司章程规定的其他风险管理职责。

证券公司董事会可授权其下设的专业委员会履行其全面风险管理的部分职责。董事会成立风险管理专门委员会，有助于董事会开展风险战略制定和决策，提高专业性。《证券公司治理准则》规定，“证券公司经营证券经纪业务、证券资产管理业务、融资融券业务和证券承销与保荐业务中两种以上业务的，其董事会应当设立薪酬与提名委员会、审计委员会和风险控制委员会”；“董事会风险控制委员会的主要职责是：（1）对合规管理和风险管理的总体目标、基本政策进行审议并提出意见；（2）对合规管理和风险管理的机构设置及其职责进行审议并提出意见；（3）对需董事会审议的重大决策的风险和重大风险的解决方案进行评估并提出意见；（4）对需董事会审议的合规报告和风险评估报告进行审议并提出意见；（5）公司章程规定的其他职责”。

（三）监事会

证券公司监事会承担全面风险管理的监督责任，负责监督检查董事会和经理层在风险管理方面的履职尽责情况并督促整改。

（四）经理层与首席风险官

证券公司经理层通常包括总经理、副总经理、财务负责人、合规负责人、风控负责人、信息技术负责人、行使经营管理职责并向董事会负责的管理委员会或执行委员会成员，以及实际履行上述职务的人员，负责执行董事会制定的风险管理战略。《证券公司全面风险管理规范》规定："证券公司经理层对全面风险管理承担主要责任，应当履行以下职责：（1）制定风险管理制度，并适时调整；（2）建立健全公司全面风险管理的经营管理架构，明确全面风险管理职能部门、业务部门以及其他部门在风险管理中的职责分工，建立部门之间有效制衡、相互协调的运行机制；（3）制定风险偏好、风险容忍度以及重大风险限额等的具体执行方案，确保其有效落实；对其进行监督，及时分析原因，并根据董事会的授权进行处理；（4）定期评估公司整体风险和各类重要风险管理状况，解决风险管理中存在的问题并向董事会报告；（5）建立涵盖风险管理有效性的全员绩效考核体系；（6）建立完备的信息技术系统和数据质量控制机制；（7）风险管理的其他职责。"

首席风险官是证券公司全面风险管理的负责人，牵头负责信用风险、市场风险、操作风险管理工作，从全面风险管理的角度牵头开展流动性风险、声誉风险管理工作，指导子公司全面风险管理工作，具有子公司风险管理工作负责人的提名权和考核权等。《证券公司全面风险管理规范》规定："证券公司应当任命一名高级管理人员担任首席风险官，负责全面风险管理工作。"《证券公司信用风险管理指引》规定："证券公司首席风险官负责全面风险管理工作，应充分了解证券公司信用风险水平及其管理状况，并及时向董事会及经理层报告。"《证券公司流动性风险管理指引》规定："证券公司首席风险官应充分了解证券公司流动性风险水平及其管理状况，并及时向董事会及经理层报告；对公司流动性风险管理中存在的风险隐患进行质询和调查，并提出整改意见。"《证券公司声誉风险管理指引》规定："证券公司首席风险官牵头负责声誉风险管理工作，并应当保障首席风险官能够充分履职所必需的知情权和资源配置。"

首席风险官应具备相应的风险管理专业背景、任职经历、履职能力。《证券公司全面风险管理规范》规定："首席风险官除应当具有管理学、经济学、理学、工学中与风险管理相关专业背景或通过 FRM、CFA 资格考试外，还应具备以下条件之一：（1）从事证券公司风险管理相关工作 8 年（含）以上，或担任证券公司风险管理相关部门负责人 3 年（含）以上；（2）从事证券公司业务工作 10 年（含）以上，或担任证券公司两个（含）以上业务部门负责人累计达 5 年（含）以上；（3）从事银行、保险业风险管理工作 10 年（含）以上，或从事境外成熟市场投资银行风险管理工作 8 年（含）以上；（4）在证券监管机构、自律组织的专业监管岗位任职 8 年（含）以上。"

证券公司应当保障首席风险官充分行使履行职责所必需的知情权，首席风险官有权参加或者列席与其履行职责相关的会议，调阅相关文件资料，获取必要信息。证券公司应当保障首席风险官的独立性，公司股东、董事不得违反规定的程序，直接向首席风险官下达指令或者干涉其工作。

二、全面风险管理三道防线

证券公司全面风险管理是全员的管理。《证券公司全面风险管理规范》规定："证券公司每一名员工对风险管理有效性承担勤勉尽责、审慎防范、及时报告的责任。"因此，风险管理不仅是风险管理部门的职责，每个部门、每个员工均应承担相应的风险管理职责，“人人都是风险官”。证券公司员工的风险管理职责主要包括：“通过学习、经验积累提高风险意识；谨慎处理工作中涉及的风险因素；发现风险隐患时主动应对并及时履行报告义务。”

证券公司风险管理应进行合理的分工与协作。《中央企业全面风险管理指引》指出：“企业开展全面风险管理工作应与其他管理工作紧密结合，把风险管理的各项要求融入企业管理和业务流程中。具备条件的企业可建立风险管理三道防线，即各有关职能部门和业务单位为第一道防线；风险管理职能部门和董事会下设的风险管理委员会为第二道防线；内部审计部门和董事会下设的审计委员会为第三道防线。”因此，证券公司应根据自身实际情况，推动业务部门、风险管理部门、内部审计部门构建风险管理三道防线，三道防线之间协调配合、分工协作，提高全面风险管理有效性。

（一）第一道防线：业务部门

证券公司业务部门处于业务开展的最前端，不仅是展业的第一责任人，也是风险管理的第一责任人，是第一道防线。《证券公司全面风险管理规范》规定：“证券公司各业务部门、分支机构及子公司负责人应当全面了解并在决策中充分考虑与业务相关的各类风险，及时识别、评估、应对、报告相关风险，并承担风险管理的直接责任”。

证券公司重要的业务部门应建立风险管理中台，设置专门部门或者专门岗位，负责执行公司的风险管理制度和措施，制定本部门业务风险管理制度、策略，对展业情况进行现场监督，开展标准化、常态化风控流程的审核，开展本部门的风险管理培训。业务部门的风控中台应承担沟通职责，一方面，传达公司领导、风险管理部门的意见，另一方面，将业务风险的最新情况和管理动态及时报告风险管理部门以及首席风险官等公司领导。因此，业务部门风控中台应具备一定的独立性，接受业务部门、风险管理部门的双重领导，不得兼任与风险管理职责相冲突的职务。

（二）第二道防线：风险管理部门

风险管理部门是风险管理的第二道防线。《证券公司全面风险管理规范》规定："证券公司应当指定或者设立专门部门履行风险管理职责，在首席风险官的领导下推动全面风险管理工作，监测、评估、报告公司整体风险水平，并为业务决策提供风险管理建议，协助、指导和检查各部门、分支机构及子公司的风险管理工作。流动性风险、声誉风险等风险管理工作可由证券公司其他相关部门负责。"

1. 风险管理部门分工

证券公司风险管理部门指开展市场风险、信用风险、操作风险、合规风险、流动性风险、声誉风险、信息技术风险管理的部门。证券公司一般设置风险管理部，主要牵头负责市场风险、信用风险、操作风险的管理工作，同时安排具有专业能力的部门负责其他类型风险的管理。比如合规管理部门负责合规风险管理，资金财务部门负责流动性风险管理，信息技术部门负责信息技术风险管理，声誉风险管理部门可由负责对外信息披露的董事会办公室或承担公共关系管理职能的部门担任。因此，证券公司风险管理部门由风险管理、合规管理、资金管理、信息技术、董事会办公室等多部门组成，在风险管理职责范围内接受首席风险官的领导。

2. 职能部门的协同配合

证券公司全面风险管理不仅需要风险管理部门的参与，还需要人力、财务、考核等相关职能部门的配合和支持。《中央企业全面风险管理指引》规定全面风险管理体系包含了内部控制系统，即："围绕风险管理策略目标，针对企业战略、规划、产品研发、投融资、市场运营、财务、内部审计、法律事务、人力资源、采购、加工制造、销售、物流、质量、安全生产、环境保护等各项业务管理及其重要业务流程，通过执行风险管理基本流程，制定并执行的规章制度、程序和措施。"《证券公司全面风险管理规范》规定："证券公司应当建立与风险管理效果挂钩的绩效考核及责任追究机制，保障全面风险管理的有效性。"

证券公司人力部门应保障全面风险管理的人才和薪酬需求。证券公司风险管理工作复杂性增加，对风险管理部门人员的数量和素质均提出了更高的要求。《证券公司全面风险管理规范》规定："证券公司风险管理部门具备3年以上的证券、金融、会计、信息技术等有关领域工作经历的人员占公司总部员工比例应不低于2%。公司可在此基础以上结合自身实际情况制定相应标准。风险管理部门人员工作称职的，其薪酬收入总额应当不低于公司总部业务及业务管理部门同职级人员的平均水平。"截至2021年末，证券行业风险管理部门员工合计约为2699人，具备3年以上证券、金融、会计、信息技术等有关领域工作经历的人员占公司总部员工比例为2.4%[①]。

证券公司财务部门需要保障全面风险管理的资金投入，包括风险管理系统建设、人员薪酬、培训宣导、运营管理等费用。并表监管试点要求证券公司合规风控年度投入应达到营业收入一定的比例。财务部门需要建立合理的内部资金定价机制，资金成本过低会刺激业务部门扩大资金使用，盲目扩大业务规模，资金成本过高会迫使业务部门提高风险偏好，降低展业门槛，均不利于业务风险管理工作的开展。

考核部门应制定合理的风险管理绩效考核标准。考核激励机制是风险管理的重要工具和手段，不当的考核激励既可能抑制展业动力，也可能过度提升风险偏好。因此，负责考核激励的部门需要会同风险管理部门，探索利用风险调整后收益率等指标进行业绩考核。既考核业绩，也需要考量业绩背后的风险程度。

（三）第三道防线：内部审计部门

内部审计部门是风险管理的第三道防线。《证券公司全面风险管理规范》规定："证券公司应将全面风险管理纳入内部审计范畴，对全面风险管理的充分性和有效性进行独立、客观的审查和评价。内部审计发现问题的，应督促相关责任人及时整改，并跟踪检查整改措施的落实情况。"

证券公司内审部门应定期对证券公司全面风险管理体系和机制进行审

① 数据源自2021年中国证券业协会专项调查问卷，有效问卷结果合计114份。

计并出具审计报告，既要评估风险管理体系本身有无缺陷或漏洞，又要核查全面风险管理的战略、制度、措施是否得到有效的贯彻和执行。因此，内审部门成为独立于第一和第二道防线之外第三道防线的全面风险管理。

风险管理“三道防线”是一个相互制约、互为补充的立体式完整系统，只有相关部门各司其职、各负其责，实现信息共享、联动互动，才能建成有效的全面风险管理体系，切实提升风险管理水平。证券公司经理层可在执行层面成立风险管理委员会、内控联席会、联合监督委员会等类似的机构，成员包括证券公司高级管理人员，风险管理、合规管理、人力、财务、审计、信息技术等职能部门负责人，主要业务部门负责人等，协调风险管理三道防线工作，推动重要风险管理制度、机制的落实执行。

第三节　证券公司风险管理的政策和机制

证券公司风险管理的政策和机制包括证券公司风险控制指标体系，风险偏好、风险容忍度、风险限额指标的设定和配置，风险管理制度体系，风险识别、评估、监测、应对等管控流程，风险压力测试等内容。

一、监管资本与核心风险控制指标

（一）监管资本的概念和功能

监管资本又称最低资本要求，指证券公司必须持有符合监管规定的资本金，以保障证券公司具备抵御风险的能力，能够及时缓释经营过程中各种风险所造成的损失，保障稳健经营。比如商业银行一级资本、二级资本，证券公司净资本、核心净资本、附属净资本等概念均属监管资本范畴。监管资本的核心指标包括巴塞尔框架中的资本充足率、核心资本充足率，以及国内证券公司监管体系的风险覆盖率、资本杠杆率等。

（二）巴塞尔协议的演进与我国的实践

巴塞尔委员会原称为“银行法规与监管事务委员会”，是隶属于国际清算银行的机构，由美国、英国、法国、德国、意大利、日本、荷兰、加拿大、比利时、瑞典十大工业国的中央银行于1974年底共同成立。巴塞尔委员会并不具备凌驾于国家之上的监管权利，其制定的监管标准、指导原则以最佳监管做法的形式发布。各国根据本国的情况，通过具体的立法或其他安排予以实施。巴塞尔委员会制定的巴塞尔协议已成为全球银行监管的重要依据和参考标准。

1988年7月，《巴塞尔协议Ⅰ：统一资本计量和资本标准的国际协议》颁布。该协议首次提出银行监管资本理念和标准，确定风险权重的计算标准和资本充足率的计算公式，给出了过渡期的实施安排和各国监管当局自由决定的范围。2004年2月，中国银监会颁布《商业银行资本充足率管理办法》，并于2006年12月完成关于附属资本、混合资本债券等法规的修订。

2004年，《巴塞尔协议Ⅱ：统一资本计量与资本标准的国际协议：修订框架》颁布，确立了资本监管的三大支柱，分别为“最低资本要求、监管当局的监督检查和信息披露”。协议要求实施包括信用、市场、操作等风险的全面风险管理，允许银行基于内部模型计量各类风险，并强调基于全面风险评估进行资本管理。在经历2008年金融危机后，巴塞尔委员会对“巴塞尔协议Ⅱ”框架下的风险计量方法进行了调整，新调整的计量方案被称为“巴塞尔协议Ⅱ.5”。中国银监会于2007年2月颁布《中国银行业实施新资本协议指导意见》。

2010年，“巴塞尔协议Ⅲ”初步框架正式公布，确定了以资本充足率、杠杆率、流动性为核心的国际监管标准。2017年12月，《巴塞尔协议Ⅲ：后危机改革的最终方案》发布，在平衡简单性、可比性和风险敏感性的原则下，重新构建风险加权资产的计算规则，并确定于2022年在各成员国实施（受新冠肺炎疫情影响，“巴塞尔协议Ⅲ”相关标准的落地实施时间延迟一年）。“巴塞尔协议Ⅲ”是由金融危机驱动的监管改革，通过微观审慎和宏观审慎的结合，从系统性风险视角赋予监管框架更加丰富的宏观含义。中国银监会参照“巴塞尔协议Ⅱ”和“巴塞尔协议Ⅲ”初步框架，于2012年发布了《商业银行资本管理办法（试行）》。

（三）我国证券公司净资本管理体系

1. 以净资本和流动性为核心的风险控制指标体系

我国证券行业参照巴塞尔协议的思路，建立了以净资本和流动性为核心的风险控制指标体系。中国证监会于2006年首次发布《证券公司风险控制指标管理办法》《证券公司净资本计算规则》以及相应的计算报表，初步建立了以净资本为核心的风险控制指标体系。

2016年中国证监会对《证券公司风险控制指标管理办法》及配套规则进行了较大的修订：一是将净资本区分为核心净资本和附属净资本，风险资本准备从按业务类型计算调整为按市场风险、信用风险、操作风险等风险类型计算。二是设置资本杠杆率指标，并设定不低于8%的监管要求。三是将流动性覆盖率、净稳定资金率两项流动性风险指标上升为监管指标，强化资产负债的期限匹配。四是完善单一业务风控指标，调整权益类证券计算口径，合并融资类业务计算口径等。五是明确逆周期调节机制，中国证监会可对风控指标的标准及计算要求进行动态调整。六是强化全面风险管理要求，证券公司应从制度建设、组织架构、人员配备、系统建设、指标体系、应对机制六个方面加强全面风险管理，实现风险管理全覆盖。

2. 风险控制指标体系的组成

《证券公司风险控制指标管理办法》规定："证券公司应当按照中国证监会的有关规定，遵循审慎、实质重于形式的原则，计算净资本、风险覆盖率、资本杠杆率、流动性覆盖率、净稳定资金率等各项风险控制指标。"

证券公司风险控制指标体系分为资本充足、流动性风险、总体持仓风险、集中度四个方面。

（1）资本充足指标包括核心净资本、附属净资本、净资本、净资产、各项风险资本准备之和、表内外资产总额、风险覆盖率、资本杠杆率等。

（2）流动性风险指标包括流动性覆盖率、净稳定资金率。

（3）总体持仓风险指标包括自营权益类证券及其衍生品/净资本比例、

自营非权益类证券及其衍生品/净资本比例。

（4）集中度指标包括持有一种权益类证券的成本与净资本的比例、持有一种权益类证券的市值与其总市值的比例、持有一种非权益类证券的市值与其总市值的比例、融资（含融券）的金额/净资本、对单一客户融资（含融券）业务规模与净资本的比例等。

证券公司应当建立风险控制指标动态监控系统，实现净资本和流动性等风险控制指标的动态监控和自动预警。动态监控系统至少具备以下功能：能够覆盖影响净资本和流动性等风险控制指标的各项业务数据，能够动态计算净资本和流动性等各项风险控制指标，能够按照预先设定的阈值和监控标准对净资本和流动性等风险控制指标进行自动预警；能够生成净资本和流动性等风险控制指标动态监控报表。

证券公司风险控制指标体系和商业银行风险监管核心指标体系有相通之处。证券公司风险覆盖率、资本杠杆率与商业银行资本充足率在理念上是一致的，流动性方面，流动性覆盖率在两个体系上的定义基本一致。

二、经济资本下的风险资源配置与绩效评估

《证券公司全面风险管理规范》规定："证券公司应当制定包括风险容忍度和风险限额等的风险指标体系，并通过压力测试等方法计量风险、评估承受能力、指导资源配置。风险指标应当经公司董事会、经理层或其授权机构审批并逐级分解至各部门、分支机构和子公司，证券公司应对分解后指标的执行情况进行监控和管理。""风险管理部门发现风险指标超限额的，应当与业务部门、分支机构、子公司及时沟通，了解情况和原因，督促业务部门、分支机构、子公司采取措施在规定时间内予以有效解决，并及时向首席风险官报告。"

（一）经济资本的概念

经济资本又称为风险资本，是描述在一定置信度水平上和一定时间内，为了弥补证券公司的非预期损失所需要的资本。监管资本体现了监管的最低资本要求，经济资本则是证券公司展业和承担风险自发的资本要

求，反映证券公司自身的风险程度和特征。

经济资本也不同于注册资本。注册资本是指企业在登记管理机构登记的资本总额，是股东已经缴纳的或承诺一定要缴纳的出资额的总和，反映的是股东的权利和责任。经济资本是指为抵御风险所“需要的”资本、“应该有”的资本，而不是实际拥有的资本。

经济资本构成了对展业规模和结构的风险约束，将公司展业所需的经济资本或可承受的风险总量自上而下地在业务条线、业务部门之间进行分配，保证业务在风险限额范围内开展；同时，按照经济资本计算的风险调整资本收益率可作为权衡业务收益与承受风险的重要依据。

（二）全面风险管理下的经济资本计量

1. 经济资本的计量方法论

经济资本计量的方法大致可分为标准法和高级法。标准法的基本逻辑是将证券公司的业务条线分类，每大类业务条线的资产规模或总收入乘以不同的风险系数，分别求出对应的经济资本，进行加总即可得到证券公司的经济资本。高级法则是证券公司根据巴塞尔新资本协议要求，收集业务的内部特性和数据，使用内部模型计量各项业务、各类风险的非预期损失并进行加总。经济资本包含有市场风险经济资本、信用风险经济资本、操作风险经济资本。高级法在“巴塞尔协议Ⅱ”及后续的协议中得到不断调整和完善。

高级法通过建立模型，结合历史数据设定模型参数，相较于标准法更具有科学性和实际经济意义。利用高级法计量的经济资本数额相对更小，有利于银行提高资本充足率，使得金融机构倾向于使用高级法。但高级法的实施需要相应的制度、流程、系统、数据和人才储备，金融机构应当在体制机制、计量模型、数据 IT 等各方面满足实施条件，经监管部门核准后，方可采用高级方法计算各类风险资本。

2. 单一类型风险经济资本的计量

（1）信用风险。信用风险经济资本计量主要使用内部评级法。内部评级法思路是将证券公司面临的风险分为预期损失（Expected Loss）和非预期损失（Unexpected Loss），预期损失可以直观理解为持仓或展业损失的数学期望，非预期损失为持仓或展业99.9%分位点损失与预期损失的差值。不同的业务非预期损失乘以相应调整系数得到信用风险经济资本。

（2）市场风险。市场风险经济资本计量使用标准法和高级法。标准法使用标准系数分别计算利率、股票、商品、期权等金融产品的资本占用，然后简单加总得到市场风险经济资本。高级法使用在险价值（VaR，Value at Risk）和压力在险价值（SVaR，Stress VaR）等计算市场风险经济资本，分别为组合持仓在现有市场状况、极端压力状况下，在一定期限内（通常采用10天）、一定置信水平（通常采用99%）下的在险价值。

（3）操作风险。操作风险经济资本计量主要使用新标准法。“巴塞尔协议Ⅲ”删除了基本指标法、旧标准法、高级计量法等内容，推出以业务规模为基础、利用内部损失数据进行调整的新标准法。新标准法由三个部分组成：一是基于财务报表的业务指标（Business Indicator，BI）；二是业务指标因子（Business Indicator Component，BIC），等于BI×监管机构规定的边际系数（α_i）；三是内部损失乘数（Internal Loss Multiplier，ILM）。操作风险经济资本等于业务指标因子（BIC）×内部损失乘数（ILM）。

3. 经济资本的集总

证券公司在对各业务条线的市场风险、信用风险、操作风险等经济资本进行计量后，需要对公司层面的各风险类型经济资本进行集总。经济资本的集总可以采用不同的方法，选择哪种方法需要考虑模型适用性、数据可获得性等因素，简单相加的方法需假设各项业务、各类风险之间没有相关性，如考虑相关性则需要进行相应的参数估计。由于不同业务之间可能存在的对冲关系，简单加总的方法可能夸大经济资本总量需求。

经济资本除了要覆盖市场风险、信用风险、操作风险，还要覆盖流动性风险、声誉风险、战略风险等。证券公司应当预留一部分经济资本，为抵御未知的风险留有余地。

（三）经济资本的配置（风险限额管理）

1. 风险偏好和风险容忍度

风险偏好是建立于公司层面，反映董事会对愿意承担的风险类型和风险总量的一个高层次的、定性的审视，表达愿意承受某种水平的风险以追求相应收益的程度，是盈利波动性管理和风险管理体系的根本和定锚，一般为定性表达。

风险容忍度是风险偏好具体和量化的体现，一般为定量表达。风险偏好通过风险容忍度的设定、传导、执行、重检等一系列管理行为来实现。风险容忍度往往规定公司层面的风险总量指标，设定各类风险经济资本总额，并结合公司战略和展业情况，设定各风险类型、主要业务条线的指标限额，如权益净敞口限额、信用敞口限额、资本杠杆率等。

通常来说，风险偏好和风险容忍度应每年重新规划，由董事会审批。

2. 风险限额

在风险偏好和风险容忍度的框架下，证券公司需建立风险限额设定和调整、超限报告和处理制度，将经济资本和容忍度指标进行分配，按业务条线—部门—策略层层递进，对业务、部门、策略、产品等不同层次和维度设定风险限额。证券公司分配风险限额应当结合业务的实际情况，综合考虑资本、集中度、流动性、交易目的等因素，各项业务的风险特征以及业务之间、风险类型之间的关联效应，比如互相对冲业务的经济资本在合并计算后会变小。风险限额需要根据市场环境以及业务发展动态调整，证券公司应建立风险限额调整机制，授权首席风险官、风险管理部门一定的风险限额调整权限。

风险管理部门应当对风险限额进行监控，并向管理层报送风险限额使用情况。在风险限额临近指标阈值时，证券公司要启动相应的报告和处置程序，采取必要的风险降低和分散措施，将风险指标调整到限额范围内。

（四）经济资本与风险调整后的绩效评估

1. 风险调整后绩效评估的意义

《证券公司全面风险管理规范》规定："证券公司应当建立与风险管理

效果挂钩的绩效考核及责任追究机制，保障全面风险管理的有效性。”

在传统企业，通常是以股本收益率（ROE）和资产收益率（ROA）指标来衡量企业盈利能力，但也存在着一定的缺陷，即只考虑企业的账面盈利而未充分考虑风险因素。风险调整后的绩效评估是业务结合风险管理效果的评价方式，它不仅是上个周期业务评价的计量工具，同时也是下个循环里面进行风险资源分配的参考依据，是业务管理承前启后的重要抓手。

2. RAROC 和 EVA 评估方法

RAROC 和 EVA 是风险调整后绩效评估的两种方法。

风险调整资本收益率（RAROC，Risk－Adjusted Return on Capital）由美国信孚银行于 20 世纪 70 年代末首创，后为各家证券公司所广泛采用和认可。其核心思想是：将风险带来的未来可预计损失量化为当期成本，直接对当期盈利进行调整，让收益与风险相匹配，较为真实地反映经营业绩，以达到稳健经营的目的。

RAROC 的基本表达式为：

RAROC＝［（收入－预期损失）－经营成本－资金成本］/经济资本

其中，收入为证券公司营业收入；经营成本是指证券公司的各种经营管理费用支出；预期损失指一般情况下证券公司展业可能带来损失的期望值；资金成本指的是证券公司具体业务所占用资金额度的成本。因此，RAROC 全面考虑了风险和资本成本两大重要经营业绩影响因素。

经济增加值（Economic Value Added，EVA），是指风险调整后收益扣除经济资本成本的差额。

经济增加值 EVA 的计算公式为：

EVA＝风险调整后收益－（经济资本×底线资本回报率）

其中，风险调整后收益是指扣除资金成本、预期损失等后的收益，为 RAROC 公式的分子项；底线资本回报率是指公司管理层根据经营计划、财务结构和股东要求等因素制定的最低资本回报率。

一般情况下，RAROC 和 EVA 数值越大越好，意味着业务在风险调整后给股东带来越大的收益。

3. RAROC 和 EVA 应用于事前分配和事后考核

RAROC 和 EVA 在证券公司可应用于业务事前风险资源分配和事后风险考核。业务开展前，RAROC 和 EVA 是前瞻性的，考察该项业务 RAROC、EVA 是否为正或是否达到收益率要求，为该项业务分配风险资源提供参考。业务开展后，RAROC 和 EVA 是回溯性的，RAROC、EVA 应用于绩效考核，可以比较不同业务部门、不同产品、不同客户的风险调整后收益，激励业务部门主动控制风险、衡量收益风险比，从而有效地减少业务损益波动和绝对损失。

4. 风险资源配置的动态循环

通过将预期的 RAROC 值与实际的 RAROC 值比较，可以对资本配置的效果进行评价，进而找出经济资本配置不合理的原因，并据此对新一轮经济资本配置进行指导和调整，以此保持资本配置与价值创造目标的连续性和统一性。当实际 RAROC 小于预期 RAROC 时，实际承担非预期损失所需的经济资本大于业务开始前分配的经济资本，需降低该项业务规模；反之，当实际 RAROC 大于预期 RAROC，说明某业务分配的经济资本大于其实际承担的非预期损失，可鼓励该业务扩张。

在业绩衡量与资本配置系统中，风险、资本、业绩与资本配置之间呈现出环链状：风险决定经济资本配置，经济资本衡量证券公司各业务部门的 RAROC，而 RAROC 又成为未来资本配置的基础。通过这样的动态调整，可以把经济资本投入能创造更多价值的业务线中，提高证券公司整体经济资本的价值创造能力。

三、风险管理的制度和流程

（一）风险管理制度

证券公司应当制定并持续完善风险管理制度，明确风险管理的目标、原则、组织架构、授权体系、相关职责、基本程序等，并针对不同风险类型制定可操作的风险识别、评估、监测、应对、报告的方法和流程。证券公司应当通过评估、稽核、检查和绩效考核等手段保证风险管理制度的贯彻落实。

证券公司应当建立多层级的风险管理制度体系，包括纲领性的全面风险管理制度，市场风险、信用风险、操作风险、流动性风险、声誉风险等类型的风险管理制度，风险限额、内部评级、统一授信、压力测试等工具和方法类的风险管理制度，经纪、投行、资管、自营、资本中介等业务层面的风险管理制度，各项细分业务还可制定风险管理的实施细则等。

（二）风险管理流程

证券公司全面风险管理包括“准确识别、审慎评估、动态监控、及时应对”等阶段，覆盖了风险识别、评估、监测、应对、报告的全过程。

1. 风险识别

证券公司应当全面、系统、持续地收集和分析可能影响实现经营目标的内外部信息，识别公司面临的风险及其来源、特征、形成条件和潜在影响，并按业务、部门和风险类型等进行分类。

风险识别是全面风险管理的第一步，也是全面风险管理的基础。风险识别是要从错综复杂环境中找出证券公司所面临的主要风险，识别可能面临的风险类型以及各类型风险事件发生的原因，为风险评估、计量、监测和应对打下基础。风险识别可通过感性认识和历史经验来判断，也可通过对各种客观资料、风险记录、专家访谈来分析、归纳和整理。风险识别是一项持续性和系统性的工作，要求风险管理人员密切注意原有风险的变化，并随时识别新的风险。

2. 风险评估

证券公司应当根据风险的影响程度和发生的可能性等建立评估标准，采取定性与定量相结合的方法，对识别的风险进行分析计量并进行等级评价或量化排序，确定重点关注和优先控制的风险。证券公司应当关注风险的关联性，汇总公司层面的风险总量，审慎评估公司面临的总体风险水平。

风险评估是对识别出的风险进行分析，评价和测算风险发生的概率、强度、方式、后果等，结合自身的风险承受能力，权衡风险可能导致的损失与收益，得出具体的评估结论，为选择风险管理策略、方法、工具提供依据。

3. 风险监测

证券公司应当建立逐日盯市等机制，准确计算、动态监控关键风险指标情况，判断和预测各类风险指标的变化，及时预警超越各类、各级风险限额的情形，明确异常情况的报告路径和处理办法。

风险监测是对风险的发展与变化情况进行全程监督，对异常情况进行报告的过程。风险监测既有对风险指标的量化监测，确保其运行在阈值范围内，又有对市场环境、风险事件发展变化的跟踪监测；既有对已识别和评估风险的监测，又有对突发风险的监测。证券公司根据业务特征、风险类型、程度的不同，可设定不同的风险监测周期。

4. 风险应对

证券公司应当根据风险评估和预警结果，选择与公司风险偏好相适应的风险回避、降低、转移和承受等应对策略，建立合理、有效的资产减值、风险对冲、资本补充、规模调整、资产负债管理等应对机制。

风险应对包括风险发生之前采取的对策以及风险发生之后的处置措施。风险发生之前，证券公司在风险识别和评估的基础上，根据风险类型、性质、后果以及自身风险承受能力等因素，提前采取风险回避、降低、转移和承受等策略；风险发生之后，证券公司可采取追保、平仓、止损、仲裁、诉讼等处置措施。

5. 风险报告

风险报告是指证券公司的部门、员工应定期或不定期向董事会、经理层、首席风险官等风险管理责任部门、负责人汇报风险管理工作、潜在风险隐患、风险事项等。风险报告的形式主要包括风险日报、月报、季报、年报等定期报告，各类不定期专项报告，以及紧急情况下的电话、口头汇报等。风险报告是证券公司董事会、经营层了解公司整体风险以及各项风险情况的渠道，也是所有部门、员工应履行的风险管理责任。

《证券公司全面风险管理规范》规定："证券公司应当在分支机构、子公司、业务部门、风险管理部门、经理层、董事会之间建立畅通的风险信息沟通机制，确保相关信息传递与反馈的及时、准确、完整。风险管理部门发现风险指标超限额的，应当与业务部门、分支机构、子公司及时沟通，了解情况和原因，督促业务部门、分支机构、子公司采取措施在规定时间内予以有效解决，并及时向首席风险官报告。风险管理部门应当向经理层提交风险管理日报、月报、年报等定期报告，反映风险识别、评估结果和应对方案，对重大风险应提供专项评估报告，确保经理层及时、充分了解公司风险状况。经理层应当向董事会定期报告公司风险状况，重大风险情况应及时报告。”

（三）新业务新产品的风险管理

新业务新产品，是指证券公司首次开展，需就业务面临的合规性以及风险类型、程度、管理方案进行论证的产品、业务以及展业方式等。《证券公司全面风险管理规范》规定：“证券公司应当建立针对新业务的风险管理制度和流程，明确需满足的条件和公司内部审批路径。新业务应当经风险管理部门评估并出具评估报告。”

近年来证券行业新业务和新产品不断推出，对证券公司风险管理工作提出了更高的标准和要求。在证券公司开展新业务或者交易新产品时，面临的风险类型、程度、来源等尚不清晰，需要证券公司进行事前识别和评估。同时，证券公司应建立完善新业务展业机制，包括管理制度、审核流程、信息系统、专业人员等，保障新业务在合法合规、风险可控前提下稳健开展。

证券公司应设立新业务新产品委员会，委员会可由风险管理、合规管理部门牵头，包括风险管理、合规管理、清算托管、信息技术、资金财务等职能部门，以及相应的业务部门。新业务新产品通过委员会集体决策，确定能否开展，或者展业的前提条件和具体方式。

在业务开展时，业务部门应当严格执行评审会议确定下来的展业方案和风险管理措施，就风险状况及时进行沟通和报告。业务部门应在新业务新产品开展一定时间后向委员会提交展业及风险管理报告。

四、风险管理压力测试

自2008年雷曼兄弟公司破产事件以来，国内外监管机构、商业银行、投资银行等已认识到金融系统中不可忽视的潜在极端风险，压力测试对证券公司等金融企业变得越来越重要。《证券公司全面风险管理规范》规定："证券公司应当建立健全压力测试机制，及时根据业务发展情况和市场变化情况，对证券公司流动性风险、信用风险、市场风险等各类风险进行压力测试。"《证券公司压力测试指引》规定："证券公司应当建立压力测试机制，确保在压力情景下风险可测、可控、可承受，保障可持续经营。"

（一）压力测试的原则

证券公司压力测试是指证券公司采用以定量分析为主的风险分析方法，测算压力情景下净资本和流动性等风险控制指标、财务指标、证券公司内部风险限额及业务指标的变化情况，评估风险承受能力，并采取必要应对措施的过程。压力测试在证券公司风险管理中发挥着重要作用，为设定风险偏好、制定资本和流动性规划、改进风险管理措施提供依据。

证券公司开展压力测试，应当遵循以下原则：

1. 全面性原则

证券公司压力测试应当全面覆盖公司各个业务领域、所有子公司以及比照子公司管理的各类孙公司的各类风险，并充分考虑各类风险间的相关性。

2. 实践性原则

证券公司开展压力测试的流程与方法应当具备针对性和可操作性，与经营管理实践紧密结合，压力测试结果应当在风险管理和经营决策中得到有效应用。

3. 审慎性原则

证券公司开展压力测试所选用的风险因素、数量模型、情景假设应当审慎合理，符合行业和公司实际，以利于科学分析各类风险的特征及其对各项业务的影响。

4. 前瞻性原则

证券公司开展压力测试应当综合考虑宏观经济运行周期、行业发展变化趋势以及公司发展战略规划，合理预见各种可能出现的极端不利情况和风险。

（二）压力测试的方法

证券公司压力测试根据不同的压力情景可采用敏感性分析和情景分析等方法。敏感性分析是指测试单个重要风险因素发生变化时的压力情景对证券公司的影响；情景分析是指测试多种风险因素同时变化时的压力情景对证券公司的影响。压力情景包括证券公司内外部经营环境发生极端变化或出现突发事件，开展重大业务以及进行利润分配等情形。

证券公司在设置压力情景时，可采取历史情景法、假设情景法或者二者相结合的方法。历史情景法是指模拟历史上重大风险事件或重大压力情景；假设情景法是指基于经验判断或数量模型模拟未来可预见的极端不利情况。

证券公司压力测试应当涵盖面临的主要风险，确定相应的风险因素，并考虑不同风险因素之间的相互作用和共同影响。风险因素的变化情况一般包括：

1. 经营风险因素

证券交易量、经纪业务佣金费率快速下滑，资产管理、投资银行、融资融券、股票质押等主要业务规模大幅变动等。

2. 市场风险因素

利率、汇率、权益市场、商品市场的大幅波动等。

3. 信用风险因素

违约事件发生、信用评级下调、融资类业务违约率或违约损失率上升等。

4. 操作风险因素

信息系统重大故障、人员重大操作失误、出现违法违规事件等。

5. 流动性风险因素

融资成本持续高企、融资渠道受限、出现大额资金缺口、负债集中到期或赎回等。

（三）压力测试的类型

证券公司压力测试包括综合压力测试和专项压力测试。综合压力测试的对象包括但不限于净资本和流动性等风险控制指标和整体财务指标；专项压力测试的对象根据专项压力测试的目的予以选择。

1. 综合压力测试

证券公司综合压力测试每年至少开展一次，通常以上年末为基期，结合来年经营计划和资产负债计划，考察在不利情形下净资本、流动性等风险控制指标的承压情况，测试其是否持续符合监管要求，以发现证券公司的潜在风险点。综合压力测试情景分轻度、中度、重度，涵盖证券公司所有业务，选取市场风险、信用风险、操作风险、流动性风险、经营风险的风险因子进行冲击。在设计压力测试情景时可考虑宏观经济因子，通过传导机制映射到微观因子。证券公司在实施综合压力测试后应分析结果并形成报告，制定和落实应对措施。证券公司年度综合压力测试结果应当及时向董事会或经理层报告，在每年 4 月 30 日前向公司住所地证监局和中国证券业协会报告。

2. 专项压力测试

证券公司在作出重大业务决策、开展重大创新业务、预期出现重大业务风险时，应当对特定业务或者特定风险进行专项压力测试。专项压力测试着重于了解业务潜在风险点，针对自身业务特点设定压力情景，如自营业务面临资产价格下跌、融资类业务质押品价格下跌、衍生品业务出现对冲失效等。证券公司需每季度对场内期权做市、债券质押式回购等业务进行专项压力测试，并上报至交易所、中国证券登记结算有限责任公司（以下简称“中国结算”）等相应机构。证券公司需要配合中国证监会、中国证券业协会完成不定期的专项压力测试工作并完成上报。

（四）压力测试的流程

压力测试由风险管理部门统筹，各业务部门、资金财务部门和信息技术部门等协同。各业务部门提供业务数据，资金财务部门提供财务数据，信息技术部门提供技术支持。专项压力测试根据需要开展，风险管理部门、各业务部门和流动性管理部门皆可根据业务需要对特定风险独立进行专项压力测试。

压力测试的流程包括以下主要步骤：

1. 选择测试对象

如风险控制指标、财务指标等。制订测试方案，包括测试目的、压力情景、风险因子、测试对象、测试方法、测试区间、测试频率、参与部门等要素。

2. 确定测试方法，设置测试情景

根据不同的压力测试对象选择采用敏感性分析或是情景分析，采用历史情景法或是假设情景法。

3. 确定风险因素，收集测试数据

确定测试对象面临的风险类型，选取对应的风险因子，收集压力测试需要的业务数据、风险指标数据。

4. 实施压力测试，分析报告测试结果

计量压力情景下测试对象的变化情况，得到测试结果并进行分析，形成压力测试报告。

5. 制定和执行应对措施等

根据压力测试结果，结合自身风险承受能力，可采取调整业务规模、业务结构，优化资产负债结构，增加融资渠道，启动资本补足机制等应对措施。

第四节　风险系统和风险数据治理

一、风险管理系统

《证券公司全面风险管理规范》规定：证券公司应当建立与业务复杂程度和风险指标体系相适应的风险管理信息技术系统，覆盖各风险类型、业务条线、各个部门、分支机构及子公司，对风险进行计量、汇总、预警和监控，并实现同一业务、同一客户相关风险信息的集中管理，以符合公司整体风险管理的需要。

证券公司风险管理信息技术系统应当具备以下主要功能，支持风险管理和风险决策的需要：

（一）支持风险信息的收集，完成识别、计量、评估、监测和报告，覆盖所有类别的主要风险

风险信息包括业务数据，如规模、损益、集中度等；业务风险指标，如风险敞口、敏感性指标、内评等级、授信规模、维保比例等；内外部风险事件信息，如经纪客户投诉、自营业务亏损、投行业务受到处罚、资本中介业务客户违约、资管产品跌破初始净值等。风险信息收集后，系统能生成日报、月报、季报、年报等定期报告以及不定期专项报告。

（二）支持风险控制指标监控、预警和报告

证券公司应建立风险控制指标监控系统，定期对净资本、风险资本、流动性覆盖率等指标进行计量、监控、预警和报告。

（三）支持风险限额管理，实现监测、预警和报告

证券公司应建立风险限额指标管理系统，或在市场风险、信用风险、操作风险管理系统中建立风险限额管理模块，对在险价值、预期损失、非预期损失、操作风险损失占比等风险限额指标进行设置、调整、监测、预警和报告。

（四）支持按照风险类型、业务条线、机构、客户和交易对手等多维度进行风险展示和报告

证券公司应建立市场风险管理系统，提供市场风险多维分析、限额管理、返回检验、压力测试、实时风险分析等功能；建立信用风险管理系统，为融资类业务、衍生品业务、债券类业务等信用类业务提供风险计量、内评管理、兑付监测等功能；建立操作风险管理系统，开展操作风险控制和自我评估、风险事件及损失数据收集、关键风险指标；建立声誉风

险管理系统，开展各业务的声誉风险事前评估，实时监控公司舆情，对负面舆情信息进行分析、预警和报告；建立流动性风险管理系统，支持资金计划、现金流管理、资金缺口管理等功能；建立同一客户同一业务风险集中管理系统，进行同一业务同一客户的风险识别、风险敞口计量、统一授信等。

（五）支持压力测试工作，评估各种不利情景下公司风险承受能力

包括设置压力测试场景、计量压力测试结果、生成压力测试报告等。

二、风险数据治理

风险管理系统建立在风险数据的基础上，风险数据治理是风险管理重要的基石。证券公司应当建立健全数据治理和质量控制机制，积累真实、准确、完整的内部和外部数据，用于风险识别、计量、评估、监测和报告。证券公司应将数据治理纳入公司整体信息技术建设战略规划，制定数据标准，涵盖数据源管理、数据库建设、数据质量监测等环节。

数据治理指构建一套组织架构、流程制度和管理系统，管控元数据、数据仓库和BI、数据质量、参考数据和主数据、文档和内容管理、数据安全、数据存储和操作、数据建模和设计、数据架构等数据管理的领域。风险数据治理是针对风险管理领域数据问题的治理。当前，证券行业的风险数据普遍面临指标口径不统一，缺乏统一管理，手工数据录入不准确、不完整，数据冗余和重复加工，数据质量不高等问题（见图1－1）。

为了实现风险数据治理的目标，需要从以下几个方面开展风险数据治理工作：

（一）数据治理体系架构

建立数据治理组织，制定和发布数据治理制度规范，落实数据治理流程管控机制，开展数据治理考核评价，上线数据治理平台工具。

（二）数据标准管理

梳理各类业务的风险计量指标、监管指标、内部管理指标的定义和口径，梳理风险集市基础指标的加工逻辑，避免出现指标同名不同义、指标

图1-1　DAMA数据管理车轮图

资料来源：DAMA International 著：《DAMA数据管理知识体系指南2.0》，马欢，刘晨等译，清华大学出版社2012年版。

同义不同名等情况。

（三）数据质量管理

在指标加工过程中建立多层次的数据质量监控体系，增加系统间的指标核对，建立数据问题跟踪和整改机制。

（四）元数据管理

风险集市采集的系统数量多，有公司内部数据/外部数据、结构化数据/非结构化数据，源系统的数据结构、数据字典变更可能对风险数据质量影响重大，需要构建风险数据地图，清晰地展示数据间的勾稽关系和数据链路，支持溯源分析和影响性分析。

（五）数据安全管理

风险管理涉及公司众多重要、机密的信息，需要对业务和风险指标分类分级，重视客户敏感信息管理，通过数据加密、数据脱敏、数据水印、权限管理等流程和工具，形成一个比较全面的风险数据安全管理体系。

三、金融科技的创新运用

金融科技是风险管理的有力抓手，国际先进投行较早地使用金融科技实施风险管理。高盛独立开发的SecDB系统整合前、中、后台业务和风险管理需求，可进行实时风险分析与定价。在2008年金融危机时，SecDB系统在12小时内准确计算出对雷曼兄弟的全部信用敞口，有效应对风险的蔓延。贝莱德集团自建的Aladdin系统将复杂风险分析、合规、全面投资组合等工具结合在一个平台上，涵盖所有资产类别的全生命周期，帮助投资者识别持有组合中的潜在风险，成为贝莱德吸引投资者的重要工具。因此，证券公司需持续加强金融科技投入，加深与同业、监管和金融科技公司的合作，构建新型风险管理生态圈。

近年来，中国人民银行、中国证监会等监管部门陆续采取政策措施，鼓励金融科技在风险管理领域的发展。2017年中国人民银行成立金融科技委员会，职能之一是“积极利用大数据、人工智能、云计算等技术丰富金融监管手段，提升跨行业、跨市场交叉性金融风险的甄别、防范和化解能力”；2018年中国证监会出台《证券基金经营机构信息技术管理办法》，强调促进信息技术与业务、风控及合规管理深度融合；2020年中国证监会成立科技监管局，职能中明确提到运用金融科技开展公司画像、风险预警、监测监控等功能建设，实现穿透式监管。2022年1月中国人民银行印发《金融科技发展规划（2022—2025年）》，提出“建立智能化风控机制，全面激活数字化经营新动能”。

根据《中国证券业发展报告（2022）》统计，截至2021年，证券公司合规风控领域已经有上百个新兴金融科技使用案例，下面简要介绍以大数据、云计算、区块链和人工智能为代表的几类应用场景。

（一）云计算助力全面风险管理系统融合

云计算技术是指利用网格分布式计算处理的能力，将大量计算机组成机群构筑成一个资源池，再加上成熟的服务器虚拟化、存储虚拟化技术，灵活、可靠地给用户提供系统运行、计算和存储资源，具有非常好的可扩展性、可持续性且成本低。证券公司数据隐私要求高，很多机构自建云平台，支撑风险管理系统等需要大量计算、存储资源的应用，使得原先难以快速处理的复杂风险指标计算效率得到显著提高；基于云平台搭建微服务，将各类风险管理系统的核心功能模块提炼后独立化、服务化，助力全面风险管理系统的整合。

（二）利用知识图谱和深度学习进行舆情监控

随着人工智能技术的不断发展，舆情分析的自动化、智能化、精准化水平得到提升，可以通过知识图谱和深度学习技术，实现舆情监测、风险预警、智能报告。首先利用知识图谱对业务相关的持仓主体、交易对手及关联方进行画像，整合主体各类数据进行抽象建模，构建所有主体的知识图谱；然后收集和维护风险信息数据集，对风险事件进行分类标签，通过深度学习模型训练出风险事件分类器；最后基于主体的知识图谱，通过网络爬虫系统获取相关主体有关的资讯、公告等互联网信息，利用自然语言处理技术和深度学习模型输出相应的风险事件分类，进而对舆情风险信息进行检测预警。随着样本数据的新增和变化，深度学习模型需要不断进行再训练，以提高模型识别的有效性。

（三）基于大数据和机器学习预测信用债违约概率

利用机器学习和大数据技术搭建量化的内评模型，可预测债券发行主体的违约概率。首先分析整理信用债主体和债券的基本信息、财务信息、债券交易和分级分类后的风险事件，提炼建模指标；然后利用机器学习算法建立信用债多分类器模型，如违约样本较少，可对这类样本使用过采样等方法提高模型训练效果；模型通过验证和评估后，每天采集新的交易数据和风险事件，生成债券的最新评级情况和违约概率。

（四）通过区块链实现负面信息共享

区块链技术是一种去中心化的分布式账本技术，能保持各节点数据一致且灵活开放，天然具有信息共享功能。区块链中的密码算法对计算、通信、存储、隐私均进行加密保护，在技术层面不仅可实现用户的身份认证、隐私保护，保证数据的私密性、完整性，更能实现可管控的数据共享和验证，解决各个节点数据线上互换的信任问题。基于区块链技术，可在合法、合规、保密的基础上建立不同层面的负面信息共享平台，化解风险信息不对称问题。区块链负面信息共享解决方案的关键点包括以下几个方面：首先，通过采用准入机构的联盟链模式，将数据共享范围限制在授权机构内，保证数据的保密性。共享机构要成为联盟链上的节点，需要审核并进行身份验证。其次，数据发布和查询过程要完整记录在区块的交易中，保证交易的可信且可追溯。再次，所有参与方都不能看到所有的负面信息，只能通过查询操作将自己关注的主体与平台上的主体进行匹配。最后，联盟成员在发布或者查询负面信息时，可通过环签名或群签名实现匿名操作。

第五节　高盛集团全面风险管理经验

高盛集团成立于1869年，是全球历史悠久及规模最大的投资银行之一，总部位于纽约。高盛集团经历了1929年、1973年、2008年等多次世界经济金融危机而屹立不倒，其稳健的经营风格、集中高效的全员风险管理模式值得行业借鉴。

一、三大核心要素

高盛集团认为，风险内生于业务之中，风险类型包括了流动性风险、市场风险、信用风险、操作风险、模型风险、法律风险、合规风险、行为风险、监管风险和声誉风险等。高盛集团相信有效的风险管理对成功至关重要。因此，高盛集团建立了全面风险管理框架，采用全面、综合的风险管理方法和流程，识别、评估、监控和管理高盛集团在开展经营活动时承担的风险。高盛集团的风险管理架构围绕三个核心要素构建：治理、流程和人员。

（一）治理

1. 董事会的风险管理职责

董事会直接或授权风险委员会制定和实施全面风险管理的政策和措施，包括开展年度审查和批准风险偏好声明等。风险偏好声明描述高盛集团愿意承受的风险水平和类型，以实现战略规划目标并满足监管要求。董事会审查集团的风险战略规划，并负责监督执行。

2. 风险管理政策的执行

董事会定期听取来自集团独立风险监督和控制部门的报告，包括首席风险官汇报流动性风险、市场风险、信用风险、操作风险和模型风险，首席合规官汇报合规风险与员工行为风险，首席法律官汇报法律和监管执法事项，集团客户和业务标准委员会、集团声誉风险委员会主席汇报影响公司声誉的事项等。首席风险官需要向首席执行官和董事会风险委员会报告工作，定期向董事会风险委员会汇报风险指标的制定和执行情况，包括高盛集团的风险偏好、风险限额等。

3. 风险管理三道防线

高盛集团构建了风险管理的三道防线：业务部门以及财务、工程、人力、运营等作为风险管理第一道防线，这些部门对可能产生的风险直接负责，在风险偏好框架内评估和管理这些风险。独立风险监督和控制部门是高盛的第二道防线，对第一道防线所承担的风险进行独立评估和监督，并领导和参与风险委员会。独立的风险监督和控制部门包括合规、法律、风险和税务等。内部审计是高盛的第三道防线，高盛的内部审计总监向董事会审计委员会报告，行政上向首席执行官报告。内部审计部门由具有风险管理专业知识、广泛审计和行业经验的专业人员组成，负责独立评估和验证关键风险管理措施的有效性。高盛集团风险管理三道防线相互协同，压实了第一道防线风险承担者的责任，为第二道防线的有效监督提供了框架，授权第三道防线开展独立审查。

（二）流程

高盛风险管理过程包括四部分：风险识别和评估，风险偏好、限额和阈值设置，风险报告和监控，风险决策。

1. 风险识别和评估

高盛认为，风险的准确识别和评估是向董事会和高级管理层提交风险报告、有效洞察风险的关键步骤。高盛有全面、完善的风险数据采集流程，要求所有员工及时上报风险事件。高盛的风险识别和评估方法涵盖所有风险类型，具有动态性和前瞻性，可以反映和适应不断变化的业务环境和风险状况。

为了有效评估风险，高盛逐日按照市场价格对持仓进行估值，估值变化立即反映在集团的风险管理系统和净收入中。高盛认为这一准则是评估和管理风险的最有效工具之一。

2. 风险偏好、限额和阈值设置

高盛采用严格的限额和阈值框架来监控各项交易、产品、业务的风险。董事会直接或间接授权其风险委员会批准公司、业务和产品层面的风险限额和阈值。此外，根据董事会风险委员会批准的风险总量，经营层风险委员会负责建立风险限额分配的框架，并监督风险限额的执行。

3. 风险报告和监测

高盛认为，有效的风险报告和风险决策取决于在正确的时间向正确的人提供正确信息的能力。因此，高盛注重风险管理系统的严密性和有效性，确保风险管理系统能够提供完整、准确和及时的信息。高盛的风险报告和监控流程包含已有和新出现风险的详细信息，为风险委员会和高级管理层的决策提供帮助。

4. 风险决策

高盛的治理结构为风险管理的决策和实施提供了保障。高盛广泛利用定期召开会议的风险委员会，作为持续讨论、管理和缓释风险的重要手段。高盛在风险管理方面保持积极的沟通，在第一道和第二道防线、委员会和高级管理层之间建立了一种决策协作文化。虽然第一道防线是风险管理的第一责任人，但高盛将大量资源用于第二道防线建设，以确保强大的监督结构和适当的职责分工。

（三）人员

高盛相信即使是最好的风险管理技术，也只是辅助员工作出明智风险管理决定的一种工具。最终，有效的风险管理需要员工持续及时地解读风险数据，并相应地调整风险头寸。高盛集团认为专业人士的经验以及对每项风险措施的深刻理解，能够帮助高盛集团合理地评估风险，将风险敞口保持在审慎的水平。

高盛集团在制订员工培训和发展计划、开展绩效评估、考核激励员工的过程中，不断强化与公司风险偏好相一致的、有效的风险管理文化。在员工培训和发展计划中，由高层讲述风险管理、客户关系和卓越声誉重要性的课程。作为绩效评估流程的一部分，高盛集团会评估员工如何进行良好的风险管理和声誉判断，以及遵守公司的行为准则和合规政策。

二、风险管理委员会

高盛集团风险管理组织的架构分成四个层级：第一层级是董事会层级，包括董事会及其下设的专门委员会。第二层级是高级管理层，包括首席执行官、首席运营官、首席财务官。第三层级是管理委员会。管理委员会监督高盛集团的全球活动，或者通过授权给它所建立的委员会进行监督。管理委员会由高盛集团高层领导人组成，并由首席执行官担任主席，管理委员会的大多数成员也是其他委员会的成员。第四层级是管理委员会下设的三大委员会：集团全面风险管理委员会（Firmwide Enterprise Risk Committee）、集团客户和业务标准委员会（Firmwide Client and Business Standards Committee）、集团资产负债委员会（Firmwide Asset Liability Committee）。这三大委员会下分别设有若干专业委员会（见图1－2）。

图1－2　高盛集团风险管理组织架构

资料来源：高盛2021年年报。

（一）集团全面风险管理委员会

集团全面风险管理委员会（Firmwide Enterprise Risk Committee）负责监督所有的财务和非财务风险，负责持续审查、批准和监控企业风险管理框架以及风险限额框架。该委员会主席由首席执行官任命，并向管理委员会报告。

集团全面风险管理委员会下设以下委员会或理事会

（1）风险理事会（Firmwide Risk Council），负责在全公司、业务和产品层面持续监控相关财务风险和其他相关风险。

（2）新业务委员会（Firmwide New Activity Committee），负责审查新业务风险，通过建立流程来识别和审查重大业务复杂性、结构、适用性的变化。

（3）运营风险与恢复委员会（Firmwide Operational Risk and Resilience Committee），负责监督运营风险，并确保业务和运营保持连续性。

（4）行为委员会（Firmwide Conduct Committee），负责批准和持续监督管理员工行为风险的框架和政策。

（5）风险治理委员会（Risk Governance Committee），负责批准和监控与公司、业务及产品层面核心风险管理的流程、框架、政策和参数，审查压力测试和情景分析的结果。

（二）集团客户和业务标准委员会

集团客户和业务标准委员会（Firmwide Client and Business Standards Committee）负责监督与客户的关系、客户服务和体验、相关业务标准以及与客户相关的声誉问题。该委员会定期向董事会公共责任委员会（Public Responsibilities Committee）提供最新报告并接受其指导。

集团客户和业务标准委员会下设以下委员会：

（1）声誉风险委员会（Firmwide Reputational Risk Committee），负责评估由业务和交易引起的声誉风险。

（2）适当性委员会（Firmwide Suitability Committee），负责制定产品、交易和客户适当性的标准和政策，并为跨职能、区域和产品的适用性评估提供一个沟通的平台。

（3）投资政策委员会（Firmwide Investment Policy Committee），负责定期审查公司投资组合基础上的投资和贷款活动，为这些类型的投资制定业务标准和政策。

（4）资本委员会（Firmwide Capital Committee），负责批准和监督债务相关的交易活动，包括公司关于资本的主要承诺，确保承销和资本承诺相关的业务、声誉和适用性标准维持在全球适用范围内。

（5）承诺委员会（Firmwide Commitments Committee），负责审查公司在股票和股票相关产品方面的承销和分销活动，并制定和维护旨在确保在全球范围内符合法律、声誉、监管和业务标准的政策和程序。定期对行业和产品进行总体战略审查，并制定与交易实践相关的政策。

（三）集团资产负债委员会

集团资产负债委员会（Firmwide Asset Liability Committee）审查和批准公司财务资源的战略方向，包括资本、流动性、资金和资产负债表。该委员会对资产负债管理负有监督责任，包括利率和货币风险、资金转移定价、资本分配和激励以及信用评级。该委员会根据当前事件、风险、敞口和监管要求对资产负债管理和财务资源分配的调整提出建议，并批准相关政策。

三、工具和方法

高盛用各种各样的风险指标来估计短期、长期以及极端市场情况下的潜在损失。

（一）VaR（在险价值）

高盛通常用95%的置信水平计算一天的VaR。高盛从5年的历史数据中抽样生成VaR计算的模拟情景，样本数据会经过加权处理，使数据的相对重要性随时间推移而降低。

高盛认为，在市场环境没有突然发生根本性转变的情况下，VaR估计风险敞口是最有效的。但是，VaR 有其内在的局限性：不能估计较长时间内极端变化下的潜在损失；没有考虑不同风险头寸间的相对流动性；市场风险因子的历史趋势不一定能准确预测未来市场的真实走势。另外，高盛测量的 VaR 指标不包括：需运用敏感性分析来测量和监测的头寸以及交易对手和高盛自己的信用利差变化对衍生品的影响等。所以，高盛还采用其他风险监测工具来补充 VaR 指标的不足。

（二）压力测试

高盛使用压力测试检查特定投资组合的风险，以及重大风险敞口对公司的潜在影响。高盛使用敏感性分析、情景分析等多种压力测试方法。敏感性分析通过使用各种定义的市场冲击（从一天期的预期冲击到未来几个月的预期冲击）来量化市场波动对所有头寸（如股票价格或信用利差）的影响，还可以量化单个实体违约的影响。情景分析用于量化特定事件的影响，包括事件如何同时影响多个风险因素。

（三）风险限额管理

高盛在公司各级设置风险限额，风险限额根据 VaR、压力测试结果制定，可根据市场状况、经营状况或风险承受能力的变化进行修改补充。董事会通过其风险委员会直接或间接批准公司、业务和产品层面的总体限额和阈值。此外，集团全面风险管理委员会（Firmwide Enterprise Risk Committee）负责根据董事会风险委员会批准的总体限额批准公司的风险限额框架，并监控这些限额执行情况。

（四）模型校验与优化

高盛重视模型的校验与优化，定期完善和改进风险管理模型，以适应市场或经济状况以及高盛业务的变化。所有模型每年进行一次审查，新模型或对现有模型及其假设的重大更改在实施前应得到批准。模型的审查和验证包括：

（1）模型理论的合理性，包括模型假设的合理性和预期用途的适用性；

（2）模型开发人员使用的测试策略，以确保模型按预期运行；

（3）模型中计算技术的适用性；

（4）模型反映相关产品特性及其重大风险的准确性；

（5）模型与类似产品模型的一致性；

（6）模型对输入参数和假设的敏感性等。

四、经验借鉴

（一）发挥各类风险管理委员会的核心作用

高盛集团风险管理的特点在于构建一系列的风险管理委员会，通过这些委员会来执行一系列相互独立但互补的财务、信用、运作、道德等风险报告程序，监控公司的风险敞口水平。这些委员会创造了制衡机制，鼓励控制部门的人员和业务部门的人员沟通，提交重大潜在风险的报告。

当业务部门与内控部门对业务风险的意见和态度不一致，影响风险政策或策略的可接受性时，相关部门必须将此项业务的风险交由专门委员会来讨论，业务部门与内控部门的高级职员是这些委员会的成员。委员会在全面、客观地评价业务风险后，决定是否开展此项业务。因此，各类风险管理委员会在高盛集团风险管理中处于核心地位。

（二）强调风险管理部门的独立性

集团管理委员会（Management Committee）直接向董事会下属的执行机构负责，主要由公司高层人员组成，使其及下属的风险管理部门具备了协调各业务部门的能力。高盛认为业务部门虽然是风险管理的第一道防线，但其基本动机是为了赚取更多的经济利润。风控部门的基本职能则是评价和管理风险，两类部门之间存在监督与被监督、评价与被评价的关系。风险管理部门在人员、薪酬与汇报条线上必须独立于业务部门，一项业务是否开展不仅由业务部门决策，而且需要由风险管理部门进行事前风险评估，评估意见对业务开展与否有重要的作用。

（三）重视信息沟通、报告与问责机制的融合

高盛重视业务部门与风控部门之间的沟通，并且以定期风险报告的方

式让公司高层及时了解公司所承担的风险水平。与沟通和风险报告密切相关的是问责机制，员工必须对自己以及下属的决策负责。如果企业蒙受了损失，相关业务部门不能因为该风险得到了风险管理部门的批准而逃脱责任。沟通、报告和问责机制三者会相互作用：沟通促进风险报告，而风险报告又会加强问责机制。

（四）采用严格风险计量标准，自建交易和监控系统

高盛重视 VaR 值的运用，选择更保守置信区间的 VaR 模型，对每交易日的止损模型参数设置采用 5 年的历史数据，而一般金融机构只采用一到两年，并同时通过压力测试和敏感度的情景分析来测量风险。高盛利用自有计算机语言开发内部交易和监控系统，是维护自身竞争优势的重要护城河。

第二章

市场风险管理

第一节　市场风险管理概述

20 世纪 70 年代以来，随着经济全球化、金融一体化的发展，竞争的加剧及金融管制的放松，衍生金融工具等金融产品获得了蓬勃的发展。金融产品的创新导致市场的波动性加大，识别计量市场风险的难度加大，市场风险的隐蔽性和危害性加大，市场风险逐步上升为威胁金融机构生存的重要风险来源。20 世纪 90 年代以来陆续发生的美国橙县破产案、巴林银行倒闭事件、长期资本管理公司危机等，其根本原因在于市场风险管理失控。由此，引起了监管机构和金融机构对于市场风险管理的高度关注。金融机构开始审视自身风险管理的政策和程序，急切地寻找可以有效度量、控制市场风险的分析工具。1996 年巴塞尔委员会通过了《资本协议市场风险补充协议》，正式将市场风险纳入了银行业监管资本的覆盖范围。中国证监会在 2016 年修订的《证券公司风险控制指标管理办法》中，以风险资本准备作为证券公司风险的主要度量指标。其中市场风险资本准备是一个主要的组成部分。

一、市场风险分类

市场风险是金融体系中最常见的风险之一，通俗地说，市场风险是指在交易完成所需的期间内，资产在市场上的交易价格或者估值的不确定性所带来的风险。根据巴塞尔资本协议的定义，市场风险是指因市场价格（利率、汇率、股票价格和商品价格）的不利变动而使公司所持有的表内及表外金融资产发生损失的风险。

市场风险主要分为以下几类：

（一）利率风险

微观层面而言，利率风险即是指定价模型中含有利率（含利差）因子的金融产品，由于利率（利差）发生了不利变动而造成金融产品组合市值发生负面变化的风险。

若从更宏观的角度来看，对金融机构而言，利率风险是证券投资的系统风险之一，也就是说市场利率变动会引起股票、债券等一系列证券投资收益变动。总的来说，利率从两方面影响证券价格：一是改变资金流向，当市场利率提高时，会吸引一部分资金流向银行储蓄、商业票据等其他金融资产，减少对证券的需求，使证券价格下降；当市场利率下降时，一部分资金流回证券市场，增加对证券的需求，刺激证券价格上涨。二是影响公司盈利，利率提高，公司融资成本提高，在其他条件不变的情况下净盈利下降，派发股息减少；利率下降，融资成本下降，净盈利和股息相应增加。同时，当市场利率提高时，以往发行尚未到期的债券利率相对偏低，债券价格就会下降，持有者如果继续持有，利息上会受到损失，但如果出售，在价格上又必须让步。所以，通常长期债券比短期债券更容易受到利率风险的影响。

利率风险对于商业银行和证券经营机构都是最重要的市场风险类别。随着我国金融经济改革和发展，尤其是利率市场化改革的深入，再加上国家运用各种货币调控工具的常态化，金融机构面临的利率风险实际不断趋向复杂化。随着公开市场操作利率（OMO）和中期借贷便利利率（MLF）的日常化操作，央行的货币政策将同时在量和价上影响市场对利率的判断，进而带来更为复杂的利率风险。例如，2020 年第二季度，在疫情后 OMO 转为相对消极，刺激了市场利率快速攀升。

（二）股票价格风险

股票价格风险是指由于金融机构持有的股票价格发生不利变动或股票价格指数发生不利变动而给投资组合带来损失的风险。在股票市场上，行情瞬息万变，并且很难预测行情变化的方向和幅度。营收正在节节上升的公司，其股票价格却下降了，这种情况我们经常可以看到；还有一些公司，经营状况不错，营收也很稳定，它们的股票却在很短的时间内上下剧烈波动。出现这类反常现象的原因，主要是投资者对股票的一般看法或对某些种类或某一组股票的看法发生变化所致。投资者对股票看法（主要是对股票收益的预期）的变化所引起的大多数普通股票收益的易变性，即是股票的市场风险。

国内银行业由于不能投资于股票，因此股票价格风险一直不属于其主要的风险类型。对于国内证券行业来说，在自营业务主要是靠投资于方向性股票的时期，股票价格风险一直是证券公司最主要的市场风险类型。随着近年来证券公司业务的转型，单纯靠持仓方向性股票的业务模式在很多证券公司已经不再占据自营业务的主导地位，而更多地向中性或资本中介业务模式发展，股票系统性因子的风险暴露已经呈现降低的趋势。

（三）汇率风险

汇率风险是指由于汇率的不利变动而导致投资组合发生损失的风险。汇率风险一般因为金融机构从事外汇交易或涉及不同币种的跨境金融产品交易而产生。例如，外汇即期交易，外汇远期、期货、互换和期权等金融和约的买卖。此外，一些境外投资等也会使金融机构面临外汇风险暴露。投资组合的外汇风险即来自当汇率发生不利变动时未被对冲的外汇敞口价值的损失。

国内的银行体系由于持有大量的外汇敞口，因而外汇风险常常是银行市场风险的主要构成。外汇风险对于我国的证券机构而言，此前一直不是主要的风险类型，但随着证券机构行业外汇业务牌照的放开，证券公司境外分支机构的建立以及沪港通、沪伦通、全球存托凭证（GDR）、债券南向通、互换通等业务类型的推出，汇率风险也逐步放大；并且，由于国际市场外汇价格的波动性较大，汇率风险的对冲和管理在市场风险管理中也越来越重要。

（四）商品价格风险

商品价格风险是指金融机构所持有的各类商品的价格发生不利变动而给金融机构的投资组合带来损失的风险。这里的商品包括同质化、可交易的实物商品（如农产品、矿产品和贵金属等）以及与其挂钩的金融衍生品（商品期货和期权等）。

随着国内大宗商品市场的逐步发展，以各种大宗商品为标的的金融产品也逐渐增多，国内金融机构关于大宗商品的持仓也在逐渐增大，商品价格风险不容忽视。尤其是在国际经济环境以及政治局势较为波动的时期，黄金及石油等商品价格往往也会随之大幅波动，这一时期的商品价格风险尤为需要关注。

（五）衍生品风险

从传统风险分类上，基于基础资产的因子属性，未把衍生品风险同上述四类风险并列。然而，无论从法规要求、风险分析方法以及管理方法上，衍生品都有其不同的要求。一方面，其风险同基础资产的表现是紧密联系的；另一方面，由于其收益结构的不同，会带来十分不同的风险属性。例如比常规期权（标准欧式或美式期权）更加复杂的障碍期权、亚式期权、回溯期权等，这些期权被称为奇异期权，其收益结构种类繁多，所面临的风险与基础资产的表现很难简单刻画。这使得在基础资产价格风险分析的基础上，对于产品结构和业务策略分析有新的需求，对于模型和参数风险管理的要求更高。

近年来，国内衍生品市场蓬勃发展，规模、品种和复杂度都有较大的提升。特别是对于证券公司而言，衍生品业务已经成为其最重要的业务和盈利来源之一。2022 年，《期货和衍生品法》的通过和实施，标志着这类业务的发展进入了一个新的阶段，对于其市场风险管理也形成了新的要求。

二、市场风险管理理念

（一）主动承担及管理风险

市场风险管理不是消除风险，而是主动承担及管理风险，其中，市场风险主动承担是指金融机构在市场波动中必然要面临一定的风险敞口，该风险敞口的底线可测、可控、可承受；市场风险管理是指在风险底线的基础上，如何实现风险与回报的最优化权衡，即在承担一定程度的市场风险基础上实现收益的最大化。

金融机构在面对市场风险时，需要主动承担市场风险，通过深入识别市场风险本质因素，清晰地了解并掌握公司整体市场风险来源、市场风险大小；判断是否可以通过一定方式对冲市场风险以及当极端风险因子爆发时，市场风险潜在损失是否可承受；在确保公司可持续发展的基础上，动态调节管理市场风险暴露，进而实现风险收益回报的最大化。

（二）市场风险管理应当从业务出发

虽然市场风险的根本来源是资产价格的变动，但是市场风险管理并不能将目光局限于孤立的各类资产，而应该将各业务当成整体来考虑。这里的“业务”是指通过应用各金融工具，将资产收益暴露于多种市场因子，执行投资逻辑策略，以实现盈利目标的过程。同一种资产或工具，在不同的策略下，会带来的市场风险往往是不同的，需应用的风险管理和处置手段也是不一样的。

在实际市场风险管理工作中，应该以清楚地了解各资产和工具的风险特征为基础，以业务逻辑将其组合在一起分析，从而有针对性地以业务为单位提出具体管理方案。

（三）市场风险管理应当全覆盖

市场风险管理应该是对金融机构所有业务部门、所有产品类型实现全覆盖管理。

随着金融机构的大力发展以及金融产品类型的不断丰富，金融机构子公司之间，以及产品与产品之间的相关性在不断增强，因此，有必要站在公司整体层面的高度来审视和管理市场风险，获得一个整体的市场风险轮廓。

对市场风险实行统一集中管理即要求金融机构设立专门的职能部门或职能单元对全公司所有相关业务组合进行集中、统一的市场风险管理，这样有利于从全公司整体的角度审视全局的风险暴露情况，也有利于公司资源的调配和协调。

（四）市场风险管理采用垂直机制管理风险

市场风险的垂直管理是指金融机构自上而下建立相关管理决策机构。

特别是在设计风险管理组织结构时，应当设计从董事会层面向下延伸到具体业务操作层面的一整套垂直管理机制。

通常证券公司会设立不同层面的风险管理机构实现市场风险的垂直管理，例如设立董事会风险管理委员会、管理层风险管理委员会及常设的风险管理部和包含各相关部门的各类风险管理小组等。其中，董事会风险管理委员会制定公司整体市场风险界限，对市场风险整体偏好进行审议；管理层风险管理委员会审批市场风险管理制度和公司整体风险限额，审议重大风险事件。

证券公司通常设立专门的风险管理部负责执行具体的风险管理与监控职能、开展日常风险管理工作，包括执行管理层风险管理委员会（以下简称“管理层风管委”）批准的制度和规范、确定具体业务市场风险管理方案以及监督各层风险限额的日常使用状况等。风险管理部工作人员需要对风险本质性质有深入了解，熟悉、掌握、判断核心风险因子变化情况，前瞻判断小概率事件爆发带来的可能的极端损失并做好相关应急计划等。

为沟通、分析和管理各类风险，证券公司还可以建立包含相关部门的各类风险管理小组，以求达成综合应用前、中、后台的信息和资源的效果。

（五）市场风险管理模式主要为分级授权限额管理

证券公司市场风险限额管理体系通常采用分级授权的管理模式，这是证券公司市场风险管理的核心管理理念和重要手段。因为证券公司通常会建立多层次的市场风险限额体系和控制流程，且市场风险限额体系的制定和执行往往不是同一个主体。限额体系代表了金融机构的整体风险偏好，通常是在考虑业务实际的基础上自上而下制定和分配的，而突破限额以后的汇报和处理，则是自下而上的。分级授权机制是指各层风险管理机构（人员）可在不超过其上层级授权的限额范围内，通过对限额细化、分配以及建立新限额指标（以下简称“扩展限额体系”）等方式管理风险。分级授权机制更有利于市场风险限额管理工作的高效开展，并有利于对业务实施流程化管理。

市场风险限额管理分级授权机制应遵循以下原则：一是根据限额的重要性、影响范围决定其对应的市场风险管理机构（人员）的审批决策层级，越是重要的、影响范围大的限额越应该由高层级审批决策；二是扩展限额体系需与上层级的管理目标相适应。扩展限额体系的管理层级和修改权限应经过一定层级的市场风险管理机构（人员）审批和初始授权。

（六）市场风险管理应用盯市及盯模方式确定产品价值

市场风险管理中重要的一环是对金融产品进行估值。对产品进行估值的方式主要有“盯市（Mark to Market）”和“盯模（Mark to Model）”之分。谨慎、准确地对金融机构所持有的产品头寸进行估值，是进行市场风险管理的基础。

盯市法——采用可得的、具有独立来源的日末价格对产品头寸进行估值。可得的、具有独立来源的日末价格的实例包括交易所价格、市场数据系统（如彭博、路透）报价、若干独立的知名经纪商（Independent Reputable Brokers）的报价。出于审慎估值及更贴合市场实际情况的考量，金融机构应当尽可能多地采取盯市方式进行估值，这样可以避免忽视“浮亏”带来的影响。在盯市机制下，浮亏已经被纳入每日的限额监控和管理中，否则，当浮亏一旦变成实现亏损，则有可能会对金融机构造成重大影响。

鉴于此，巴塞尔协议中对于盯市是有着明确规定的：“对于能够直接从交易活跃的市场获取价格信息的产品，应每日采取盯市的方法计算头寸。除非金融机构在特定的产品市场上拥有显著的做市商（Market Maker）地位，并能够在盘中进行平盘操作，否则，金融机构应采用买入、卖出价中较为保守的价格作为盯市价格。”

盯模——只有当无法进行盯市的时候，金融机构可以依据谨慎性原则，采取盯模的方法对产品进行估值。对于通过盯模进行估值的产品来说，估值模型计量的准确性对风险计量有着直接的影响。

需要正确认识和充分考虑财务报表同市场风险中所使用的估值中的差异。财务报表中的估值，需要受到会计准则的约束，在一些情况下并不反映业务的最新情况和潜在变化，在风险管理中不能简单地完全使用财务估值。但是，考虑到财务报表作为投资者了解公司的主要途径，市场风险管理也不能无视财务估值。

（七）市场风险管理主要采用压力测试限额方法防范黑天鹅事件

从金融市场历次危机事件看，预测不到的突发事件对公司的冲击往往很强，这类事件具有意外性强、损失破坏性大等特点。对于这类难以预测、爆发性强、通常会引起市场连锁负面反应、造成市场重大波动的事件，我们称之为“黑天鹅事件”。

“黑天鹅事件”由于它的突发性和不可预测性，带来的损失可能是巨大甚至具有毁灭性的，所以如何管理黑天鹅事件也是市场风险管理的重要内容。从“9·11”事件到次贷危机雷曼倒闭，到近期俄乌冲突，导致全球资本市场遭遇重创，这些都属于典型的黑天鹅事件。

“黑天鹅事件”按其来源，也有外部和内部之分，外部黑天鹅多是系统性风险，难以估计、难以预测。当外部黑天鹅事件发生的时候，就要保障公司没有在一个领域过度暴露，也就是集中度限额要设置好，能保护公司免于遭受过大损失。而内部黑天鹅事件多是由于风险管理的漏洞引致，多和操作风险有关，是可防可控的。

具体而言，金融机构通过建立完善的压力情景，设定压力测试风险限额是防止“黑天鹅事件”对公司造成重大损失的有利制度保障。例如，全球最大资管公司贝莱德（BlackRock Inc.）旗下一只对冲基金在俄乌冲突前就持有大量俄罗斯股票净多头头寸，并错把俄乌冲突当成买入俄罗斯股票的机会，进一步加大押注，严重低估了冲突风险给俄罗斯股市和卢布带来的巨大冲击，暴露了过大的多头风险，蒙受了创纪录的损失。

因此，设置完善合理的压力情景限额体系并严格遵守市场纪律，有效地贯彻实施限额制度，是能够在一定程度上降低黑天鹅事件带来的损失的，避免一旦遭遇黑天鹅事件就破产倒闭的危险。

（八）市场风险管理应当与其他风险类型统一管理

市场风险不能与其他风险类型割裂开来进行管理，应当与其他风险类型，如信用风险、流动性风险等统一作为一个整体进行风险管理。

主要原因在于，虽然风险按照影响因素可以细分为多种类型，但是在风险事件爆发时，风险本身是一个整体，各种风险因素之间以及风险类型之间常常是可以相互转化的。尤其是在金融危机等非正常市场条件下，市场流动性可能突然丧失，信用风险、市场风险和流动性风险之间往往会相互影响，分开管理各类风险的方式会低估风险的影响。

因此，在市场风险管理时，需要综合考虑其他风险类型因素，加强沟通，加强与信用风险管理团队以及流动性风险管理团队的学习与探讨，从而对金融机构所面临的整体风险有准确的把握，确保在非正常市场条件下，风险事件爆发时公司整体损失处于可承受范围以内。

（九）市场风险管理需要考虑不同资产流动性的影响

金融市场中，不同属性的资产具有不同的流动性。一般而言，流动性好的资产风险承受能力较强，流动性差的资产风险承受能力较弱。需要注意的是，流动性差的资产在风险发生时可能无法变现卖出，不得不承受更长时间的市场波动。

不同属性的资产流动性主要受资产品种、期限、国家、行业、集中度、信用评级等多维度指标影响，金融机构通常建立资产流动性评分规则来量化评估相关流动性风险，主要包括两部分。一是根据资产的属性进行评分。例如，股票的规模、行业、ST 和限售情况等；债券的评级、期限和地域等。二是根据市场情况调整评分。例如，股票换手率、日均成交额；债券新旧程度、回购折算率和隐含评级等。最后根据最终评分对相应资产进行分类。

对于流动性差的资产，市场风险管理时需重点关注，可考虑设立针对性的风险管理措施等。例如，压力测试时，可设置更加严厉的压力情景，进而能够准确度量流动性差的资产在市场风险发生时可能带来的潜在损失。需要注意，考虑市场风险管理中流动性时，除了风险资产自身的流动性之外，还应综合分析可用于缓释风险敞口可用的各种相关金融工具。

三、市场风险偏好

（一）市场风险偏好设定

市场风险偏好是金融机构为了实现其业务目标创造价值而准备并愿意接受的风险水平高低的描述。金融机构整体的风险管理与资产负债管理均需建立在经过董事会审批的整体层面风险偏好的基础上。董事会和高级管理层应定期审查并监控与整体风险管理相关的表现，并实施压力测试，确保在不正常的市场环境下金融机构也可以将其风险控制在风险限额内，使得机构整体的业务发展始终在制定的风险偏好框架内运行。

完整的市场风险偏好体系与稳健的风险文化是有效的全面风险管理框架的基石，也是金融机构长期持续发展的必要因素。国际金融协会（IIF）在2011年6月发表的《实施稳健的风险偏好架构，强化金融机构的经营》中指出："具有明确的风险偏好陈述书以及精心设计的风险偏好框架来支持决策过程对成功的风险管理至关重要。最近的金融危机已经表明，一个有效的风险偏好框架是关键的治理工具，也是健全的全面风险管理的重要组成部分。"市场风险偏好陈述书以及风险偏好体系的建立可以作为金融机构风险管理的高层次方向指引说明，也可以使董事会、高级管理层、风险管理职能部门、监管机构、股东等各利益相关方的期望得到统一。

（二）市场风险偏好描述方式

市场风险偏好应从定量和定性两个方面进行定义与陈述。从定量和定性角度对风险偏好进行陈述与说明可以使金融机构能够通过技术手段及时跟踪在战略实施过程中的风险管理表现。大多数国外先进金融机构采用的具体定量与定性的风险偏好描述方式如下：

定性：确保金融机构实施使用正确的原则、政策和流程，管理各类风险，构建集团风险管理文化。

定量：将定性的陈述落实为可量化的指标，如VaR、压力损失等，使之可以直接用于对业务实施限额管理。

（三）市场风险偏好传导机制

风险偏好的形成应由整体风险战略出发，进行分层级的传导，具体形成与传导过程如图 2－1 所示。

图 2－1　市场风险传导机制

如图 2－1 所示，金融机构风险偏好的形成应从整体战略风险目标出发，并在其基础上设置整体的经营策略。通过将整体的战略风险目标与金融机构的经营策略相链接，进一步形成金融机构整体风险偏好陈述以对关键风险进行管理。明确的风险偏好陈述及在整体业务运作过程中推广嵌入强大的风险管理文化，可以通过关键风险轮廓与限额的方式对风险敞口进行有效的识别、计量和控制，以有效应对冲击。最终将风险偏好通过其定性定量的表述贯穿到日常的风险管理工作中。

为达成风险偏好有效传导，金融机构应基于如下的基础设施构建整体风险偏好架构：

（1）董事会领导风险偏好：集团董事会应构建与设定整体风险偏好，确保风险偏好目标在集团各个层面得到广泛的认识与了解，并推广风险偏好作为良好的经营实践过程中强有力的主导及领导力；

（2）构建夯实的风险管理文化：风险经过清晰定义并与相应经营行为和结果链接；

（3）部门间协调机制：风险、战略、资金、财务部门的密切合作促进在关键问题上的内部商议与协调；

（4）问责机制：各分支机构、业务部门在其为实现业务目标可承担最大风险水平问题上具有清晰明确的问责机制。

与风险偏好的传导进行有机结合，金融机构应进行集团层级压力测试，用于评估集团战略计划是否与风险偏好相一致，并评估业务单位层级的主要风险驱动因子，评估采用风险缓释措施后的风险轮廓是不是超出了风险偏好可承受水平。

对风险偏好的实施主要通过以下渠道施行：

（1）分支机构层级风险偏好陈述书：每个分支机构建立单独的风险偏好陈述书，该陈述书基于集团整体战略风险目标以及分支机构业务计划构建；

（2）风险控制框架与限额体系：风险控制框架明确了所有重大风险类别对应的控制指引、风险限额与风险容忍度水平，并与集团整体风险偏好保持一致；

（3）集团层级运营与行为风险偏好：建立起有效的控制环境，确保集团运营过程中的相关行为与活动满足监管及其他要求；

（4）文化、价值与薪酬体系：在集团层面推出一系列的沟通交流、培训、实施计划，以确保在各个层级对风险偏好有广泛的认识与理解。

四、市场风险管理基本步骤

市场风险管理目标是深入认识风险因素性质，多维度刻画公司所面临的风险，确保公司整体风险处于可承受合理范围以内。具体目标实现时基本步骤主要包括市场风险识别、市场风险计量、市场风险监测与控制、市场风险报告四个主要阶段。

（一）市场风险识别

市场风险识别的主要内容是对公司各业务所面临的主要市场风险类型和风险因素及其变化进行识别的过程。

风险识别是市场风险管理的基础环节，金融机构首先要分析自身的市场风险暴露，即风险范围、风险业务种类以及风险影响的程度。金融机构可以针对各业务线的特点，分产品类型进行市场风险的识别。例如，固定收益类产品主要面临利率风险，股权类产品主要面临股票价格风险，外汇类产品主要面临汇率风险，含权类产品面临反映期权特性的风险因素（如波动率的变化），套期保值产品面临基差风险等。准确、有效地识别市场风险是对新开展的业务做好市场风险评价的基础。

识别风险类型及风险因素时主要采用以下几种方法：

（1）根据市场变化判断主要风险类型及风险因素；

（2）根据业务特点判断主要风险类型及风险因素；

（3）根据交易员的交易逻辑及经验判断主要风险类型及风险因素；

（4）根据风险度量和情景分析结果判断主要风险类型及风险因素。

具体来看，风险识别应该细致到描绘某一金融产品的风险轮廓上。风险轮廓是指金融产品涉及的所有风险因素，如收益率曲线、利差曲线、CDS 的存活概率以及外币汇率等市场风险因素。总体来说，金融产品的风险轮廓可以分为四大类，分别是：利率类、信用类、商品类和外汇类。

在准确识别业务及产品面临的市场风险因素以后，应当更进一步对市场风险的成因和调整进行分析。例如，针对利率、汇率和商品价格的市场变化，做出准确判断。如利率风险产生于利率水平变动的不确定性，而利率水平则受到本国资金供求、货币供求、经济形势、货币政策、市场主体心理预期、其他国家或地区利率水平及国际金融市场资金供求等多种因素影响；汇率风险由汇率变动引起，一国货币汇率受到国际收支状况、相对通货膨胀、利率水平、经济增长、心理预期、政府对外汇市场的干预等多种因素影响。只有全面、完整和有效地识别市场风险，并准确地判断风险的成因特征才能管理、控制好市场风险。

（二）市场风险计量

市场风险的计量是对市场风险水平的分析和估量，包括计量各种市场风险导致损失的可能性的大小以及损失发生的范围和程度。市场风险计量是市场风险识别的延续。准确地评估市场风险的大小对最大限度地减少损失和获取利润都十分重要。如果对市场风险估计不足，金融机构就不会采取相应措施规避风险或尽力减少风险可能造成的损失；相反，若风险估量过高，也可能会因此付出不必要的管理成本，且失去获取更大收益的机会。

市场风险的计量方法主要是通过一些统计手段对各种风险因素进行度量，即对风险进行定量分析。常用的市场风险计量方法包括缺口分析、久期分析、外汇敞口分析、敏感性分析、情景分析、风险价值（VaR）和压力测试等。

各种计量方法之间局限性与其相互关系：

通常而言，敏感性分析、风险价值模型以及压力测试这三种常用的市场风险计量方法是相互配合、互为补充的。鉴于风险价值模型计量的风险水平不能反映资产组合的构成及其对价格波动的敏感性，对风险管理的具体作用有限，需要辅之以敏感性分析、情景分析等非统计类方法；并且，风险价值模型未涵盖价格剧烈波动等可能会对金融机构造成重大损失的突发性小概率事件，需要采用压力测试对其进行补充。因此，对于同一项产品或业务的风险计量，通常需要三类指标结合起来运用，才能对该项业务的风险概况有一个总体的把握。

综合上述方法对市场风险进行定量分析，可以使公司明确自身所面临的风险大小，为进一步的风险管理活动奠定基础。

（三）市场风险监测与控制

市场风险具有快速变化的特点，其处理需强调时效性，所以市场风险监测指的是对业务各项市场风险指标进行高频（如每日或实时）的监控，识别判断可能的风险点，并积极采取控制措施，同时形成各类风险报告的全过程。

证券公司的风险经理为了监控市场风险，大多根据业务线或投资产品的类型来组织和管理，比如固定收益类、权益类、外汇类、商品类等。对于复杂的产品，比如金融衍生类产品或结构类产品，可以单独分类，也可以按需要划分到相应的标的资产类里。

证券公司市场风险监测的主要内容包括：

（1）市场风险限额体系状况；

（2）市场风险主要风险指标及风险因素状况；

（3）情景分析及压力测试状况。

对市场风险限额的监控是市场风险监测最重要的一环。通常，证券公司的限额体系包含止损类限额、规模限额、风险价值 VaR 限额、压力测试限额及各类敏感性指标限额等，并可按地区、业务经营部门、策略组合、金融工具和风险类别进行分解。证券公司一般建立不同类型和不同层次且相互补充的限额体系。

一般而言，每日市场风险监控的第一项工作即是对各项限额指标的监控，其中又以止损限额为首要。止损限额属于强约束性限额，一般情况下不允许被突破，一旦突破，下级风险管理机构应严格按照限额管理制度和流程上报，并由相应的风险限额管理层级依授权决策下一步处理方案。止损限额最大的缺点就是没有前瞻性，它监控的是已经发生的损失，只是为了使这种损失不要继续扩大。从另一方面说，只有当损失实际发生时，才被纳入监控范围，是被动的监控，而投资组合在过去的时间段没有发生损失并不意味着将来没有风险，不但不是没有风险，而且还有可能有很大风险。不能预期和防范将来的可能损失偏离了风险管理的主旨。敞口类限额、风险价值限额等则都是前瞻性的，对此类限额的监控目的都在于防范将来可能的预期损失，是止损限额的重要补充。

除了限额监控以外，每日的市场风险监控工作还包括对主要风险指标和风险因素的监控，以此发现业务所面临的市场风险正在或将要发生的重大变化，包括当前市场风险变化的内容、变化的原因、对业务部门的影响、对市场风险的下一步判断以及相关应对措施等。由于计量方法总是有局限性的，因此，市场风险管理人员在监控各种计量指标的同时，还需要对业务本身有着深入的认识和了解，知晓各种风险特性，并能够对其发展变化趋势有一定的预判。

（四）市场风险报告

市场风险报告体系是金融机构风险管理框架的核心内容之一，是进行市场风险管理的重要沟通工具。市场风险报告体系旨在准确地使金融机构的各级风险管理层及时、准确地了解公司所面临的市场风险以及市场风险管理工作的运行情况。

市场风险报告体系包括报告的种类、覆盖的主要内容、发送频率及发送范围等。从报告的种类和内容审视，市场风险报告体系应涵盖风险敞口、损益状况、各项风险指标、限额指标、敏感性分析、压力测试结果等主要内容。市场风险报告分为满足外部监管者需要的外部报告以及满足内部管理需要的内部报告。

市场风险内部报告主要从市场风险管理的角度审视，其核心职能应至少包括以下几个方面：

（1）监控投资组合的损益状况；

（2）反映投资组合的市场风险状况；

（3）反映投资组合的各项限额占用情况；

（4）提供制定或调整交易政策、战略的依据。

完善的市场风险报告体系应当能够为市场风险管理的各层级主体提供全面有效的风险信息，为管理者提供重要的决策支持依据。市场风险的报告体系应达到以下几方面的要求：

（1）准确性：损益数据准确、各项风险计量指标准确；

（2）时效性：根据报告的不同受众，分别实现强调时效性的日度报告或更多包含总结和分析的周度、月度报告；

（3）全面性：涵盖各维度，如产品维度、风险类别维度、部门维度、币种维度等，力求提供全方位的风险视图；

（4）分层次：公司整体层次、部门层次、交易台层级、交易策略层级等，同业务管理的层级相匹配。

第二节　市场风险识别

基于市场风险管理基本步骤，市场风险识别是进行市场风险管理流程中的首要阶段和基础环节。为了进行科学有效的市场风险管理，首先需要能够及时、准确地识别出各种业务和各自产品所面临市场风险的类别和性质，这是后续进行市场风险度量及市场风险监测的前提条件。

市场风险识别是指从定性的角度对每项业务和产品所面临的各种各样

的市场风险因素进行认识、鉴别和分析，找到影响资产市场价格的因素（即风险因子）。需要通过对业务的深入理解和分析，来判断出哪些业务、业务的哪些环节中存在着何种类型的市场风险，以及风险影响程度如何。风险识别是一项重要且较为复杂的工作，它要求管理人员运用有关知识和方法，系统、全面和连续地发现业务的风险来源、风险的影响范围及其潜在的后果等。一方面，市场风险的识别要及时和准确，需要在业务和新产品开展前就进行及时的风险识别，而不是在业务已经发展至较大规模和具有较大的风险敞口后才发现其存在的市场风险；另一方面，市场风险的识别要深入和全面，对同一业务中所涉及市场风险的类型要有全面的认识和深入的理解，充分考虑到各种风险因子之间的相关性。此外，由于各业务的风险并不是一成不变的，需要持续监测和识别业务的市场风险才能把握业务的风险情况。在市场风险识别的流程上，应该定期对各业务部门进行全面或者专项检查，包括对各类业务的战略和业务模式、业务所面临的运营环境和监管环境进行年度风险评估。同时，在各类新产品的推出、市场发生重大事件以及重要的业务流程发生变化等情况下，需要进行持续的风险评估。

进行市场风险识别首先要从市场风险产生的原因入手，对风险管理的对象（即金融机构所开展的各类业务）所面临的各种市场因素进行认识和系统归类，从而识别出影响其市场价格波动的不确定性或者风险因素。在具体实践中，可以结合各类业务的具体特点、性质及敞口暴露来识别其市场风险。

对于金融机构来说，市场风险主要集中在债券交易、股票交易、外汇交易、期货合约、期权合约等业务。由于利率、汇率、商品、债券和股票等标的资产市场价格变化会带来市场风险，因此，本节后续内容，将对固定收益证券、股权及其衍生产品、外汇产品以及大宗商品四大类产品，介绍其基本特点并识别出其主要的市场风险因子。

一、固定收益证券市场风险

传统的固定收益证券是指承诺支付固定息票的债券，但随着时间的推移，已推广到任何借贷方在特定时间内向证券持有人作特定支付的证券。

目前，固定收益市场可以大致分为传统债券市场、固定收益类衍生产品市场以及资产证券化产品市场。

固定收益类证券估值的基本思路都是确定未来现金流，再根据当前利率曲线贴现得到估值。现金流减少，或贴现收益率的上升，都会导致固定收益类证券价格下跌。因此，其未来现金流的不确定性以及贴现利率的不确定性是其主要市场风险。对固定收益类证券的市场风险，都可以从这两方面来进行识别。

（一）传统债券

传统债券按照未来现金流结构可分为固定息票债券、零息债券、浮动息票债券、永续债券等，它们未来现金流的不确定性有：

（1）浮息债的利息收入将随着利息基准的变动而变动。市场上浮息债的利息基准通常为 FR007、一年存款利率等。随着贷款基础利率（LPR）的发布，越来越多的特种金融债（即三大政策性银行发行的债券）选择锚定 LPR 利率发行浮息债。基准利率受到国家宏观财政政策、货币政策、市场流动性、市场供需等因素影响。

（2）信用债因违约导致现金流大幅低于预期。对于违约的处理有两种方式，一种方式是直接考虑未来现金流违约的可能性，以通过评级等观察隐含的违约概率为主；另一种方式是通过提高贴现利率来进行补偿，以通过利差反映隐含的违约概率为主。前一种方式更多被用于信用风险管理。市场风险管理常用交易市场上被直接观测到的信用利差作为风险因子。

（3）含权债的回售或赎回将改变未来现金流的发生时点，但回售是否发生与投资者对当前利率环境和主体情况的判断相关，而相关因素可通过目前的收益率曲线结构以及利率波动率来刻画。

从上面几点看，未来现金流的不确定性大部分也由市场利率的不确定性来刻画。因此，传统债券的风险可体现为利率的不确定性，具体又可分为两大类：市场基准利率的风险以及信用利差的风险。

1. 市场基准利率的波动

市场基准利率通常也被称为无风险利率。受国家宏观财政政策、货币政策、市场流动性、市场供需等因素影响，市场基准收益率每天都在波动，这直接导致利率债券价格的波动，同时带动信用债收益率的变动。

通常被认为是市场基准利率的有：LPR、货币市场利率曲线（比如FR007、FDR007、SHIBOR等，包括以其为标的的利率互换曲线）、国债收益率曲线、国开债收益率曲线（相较于国债更包含了隐含税率的影响，因而能更精确地反映信用利差）。图2－2和图2－3分别展示了2020年1月至2022年5月FR007曲线走势图以及2021年末时点的国债收益率曲线。

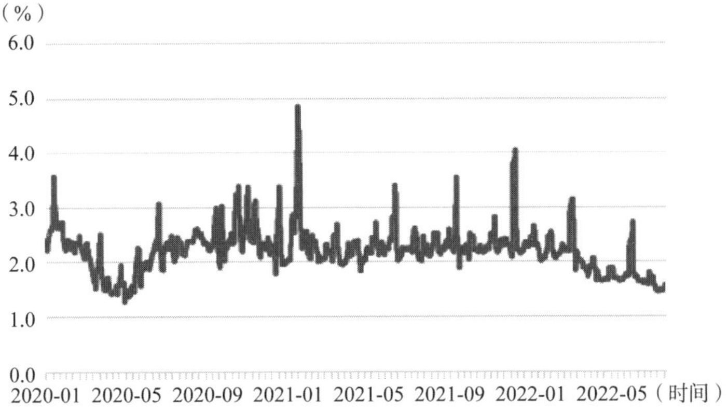

图2－2　FR007曲线走势图

资料来源：Wind。

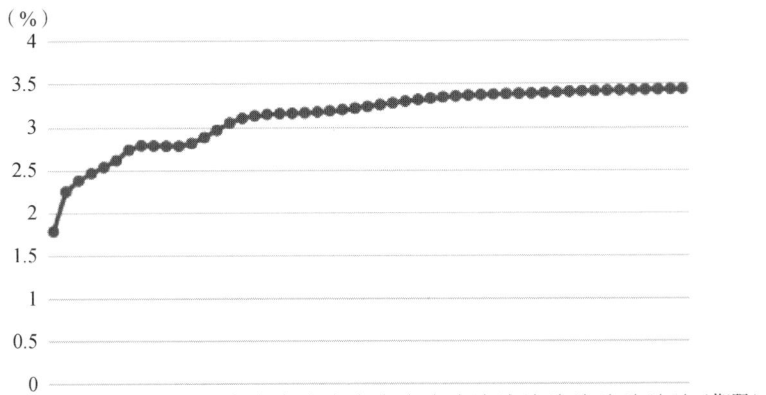

图2－3　2021年末国债收益率曲线

资料来源：Wind。

2. 信用利差的波动

信用债未来现金流违约的可能性，可通过在市场基准利率的基础上提高贴现利率来进行补偿，这部分提高的利率被称为信用利差。当债券发行人信用状况恶化、评级变化、市场出现不良传闻、市场风险偏好下降时，都会导致信用利差上升，从而导致信用债券价值的下跌。

信用利差的波动又可再次分解为两个部分：一部分为债券所对应的贴现收益率曲线的波动，这部分波动属于市场整体的波动，源自该债券的评级。债券对应的贴现收益率一般都使用同类型、同评级或同行业的市场指数收益率曲线。中国债券市场上最常用的是中债登提供的中债系列收益率曲线。信用利差的波动另一部分来自该债券相对于对应贴现收益率曲线的剩余利差。这部分利差来源于该债券相对于同类债券以外的个性化部分，与该债券本身的信用资质更为相关。

虽然信用利差可分为两部分，但从风险因子识别的角度，只能识别出前一部分。这是因为，对于大部分单个发行人和债券，没有足够的交易数据来构造该发行人特有的收益率曲线、识别出债券的利差风险，只能使用包括所有同类债券的市场指数收益率来估计波动。对于未发生特定信用事件的普通信用债，该方法可包括由大部分信用利差引起的信用风险。但对于某些处于特殊情形，比如已发生信用事件或有市场传闻的债券，普通的市场风险计量会低估其风险。对于这类债券，需以信用风险管理的方式进行专项风险识别，特殊处理。目前随着数据处理水平的提高，中债登也开始提供从主体个券交易抓取其收益率情况，进而反推出其隐含评级的服务，以更好地描绘主体和个券在曲线以外的信用利差。

（二）固定收益类衍生产品

固定收益类衍生产品，是基于债券价格、利率或其他债券市场变量的衍生产品。从大类上，可以大致分为利率衍生产品和信用衍生产品；另外收益互换和债券远期也是目前市场上主流的产品类型。

1. 利率衍生品

利率衍生品，是指标的资产的价格衍生于市场利率的金融衍生产品，主要包括利率互换、债券期货和利率期货、利率期权等。目前我国常见的是利率互换和国债期货。近年来随着 LPR 利率期权产品的推出和场外交易市场（OTC）的发展，利率期权的交易也越来越常见。

利率互换是用固定的现金流换取基于市场利率的浮动的现金流的交易，可以分解成一笔固息利率债和一笔浮息利率债，其风险的识别等同于传统债券的风险识别。

国债期货是标的为虚拟国债的期货，主要面临国债的基准利率风险，但更为复杂一些。国债期货的基准债券为标准券，但实际可交割券有多只，每只通过转换系数确定实际交割价格。因此，利率的变动通过影响最廉交割券（CTD）间接影响国债期货价格，也会通过影响市场预期而在升贴水上有所体现。如果细致地分析，那么须考虑最廉交割券选择权的价值也会影响国债期货的价格。通常而言，利率波动率越大，对有交割选择权的国债期货卖方越有利。

利率期权近年来有了显著的发展，目前在场外市场可以选择多种种类的标的和结构，而场内多数以 LPR 和 FR007 为标的，包括利率上/下限期权（Cap/Floor）、互换期权（Swaption）等。这一类型的期权可以为各种类型的机构提供更为丰富的对冲选择，其风险识别与其他标的的期权类似，但对冲时需要使用利率为标的的其他衍生品。

2. 信用衍生品

信用衍生品，是用来转移贷款或债券信用风险的金融衍生工具。目前常见的信用衍生品在我国市场均有交易，包括 CDS、CRMW、CLN 等。

无论 CDS 还是 CRMW，它们的本质并无差异。它们的一端是固定周期的保险费支付，另一端为违约发生时的保险赔付。这两端合计的贴现值即为衍生品合约价值。区别主要在于 CDS 是合约而 CRMW 是证券，且条款在自由度上有一定差异。

CLN 则与 CDS 和 CRMW 有较大区别，创设 CLN 相当于买入信用保护，买入 CLN 相当于卖出信用保护，CLN 的票息由创设方向买入方支付，相当于保险费用，其估值方式也与 CDS 和 CRMW 类似。

在无套利模型下，未来现金流使用无风险收益率进行贴现，因此同样存在利率风险。

现金流的风险主要体现在违约概率上，同上文类似的处理方式，违约概率可通过利差来体现。因此，信用衍生品的主要风险来自信用利差的变动。对于境外成熟的 CDS 产品，信用利差风险因子即 CDS 利差曲线（通常做市商会进行报价）。境内信用衍生品交易不活跃，也没有做市商进行报价，衍生品的信用利差曲线从债券的交割价格中剥离。

3. 收益互换和债券远期

收益互换此前常见于股票收益互换，近年来随着监管的调整，以固定收益债券、国债期货等为标的的收益互换越发常见，也时常作为南向通、北向通的替代品。收益互换是指与交易对手约定，一方支付某标的的浮动收益，另一方支付与该标的无关的固定收益。以特定债券为标的的收益互换的现金流与债券远期非常类似。

债券远期是指与交易对手约定以固定的价格或约定的费用利率，在未来某个确定的日期购入或卖出某标的债券。2017 年之前，国内市场上的债券远期往往与现券交易结合，在一定程度上承担了回购的职能，在市场上较为流行。2017 年，中国人民银行、中国银监会、中国证监会、中国保监会发布《关于规范债券市场参与者债券交易业务的通知》（银发〔2017〕302 号），之后，债券远期逐渐淡出了市场。

债券远期本质上等同于一笔现券，再加一笔回购借款，在风险识别上较为简单。在远期到期前债券若发生分红或提前还本会使问题略微复杂，但差异也不大。现券的风险识别和传统债券类似。回购借款的风险在于回购利率的波动，但若远期期限较短，该风险可忽略不计。

（三）资产证券化产品

资产证券化是一种以特定现金流为支持，将基础资产产生的现金流重新组合打包并以证券的形式发行出售给各类投资人的融资方式。在资产证券化过程中发行的以资产池为基础的证券称为证券化产品。资产证券化的基础资产可以是任何具有未来预期现金流的资产，最常见的资产类型包括住宅按揭贷款、信用卡应收账款、汽车贷款、债券和银行贷款等。资产证券化能够实现再融资以及将资产移出表外，能够提高资产的流动性，把原来流动性差的资产转换成可流动的证券。

资产证券化产品的市场风险和传统债券基本一致，同样存在基准利率风险和信用利差风险，但在细节上略有不同。这主要体现在两方面：（1）资产证券化产品的利差风险除了与标的资产本身的信用资质相关，标的资产之间的相关性也有非常大的影响。（2）资产证券化的利率风险除了存在利率波动风险外，基础资产的提前偿付还容易带来再投资风险。

1. 相关性风险

市场上主流的资产证券化产品的基础资产都是一系列的资产，原因在于若基础资产不同时违约，优先级受损的可能性大大降低。而基础资产是否同时违约，可以用基础资产的违约相关性来刻画。一般而言，若在同样质量和数量的基础资产下，相关性越低，同时违约的风险越低，优先级违约的概率就越低。即使违约，违约回收率也较高，优先级的价值越高。相关性对次级的影响则完全相反。

从2007—2008年美国次贷危机的历史经验看，资产证券化虽然有多笔基础证券，但基本上都为同类资产，在经济危机时的违约相关性急速上升。这个相关性在经济较好时是被大大低估的。

2. 提前偿付风险

提前偿付风险是指资产证券化基础资产的提前偿付率与预期不一致，导致未来现金流发生变动，使得证券化产品的估值变动的风险。它主要出现在住房抵押资产证券化产品上。

美国的固定利率住房抵押资产证券化产品，当市场利率下降时，房贷借款人可再融资提前还款，提前还款率增加，但此时再投资收益率下降，导致提前还款风险是此类证券化产品的主要风险之一。但目前中国国内的住房抵押贷款普遍都是浮动利率，另外中国也没有便利的再融资渠道，使得市场利率下降导致提前还款率增加，进而导致再投资风险的大环境不存在。提前还款风险虽然存在，但不是资产证券化产品主要考虑的风险。

二、股权及衍生品市场风险

（一）股票市场

股票或称为普通股，代表一个公司的所有权份额，其本质特征即是它的收益性与风险性。首先，收益性是股票作为金融市场的一种投资品种所具备的最基本特征。股票的收益来自公司的分红和派息收入，以及投资者从二级市场中买卖股票获取的价差收益。股票的预期收益远高于一般固定收益证券的资产，相应地，股票的风险性也同样高于固定收益产品。

股票投资的风险是指投资于股票资产而未来可能取得收益的不确定性。股票风险源于股票价格的潜在变动，通常将投资组合的股票风险分解为整个市场范围内的系统性风险和股票的特殊风险。其中，系统性风险是由基本经济因素的不确定性引起的，对整个股票市场或者大多数股票普遍产生影响的风险。系统性风险的主要特征是具有普遍性，所有股票均下跌，无法通过分散化投资来化解。非系统性风险，也称为股票的特殊风险，它是某个公司由于其业绩基本面发生变化，或者因市场供求关系的变化等特殊原因而导致该股票价格的下跌。非系统性风险只与公司本身有关，且仅对具体的个股产生局部影响。股票投资者可以通过分散投资标的来弱化甚至完全消除非系统性风险。

通常使用Beta系数来衡量股票的系统性风险，若某股票的Beta系数大于1，表明该股票的系统性风险大于市场指数。Alpha表示某股票的超额收益，即某股票的平均收益率与市场收益率乘以该证券的Beta值后的差值。

股票按照其所属行业的不同，处在相同行业的股票会受到行业层面政策因素和行业整体趋势的统一影响，而具有一定的相关性。因此，行业因子是股票市场一个非常重要的风险因子。类似地，按照股票流通市值的大小，也通常将股票分为大盘股、中小盘股等，该类规模因子也是股票市场风险的另一个重要的风险因子。中证指数有限公司编制了一系列中证规模指数来反映沪深A股市场中不同规模特征股票的整体表现。以中证100指数和中证500指数为例，其过去几年内的指数表现如图2－4所示，反映出A股市场不同规模因子股票的市场表现差异。大规模的股票和中小规模股票收益率在不同市场环境下表现不同，例如在疫情低点后的上涨中，这个差别曾在2021年初高达40%。

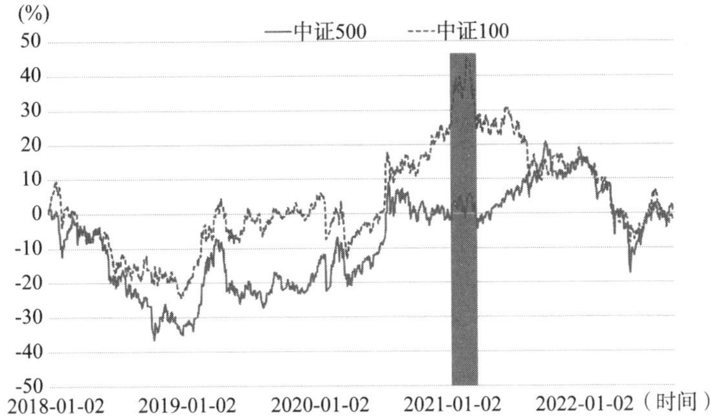

图2－4　中证100指数和500指数表现

资料来源：中证指数有限公司、Wind。

以股票（包括单只股票、股票组合或者股票价格指数）作为基础资产，在此基础上派生出了大量的股权衍生产品，其价格取决于基础资产的价格变动，最常见的股权衍生产品包括股指期货、股票期权及股票收益互换等。下面将以股指期货和股权期权为例，简要介绍其市场风险识别方法。

（二）股指期货

股指期货是以股票价格指数作为标的的期货合约。在交易中，股指期货的合约价值用股票指数的点数乘以规定的单位金额来计算。以沪深300股指期货合约为例，每个指数点代表300元。

从市场风险识别的角度来说，由于股指期货包含有股票特性和期货两方面的特性，因而标的资产即股票指数的点位、市场的无风险利率水平、股票指数的红利收益率等因素都将影响股指期货的合约价格。根据无套利原理，股指期货价格将随着合约到期而收敛于现货价格，期货价格一般高于即期价格。通常定义股指期货的合约价格与标的指数价格的差为基差，从本质来看，基差反映着货币的时间价值，当货币的时间价值为正时，基差理论上也为正值。期货价格同无套利原理价格之间的差别，会因为市场上的套利交易而收敛。但是，国内市场中，由于杠杆工具缺乏、做空受限等原因，在市场情绪显著的时期，常会出现基差远远偏离理论值的情况。

在股指期货交易中，由于现货价格与期货价格波动不一致，从而基差波动的不确定性将产生市场风险，该风险被称为基差风险。

以中证 500 股指期货为例，近 5 年内其基差长期处于负值，但在特殊市场环境下负基差会显著收窄甚至转为正基差（见图 2 – 5）。股指期货基差有很大的波动，该波动的不确定性——基差风险是股指期货合约的一个重要风险因子。

图 2 – 5　股指期货基差及其变动

资料来源：Wind。

此外，由于股指期货的交易实行低比例的保证金制度，这使得股指期货的交易具有很高的杠杆效应，在放大可能收益的同时，也相应地放大了市场风险。由于股指期货实行逐日盯市和当日无负债结算制度，投资者需要保留充足的保证金，否则将面临被追加保证金并进一步强制平仓的风险。

（三）股票期权

股票期权是指交易双方对标的股票的未来买卖权利达成的合约，期权买方通过向卖方支付一定的权利金，而获得有权在约定时间以约定的价格向期权卖方买入或卖出特定数量的标的股票的权利。此约定的价格为期权的行权价，约定的合约有效日期为合约到期日。根据交易场所的不同，股票期权可以分为场内期权和场外期权。场内期权是指在集中性的金融期权场所进行的标准化（合约要素由交易所制定）的金融期权合约交易，而场外期权是指在非集中性的交易场所进行的非标准化（合约要素可根据需求定制化）的金融期权合约交易。场内期权根据交易方向的不同，可以分为认购期权和认沽期权，分别意味着有权买入股票和有权卖出股票的期权。而场外期权的结构有时比较复杂，不能简单地以认购和认沽来区分。

影响股票期权价格的主要因素包括股票标的价格、行权价、到期时间、标的股票的波动率、市场利率和股息等因素。

对于认购期权来说，由于其代表有权以行权价买入标的股票，因此如果股票标的价格上涨，则认购期权的价格上涨；而对于认沽期权，股票价格对期权价格的影响则相反。类似地，行权价越高，认购期权的价格就越低，而认沽期权的价格则越高。

对于美式期权来说，在其他变量相同的情况下，到期剩余时间越长的期权对于期权买方的价值越高，对期权卖方的风险越大，因此期权价格也更高。但是对于欧式期权，由于其只能在期权到期日行使权利，剩余到期时间的长短对期权价值的影响是不确定的。

在其他变量相同的情况下，如果市场无风险利率越高，则认购期权的价格越高，认沽期权的价格越低。利率的变化对期权价格影响的大小与期权到期剩余时间的长短正相关。此外，波动率作为一个风险单独度量，在股票期权市场风险的度量中起着重要的作用。标的股票的波动率是用来衡量股票未来价格变化的不确定性，波动率越高意味着标的股票的价格波动越剧烈，标的股票价格偏离执行价格的可能性越大，可能获得的收益就越大。因此，合约标的波动率越高，其期权的价值就越大。图 2－6 为标普 500 股票指数在不同时刻的隐含波动率构成的波动率指数，即 VIX 指数。

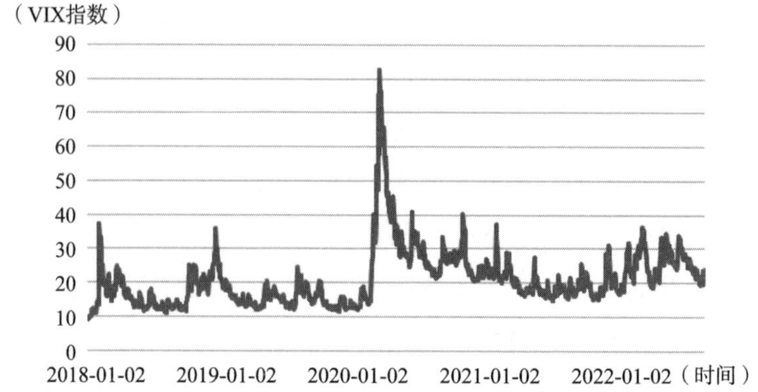

图 2－6　VIX 指数：隐含波动率

资料来源：东方财富 Choice。

对场外期权而言，虽然期权价格也受到上述要素的影响，但相对场内期权个性化程度更高、收益结构更加复杂，无法一概而论。有时甚至两笔相同收益结构类型的场外期权，也可能由于期权合约要素的微小不同，而使得期权价格与某些影响因素的关系截然不同，所面临的风险也可能大相径庭。例如，对自动赎回型期权产品（也称为“雪球产品”）而言，其收益表现与标的股票价格密切相关，尤其是在股票价格临近障碍水平时，期权风险变化剧烈，对于此类障碍期权需要更加精细化的市场风险管理。

三、外汇市场风险

外汇交易市场是经营外币和外币计价的票据等有价证券买卖的市场，它是一种银行间市场。所有买卖外汇的商业银行、外汇经纪人、进出口商和其他外汇供求者都通过外汇市场进行各种交易。按照交割期限的不同，通常可以分为即期交易和远期交易，以及即期和远期结合的掉期交易。

外汇即期交易，是两种货币间交易后尽快交割，通常在两个交易日之内交割。即期交易是外汇市场上最主要的一种交易方式，即期汇率也是所有外汇汇率的基础，其他外汇交易的汇率都是根据即期汇率计算出来的。

外汇远期交易，又称为期汇交易，是指交易双方订立交易合同之后，从成交日后第 3 个交易日起的未来某个交易日按照商定好的币种、汇率和金额完成货币交割的外汇交易。

外汇风险是指在不同货币的相互兑换或折算中，因汇率的变动致使实际收益与预期收益发生背离，从而蒙受经济损失的可能性。外汇风险的产生，源于外币价值的潜在变动，包括特定货币的波动率、不同货币之间的相关性及贬值风险。广义的外汇风险不仅包含上述提到的汇率风险，也包括利率风险、信用风险、会计风险和国家风险等。但从市场风险的角度考虑狭义的汇率风险，对于金融机构来说，如果其持有的外币资产和负债存在敞口，则由于汇率变动将引起外汇资产或负债出现增值或减值，因此，将该部分的外币金额称为汇率风险敞口或汇率风险暴露。

外汇市场提供了期货、远期和期权等各种衍生交易品种，其中最常见的是外汇互换（Currency Swap）。

外汇互换是指交易双方按照事先的约定交换不同货币现金流的合约，它与利率互换很相似，但此时的利率为两种货币的利率。不同于利率互换通常采用净现金流的方式支付，外汇互换由于使用不同的货币，其交易中全部的支付都是以不同货币的形式进行。外汇互换可以分解成两种不同币种债券的价格差，因此，其市场风险暴露于三个风险因子：即期汇率和两种货币的利率。

四、商品市场风险

商品市场包括农产品、贵金属、基本金属、能源化工等产品，通常在交易所交易。商品交易合约包括即期、期货和期权合约。从金融市场的角度来说，经常使用的是商品远期合约和商品期货合约等金融工具，投资者经常使用商品金融工具来规避商品的价格风险或者实现投机营利的目的。

我国主要的商品期货交易所有上海期货交易所、郑州商品交易所、大连商品交易所和广州期货交易所。商品期货的标的资产种类较为丰富。其中，上海期货交易所有原油、低硫燃料油、铜、铝、锌、黄金、白银、螺纹钢、天然橡胶等商品期货；郑州商品交易所的期货品种包括棉花、白糖、动力煤、纯碱、甲醇等；大连商品交易所则交易大豆、玉米、聚乙烯、铁矿石、焦煤、焦炭、液化石油气等期货；广州期货交易所挂牌上市其首个交易品种——工业硅。

商品和金融资产最主要的不同之处在于投资商品会带来存储成本。对于大部分金融工具来说，其存储成本是可以忽略不计的，但是投资商品的存储成本相当高，尤其如电力等商品更是极难存储。

商品市场风险因子的识别可以先从影响商品期货价格的各种因素入手。先简单介绍一下商品期货的定价。如果资金成本为 r，即购买商品的融资成本；持有商品的成本为 q，例如仓库租金、保险费等；持有商品的收益为 y。如果商品的当前价格为 S 元，则根据无套利原理，可以得知其期货价格 F 如下：

$$F = Se^{(r+q-y)^T}$$

以上几个参数的变化都将影响商品期货的价格。因此，市场利率、持有成本、基础资产商品本身的收益等因素便是商品期货的主要市场风险因子。如果期货价格 F 高于现货价格 S，则市场是期货溢价的，这意味着扣除成本后，持有商品的收益率（$y-q$）低于利率 r。反之，如果期货价格 F 低于现货价格 S，则市场是现货溢价的，这意味着扣除成本后，持有商品的收益率（$y-q$）高于利率 r，也可以理解成由于市场对商品的当期消费需求高，导致了较高的现货价格。

第三节　市场风险计量

市场风险因子识别后，下一步市场风险管理的必要条件是市场风险因子的“可度量”。“可度量”是指，我们除了上面提到的识别风险点外，还需要知道每个风险点上的风险大小（发生概率和严重程度）。具体又分为定性和定量两种。比如信用风险管理中常用的评级，便是一种定性度量，一般认为评级较高的信用主体违约概率较低，信用风险相对较小。市场风险管理中更常用定量的管理工具。本节主要介绍常用的计量指标，具体可分为规模、敏感性、波动性（VaR）、情景分析（压力测试）几类。除此之外，还有一些集中度和资产流动性相关的辅助指标，用来保障在风险发生时，实际结果不会过度偏离上述指标度量的结果。规模、敏感性、波动性这三大类指标从前往后定义趋向复杂，但汇总性（可加性）也越强。

一、规模和杠杆

金融资产组合里的股票市值、债券市值是最简单的规模指标，它们最直截了当、最容易被理解。常用的规模指标有以下这些：

（1）市值，通常用来作为现货投资的规模指标。注意计算债券市值需包括应计利息。

（2）标的市值，通常用来作为有现货标的的衍生品的规模指标。比如远期、期权等。

（3）合约/名义面额，通常用来作为没有现货标的的衍生品的规模指标，比如利率互换、国债期货等。

某些金融资产有多个规模类指标，比如债券远期，合约面额和标的市值都可以指代该业务的规模，可根据指标目的的不同来选择。比如，若为了和债券现货合并统计风险敞口，通常用“标的市值”更合适；若为了更好地观察是否有变动，用“合约面额”更清晰，因为“市值”会跟着市场走势出现小幅变动。

在汇总时，多头和空头直接相加，得到的是“净规模”，取绝对值后相加，得到的是“毛规模”。“净规模”是敞口概念，通常被作为限额。但“毛规模”在某些业务环境下也很重要，在多空持平的业务中，“净规模”通常接近于0，但并不意味着无风险，此时需要增加“毛规模”的限额来控制业务规模。

规模类指标最适合在“单个”和“类似”的风险因子上进行汇总。横跨风险类型和风险因子的规模汇总的指示意义不强。不同风险类型之间以及相同风险类型下不同的风险因子之间，规模都无法直接比较。比如同一发行人的100亿元1年期的债券和100亿元5年期的债券，在利率因子的市场风险上，后者可能远大于前者；而对于同一股票，100亿元深度价外的看涨期权，其风险远低于100亿元深度价内的看涨期权，后者几乎相当于100亿元股票。

规模类指标和资金额度结合便得到杠杆指标。毛规模和净规模分别对应毛杠杆和净杠杆。根据规模计算方法的不同，又可以分为资金（或财务）杠杆和风险杠杆，前者关注资金的流动性风险，后者关注资产买入卖出的流动性风险。

历史上造成重大损失的案例，通常都是因为超高的杠杆，在风险事件发生后出现资金和资产的流动性问题，放大了组合的损失造成的。因此，杠杆是一个常规且重要的风险计量指标。

二、敏感性

规模类指标在不同风险因子上汇总的意义不强，这方面的改进之一便是敏感性类指标。它是金融资产的波动相对于特定风险因子波动的一阶或高阶近似，在同类风险因子上有更好的汇总能力。

权益类方面最著名的敏感性指标是以Delta和Gamma为主的Greeks系列，主要用于非线性权益类资产的风险计量（也可扩展到商品类和汇率类资产）。固定收益类资产对应的概念是久期、凸度、基点价值等。

（一）Greeks系列

Greeks系列主要用于非线性产品的风险计量。它本质上是变量A相对于另外一个基准变量B的敏感性（一阶导数）。以变量A作为纵轴，基准变量B作为横轴，得到Greeks指标（见表2-1）。

表2-1　Greeks指标

指标	标的价格（S）	波动率（σ）	剩余期限（τ）
估值（V）	ΔDelta	νVega	ΘTheta
Delta（Δ）	ΓGamma	Vanna	Charm

续表

指标	标的价格（S）	波动率（σ）	剩余期限（τ）
Vega（ν）	Vanna	Vomma	Veta
Gamma（Γ）	Speed	Zomma	Color
Vomma	—	Ultima	Totto

在这些 Greeks 中，Delta、Gamma 和 Vega 最为重要，以下详细说明。

1. Delta 和 Gamma

一个证券或一个组合的价值为 P，是其风险因子（或者说基准证券）的价格 S 的一个函数，那么该证券的价值相对于该风险因子的价格变动可以展开到二阶：

$$\mathrm{d}P = \Delta \mathrm{d}S + \frac{1}{2}\Gamma (\mathrm{d}S)^2$$

显然 Δ 和 Γ 有表达式：

$$\Delta = \frac{\mathrm{d}P}{\mathrm{d}S}, \Gamma = \frac{\mathrm{d}^2 P}{\mathrm{d}S^2} = \frac{\mathrm{d}\Delta}{\mathrm{d}S}$$

直观上来说，Δ 表示该证券或组合相当于多少“份”基准证券。比如一份可买入一股股票期权的 Delta 为 0.5，则表示该期权大约相当于半股股票。显然，线性产品的 Delta 都是 1，香草期权的 Delta 在 -1 到 1 之间。

而 Γ 则是 Δ 对 S 的再次求导，衡量 Δ 随着 S 价格变动的变化幅度。对于线性产品，Γ 等于 0，对于普通期权，Γ 大于 0。

从上面 P 的展开式看，Γ 大于 0 是一件非常好的事情。但它是有代价的，代价是 Θ，即该证券的时间价值。

指标 Delta 和 Gamma 有个缺点，在不同基准证券上不可加。比如一个组合卖出一只股票的看涨期权并买入另一只股票的看涨期权，其中前者标的股票价格为 100 元，后者为 10 元。假设两个期权的 Delta 都是 0.5，那么直接将它们相加得到组合的 Delta 是 0。这个 Delta 本身没问题，如果两个股票都上涨 1 块钱，那么期权组合的价值基本不变。但实际参考价值不大，因为实际中这两个股票不太可能同时上涨 1 块钱，可能性更大的是，前一个股票上涨 1 块钱，后一个只上涨 1 毛钱，此时组合实际将损失 0.45 元。所以，在实际涉及股票等风险因子时，大家用得更多的是 Delta 金额和 Gamma 金额。它们与 Delta 和 Gamma 的区别在于：假设是基准证券的价格都变动同样的比例（即收益率一样，比如同时上涨 1%）。

2. Delta 金额和 Gamma 金额

Delta 金额（Dollar Delta，用 Δ_d 表示），是指该证券或组合相对于多少"市值"的基准证券。比如一个可转债组合（相对于股票）的 Delta 金额为 100 万元，即代表该可转债组合大约相当于持有 100 万元市值的股票，即：

$$\Delta_d = S\Delta = \frac{S\mathrm{d}P}{\mathrm{d}S}$$

如果标的股票不一样，先用上面式子算出每个持仓的 Delta 金额，再累计即可。注意 S 的收益率可以写成 $\mathrm{d}S/S$，所以 Δ_d 是组合市值变动相对于风险因子（或基准债券）收益率的一阶展开式：

$$\mathrm{d}P = \Delta_d \frac{\mathrm{d}S}{S}$$

可以将上式推广到二阶，就像上面定义 Δ 和 Γ 那样，这样可以定义 Gamma 金额（Dollar Gamma）。用 Γ_d 表示组合市值相对于基准证券收益率的二阶展开系数：

$$\mathrm{d}P = \Delta_d \frac{\mathrm{d}S}{S} + \frac{1}{2}\Gamma_d \left(\frac{\mathrm{d}S}{S}\right)^2$$

即：

$$\Gamma_d = \frac{\mathrm{d}P}{(\mathrm{d}S/S)^2} = S^2\Gamma$$

但需要注意的是，这里的 Gamma 金额并不是 Delta 金额相对于收益率的敏感性，这与 Gamma 和 Delta 之间的关系不一样。事实上，它们之间恰好相差一个 Delta 金额：

$$\Gamma_d = \frac{\mathrm{d}\Delta_d}{\mathrm{d}S/S} - \Delta_d$$

对于线性产品，上述定义的 Delta 金额即产品市值，Gamma 金额为 0。当然我们也可以定义 Gamma 金额为 Delta 金额相对于收益率的敏感性，但此时上面 dP 的二阶展开式就不再成立，而且线性产品的 Gamma 金额也不为 0，与直觉不太相符。

3. Vega

期权等非线性证券（尤其是价外期权）的价值主要来源于标的证券的波动性。对于普通期权，波动性越大，期权的价值越大。所以预期波动率（即期权价格隐含的波动率）下降时，期权价格下跌。因此，波动率是期权的一个主要风险因子，并且不同于人们更为熟悉的股票价格、利率水平等因子。而 Vega 则是用来计量波动率风险的主要指标。

从数学上看，Vega 是证券价格相对于标的证券的波动率的一阶导数：

$$\nu = \frac{\mathrm{d}P}{\mathrm{d}\sigma}$$

为了直接交易或对冲 Vega 风险，有些交易所也开发了以波动率为基准证券的线性产品，比如 VIX 指数期货。对于 VIX 指数，ν 即其标的金额。

（二）利率敏感性指标

在债券的估值中，现金流比较固定（除债券含权或浮息债），影响债券估值的主要因素是收益率曲线的变动。所以，我们需要知道收益率曲线的变动对债券估值的影响，这便是久期和凸度的来源。

直观来看，久期 Δ 和凸度 Γ 是债券价格变动率 dP/P 相对于到期收益率 r 的一阶和二阶展开系数（注意：这里的 Delta 前面相比于上面 Greeks 里的公式多了一个“-”号，主要是为了让普通债券的久期为正数，更方便使用），即：

$$\frac{\mathrm{d}P}{P} = -\Delta \mathrm{d}r + \frac{1}{2}\Gamma(\mathrm{d}r)^2$$

该公式中，dr 可替换成市场基准利率的变动，或者债券利差的变动，可同样展开，由此得到的一阶项系数称为利率久期和利差久期，二阶项系数称为利率凸度和利差凸度。

1. 有效久期和有效凸度

有效久期和有效凸度是正常的久期和凸度，即上式中的展开系数。通常使用：

$$\Delta = \frac{P(r - \mathrm{d}r) - P(r + \mathrm{d}r)}{2\mathrm{d}r}$$

$$\Gamma = \frac{P(r - \mathrm{d}r) + P(r + \mathrm{d}r) - 2P(r)}{(\mathrm{d}r)^2}$$

其中 $P(r+\mathrm{d}r)$ 和 $P(r-\mathrm{d}r)$ 分别为到期收益率向上或向下变动 $\mathrm{d}r$ 时的债券估值。

2. 修正久期和修正凸度

修正久期和修正凸度的计算公式在计算债券估值时，不考虑现金流的变化，把它当作一个普通债券处理。对于普通债券，修正久期、修正凸度和有效久期、有效凸度是一样的。但对于内含期权的债券，计算修正久期和修正凸度时，不考虑债券内含期权导致的未来现金流变化。

修正久期的提出是因为某些情况下有效久期的计算过于复杂，从而使用修正久期和凸度来进行近似。中国债券市场上，中债登提供的久期便基于修正久期，对含权债提供两个估值和久期。

修正久期和有效久期都是基于全价，因此，付息时债券的久期会小幅跳动上升。也就是说，债券久期并不是随着到期日的临近一直逐渐变小。

3. 麦克劳林久期

麦克劳林久期是指加权现金流期限。它也不考虑现金流的变化。对于零息债券，麦克劳林久期即到期期限。

4. 久期金额（Dollar Duration）、凸度金额（Dollar Convexity）

对于有效久期和有效凸度，我们可以定义久期金额 Δ_d 和凸度金额 Γ_d：

$$\Delta_d = P\Delta, \Gamma_d = P\Gamma$$

显然，它们分别是债券价格变动相对于收益率变动的一阶和二阶展开系数：

$$dP = -\Delta_d dr + \frac{1}{2}\Gamma_d (dr)^2$$

5. DV01 和 CS01

DV01，也被称为 DVBP 或基点价值，概念上和有效久期金额一致，细节上有一些差异：

（1）一般来说计算久期和凸度使用到期收益率（或者认为收益率曲线是平坦的），但 DV01 可以使用任何合适的收益率曲线。

（2）DV01 特指收益率曲线平移一个 BP（即 0.01%）时，债券估值的变化。而久期，更严格定义是价格收益率相对 YTM 的一阶导数，虽然实际计算中通常让 YTM 变动 1BP 去近似。

基点价值的基本定义是曲线上升 1BP 对估值的影响。在实际使用中，根据风险因子的不同，又可以分为利率基点和利差基点：

（1）利率基点（DV01）是指所有利率曲线都上行 1BP 对价格的影响（比如对于浮息信用债，折现曲线、利率曲线、票息基准参考曲线三根曲线都需要上行）。

（2）利差基点（CS01）是指利差增加 1BP 对于价格的影响。

它们之间的差异可从下面几类产品中看出来（见表 2-2）。

表 2-2　　债券品种利率利差差异

分类	利率基点	利差基点	备注
固息利率债	较大	0	买入为正，卖空为负
浮息利率债	较小	0	
固息信用债	较大	较大	
浮息信用债	较小	较大	
国债期货/利率互换	较大	0	多头为正，空头为负
CDS/CRMW	较小	较大	买入为负，卖出为正

这里面主要可关注两点：一是浮息债的影响，浮息会让利率基点变小，但对信用债的利差基点没影响（利率债没有利差基点）；另外一点是利率衍生品，如国债期货和利率互换可对冲利率基点，但对利差基点没有

影响；而 CDS、CRMW 等信用衍生品则恰好相反。

当有了 DV01 和 CS01 之后，债券的估值变动可近似为：

$dP = -DV01 \times dr - CS01 \times dc$

其中 dr 为市场利率变动，dc 为该债券利差变动。

6. 关键点 DV01

关键点 DV01 和 DV01 类似，只不过在平移收益率曲线时，只平移收益率曲线的单个节点，移动量仍然是 1 个 BP。

关键点 DV01 也是 DV01 在各期限上的分解。

三、波动性（VaR）

VaR 对风险的描述比敏感性更进一步，主要体现在两个方面：一是 VaR 不仅考虑敏感性的大小，也考虑风险因子本身的波动大小，这使得跨风险类型的风险有可比性；二是 VaR 可以在不同风险类型上进行汇总。

（一）什么是 VaR

直观地说，VaR 代表着未来收益的分位点。定量地看，对于一个资产组合（或者一个公司或部门），假设在未来一段时间内收益额为 X。由于未来情况的不确定性，X 可视为一个随机变量。假设它的分布函数为 $F(x) = P(X \leqslant x)$，那么置信水平为 p 的 VaR 为：

$$\mathrm{VaR}_p = -F^{-1}(1-p)$$

此表达式中的负号是将 VaR 转换为正值，更符合日常的表述。换个角度看：

$$P(X \leqslant -\mathrm{VaR}_p) = 1-p$$

这意味着，如果说一个银行报告它的日 VaR 为 1000 万元，置信水平为 95%，那么在接下来一天，它亏损超过 1000 万元的概率为 5%，平均 20 天发生一次。

VaR 值对应了两个参数：一个为时间范围，指 VaR 所评估损益对应的期限，一般有 1 日、1 周或者 10 天；另一个为置信水平，通常使用 95% 或 99%，表示亏损超出 VaR 的频率为每 20 天一次和每 100 天一次。对于国际投资者，还需要指定 VaR 结果的货币类型。

（二）相关指标

1. ES（Expected Shortfall）

VaR 衡量一个投资的收益的分位点，衡量未来在一定概率上的损失情况，但某些时候还不够。比如说卖出一个深度价外期权，它的 VaR 为 0，但这不代表它没有风险。这类风险被称为尾部风险，可以用 ES 来衡量。

简单说来，ES 指位于超出 VaR 的损失的条件期望。假设 X 为预期收益，则：

$$ES_p = -E(X \mid X \leqslant -VaR_p)$$

除了 ES 外，它还有若干个称呼，比如 Conditional VaR，平均 VaR（Average Value at Risk），尾部风险（Expected Tail Loss）。

ES 除了可以衡量其厚尾风险外，还有一个更重要的特征：具有半可加性，即对于两个组合 P_1 和 P_2：

$$ES(P_1 + P_2) \leqslant ES(P_1) + ES(P_2)$$

这个特征使得对于一个大范围的风险限制可以分解到子单位上，只需要控制一个公司各个部门的 ES，即控制了整个公司的 ES。但 VaR 无法做到这一点。

2. VaR 的细分

一个组合由多个小组合或头寸组成，比如一个公司整体资产组合由各个部门的组合构成，一个组合也可以由不同类型的资产组成。其中，小组合的风险可以用它本身的 VaR 衡量，但这样就忽略了和组合中其他资产的相关性。更好的指标是增量 VaR 和成分 VaR，用来衡量组合的一部分如何影响整个组合的风险。

首先定义一些符号。一个资产组合在第 i 个头寸上的暴露市值为 w_i，那么其 VaR 可视为 w_i 的函数：$VaR = VaR(w_1, w_2, \cdots, w_n)$。

（1）增量 VaR（Incremental VaR），是指当一个头寸加入组合时新增的 VaR，或者说，从原组合删去一个头寸所减少的 VaR。

$IVaR_i(w_1, w_2, \cdots, w_n) = VaR(w_1, w_2, \cdots, w_n) - VaR(w_1, \cdots, w_{i-1}, 0,$

$w_{i+1},\cdots,w_n)$

增量 VaR 提供了很多信息。如果增量 VaR 小于 0，表明新交易降低了风险，即为对冲交易。如果想知道平掉哪个头寸可以最大限度消除 VaR 值，就可从各个头寸的增量 VaR 入手。

但需要注意的是，各个头寸的增量 VaR 之和并不一定等于总 VaR。

（2）边际 VaR（Marginal VaR），是 VaR 对于单个头寸暴露市值的敏感性，即：

$$\mathrm{MVaR}_i(w_1,w_2,\cdots,w_n)=\frac{\partial \mathrm{VaR}(w_1,\cdots,w_n)}{\partial w_i}$$

在实际计算中，通常使用：

$$\mathrm{MVaR}_i(w_1,w_2,\cdots,w_n)=\mathrm{VaR}(w_1,\cdots,w_n)-\mathrm{VaR}(w_1,\cdots,w_{i-1},w_{i-1},w_{i+1},\cdots,w_n)$$

用模拟法计算 VaR 时，边际 VaR 由更简单的方法获得，具体参考下面成分 VaR 的计算方法。

当投资者想减仓固定金额，同时想降低尽量多的风险时，便可以选取边际 VaR 最大的头寸进行操作。另外，边际 VaR 还是一个中间指标，用来计算下面的成分 VaR。

边际 VaR 与该头寸相对于该组合的 Beta 相关：

$$\mathrm{MVaR}_i=\beta_i\mathrm{VaR}$$

（3）成分 VaR（Component VaR），等于每个头寸的暴露市值与其边际 VaR（敏感性）的乘积：

$$\mathrm{CVaR}_i(w_1,\cdots,w_n)=w_i\times\mathrm{MVaR}_i(w_1,\cdots,w_n)$$

由于 VaR 是齐次函数，即对于任意 k，均有：

$$k\mathrm{VaR}(w_1,\cdots,w_n)=\mathrm{VaR}(kw_1,kw_2,\cdots,kw_n)$$

上式两边在 $k=1$ 处对 k 求导数，便有：

$$\begin{aligned}\mathrm{VaR}(w_1,\cdots,w_n)&=\sum_{i=1}^{n}w_i\times\frac{\partial \mathrm{VaR}(w_1,\cdots,w_n)}{\partial w_i}\\&=\sum_{i=1}^{n}w_i\times\mathrm{MVaR}(w_1,\cdots,w_n)\end{aligned}$$

$$= \sum_{i=1}^{n} \text{CVaR}_i(w_1, \cdots, w_n)$$

这说明成分 VaR 是组合整体 VaR 的一种分解方式，代表每个头寸对于总风险的贡献值。事实上，这个分解在任何一个层面上成立。比如一个股票的组合可以分解到各个行业。每个行业上的成分 VaR 将等于行业下各个股票的成分 VaR 之和，而组合总 VaR 又等于各个行业的成分 VaR 之和。在日常风险管理中，通常用成分 VaR 来衡量一个组合中各个头寸的风险。

如果使用边际 VaR 的 Beta 定义，由于组合各持仓的加权 Beta 之和等于 1，很自然地有成分 VaR 之和等于组合 VaR。

在模拟法中，各个资产的成分 VaR 等于各资产在产生 VaR 值的那个场景的损益，不需要单独计算 VaR 值。同时，边际 VaR 可从成分 VaR 反推。

（4）不同风险管理软件中的定义差别。本书所采用的是《Value at Risk：金融风险管理新标准》里的定义和名称。

Risk Metrics 的 Risk Manager 中的定义和上述不一致。它的 Marginal VaR（MVaR）是指上面的增量 VaR，而 Incremental VaR（IVaR）是指上面的成分 VaR，CVaR 是指上面的 Expected Shortfall。

3. 相对 VaR（Relative VaR）

上面 VaR 针对实际盈亏金额，但对于某些资产组合，它更关心其相对于基准的表现。相对 VaR 即是用来衡量相对于基准的风险，记 X 为组合相对于其基准的超额收益，其分布函数为 $F(x) = P(X \leqslant x)$，那么置信水平为 p 的 VaR 为：

$$\text{VaR}_p = -F^{-1}(1-p)$$

这种相对概念同样适用于 ES、增量 VaR 和成分 VaR。

（三）参数法和模拟法计算 VaR

回顾 VaR 的定义，F 为未来收益的累计分布函数，那么：

$$\text{VaR}_p = -F^{-1}(1-p)$$

所以，VaR 本质上为未来收益的分位点。要计算它，最重要的是估计未来收益 X 的分布。在实际计算中有两个大的方向：一是在 X 满足某种分布（通常使用正态分布）的假设上，估计该分布的参数，便可确定整个分布，然后求分位点；二是对 X 进行抽样，通过样本的分位点估计整个分布的分位点。

第一个方向被称为参数法；后一个方向被称为模拟法，在实际使用中，又可分为历史模拟法和蒙特卡洛模拟法两种。

1. 参数法

在参数法中，通常假设未来收益 X 满足正态分布，这个假设的合理性在于：风险因子的短期表现如股票收益率、利率变动等可以用联合正态分布近似；大多数资产都可以表示为风险因子的线性组合，并且正态分布的任意线性组合仍然是正态分布，故一个组合的预期收益分布还是正态分布，由其方差唯一确定。

参数法的计算步骤：

（1）选择风险因子；

（2）计算风险因子的风险矩阵 Σ（通常选取指数加权法）；

（3）计算组合分解到各个风险因子上的暴露市值（或者 delta）$w = (w_1, w_2, \cdots, w_n)$；

（4）计算组合的事前波动率 $\sigma = \sqrt{w\Sigma w'}$；

（5）然后将波动率转化为 VaR：

$$VaR_{95\%} = 1.645 \times \sigma$$

$$VaR_{99\%} = 2.40 \times \sigma$$

2. 模拟法

模拟法是在模拟场景下，计算组合的收益样本，通过大量的模拟场景，取这些模拟出来的收益样本的分位点得到 VaR。根据生成样本的方法，有历史模拟法和蒙特卡洛模拟法，其中历史模拟法使用历史实际场景，而蒙特卡洛模拟法则随机生成场景（基于某种假设的分布和用历史数据拟合的参数）。

模拟法的合理性基于：当样本数量足够多时，样本分位点无限接近于真实的 VaR，即样本分位点是 VaR 的无偏估计。

（1）历史模拟法。历史模拟法指使用历史上实际发生的场景作为模拟场景，即风险因子的收益与历史一致，然后计算当前组合在历史场景下的损益情况。这有点像电影回放。

历史模拟法无须对风险因子的收益分布作任何假设，这使它可以完美地描述尾部。但这种方法基于一个重要的假设：过去历史会在未来重演。这一方面可能忽略掉可能的尾部风险，另一方面又可能将不可能发生的尾部带入未来。

（2）蒙特卡洛模拟法。历史模拟法的一个缺陷在于，计算结果依赖于少数几个极端历史样本，其他样本对结果几乎没有影响。蒙特卡洛模拟法则可弥补这一点，它大概分为下面这几步：

第一步：估计风险因子的分布：假设分布类型和计算分布参数。如果为联合正态分布，则计算风险矩阵。

第二步：根据分布生成随机场景（通常500个以上的场景）。

第三步：计算组合中各个头寸在每个场景下的估值，得到在各个场景下的组合损益。

第四步：根据上一步得到的组合损益样本，取对应的分位点。

蒙特卡洛模拟法与参数法一样的地方在于，它也需要对风险因子的分布进行假设。但相较而言，参数法只能假设风险因子为联合正态分布，而蒙特卡洛模拟法则不需要，因为它不基于“正态分布的线性组合还是正态分布”这个事实。

虽然蒙特卡洛模拟法允许各种各样的分布，但最常用的还是联合正态分布。

3. 其他 VaR 指标的计算

（1）ES（Expected Shortfall）。对于参数法，ES可以使用下述转换公式：

$$ES_{95\%} = 2.063\sigma = 1.254\mathrm{VaR}_{95\%}$$

$$ES_{99\%} = 2.665\sigma = 1.146\mathrm{VaR}_{99\%}$$

对于模拟法，ES即其样本分布的尾部平均值。比如计算95%的ES，只需取组合模拟场景下收益较小的5%部分的平均值。

（2）增量 VaR、边际 VaR 和成分 VaR。增量 VaR 和成分 VaR 都用上面的公式进行计算。因为不需要重新计算最耗费时间的风险因子分布参数估计和头寸估值，所增加的计算量很少。

在用模拟法计算成分 VaR 时，由于模拟法本身就有一定的误差，使得直接使用成分 VaR 的计算公式得到的结果极为不稳定。由于资产的小幅度变化不改变对各场景下的损益顺序，VaR 总是发生在同一个场景下。所以在实际中采取下面计算方法，这种方法可以消除重新估值和估计分位点带来的误差：

在计算总 VaR 时，假设 VaR 在某个特定场合下取得，那么资产的成分 VaR 就是每个资产在该特定场合下的损益值。

4. 相对 VaR 指标

上面所说的都是绝对指标，它们都可以推广到相对于某一基准上，即相对 VaR 等指标。在计算这些指标的过程中，需要将风险因子的收益换成风险因子相对于基准的相对收益即可。

5. VaR 的缺陷和优势

在美国长期资本管理公司失败以及其他一些案例中，VaR 的实际风险管理效果越来越受到质疑，这包括：

（1）模型风险较大，存在较大的操作空间。这主要体现在计算模型的选择、计算参数的选择、风险因子分布的选择等。

（2）结果较难理解。VaR 受持仓和市场变动的综合影响，特别是由相关性变化带来的 VaR 变化，不容易有直观的感受。

（3）未考虑尾部风险，可能会让风险经理把注意力集中在可管理的常规风险，而忽略尾部风险。同时，交易员会有意规避这个监管指标，去投资风险非常低但风险损失巨大的投资机会。

即使存在这些缺陷，VaR 仍然是现在市场风险管理的事实标准。VaR 在风险计量和汇总上的作用无法替代，尤其是对于包含不同风险类型和衍生品的资产组合。在“巴塞尔协议Ⅱ”下的市场风险监管资本计量中，VaR 是内部模型法计算市场风险监管资本所使用的主要指标之一。国际知名投资银行和商业银行都在年报中披露 VaR，大多数机构在日常风险管理中使用了 VaR。但随着市场风险管理实践的开展，全球机构和监管者都在思考如何克服 VaR 的这些缺陷。在 FRTB，也就是新一代的“巴塞尔协议”下的市场风险监管资本体系中，VaR 将被考虑流动性和风险因子可建模性之后的 ES 取代。国际知名机构已经普遍开始了基于 FRTB 的市场风险指标计量模型的开发。

不同风险类型的资产和衍生品即使拥有同样的票面金额和风险敞口，其风险程度也会截然不同，敏感性指标也无法直接加总。同时，传统风险管理方法没有考虑到市场之间的差异，也很难考虑其相关性，这使得传统方法无法对风险进行汇总。相较而言，VaR 是一个综合考虑杠杆、敏感程度、市场差异、相关性的风险度量结果。

VaR 只是风险的一个计量手段之一。风险是多维度的，我们除了看 VaR 这个汇总风险外，仍然需要从敞口、敏感性、压力测试等多个维度去计量、观察和管理风险。

四、压力测试

压力测试（或情景分析），是指一个组合在特定场合下的损失程度。在这个场景下，我们会假设某些因子的走势，然后计算当这些因子变动时组合所造成的损失。

前面提到的风险计量指标都是客观的，情景分析和压力测试则是带有一定主观性的风险计量指标。这个主观性体现在风险管理人员可以根据自己的判断和需求，来决定具体使用哪一种场景，而且场景不同，结果差异较大。

（一）场景设置的常用方法

具体的场景设置方法有下面几种：

1. 历史场景

选取历史上比较严重的场景，例如，2008 年金融危机、新冠病毒疫情等，严格按照历史实际发生的变动进行压力测试。该方法优点是：可以一次性同时设置所有风险因子的变动，又因为历史场景真实发生过，压力测试的场景和结果都更容易被理解。

2. 假设场景

直接假设风险因子的变动。该方法的优点在于更有针对性，可以对担心的风险因子进行专项压力测试。在实际设计中有两种方案：一种方案是阶梯式设置，通常是整数的 10%、20%、50BPs 等；另一种方案是考虑好持有期限，然后观察该风险因子在历史上最严重的下跌幅度。

根据涉及的风险类型的不同，又可以分为单因子场景和复合场景：

（1）单因子场景是指假设单个因子或单类因子的变动，比如利率上升或股票下降。

（2）复合场景是指同时对多个或多类因子进行扰动，比如同时假设利率上升和股票下跌。

具体在扰动的数值上，也有绝对扰动和相对扰动：

（1）绝对扰动是指将风险因子的当前值扰动固定的幅度（比如利率上升 50BPs）。

（2）相对扰动是指将风险因子的当前值按照一定比例扰动（比如股票下跌 20%、利差增加 50%）。

一般来说，股票适合相对扰动，利率因子用绝对扰动更多一些，而利差因子设置相对扰动和绝对扰动都有。

除相对扰动和绝对扰动外，在某些特殊情况下，可锁定目标风险因子的值。比如对期限套利业务进行压力测试，主要的风险因子是基差。此时对基差做相对扰动还是绝对扰动都不合适，更好的方法是将目标基差锁定在目标位置（比如历史最大值），观察目前基差离目标位置的差异。

（二）考虑资产流动性的压力测试场景

流动性是风险管理的关键环节之一。流动性较好的资产的风险承受能力更好，即使在同等日波动性下，因为流动性较差的资产在风险发生时无法卖出，不得不承受更长时间的波动。压力测试场景也可以做相应调整。通常有两种做法：

（1）简单的做法是按照大类风险因子的流动性（是否容易卖出或对

冲），对每大类风险因子在风险场景的严重度不同而设置不同的场景。比如，一般认为利率的流动性较好，利差的流动性最差，权益类居中。从而可在利率因子上设置较轻的场景，在利差因子上设置较严重的场景。

（2）详细的做法则是对每类资产按照流动性分类，并严格按照资产的流动性分类设置不同的场景（即使它们有相同的风险因子）。比如，可以按照变现天数将资产分类为一周内可变现、一个月可变现和其他。一周内可变现的资产使用历史一周最差场景，一个月可变现的资产使用历史一个月最差场景，其他资产则使用更为严重的场景。

（三）连带压力测试

一个资产组合可能同时受到多个风险因子的影响，比如外币资产会受到汇率价格的影响，股票资产会受到股票价格的影响。即使对于同一类资产，风险因子也会不一样。比如上海证券交易所上市的股票对应风险因子为上证指数，但香港上市的股票就需要选取香港证券交易所的对应指数。

在多样化的资产组合中，一个压力测试应当尽可能地考虑到所有因子的走势，这需要我们假设每一个因子的走势。对于一个同时持有上海证券交易所上市股票和香港证券交易所上市股票的组合，两个交易所上市的股票虽然风险因子不一样，但风险因子之间具有相当大的关联性。当上证指数出现较大下跌时，香港股票在很大概率上会下跌。

一个直接的设想是指定每个因子的走势。但其缺陷是：一是很难枚举所有的因子，考虑到不同的市场、不同的资产类型，风险因子可以有上千个；二是因子之间的平衡关系较难把握，易破坏相关性关系。比如某些因子之间是正相关关系，某些因子之间是负相关的。要直接指定每个因子的走势满足这些关系较为困难。

一个更有效的方法是使用连带效应：指定某些最直接、最简单的因子的走势，利用协方差矩阵推算出其他因子的走势。我们将因子分成两组，其走势分别为 r_1 和 r_2，假设它们之间的协方差矩阵为：

$$\begin{bmatrix} \Sigma_{11} & \Sigma_{12} \\ \Sigma_{21} & \Sigma_{22} \end{bmatrix}$$

假设因子走势为正态分布，那么：

$E(r_2 \mid r_1) = \Sigma_{12}\Sigma_{11}^{-1}r_1$

也可从另一个角度考虑：将 r_1 作为自变量，r_2 作为因变量，利用历史样本数据，可以得到与上述公式同样的结论，且无须考虑假设正态分布。

下面举一个例子。某投资组合分别持有价值 10 亿元人民币的中国股票和 10 亿元港币的港股，均以人民币记账。该组合的价值受到两个市场的股票价格变动影响，同时还面临港币贬值的风险。假设该组合的三个市场风险因子分别为上证指数、恒生指数和港币兑人民币汇率，接下来使用这三个风险因子的历史走势数据来计算它们之间的协方差矩阵。以 5 天为周期，取最近 150 周市场数据，并用 0.94 的衰减因子，得到三个风险因子间的协方差矩阵（见表 2－3）。

表 2－3　　三个风险因子间的协方差矩阵

类别	港币汇率	恒生指数	上证指数
港币汇率	1.622e－6	1.375e－6	7.428e－6
恒生指数	1.375e－6	2.162e－4	6.428e－5
上证指数	7.428e－6	6.428e－5	2.108e－4

使用前面提到的公式 $E(r_2 \mid r_1) = \Sigma_{12}\Sigma_{11}^{-1}r_1$ ，可以得到当假设某个风险因子波动时其他两个因子的变动结果，进而得到考虑连带效应后的压力测试结果。表 2－4 是假设上证指数跌 10% 或恒生指数跌 10% 时的结果。

表 2－4　　压力测试

类别	上证指数跌 10%	恒生指数跌 10%
不考虑连带效应压力测试结果（亿元人民币）	－1.00	－0.83
上证指数	－10%	－3.0%
恒生指数	－3.0%	－10%
港币汇率	－0.4%	－0.1%
考虑连带效应的压力测试结果（亿元人民币）	－1.28	－1.13

在该场景下，考虑连带效应后，损失要增加约 30%。

在实际使用时需要注意该方法的缺陷。连带效应虽然简单且方便，但会出现意料之外的效果。比如将短期利率上调 100BPs，然后使用连带效应进行压力测试，会出现出乎意料的结果。因为短期利率通常很小，往上调 100BPs 是一个非常大的变动。如果只考虑它本身的影响，压力损失并不会很大。但考虑到连带效应，它会让别的因子变动也非常剧烈，最后算出来非常离谱的压力测试结果。

（四）反向压力测试

反向压力测试的方法是回溯分析，即在什么情况下，资产或资产组合会发生巨大的损失。这有助于找出风险源头，以采取更为积极的风险防范措施。

1. 反向压力测试方法

（1）假设风险因子（通常只针对单个风险因子或类型）：通过枚举该因子在不同压力程度下组合对应的损失程度，再反推损失达到目标值时，该风险因子需要的变化程度。这个方法更多是普通压力测试的一种逆向表述方式。

（2）历史场景法：把资产组合放到历史实际场景中，观察在哪些天，组合出现最大的损失，再追溯当天市场的主要变化。

（3）模拟场景法：使用蒙特卡洛生成更多的模拟场景，把资产组合放在模拟场景下，观察在哪些场景下，组合出现更大的损失。

2. 反向压力测试通常用于两种情况

（1）对风险有较为准确的目标，通过反向压力测试，可以测试资产组合可以承受的因子波动，得到对风险更为直观的认识。

（2）资产组合过于复杂，用反向压力测试可以辅助识别主要风险点，尤其是非直接的风险因子。比如多空持平的交易组合，普通压力测试很难测试出其风险。

五、集中度和资产流动性

上述一系列指标从各个维度刻画风险，但它们在某些持仓和市场环境下并不可靠。其中一个重要的因素是“集中度”和“流动性”。

（1）大多数风险指标利用历史数据来计算现有风险，这也意味着大多数风险指标并未考虑“黑天鹅”，即历史从未发生过的事件，组合持仓和风险敞口越集中，遭遇“黑天鹅”的损失越大，风险指标的误差也越大。

（2）在风险管理的历史上，更常见的是由于持仓过大出现流动性风险，使得实际损失远远超出原有估计值。

因此，相关的集中度指标和资产流动性指标是最重要的辅助指标。

集中度指标，用来表示组合是否集中于少数几只证券。集中度越高，风险越大。常用的风险指标是：

（1）单只（最大）证券占持仓比例，通常作为限额。

（2）前五大（或前十大）证券合计占持仓比例。

（3）集中度也可以设置在特定行业、特定风险类型上。

资产流动性指标，用来衡量组合内持仓的流动性。常用的指标有下面两个：

（1）持有数量占总流通数量的比例，通常作为限额。

（2）变现天数，指在现有的市场交易量下，组合持有的证券需多少个交易日才能卖出。一般假设每天可以变现过去一段时间平均日交易量的10%到20%。

第四节　市场风险管理体系

证券公司市场风险管理体系主要包括市场风险管理组织机构、市场风险限额管理、市场风险报告管理、市场风险分析四部分内容（见图2－7）。

一、市场风险管理组织机构

市场风险管理组织机构主要是通过设立自上而下的多层市场风险管理机构实现市场风险管理，也可以根据金融机构自身组织结构体系实际而设置。通常的市场风险管理机构分别是：董事会风险管理委员会、管理层风

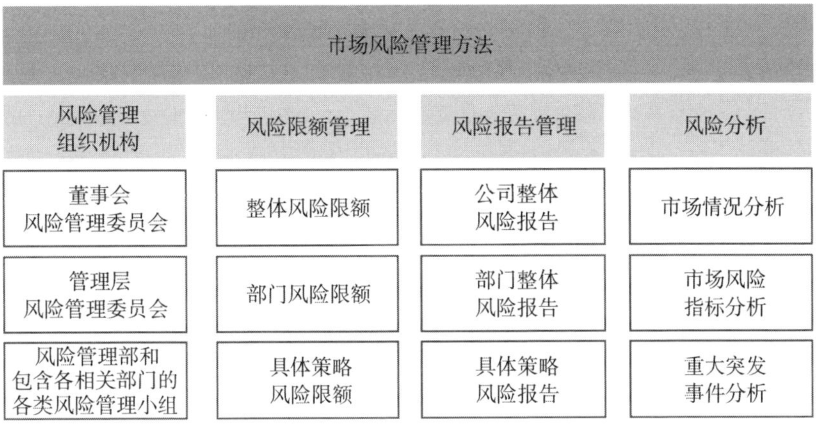

图 2－7　市场风险管理体系

险管理委员会、常设的风险管理部和包含各相关部门的各类风险管理小组（见图 2－8）。

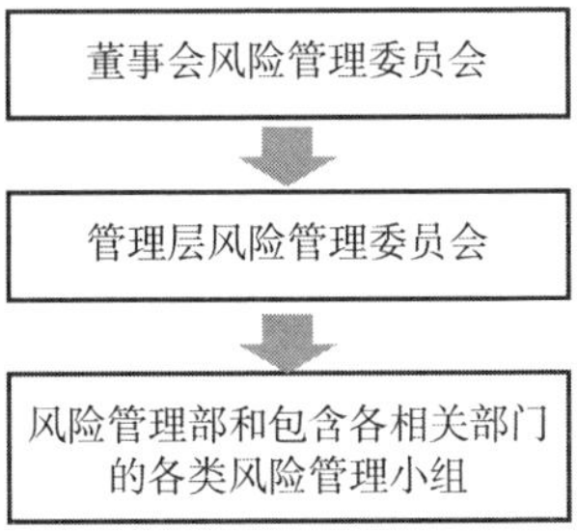

图 2－8　市场风险管理组织机构

不同层级风险管理委员会职能的不同主要体现在委员会组成、委员会职责以及委员会的议事规则等方面，具体如表 2－5 所示。

表 2－5　风险管理委员会相关组成及职责

类别	董事会风险管理委员会	管理层风险管理委员会
委员会组成	风险管理委员会由不少于三名董事组成；风险管理委员会的组成成员由董事会决定	公司高管、各业务部门负责人、各内控支持部门负责人；委员会设主席一名，由公司总经理担任

续表

类别	董事会风险管理委员会	管理层风险管理委员会
委员会职责	制定总体风险管理政策供董事会审议；制定重要风险的界限；对相关的风险管理政策进行监督、审查	批准公司风险管理的制度和规范；批准公司整体风险限额；审议压力测试和场景测试的结果
委员会议事规则	会议应当由三分之二以上成员出席方可举行；作出决议时，必须经委员会全体成员三分之二以上通过；相关报告经过审议后可形成决议上报公司董事会；每半年召开一次	会议应当由二分之一以上成员出席方可举行；作出决议时，必须经委员会全体成员二分之一以上通过；对争议较大的议案，应提交公司董事会风险管理委员会讨论决定；每季度召开一次

董事会风险管理委员会每半年召开一次，主要侧重于公司整体制度及风险偏好的制定；管理层风险管理委员会每季度召开一次，主要侧重于公司季度运营中各种风险事项管理和决策。

风险管理工作小组例会每双周召开一次，风险管理部例会每周召开一次，主要监督公司日常风险限额使用及相关日常风险事项管理。当风险管理工作小组或风险管理部认为存在重大风险，需要获得管理层风险管理委员会相关授权时，应形成正式建议，向管理层风管委汇报，并提请召开管理层风险管理委员会临时会议进行审议。

此外，风险管理部对公司整体的市场风险进行全面的评估、监测和管理，并将评估、监测结果向各业务部门、公司经营管理层和各级风险管理委员会进行汇报。

在具体实施市场风险管理的过程中，前台各业务部门作为市场风险的直接承担者和一线管理人员，需要建立各项业务风险管理制度，动态管理其持仓所暴露出的市场风险，并在风险暴露较高时主动采取降低风险敞口或风险对冲等操作，使各项业务市场风险控制在风险偏好可承受的范围以内；风险管理部相关人员会持续与各业务部门沟通市场风险信息，讨论市场风险状态和极端损失情景等，并逐步建立和完善业务的市场风险信息在业务部门、风险管理部门以及公司管理层间的快速报告、反馈机制等。

二、市场风险限额管理

基于市场风险组织机构决策体系，公司主要采用限额体系对公司整体及各部门所承担的市场风险进行管理，在限额指标及其数值确定前，公司整体需要确定相关市场风险偏好，即在公司统一的整体市场风险容忍度范围内，根据公司的发展战略、风险管理水平、外部环境和股东价值回报要求等因素确定公司可承受的市场风险水平（见图2－9）。

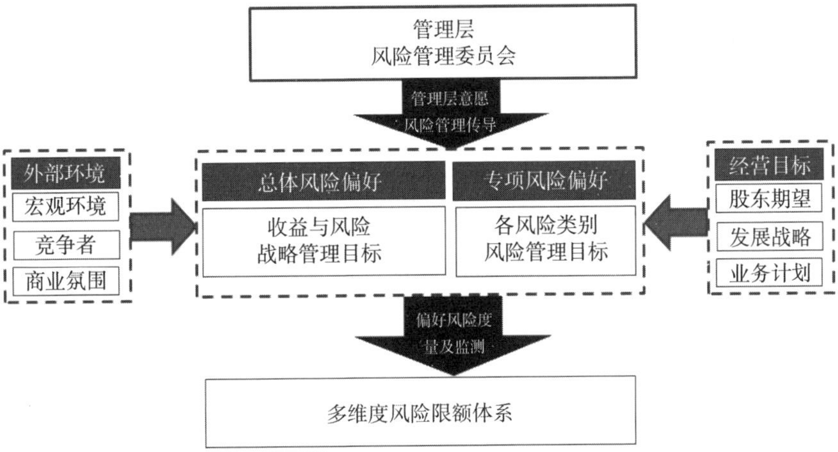

图2－9　市场风险限额体系的形成

业务部门作为公司业务的直接执行者和风险的直接承担者，需对自身的风险有专业的分析判断，对风险限额体系的形成提出意见。

（一）市场风险指标限额体系

市场风险指标限额体系是证券公司市场风险管理的核心。市场风险限额体系自上而下体现风险偏好传导。首先，根据公司经营战略、业务规划、财务实力、市场形势和总体风险偏好，确定公司整体市场风险偏好，从定性的层面确定公司所愿意承担的市场风险类型，如公司在当前市场环境下在权益类方向性敞口、固定收益类证券持仓、大宗商品类风险敞口、外汇风险敞口上所愿意承担的风险类型；再从定量层面确定公司所愿意承担的市场风险总量，包括正常和压力情景下承受的市场风险水平，以“公司的最大损失容忍度”作为总体性指标，然后逐层分解至与各不同类型业务相适应、有具体管理抓手的特异性指标。

基于公司整体市场风险偏好，公司管理层风险管理委员会确定公司市场风险整体限额，在整体风险限额下，可进一步根据业务部门盈利模式的不同及策略风险因子暴露的不同，建立有针对性的部门及策略风险专项限额。例如，在董事会层级、公司风险管理委员会层级和业务部门整体层级采用可在各业务类型间实现汇总、统一，反映整体性损失容忍度的指标，如风险价值 VaR、压力测试损失值；在不同的业务类型上采用特定的、更有针对性的特异性指标，如针对固收业务的 DV01，针对衍生品业务的 Greeks 等敏感性指标。上层指标强调汇总、全面，便于管理层整体把握，下层指标强调细致、随业务差异化调整，并且对指标进行每日监控和预警，以及时反映和控制公司市场风险。市场风险限额体系构建如图 2－10 所示。

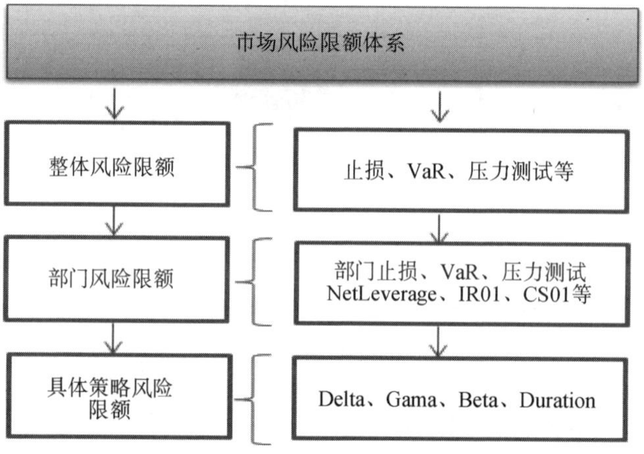

图 2－10　市场风险限额体系

市场风险整体限额通常主要包括：整体止损限额、整体 VaR 限额、整体压力测试限额、整体杠杆比率限额、整体集中度比率限额等。其中，整体止损限额是公司限额指标体系中最重要的核心内容，是控制公司整体市场风险损失在公司可承受范围内的根本保障。公司管理层风险管理委员每年度可根据公司经营情况进行审议确定；同时，根据市场情况变化，也可以授权下一级风险管理机构在一定范围内对市场风险整体止损限额进行临时调整。

市场风险整体 VaR 限额及压力测试限额是公司可承担市场风险水平的量化度量，具体数值可由风险管理部进行测算，并由公司管理层风险管理委员会批准后执行。VaR 限额测算时要对公司各项业务全覆盖，特别是对不同金融衍生产品，VaR 计算模型配置要合理；对于不同资产类型产品，特别是对于流动性不好的产品，市场数据不准确时，要有清晰的产品替代方案等。压力测试限额测算时要针对各项业务的不同特点，建立有针对性的压力测试情景，以度量黑天鹅事件爆发时可能给公司带来的潜在损失。

压力测试情景主要选择对市场风险有重大影响的情景，包括历史上发生过重大损失的情景和假设情景。假设情景包括模型假设和参数不再适用的情形、市场价格发生剧烈变动的情形、市场流动性严重不足的情形以及外部环境发生重大变化、可能导致重大损失或风险难以控制的情景等。

特别还需建立考虑流动性因素的压力测试情景，流动性差的金融资产，市场风险承受能力较弱，因而针对性的压力测试情景，可以更加准确度量流动性风险因素在市场风险管理中所带来的影响。

整体杠杆比率限额是公司可承担的杠杆风险敞口的量化度量。杠杆比率根据计算方法和控制目标的不同可细分为财务杠杆比率、多空 Net 风险敞口比率、多空 Gross 风险敞口比率。其中，财务杠杆比率控制的角度主要是资产权益的比率，也可以理解为负债规模控制的比率，过高的财务杠杆比率往往是市场波动时造成损失的重大原因之一；多空 Net 风险敞口比率、多空 Gross 风险敞口比率控制的角度主要是风险敞口规模比率，其中，多空 Net 风险敞口比率指标相对更为重要，其敞口过高意味着需要考虑是否增加对冲工具的使用从而降低相关风险敞口，如采用股指期货对冲股票敞口风险、国债利率期货降低利率风险敞口、CDS 降低对应的利差风险敞口等。

整体集中度比率限额是公司分散降低单一风险敞口的量化度量。集中度比率指标主要包括单一行业持仓集中度、单一国家集中度等。例如，公司通过设置单一房地产行业集中度指标限额，表达对于房地产行业相关投资的风险容忍度；公司通过设置单一非发达国家集中度限额，表达对于非发达国家相关投资的风险容忍度等。

在整体风险限额的基础上，市场风险专项风险限额主要包括两部分：一部分是整体风险限额在各部门的进一步分配；另一部分是依据各部门业务模式、盈利模式以及风险因子暴露的不同，分别为各部门建立针对性更强的部门层面限额以及策略层面风险限额。

例如，权益交易类策略限额主要包括 Delta 敞口、Gamma 敞口等 Greeks 限额指标；债券类策略限额主要包括 DV01、CS01、Duration、Netleverage 等；外汇类策略限额主要包括即期敞口、方向性敞口、基差敞口限额等；量化策略类限额主要包括 Beta 风险暴露、规模因子暴露、行业因子暴露、最大回撤等。

此外，基于长期对市场风险变化的观察以及市场风险因子的深度识别，市场风险限额体系需要不断扩展和完善，以适应市场变化和业务发展状况。

（二）限额体系设置的基本考虑

限额管理目的是控制风险底线，优化风险资源配置，实现风险收益的最大化，因而限额设置时主要考虑以下几点：

一是基于业务特点，限额体系应是多维度的。证券公司一般建立不同类型和不同层次且相互补充的多维度限额体系，主要包括止损限额、数量限额、敏感性限额、压力测试限额、集中度限额等（见表 2－6）。

表 2－6　风险限额维度

限额类别	限额种类	限额指标	应用意义
止损限额	综合类	盯市止损限额、累计止损限额	多采取“盯市”方式，一旦资产的市值跌破某一临界点，应报告相应限额管理层级决策，采取措施防止损失进一步扩大。止损限额的意义在于设立符合风险偏好的“最大损失容忍度”，通常情况下不允许被突破，对业务形成约束力
数量限额	综合类	总敞口限额、净敞口限额	通过控制各类不同业务的风险暴露规模来总体把控风险。优点是具有前瞻性，可以在损失还没有发生前防范和限制风险

续表

限额类别	限额种类	限额指标	应用意义
敏感性限额	利率类	有效久期、有效凸度、DV01 限额、CS01 限额	通过不同敏感性参数限额的设置来控制和调整相应金融产品的头寸和敞口，使得整个组合的风险控制在偏好范围内
	股权类	Beta 限额	
	期权类	Delta、Gamma Vega 限额	
风险价值限额	综合类	VaR、VaR X%（市值%）	综合考虑各种风险因素对业务各个层次的影响，全面监督各个层次的业务预期损失，并控制在限额之内。风险价值限额的分配是与资本分配密切相关的
压力测试限额	综合类	压力测试值	监控各种压力情景（资本市场的恶性事件或异常事件）对各业务的影响
集中度限额	标的	单标的、单产品等	监督证券公司资金的投资方向，确保投资在政策允许和符合风险偏好承受能力的范围内进行，避免投资在任何风险因素方面的过分集中
	类别	行业、区域等	
	期限	固收类不同期限占比等	

二是止损限额的设定应考虑业务经营状况、公司风险偏好以及业务的风险回报等因素；其他类别的限额制定通常与业务模式、风险因子暴露紧密相关。特别是，对于不同业务模式、不同风险因子暴露，限额设定的目标应根据限额数据变化原因，前瞻性判断市场风险变化趋势，从而辅助支持相关风险限额管理层级进行最优决策。

三是限额设定时，应根据限额性质的不同，权衡限额的“约束力”与“灵活性”。止损类限额，代表了符合证券公司风险偏好的最大损失容忍度，应强调限额的“纪律性”，强化限额的“约束力”，业务部门原则上应严格遵守止损限额，不能轻易被突破。某一层级的止损限额若被突破，代表着这一层级的风险损失突破了该层级的风险偏好，是“不可忍受的”，止损类限额在设定量级、分级授权以及被触碰后的处理方式上都应当具有强约束力和严肃性。然而，其他类别的限额，如敞口限额、敏感性限额、风险价值限额、集中度限额等通常并非完全不可触碰，这些类别的风险指标波动可能是多种原因导致，可能是由于业务规模变化，也可能是由于市场因素变化导致，有些情况下该类限额的突破也并非是实际风险状况发生了严重恶化。这一类限额在设定量级、分级授权以及被触碰后的处理方式上都应当予以一定的灵活性，在设定时应当允许一定的触碰概率，否则，完全触碰不到的限额设定会造成敏感性的低下。

（三）市场风险限额触碰后管理

限额管理中，不代表所有限额指标都不能触碰，限额数据也不是越大越好。当某些限额指标接近限额或突破限额时，风险管理部人员一方面需要向相关管理人员进行预警提示；另一方面，更为重要的是与相关业务管理人员进行讨论，分析变化原因，并且按照讨论形成的意见，业务部门或降低风险暴露程度使之符合风险限额规定，或提出申请临时或永久提高风险限额，并经相应风险限额管理层级批准后执行。

限额管理的目的是优化风险资源的配置，实现风险收益的最大化，因而，不同属性的市场风险限额触碰后管理模式会有所不同。通常情况下，止损限额要求业务部门严格遵守，一旦突破，下级风险管理机构应严格按照限额管理制度和流程上报上一级风险管理机构，并由相应的风险限额管理层级依授权决策下一步处理方案以及是否追责。为防止业务部门突破止损限额，风险管理部通常会设置预警机制，当风险指标超过预警线时，风险管理部会向业务部门发出预警提示，并报告相应限额管理层级，业务部门应当及时提交情况说明及下一步计划方案，经相应限额管理层级审批通过后执行。对于非止损类限额，可以权衡考虑相关突破状况，由相应的限额管理层级在授权范围内进行审议调整，从而实现风险收益最大化。

三、市场风险报告管理

风险管理部对公司整体及各部门市场风险及限额情况进行全面的评估、监测和管理，并将评估、监测结果向各业务部门、公司管理层和风险管理委员会进行报告。

（一）风险报告的原则

1. 独立性

风险报告部门必须独立于风险承担部门，主要的市场风险报告部门是营运部门和风险管理部门。

2. 可靠性

风险头寸和估价信息渠道必须经授权并且前后一致，假设、公式、方法和风险术语的描述需要清晰界定。

3. 时效性

重大风险报告需在第一时间内报告至公司最高风险管理决策机构。

（二）风险报告的类型

风险报告包括公司整体以及各业务部门的市场风险状况及其变化情况，会以每年、季、月、周、日等不同频率发送给业务部门的主要负责人员和公司管理层（见图2－11）。

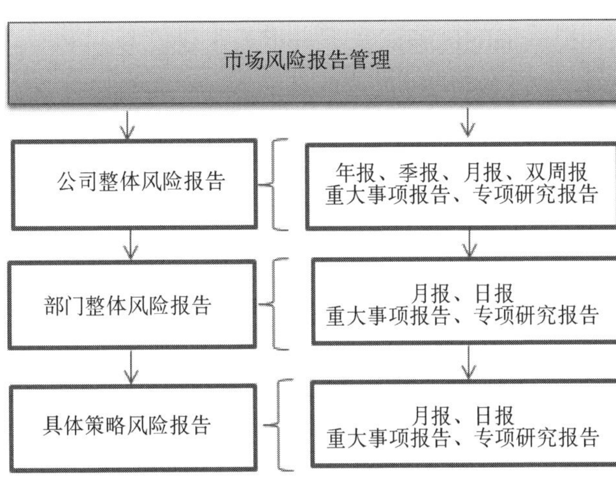

图2－11　市场风险报告管理

1. 风险管理年报、季报

按年、季度揭示公司整体业务及主要部门的风险特征和盈利状态。年报、季报是公司管理层风险管理委员会会议报告的基础文件。

2. 风险管理月报、周报

按月、周揭示公司整体业务及主要部门的风险状况。涵盖 VaR、压力测试、个股/个债集中度、行业集中度、主要交易风险点等内容。月报、周报将作为日常风险管理委员会会议的基础文件。

3. 风险管理日报

按日揭示公司整体业务及主要部门的风险敞口（逐日盯市），仓位状态，风险指标（VaR、压力测试），风险额度，日盈亏及变化。

4. 重大事项报告

为实现金融机构内部信息及时、有效、准确传递，强化内部监控，及时发现和防范可能发生的市场风险重大事项，保证公司经营管理活动及各项工作的正常开展，金融机构还需建立实施市场风险重大事项报告制度。

市场风险重大事项报告可遵循原则如下：

（1）重大事项报告的内容要简明、准确，应包括以下要素：时间、地点、事件起因和性质、基本过程、已造成的后果、影响范围、事件发展趋势、处置情况、拟采取的措施以及下一步工作建议等。

（2）一般应当在两日内将重大事项的有关情况收集上报；在知悉重大事项可能发生时应尽量事前上报。

（3）上报的重大事项情况必须认真核实，确保其真实性；对某些紧急突发的重大事项来不及核实时，应先及时上报已知情况，随后抓紧进行核实后再报。

（4）对于重大事项处置的新进展、可能衍生的新情况要及时续报；处置结束后，要进行终报。

（5）保密原则。各报告主体在履行报告职责过程中应对客户身份资料、交易信息和机密信息履行保密义务，不得擅自泄露获知的公司及客户相关信息。

5. 流动性风险报告

在公司业务运营中，往往会因为流动性因素引起市场风险，从而出现大幅损失，因此，流动性风险报告也是市场风险报告的重要组成部分。风险管理部独立地对公司未来一段时间内的资产负债情况进行每日监测评估与报告，一方面通过流动性资产覆盖率等指标衡量公司的资金支付能力，另一方面通过日内资金倍数等指标评估公司的日内结算风险。

风险管理部每日发布公司流动性风险报告，并据此对支付风险与结算风险状态进行监测与报告。公司对相关指标设置了预警阈值，当超过阈值时，风险管理部将依照独立路径向公司管理层负责人及相关部门进行风险警示，并由相关的管理部门进行适当操作，从而将公司的流动性风险状态调整到公司允许的范围内。

四、市场风险分析

市场风险管理不只是监测相关限额指标是否超限，更为重要的是进行市场风险分析，主要包括市场情况分析、市场风险指标分析和重大突发事件分析等。其中，市场分析和市场风险指标分析是日常市场风险管理的重要内容，重大突发事件分析是当市场发生黑天鹅等重大风险事件时的专项分析。

市场分析主要是对宏观经济政策、微观市场环境及各类市场风险因子的当前状态及变化趋势进行分析，为市场风险管理工作提供知识储备和决策支持。

市场风险指标分析主要是对指标差异变化进行分析，通过监测指标体系分析差异变化，寻找差异变化原因，进而前瞻性判断差异变化可能带来的潜在影响损失，从而为相关风险管理委员会作出最优决策提供辅助支持。

市场风险分析的主要逻辑是：基于市场风险识别，建立市场风险因子监测指标体系；基于市场风险因子监测指标体系及业务模式特点，设置市场风险因子相关限额；基于市场风险因子及限额指标数据变化，分析差异原因，进一步可采用敏感性分析及压力测试等工具，量化评估、度量相关因子变化可能带来的潜在风险损失，如遇突发重大事件，重点分析突发事件对组合的影响程度；最后，根据差异变化分析结果及突发事件影响程度判断，确定是否撰写相关风险报告，从而辅助支持相关风险委员会进行最优决策。

例如，2020 年 4 月 21 日凌晨，在芝加哥商品交易所上市的 5 月 WTI 原油期货（CL2005）最终结于 -37.63 美元，美国历史上首次原油价格跌至负值区间，未进行及时平仓、移仓操作的多头出现超额损失。

看似“极限黑天鹅”事件，其实在飞临之前已有迹可循。受新冠疫情影响及国际原油市场的供需失衡，原油自 2020 年以来一直处于下跌行情，最后交易日前 WTI 原油期货 5 月合约持仓量不降反增，且临近交易日时成交占持仓远远低于历史均值，市场累计风险快速增加。芝加哥商品交易所在 4 月 3 日至 15 日连发三道“负油价”预警，并宣布进行系统测试以支持原油负价格交易。

在负油价事件出现之前，原油期货市场的暴跌行情已经引起芝加哥商品交易所的高度关注，主要涉及场外衍生品和商品交易顾问策略（CTA 策略）业务。为了应对可能出现的负价格事件，首先，分析了负油价对业务的直接影响，现有系统无法支持针对资产价格出现负值的计算处理，在系统升级改进前，暂停相关产品的发行；其次，对于场外衍生品业务的存续合约，积极与客户沟通在特殊情况下的临时处理方案，包括在挂钩指数成分中剔除原油标的，对于 CTA 交易策略，综合考虑基差和流动性风险，投资经理提前进行移仓换月操作并择机降低持仓规模；最后，分析其他商品期货也出现负价格的可能性，并提前做好风险应对措施，例如与原油高度相关的能源商品期货。同年 5 月，芝加哥商品交易所发布公告将允许部分天然气产品进行负价格交易，虽然负价格事件并未再次出现，但依然为市场敲响了警钟。

综上，市场风险分析的主要工作如下：

（1）基于市场风险识别，建立市场风险因子监测指标体系；

（2）市场因子差异变化分析；

（3）限额指标数据差异变化分析；

（4）突发事件影响差异变化分析；

（5）前瞻判断市场风险因子变化趋势；

（6）前瞻判断限额指标数据变化趋势；

（7）通过敏感性分析及压力测试，评估、度量市场风险因子变化、限额指标数据变化、突发事件影响可能带来的潜在风险损失；

（8）基于量化分析评估结果，考虑是否撰写分析报告，辅助支持相关风险委员会进行最优决策；

（9）基于长期的市场风险因子变化分析、限额指标数据变化分析，不断完善市场风险因子监测指标体系，不断完善市场风险限额体系。

五、市场风险规避

当市场风险发生或者出现对某种市场风险情况的担忧时，金融机构有时需要进行风险规避，以降低进一步亏损发生的可能。前面的章节中曾经提到过市场风险的来源可以抽象为在各种“风险”因子上的暴露，并且介绍了风险暴露的度量。风险规避的本质就是通过使用各种金融产品或采取特定交易策略，降低在某些“风险”因子上的暴露。

需要注意的是，进行风险规避一般是有代价的，这主要反映在下面几个方面：

（1）如果通过购买金融工具的方式来防范风险，常常需要付出额外的成本。例如购买期权、CDS 等。

（2）如果通过交易策略来降低风险，会在交易时带来冲击成本。

（3）更主要的一点是，“风险”因子和“收益”因子的区分并不明确。很多收益本身来自风险的暴露，在降低“风险”因子暴露的同时，也放弃了未来的可能收益。

另外，对冲工具常常是不完美的：

（1）既有工具不能完全匹配对冲需求。例如，期望用买入看跌期权的方式对冲某股票的下跌风险，然而市场上没有相应标的的期权。

（2）在降低风险因子的暴露时，可能会带来其他风险因子的暴露，如其他市场风险因子或者信用风险。

因此，在选取风险规避方案的时候，需要综合考虑其利弊。本节将介绍主要风险因子的规避方案和其局限性。

（一）权益类风险因子

权益类风险因子是指在进行股票相关投资时所需承担的风险。通常操作中对权益类因子的划分有三种层次：

（1）单因子模型，主要考虑投资的 Beta，在具有较高分散度的股票方向性投资中为主要风险。

（2）多因子模型，在数量化股票投资策略、特别是多空策略中比较常用，如行业、风格、规模等。这些因子有时被称为 Alpha 因子。

（3）将每只个券当成一个单独的风险因子，在投资集中度较高时常用。

1. Beta 因子

以买股票的方向性投资为例，如果分散度较高，组合中个股的影响在分散化效应下变得不明显，主要风险为投资的 Beta 风险。图 2 – 12 展示了一个模拟组合（000001. SZ、000002. SZ、601933. SH、601958. SH 均匀配置）和沪深 300 指数在 2021 年的收益情况。随市场整体的涨跌是其中很大的一部分。如果担心市场整体下跌，需要减少在 Beta 上的暴露。

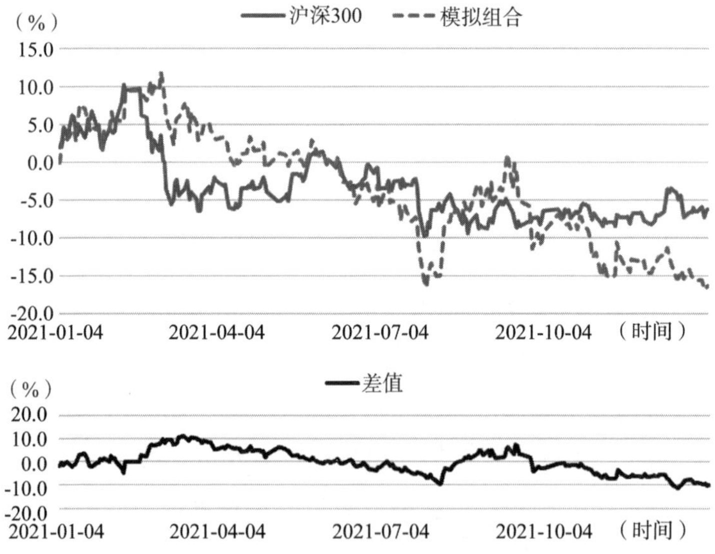

图 2 – 12　模拟组合与沪深 300

资料来源：东方财富 Choice。

（1）规避 Beta 风险最直接的方法就是减仓，其逻辑是显而易见的。但需要注意，在一些情况下减仓会受到一些限制。

①方向性股票投资在财务报表中常常计在可供出售金融资产之下，如果股票本身已经处于浮亏状态，减仓将使得这些浮亏变成已实现损失，将反映在当期损益中，对财务报表产生冲击。

②如果仓位比较大，股票的流动性可能不足，强行快速卖出会对股价造成较大的冲击，带来进一步的亏损。

（2）建立股指期货的空头头寸。在市场下跌时，期货的盈利能对冲股票的损失。这种方式的优点有：

①在浮亏情况下不需要卖出股票而实现亏损。

②期货的流动性往往比较好。

但股指期货用于对冲股票头寸也会带来新的问题：

①期货价格相对于标的指数有基差，而基差波动可能较大，例如 2020 年 12 月出现过短期超过年化 8% 的波动（见图 2 - 13）。如果在基差不利时——以期货空头为例，如果期货价格 - 指数价格大幅低于正常值——开始对冲，那么随着基差的回复会带来亏损。

②期货作为衍生品，在财务报表中需计为交易性金融资产，其每日的盯市盈亏将直接进入当期损益。如果现货端属于可供出售金融资产，那么可能出现在市场上涨时，期货亏损计入损益，而现货的盈利不能计入，造成报表显示为亏损的风险。

上面两种方式在规避市场下跌风险的同时，也放弃了市场上涨将带来的盈利可能。如果仍然希望获得市场上涨的收益，目标可以通过期权或者类似复制期权的交易策略来达成。

（3）通过买入看跌期权的方式，锁定下跌时的损失上限。当出现市场价格下跌时，到期能够以约定的执行价格卖出。同时，如果价格上涨，仍能获得上涨的收益。但是买入看跌期权的基础代价就是期权费。除此之外，通过买入期权的方法有如下局限。

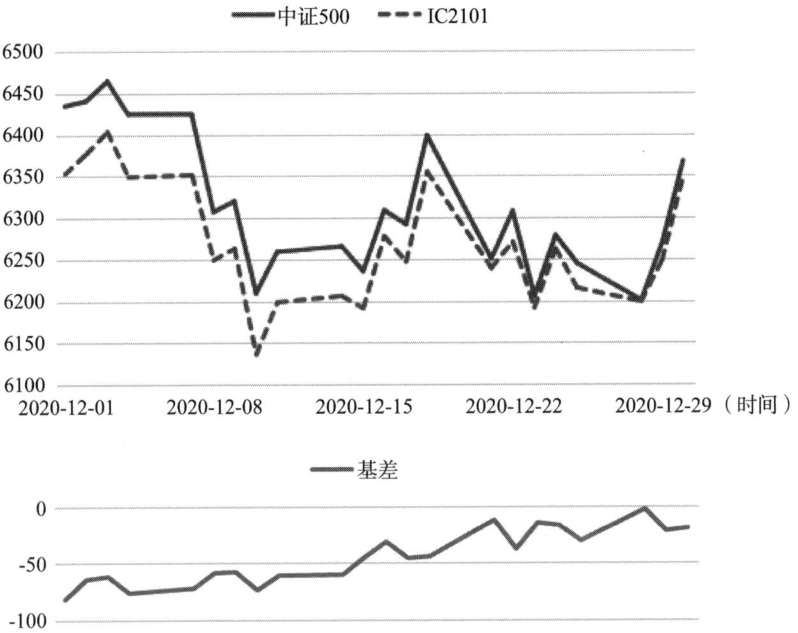

图 2 – 13　期货指数与中证 500

资料来源：东方财富 Choice。

①截至 2022 年 8 月，国内场内期权的标的有沪深 300 和中证 1000 股指，以及上证 50 和沪深 300ETF。对于某些投资组合（如基于中证 500 的指数增强策略），场内可能没有完全匹配的标的，使用其他标的替代会带来对冲误差。

②期权有比较活跃的场外市场，可以向金融机构购买各种定制性的期权，甚至可能定制各种结构。而这时可能会有定价不公允的情况，并引入信用风险。

（4）除实际买入期权，也可以通过动态调整仓位的方式，实现控制下行风险而保留上行收益空间。例如：

①动态复制期权。例如设定控制目标后，通过 BS 公式，按模型 Delta 金额持有仓位。其好处是不依赖市场上已有的产品且不需要引入新的交易对手。而相应新的问题有：一是动态调整需要频繁交易，增加交易成本；二是模型和参数的选择可能失效，带来模型风险。

②类似保本基金 CPPI 的交易策略。在盈利低的时候保持低的仓位，随着盈利的增加而增加仓位，如果出现回撤，再降低仓位（见图 2－14）。

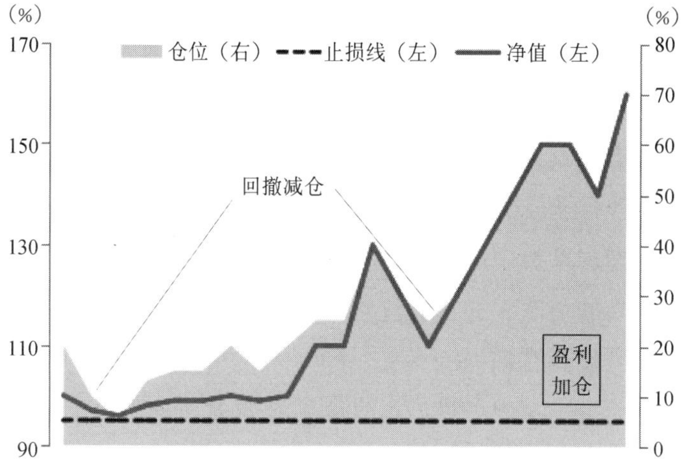

图 2－14　类似保本基金 CPPI 的交易策略

这个策略同样控制并减少下行风险，但是同样有交易成本增加的代价。在上涨初期，也不能较快地跟进，以至于不能充分获得上涨的收益。

2. Alpha 因子

Alpha 因子常常在股票多空策略、统计套利等策略中涉及，本质上是对股票价格变动来源的一种解释尝试。有的策略会涉及数十个量化因子，反映股票基本面和技术指标的各个方面。在投资时，一般会尝试对冲其中的部分“风险”因子，而暴露另外“盈利”（投资经理对该因子的表现有所判断）因子。

一是要降低这类策略的风险，整体减仓总是一种可行的方案，但在中国市场中有一个情况需要特别注意：做空的途径不太通畅，融资融券的成本较高，造成大多数策略使用股指期货空头作为对冲。如果当时期货价格较指数价格过低，即负基差过大时，平仓会造成在基差上的损失。

对于这种情况，一种可行的方法是调整多头股票的持仓，使其变为复制目标指数。如此，在股票因子上的暴露将消失，仅余下基差波动的风险。可以继续持有该组合，直到基差合适的时候再降低仓位。

二是 Alpha 策略的仓位一般比较分散，流动性比较好，且多采用数量化的方式进行选择，所以很容易在策略中加入新的约束条件，降低所担心的因子的风险（新增“风险”因子或者降低对某些因子的暴露的容忍）。

例如，如果发现某多空策略在各行业上多空头寸偏离比较大，同时担心未来行业间出现较大分化且对判断分化方向没有信心，那么可以增加约束，要求在某种行业划分下，每一类持仓的多空净头寸限制到一个较低的金额或比例。投资人员一般只选用某几个因子作为策略的一部分，而风险管理人员从风险的角度，往往会注意到其他一些因子。所以加强两者间的沟通，对降低风险具有积极的意义。

需要注意的是，多因子模型本身的解释是基于过往统计结果的。这个结果并没有更深一层的基础，结果可能解释力度不强或不稳定。即使在考虑到的各风险因子上进行了控制，仍有可能出现意料之外的亏损。

3. 个股因子

单个股票风险规避的方式比较单一，国内目前没有成熟的以个股为标的的衍生品市场，几乎只能通过减仓来降低风险。这时候，持仓的流动性非常关键，所以通常情况下应该尽量避免持仓量过大的情况。

存在一种观点：通过使用指数期货来对冲单只股票的风险。这种做法在大多数时候是无效的。

（1）仅从统计的角度来说，采用最优的 Beta 对冲（即对应一份股票多头，持有 $1/\beta$ 份指数空头），其对冲后的波动率为 $\sqrt{1-r^2}\sigma$。其中，r 是股票和指数收益率的相关系数。可见仅当相关系数很高时，对冲才能明显地降低风险（例如 r 高达 0.8 时，波动性只能下降到原来的 60%）。

（2）更为重要的是，个股的 Beta 很不稳定（图 2－15 展示了比亚迪 2020 年到 2021 年间相对沪深 300 指数的 Beta 情况）。特别是当对个股出现担心的时候，对冲可能形成在股票和期货端同时亏损的局面。

图 2-15　比亚迪 Beta

资料来源：东方财富 Choice。

（二）FICC 类风险因子

FICC 指固定收益（Fix Income）、大宗商品（Commodity）和汇率（Currency）。由于它们在定价方式、交易工具方面具有较高的相似性，同时业务也具有较高的相关性，因此，常放在一起讨论。

投资于债券的时候，主要考虑如下两个因子：

一是利率因子：对利率变动的判断。例如，债券方向性投资，着重于利率的整体变化。

二是信用因子：对信用利差变动的判断。除强调个体发行人信用情况的变化以外，也能反映整个市场对信用违约概率的理解和风险偏好的变化。

1. 利率因子

对于利率整体的变化，常用单一的基点价值来描述，它代表在利率曲线平移一个基点时组合的盈亏。因而，如果需要降低利率因子的暴露，则降低基点价值即可。还有就是可以使用常规的利率衍生品，包括国债期货（空头）和利率互换（付固定收益）。以国债期货为例，可以使用国债期货的最廉交割券（即 CTD，Cheapest to Deliver）来度量国债期货的基点价值，然后按需要降低基点价值的规模卖空国债期货。目前市场上 2 年、5

年、10 年期的国债期货均有活跃交易，可以通过不同期限的结合，满足不同期限投资组合的对冲需求。

近年来场外衍生品的业务开展也时常会通过债券收益互换和期权等方式，与指数或收益率等标的结合。而这种类型的对冲，除了对冲利率因子以外，也可以定制化地对冲信用利差。

然而，同前面提到的股指期货类似，使用各类衍生品对冲也难以避免基差风险，且固定收益类的所谓基差风险，可能同时受到期限（例如 30 年、50 年等长期限国债的对冲）、信用利差（例如信用债指数的对冲）、流动性情况（是否活跃券）等因素的影响，相较于股指期货更为复杂。因此，在实际应用时，需要结合业务实质进行综合考虑。

这里需要注意的是，用单一基点价值度量风险时，隐含了利率曲线平移的假设。但在实践中可知，这一假设往往是不成立的，对于不同时间期限经济情况的预期、短期市场资金面的波动、央行的货币政策等因素都会造成利率曲线形状的变化。

例如，2022 年 4 月，1 年期国债收益率持续下行，而 7 年、10 年则转头上行；又如图 2－16 所示，2022 年美联储宣布加息以后，美国国债 10 年期和 2 年期的利差（10Y－2Y），已从 2021 年底的 79BP 变为－41BP（倒挂，数据时点为 8 月 15 日）。究其原因，很大程度上是因为不同期限的利率的主导因素不同，长端相较于短端反映了更多对经济长期情况的预期和避险情绪，而短端反映了更多短期资金面的波动。除此之外，活跃期限如 1 年、10 年，也普遍会较不活跃期限如 7 年、15 年等，更快地体现市场变化的趋势，而使得不同期限的利率出现一定的背离。

为了解决这个问题，实际应用中需要使用更细致的指标来标度风险（如关键期限点价值），并更精细地使用对冲工具。

2. 信用因子

债券投资的最终收益来源是票息，投资于非利率债能获得更高的票息。高收益率来自投资者对发行人违约风险的担心。除了实际违约的发生带来的损失外，市场对违约的预期会直接反映在债券的价格上，造成盯市

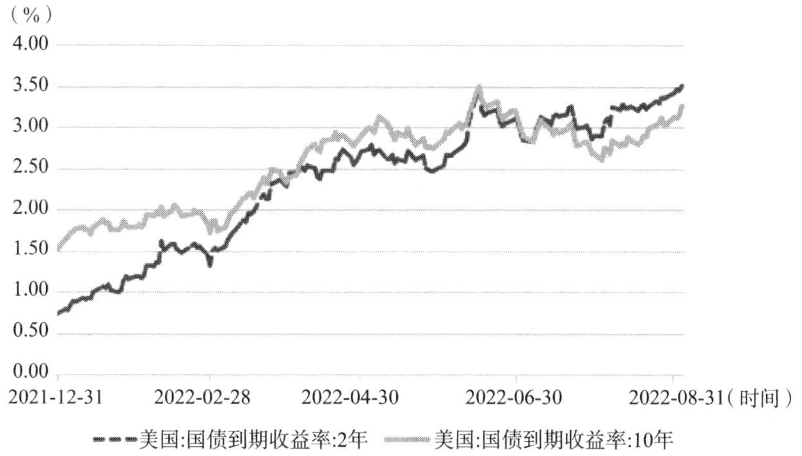

图 2-16　美联储加息后的美债收益率曲线

资料来源：Wind。

价值的波动风险。为了控制信用利差波动带来的市场风险，除了使用前述的场外衍生品工具以外，也可以通过信用衍生品实现。

目前常见的信用衍生品在我国市场均有交易，包括 CDS、CRMW、CLN 等。具体可以参见前面的阐述。

应当注意的是，无论使用哪种工具对冲，都需要支付成本。根据无套利原理，购买各类信用保护的成本会降低信用债和利率债收益率间的差距。

上面提到的工具都是对应单一标的或单一发行人信用风险的保护，对于一篮子投资，也可以用指数的方式进行对冲，如用 CDX（Credit Default Swap Index）。

CDX 挂钩一篮子标的，并按照约定好的方式在发生信用事件时赔付。同 CDS 不同，CDX 是标准化的、可交易的、有中央对手方的工具。这使得它的流动性更好，而且没有交易对手风险。

CDX 在用于对冲相关的债券组合风险时更加实用：因为在进行组合投资时所关注的一般不是某特定发行人的风险，而是一系列发行人出现的违约概率。CDX 的价格可以从统计上反映市场对此的预期。

但需要注意，由于常常不会按照 CDX 指数成分比例实际持有债券组合，该对冲一般是在 Mark to Market 时统计性的、依赖于模型的。所以同前述股指期货对冲股票组合一样，CDX 存在对冲偏差的风险。

总的来说，除了出现极端事件之外，债券市场上以收益率和利差因子对于各种产品的价格解释能力比股票市场的因子模型要强，同期限和评级的债券间的同质性更高，通过对冲的方式规避债券日常风险的有效性也更高。

3. 外汇风险因子

市场上和外汇相关的产品主要有即期、远期、互换和其他衍生产品。需要注意的是，在可以自由兑换的市场上根据单一价格原理，外汇远期风险因子、外汇即期因子、两端货币的利率因子形成等式：

$$F_{ab} = S_{ab}e^{r_b - r_a}$$

其中，F_{ab}是远期汇率，S_{ab}是即期汇率，r_b 和 r_a 分别是两端货币的无风险利率。可以通过其中任意三种产品组合对冲在另一种产品上的暴露。

对冲外汇风险因子的方法同前述各因子在本质上是相同的。但考虑到各货币汇率间的勾稽关系 $F_{ab}F_{bc} = F_{ac}$，可以将在一对汇率上的暴露转化成另一对汇率上的暴露。

例如，假设持有欧元对澳元多头。如果仅仅担心欧元贬值，而且此时欧元对澳元产品的流动性不强，则可以选择新开流动性较强的欧元对美元的空头。此时风险变为暴露美元对澳元多头。

4. 大宗商品风险因子

大宗商品的最主要交易工具是即期和期货，从风险规避的逻辑上也是降低在某品种上的暴露。

比较特殊的是，某些商品由于直接同实体经济相关，存在一些弱勾稽关系。例如：

在大豆压榨成豆油的过程中，会同时产生豆粕。这使得：

$$P_{大豆} \approx a \times P_{豆油} + b \times P_{豆粕} - c$$

其中，a 和 b 是和产出率有关的参数，c 代表加工成本。在没有发生巨大技术变革的情况下，这几个参数的变化不大。这三种商品都在大商所交易，形成比较稳定的价格关联。

另外，黄金、白银作为贵金属有原始货币的属性，这使其价格变化趋势有很高的相关性。

以上的关系衍生出一些在大宗商品间跨品种统计套利的交易策略。同样也可能使用某种或某些商品来规避其他商品的暴露。需要注意商品间的勾稽关系比外汇间要弱，跨品种对冲也有品种间价格关系变化的风险。如果同时能参与实体经济，可以进一步降低风险。例如直接参与上述大豆、豆油和豆粕间的现货加工过程，可以更好地实现价格关系。

（三）期权的风险因子

期权风险除了来自其标的物之外，还与其收益结构相关。而最普遍应用的标度期权的风险因子为期权的 Greeks，描述了期权价值变动同到期时间、标的价格、波动率、利率等参数间的关系。下面讨论最常用的 Greeks 因子。

1. 一阶因子

一阶因子为期权价格和估值参数局部的线性关系。这使得一阶因子的风险可以通过标的资产来动态对冲。

（1）Delta 为期权价值对于标的资产价格的导数。最直接的对冲方式就是持有相反金额的标的资产。

（2）Rho 为期权价值对于无风险收益率的导数，为利率风险。注意到它同利率基点价值本质上是相同的，所以可以通过前述对冲利率风险的方法完成。

（3）Vega 为期权价值对于标的波动率的导数。同 Delta 和 Rho 不同的是，波动率本身通常是不可直接交易的，这造成 Vega 的对冲不可通过标的直接进行。

一个特例是由芝加哥期权交易所实时计算的 Vix 指数，它表示标普 500 指数的隐含波动率。同时市场上存在以其为标的的工具，如 Vix 指数期货、Vix 指数 ETF 等，提供了直接对冲以标普 500 指数为标的期权 Vega

的工具（如果某标的波动率同标普 500 指数波动率相关性较高，也可能通过期权对冲）。

对于期权，上述因子的值都并非是固定不变的，这使得对冲头寸也需要随时变化，这将带来交易成本。在实际操作中，常用的办法是当所需对冲头寸变化超过一定规模时再进行新的对冲操作。

2. 高阶因子

高阶因子为期权价格对估值参数的高阶导数。而标的资产价值对自身的高阶导数是 0，因此，无法通过标的来动态对冲高阶 Greeks 的风险。

最常用到的高阶因子是 Gamma，它是期权价值对标的资产价格的二阶导数。通常对 Gamma 的对冲是用同一标的的其他期权来进行的。

例如，卖出一个 Call 带来了负 Gamma 后，再买入一个 Put，用其正 Gamma 对冲；同时买入标的对冲上述组合的 Delta 暴露。

在考虑期权风险时，需要注意以上指标都是通过模型计算得出。而模型中的各种假设和参数的估计（例如 Black-Scholes 模型中假设标的对数收益率服从布朗运动）同现实中的实际结果可能有区别，这会使得上述对冲操作并不能确定性地消除业务的风险。

操作中，如果在业务中涉及的期权涉及“奇异”性，例如 Digital、Knock Out 等属性，会使得部分 Greeks 指标在到期日和执行价等附近具有剧烈的波动和发散性。例如对于 Digital 期权，如果临近到期日标的价格很接近行权价，Delta 会出现发散。这些情况，会使得对冲无法有效进行。

第五节　市场风险管理难点及挑战

一、系统要求

市场风险管理需要近乎实时地获取大量交易和市场数据，而交易又分散在各个业务线以及各个地域，需要统一的簿记系统和强大的计量系统才能实现实时、完整和准确的风险管理。

金融市场产品种类众多，从简单的外汇买卖到复杂的结构性衍生品，要进行完善的市场风险管理，首先需要将所有金融产品的要素进行准确的簿记，进而计量其损益和风险指标，形成风险管理报告。完成这一系列风险管理功能，必须依赖强大的系统，而且不是一个单一的系统，而是一个系统群，风险管理系统则是这一系统群中的一员。

目前证券公司风险管理系统的质量还参差不齐，大体上分为三大类。

第一类是证券公司自主开发的系统。这类系统能较好地适应公司的交易结构和管理需求，不再需要或者仅需较少的系统外操作就能完成日常的风险管理分析和报告。但缺点是：局限于证券公司自身的IT能力，功能相对较弱，只能实现一些简单的监控功能和进行一些简单的风险计算，对于复杂的风险计算无法支持，或者即使勉强能够支持也不够精确。

第二类是外购现成的系统。外购系统的优点是有一套完整的逻辑，各模块之间协作相对畅通。但缺点是系统的结构和逻辑不一定符合公司的实际情况，为了实现管理的需求，往往需要对系统数据进行额外的加工处理，或变通使用系统模块的功能，从而造成一些意料之外的问题。

第三类是甚至还没有真正意义上的系统，靠Excel模板等工具进行管理。这种模式的操作风险很大，且实际的管理效果很受局限，应尽快向第一类或第二类模式转变。

除了风险管理系统本身的问题，与系统群中其他系统的整合也存在问题。由于各业务线的系统上线时间不一，业务逻辑和需求不同，这可能造成系统逻辑千差万别。风险管理系统需要配合其他业务系统开发各种接口，甚至需要在数据接入时进行大量的数据再加工，整合起来相对困难。

因此，风险管理系统需要有一个总体规划。首先要确定风险管理想要达到的效果及其如何依赖系统实现。有了远景图之后，其次是考虑外购还是自主开发。对于外购的系统，需要考虑系统是否能有机纳入风险管理规划，系统是否满足公司当前的交易结构和管理需求，对于未来可能开展的新业务，系统是否有足够的延展性提供进一步的支持。系统供应商的实力、服务质量也是重要的考虑因素。如果打算自主开发系统，应先评估公司的决心、需要投入的资金和人力成本，评估风险管理人员是否有足够的经验完成系统的设计，信息技术人员是否有足够的水平进行系统实现，以及双方能否有效合作等问题。或者是外购和自主开发相结合，比如自己开发簿记和监控功能模块，以适应内部管理需要，外购计量模块，以利用外部相对成熟的计量模型和系统来实现需求。

二、计量模型

金融产品的结构非常复杂，产品的估值和风险估算需要用到复杂的估值模型、大量的数理公式和计算机程序，如何准确地估值和计量风险是市场风险管理面临的一个主要挑战。

目前，国内证券公司所涉及的金融产品相对还比较简单，自营投资大多为股票和债券，盯市和现金流折现模型等方法已经能基本满足管理需要。但是，随着监管政策的逐步放开，券商将能够进行期权、结构性产品等的交易，对这些产品的估值和风险评估将会给券商的风险管理带来极大的挑战。具体表现为两方面：

一是非线性产品增加，不再像债券和股票那样，规模大体上等同于风险，只要做一下分类，把风险特性类似的头寸放在一起，看看规模大小就知道风险大小。期权类、挂钩一些指数的结构性产品，其风险大小和名义本金的大小并不直接相关，名义本金很小的产品很可能在市场波动时造成超过名义本金好几倍的损失。

二是对路径依赖的产品增加，对产品的风险计量往往要考虑到参数在未来一段时间内的变化路径，不同的路径，即使终点相同，也会形成完全不同的估值和风险计量结果。这时就需要对参数的变化进行随机模拟，这涉及大量的计算，对风险管理系统的运行能力是一个很大的挑战。

风险计量的模型本身就很复杂，估值理论往往涉及复杂的数学模型，模型的使用者需要在相当程度上了解模型的假设及背后的数学原理，了解模型的适用场合及优缺点，否则很容易用错模型导致得到似是而非的结果。模型的参数输入也至关重要，所谓的“垃圾进，垃圾出”就是指即使用完善的模型，如果输入的数据有问题，得到的结果也没有任何意义。

对公司实务而言，计量精确度和效率的平衡一直是一个需要考量的问题。对结果的精确度要求越高，对系统处理的能力的要求就越高，计算所花费的时间就越多。出于管理效率的考虑，实际管理时并不需要像科研一样精确，因此，一定程度的近似有时候能带来较大的管理提升。比如，对复杂衍生品采用二阶近似的方法计算 VaR 和压力测试，比全估值的方法节约许多时间，对系统的要求也会降低不少，而大多数产品用二阶近似已经足以显示其风险特征。

三、市场成熟度

市场风险最直观的表现是产品价格的变动，由于许多金融产品缺乏流动性，市价难以反映真实的风险，给风险管理人员带来不小的挑战。

金融产品流动性的缺乏往往是一种常态，除了交易所内交易的一些热门产品，比如大盘股或者股指期货，其他资产通常都处于流动性不足的状态。比如债券，许多私募债和非活跃期限的国债并不具备充足的流动性，市场上的交易频率从每周一两笔到几个月都没有成交是可能的，即便是某些交易所的信用债，由于其发行规模不大和投资者特征等因素的影响，也可能多日没有可靠的交易数据。这类债券不但无法取到实时的报价，数据供应商提供的日终报价也可能是好几天甚至好几个月以前的价格，并不能反映当前市场对该债券的观点。在这种情况下，基于市价走势进行风险预判往往非常滞后，难以及时发现不利的价格变动。市场报价的缺失也会极大地低估资产价格的波动率，从而导致所有基于历史波动率进行的风险计量结果都会被低估。

市场的不活跃，除了价格缺失以外，折现曲线的质量也得不到保障。折现曲线是由数据供应商根据市场的资产成交价或报价构造的曲线。市场不活跃，构造曲线时的有效点就不足，缺失的点需要通过插值、替代等方式近似获得，曲线的质量就会相应下降，基于曲线进行风险分析的质量也会下降。

为应对这些问题，证券公司可以采取模型法对资产价格进行盯模估值，在参数的处理上，需要对市场数据进行一定程度的调整。但这一调整非常依赖风险管理者的经验，且通常无法验证，因此风险很大，对风险管理者本身的水平有极高的要求。比如要构造成交不足的债券的折现曲线，可以先寻找与该债券对应的评级曲线，然后根据对该债券发行人的资产负债表、流动性的判断，对发行人所在行业周期以及宏观利率政策、经济周期的判断，在评级曲线上加点，构筑新的折现曲线。再比如对一些不活跃的市场风险因子的历史波动率的构筑，由于数据的缺失，历史波动率的估计值必然偏小，难以体现资产的实际隐含波动率。为了解决这个问题，可根据同类资产在平稳时期和压力时期波动率的对比获得一个乘数，乘到待构筑的资产的当前历史波动率上。这些调整的方法都依赖于风险管理人员的经验和主观判断，除了实施的难度外，如何依据众多假设下的风险计量结果说服交易员也是一个挑战。

四、对冲工具

我国金融市场还在逐步完善过程中，因此，即使能够准确地发现和计量风险，也存在难以对冲的状况。

我国证券公司的自营投资通常以债券和股票的多头为主，单边的方向性头寸积聚了大量的市场风险和信用价差风险，在利率上行、信用价差扩大和股价下跌时会面临大量浮亏。大量的现货多头头寸，在快速下跌的市场中往往缺乏流动性。因此即使想要止损，可能也因为找不到买家接手而无法实现，或者必须承担非常大的损失才能卖出。有效的对冲需要足够活跃的衍生品市场，投资者、投机者、做市商等持有不同市场观点的参与者在市场上为各种方向性头寸提供衍生品及其报价，使得对冲能够以一个相对合理的成本快速找到愿意成交的交易对手。

国内目前衍生产品的多元化以及市场参与者的水平均较以前有了长足发展，但离国外市场仍然有较大的差距。虽然目前已经有利率互换、股指期货、国债期货、场内ETF期权、利率期权和商品期货期权等一些衍生品，但是品种仍然相对单一，对冲的风险因子也较为宏观，难以满足各个证券公司特有的资产结构。而场外衍生品尽管可以根据各种需求定制，但受到比较严格的控制，也有较高的准入门槛。此外，信用衍生品作为信用利差的对冲工具也还在初级发展阶段，究其原因，一方面，在信用违约方面仍缺少充分法治化和市场化的处理流程，另一方面，市场上的基础设施和投资者教育也仍有欠缺，例如发行人曲线的缺失、缺少做市商提供流动性等。但随着近年来产品种类的丰富、信用违约事件的频发，信用衍生品也被越来越多地应用。

衍生产品的发展是一个逐步渐进的过程，证券公司除了推动市场化改革不断往前进外，也应适应当前的市场环境，尽量避免风险过度集中，分散投资，以降低受到冲击的强度。随着国内市场的逐步开放，可以预见后续市场上的投资模式、产品的复杂程度也会进一步发展，给券商的风险管理带来新的挑战。

五、各类风险耦合

金融市场的风险是可以相互转化的，市场风险、信用风险、流动性风险、操作风险、法律风险等，在一定的条件下，会转化或引发为另一种或多种风险。从其他风险转化而来的市场风险，往往一开始并未纳入市场风险管理人员的视野，具有很大的隐蔽性，而且一旦触发，很可能使人措手不及，等反应过来时已经错过了处理风险的最佳时机。

其他风险转化为市场风险通常是通过一些事件驱动的，比如债券发行人信用评级被降低，央行未按市场预期操作，“乌龙指”导致天量报单，某公司突然面临诉讼等，都是突发事件导致相关的资产价格几乎是瞬间的大幅变动。要预防这类事件引发的市场风险通常非常困难，因为这些事件往往超出市场预期，在发生的前一刻没有明显的征兆。即使事后发现其实早有零星的证据，但是事件发生之前，这些零星的证据也很难让人坚信不利的事件会在一两天内大概率发生，因此不太可能采取及时的卖出或者对冲措施。退一步说，即使风险管理人员坚信不利事件即将发生，也难以在短时间内说服业务人员采取降低风险的措施。

想要尽可能避免其他风险转化为市场风险时导致的措手不及，需要建立一个顺畅的沟通机制，包括与其他风险管理团队合作和沟通机制，以及与前台交易人员的沟通机制。

有些事件，在市场风险管理的专业内可能无法及时发现和预警，但是对其他风险管理人员而言，则可能他们早已发现并有了相当程度的风险分析。不同风险种类的团队间的互通有无可以让整个风险管理团队对市场和资产有一个更为全面的认识，能够更早地发现风险并及时采取预防措施。

与前台交易人员保持良好的沟通也是一种可行的方法。前台交易人员往往比风险管理人员具有更高的市场敏感性，和交易人员之间建立一个定期的沟通机制。这样中、后台管理人员能够从市场的第一参与者处得知很多无法第一时间获得的信息，而且交易人员对所有的风险种类也都有所关注，即使交易人员并不认为某些事件真的会带来损失，但是这些宝贵的信息能给风险管理人员的风险判断和管理带来极大的帮助。

第六节　市场风险案例解析

一、基德公司（Kidder Peabody）——估值漏洞

1994 年，基德公司（Kidder Peabody）爆出丑闻，其政府债券交易室利用公司估值和计算盈亏的漏洞，在过去两年共产生了 3.5 亿美元的虚假收入。错误被发现后，公司追溯调整产生 3.5 亿美元的亏损，导致成立超过 130 年的公司被收购后在历史上消失。

事件主角是 Joseph Jett，事发时为政府债券交易室的管理董事。此事件是金融风险管理中的一个经典案例，而且也是为数不多有非常详细文档的案件。美国证监局有详细的初步调查文档和结案文档，内容非常丰富，

感兴趣的读者可以在美国证监局网站阅读详情。[①]

（一）Joseph Jett 其人和案件

Jett 有着显赫的教育背景，他是麻省理工学院（MIT）的化学工程学士以及哈佛大学的工商管理硕士，毕业后在摩根士丹利（Morgan Stanley）和第一波士顿公司（The First Boston Corp）有过三年失败的交易员经历。在失业半年后的 1991 年 7 月，Jett 成为基德公司（Kidder Peabody）固定收益部门下政府债券交易室的 STRIPs（Zero Coupon Trading Desk）交易员，年薪 75000 美元。

在工作的第一个月 Jett 就亏了钱，接下来几个月，Jett 虽然赚了 79 万美元，但也没有达到上司的要求。当年 10 月，Jett 得到一个负面的绩效评价，并且只拿到 5000 美元奖金。

此时 Jett 发现了一种方法，利用该方法，1992 年上半年 Jett 成功地让系统汇报出 780 万美元盈利。这不算太高，但也让他获得了公司“最佳 STRIPs 交易员”之一的称号，绩效非凡，工资提升到 15 万美元。

Jett 在 1992 年共产生 3250 万美元盈利，后来证实其中含有虚假盈利 4040 万美元，实际交易亏损了约 800 万美元。年底，Jett 再次获得“杰出员工”的评价，被上司 Mullin 评价为有史以来最杰出的 STRIPS 交易员之一，被提升为 SVP 并获得 210 万美元的奖金。

1993 年 3 月，Jett 被提升为政府债券交易室的董事总经理（MD）。

1993 年，Jett 凭借老把戏，汇报了 1.5 亿美元的盈利，其中虚假盈利 1.98 亿美元，实际亏损 0.48 亿美元。他汇报的盈利占整个固定收益部门的 27%，而整个部门有超过 700 名员工以及 12 个不同的交易室。年底他获得 930 万美元奖金，被评为公司的“年度人物”（Man of the Year）。

1994 年前 3 个月，Jett 继续产生了 8000 万美元的虚假利润。

1994 年 4 月，Jett 被解雇后随即被告上法庭。美国证监会对其进行了调查，最后做出了退回 820 万美元奖金、20 万美元民事罚款以及终生禁入

---

① 网址：https：//www. detailedpedia. com/wiki - Joseph_ Jett。

证券行业的处罚决定，但驳回了对其的刑事犯罪控诉。

Jett 虽然之前获得了巨额奖金，但在支付诉讼的律师费后已无钱支付美国证监会的罚金，处于个人破产状态，只能住在前女友房子的地下室里。和他的同类魔鬼交易员一样，他事后写了两本书。2004 年，Jett 向《纽约时报》（New York Times）透露其以演讲为生，出场费为 4000—8000 美元，演讲内容为“公司欺诈”。

Jett 给 Kidder Peabody 公司造成实际损失 7500 万美元，虽然并未伤筋动骨，但大大影响了公司管理者的声誉。最终，Kidder Peabody 被其母公司 GE 卖给了 Paine Webber，这家成立超过 130 年的“老字号”就此消失。

（二）操作对象：美国国债 STRIPs

Jett 所在的政府债券部门主要交易美国国债，Jett 负责交易 STRIPs。STRIPs 是指将国债的利息和本金现金流剥离开来成为不同的产品。比如一个 30 年期限的国债有 60 次利息支付和一次本金支付，每笔支付都可单独包装成一个零息债券，这种零息债券就被称为 STRIPs。

为了方便 STRIPs 的交易，美联储（FED）为各大债券做市商（Kidder 也是 STRIPs 做市商之一）提供 STRIPs 和美国国债之间的转换。做市商可以向 FED 提供国债现券，FED 返还其分拆后的 STRIPs 现券，这个过程被称为“Strip”；Broker 也可以将收集到的 STRIPs 现券给 FED，FED 返还打包过后的国债现券，这个过程被称为“Recons”。

无论是 Strip 和 Recons 都是非现金交易，Strip 类似于将 100 元大钞去银行换成 10 张 10 元钞票，而 Recons 则类似于用 10 张 10 元钞票换成一张 100 元大钞。理论上而言，除了很少的手续费之外，它们不涉及交易损益。

（三）操作手法：利用估值漏洞和越来越大的远期头寸维持账面上的虚假盈利

Jett 的职责是为客户交易 STRIPs 提供做市业务以及套利机会。当客户买入和卖出大量的 STRIPs 时，Jett 便需要向 FED 将零钱换成大额钞票或者将大额钞票换成零钱，所以 Jett 不可避免会涉及 Strip 和 Recons 的交易。

FED 的 Strip 和 Recons 只支持现货交易，但 Peabody 的 STRIPs 交易系统 GT（Government Trader）支持远期交易，即将实际交割的日期设成未来某天。Jett 有充分的理由使用远期交易，比如让交易员有充分的时间收集 STRIPs。

问题出在 GT 对于远期 Recons 和 Stirp 交易的估值上。理论上而言，无论在未来还是现在，将零钱换成整钱和将整钱换成零钱，都不会产生损益，Recons 和 Strip 也是如此，除了很小额的手续费之外。但 GT 却给了远期 Recons 一笔正的估值、Strips 一笔负的估值。

GT 的具体估值方法如下：对于一笔远期 Recons，GT 将其视为远期买入一笔债券，同时远期卖出若干笔 STRIPs。由于这和普通的远期交易不一样，它们不存在报价，所以 GT 为每笔交易分配了一个理论价格。其中债券的理论价格为远期价格加上累计利息，利息 STRIPs 的远期价格为理论价格，本金的远期价格是倒推出来的，为了保持远期价格是平衡的（债券价格 = STRIPs 价格之和）。但在计算远期合约市值时，GT 忽略了现金流的时间价值。对于现券远期而言，这没有太大的问题，时间价值通过累计利息体现，但对于 STRIPs，这样得到的合约价值大于 0（等于 STRIPs 的时间价值）。

这样，GT 得出正的 Recons 市值，但它的成本是 0，所以立即产生出一笔盈利。这笔盈利的金额与 Recons 的金额、票面利率和到期时间有关，金额越大、票面利率越高、到期时间越长，远期 Recons 产生的账面盈利越高。比如在 1992 年 11 月 17 日，Jett 建立了一笔 2 亿美元金额的远期 Recons 交易，结算日为 1993 年 7 月 8 日，相距 203 天，是 Jett 用过的期限最长的交易。这笔交易立马在账面上产生了 1200 万美元的盈利。

这样的盈利只是账面上的，当时间逼近交割日期时，账面上的盈利也逐渐缩小到 0。在远期 Recons 建立后，账面上每天都会有一个小额的亏损，直到结算日抹平原记录在账面上的初始盈利。所以每次远期 Recons 到期时，账面盈利便被打回原形，这时 Jett 用了一种很简单的方法，即建立一个更大或期限更长的远期 Recons 交易，用新产生的账面盈利覆盖之前的亏损，并产生更高的账面累计盈利。

最开始 GT 系统只支持 5 天之内的远期交易，随后可以设定任意天的远期交易，这让 Jett 一开始可以简单地推迟交割期限来获得更高的虚假账面收益，Jett 最长使用了 203 天的远期交易。

后来，Jett 被迫大幅度增加远期交易的金额来维持越来越高的账面利润。事实上，为了维持越来越大的累计盈利，Jett 持有的未交割远期 Recons 和 Strips 的金额从 1991 年 12 月的 20 亿美元、1993 年 8 月的 380 亿美元上升到 1994 年 3 月的 1120 亿美元。到后期，由于远期数量太大，大多数交易都未实际交割，高达 97% 的交易是通过相同到期日的远期 Strip 交易对掉（Paired off）。

按理，管理人员应当对如此之大的远期头寸有所警觉，但此时公司发生的一件事情掩护了 Jett 的不法行为。当时 Peabody 为获取一份信用额度，需要对资产负债表去杠杆化，而去杠杆化的最直接的方法是通过远期将表内资产转移到表外。Jett 声称自己的交易是为了配合公司去杠杆化的目标，部分隐藏了真实的目的。

（四）风险管理启示

不估值或者估值错误会带来严重的问题。在进行复杂衍生品交易时，估值和风险计量是重中之重。公司需有自己的估值模型团队和储备，才能开展相应的衍生品交易。

二、美国长期资本管理公司（LTCM）——错误的风险计量模型

美国长期资本管理公司（LTCM）是一家主要从事定息债务工具套利活动的对冲基金，拥有两个诺贝尔经济学奖获得者。在 1994 年到 1997 年间，它的业绩辉煌而诱人，以成立初期的 12.5 亿美元资产净值迅速上升到 1997 年 12 月的 48 亿美元，每年的投资回报率为 28.5%、42.8%、40.8% 和 17%，1997 年更是以 1994 年投资 1 美元派 2.82 美元红利的高回报率让 LTCM 身价倍增。

然而，在1998年全球金融动荡中，长期资本管理公司难逃一劫，从5月俄罗斯金融风暴到9月全面溃败，短短的150多天资产净值下降90%。9月23日，美联储出面组织安排，14家国际银行组成的财团注资37.25亿美元购买了LTCM90%的股权，共同接管了LTCM，避免了它倒闭的厄运。

（一）时间线

20世纪80年代，John Meriwether在所罗门公司成立债券套利业务部门，获利颇丰。1991年，由于一起交易丑闻，John被迫离开所罗门。1993，他招募之前的同事一起成立长期资本投资公司。

LTCM吸引了Myron Scholes和Robert C. Merton这两位计量金融学和衍生品定价先驱，前者是著名的布莱克－斯科尔斯公式的创立人之一，后者是公式的改进人之一。在美林证券的协助下，LTCM成功募集12.5亿美元初始资金，包括合伙人的1.46亿美元。亚太地区的外部投资人包括香港土地署、台湾银行和日本住友银行。

1994年2月24日，LTCM正式开始交易，当年获得28.5%的收益率。

1995年，LTCM收益率为43%。

1996年初，LTCM拥有1400亿美元资产，是最大的共同基金的2.5倍，只有25个交易员。当年收益率为41%。

1997年，Myron Scholes和Robert C. Merton获得诺贝尔经济学奖。当年基金收益率17%，年末资产净值高达48亿美元。LTCM的声望一时无基金可及。

1998年初，公司合伙人强迫部分外部资金撤出基金，并追加了合伙人份额。此时合伙人资金高达19亿美元，占比超过30%。

1998年上半年，亏损14%。

1998年9月初，资本金从年初的48亿美元掉落到23亿美元，缩水超过一半。

9月23日，高盛联合AIG、巴菲特出价2.5亿美元购买LTCM所有资产，并承诺注资40亿美元。巴菲特给了一个小时的响应时间。当天下午，14家银行在纽约美联储的组织下，提出救助协议，注资37.25亿美元接收

LTCM90%的权益以及控制权。银团成员包括（相当于当时华尔街上的银行座次表）：

- 3 亿美元：Bankers Trust，Barclays，Chase，Credit Suisse First Boston，Deutsche Bank，Goldman Sachs，Merrill Lynch，J. P. Morgan，Morgan Stanley，Salomon Smith Barney，UBS；
- 1.25 亿美元：Société Générale；
- 1 亿美元：Lehman Brothers，Paribas。

9 月 25 日，LTCM 资本金只剩下 4 亿美元，此时还有超过 1000 亿美元资产，财务杠杆超过 250 倍；另外有超过 1 万亿美元票面价值的衍生品合约。LTCM 合伙人别无选择，被迫接受协议。

9 月 28 日，救助交易达成。LTCM 合伙人丧失控制权，大部分人血本无归，有些人更是负债累累。

接下来一年里，LTCM 已无实质性交易，只是将原有资产和负债逐步变现。但得益于市场好转，14 家银行顺利取回救助款，外加大约 10%的收益。

LTCM 的同一帮人在 LTCM 清算之后，又募集了 2.5 亿美元，成立了一个对冲基金——JWM Partners。基金采取与 LTCM 同样的策略，但财务杠杆只有 15 倍左右。金融危机中，该对冲基金亏损 44%后倒闭。这显示了风险计量策略存在的巨大风险。

（二）交易品种和套利策略

LTCM 操作过的产品和策略有下面这些：

（1）国债利差套利。LTCM 认为国债应当维持在某一水平之下。具体案例有买入俄罗斯、日本国债，使用美国国债对冲；买入意大利等欧洲国债，使用德国国债对冲。

（2）流动性套利。某些资产因为流动性不一样价格会有细小差异，但 LTCM 认为它们最终会弥合。具体案例为买入过期国债（Off The Run，指发行一段时间的国债），卖空当期国债（On The Run，指刚刚发售的债券）。

（3）不同市场之间的套利。LTCM 认为在多个交易所上市的股票价格应趋于一致。一个经典的案例为 LTCM 在 Royal Dutch 上投入 23 亿美元，最后 LTCM 在该类交易上亏损 2.8 亿美元，超过一半是在 Royal Dutch 上亏损的。

（4）波动率。LTCM 认为波动率的均衡位置在 19% 以下，从而卖出了大量的 SP500 期权。组合的 Vega 金额高达 4000 万美元，即波动率每上升 1%，组合即亏损 4000 万美元。LTCM 也被认为是中央 Vega 银行。最后 LTCM 在该类交易中亏损 13 亿美元。

（5）并购套利业务。指并购价格宣告之后等待正式完成前（还需等待政府等批准），股票价格与收购价格会有小幅度的差距。LTCM 大量进入该市场，对赌股票价格最后会弥合到收购价格。该类交易有亏有赚，总收益基本持平，但带来很大的风险。

由于套利的收益率相对较低，LTCM 使用了巨大无比的财务杠杆以及衍生合约。相对于普通基金能够拿到的 LIBOR + 200BP 的融资利率，LTCM 在各个对手方拿到了非常优厚的利率，只有 LIBOR + 50BP。同时，LTCM 被容许拒绝交纳保证金，只每日清算盈亏。这使得在理论上而言，LTCM 可以使用无限制的杠杆。LTCM 在危机爆发前的财务杠杆超过 25 倍。

LTCM 对策略和持仓有变态的保密要求，他们会将每个策略分割成不同的交易，分别交给不同的银行执行，使得别人无法猜到他们在做什么。这样做虽然有好处，但也使得在最后风险爆发时，面临着多份的保证金要求和资金流动性危机。比如两个对冲的合约一起算，可能只需要交纳很少的保证金。但如果这两个合约分属于不同的交易对手，那就需要为每个交易对手都提供不菲的保证金。

（三）风险管理启示

回顾长期资本管理基金的操作过程，其亏损的主要原因是进入弱套利的市场，以及使用巨大无比的财务杠杆。而支持他们敢于承担如此巨大的杠杆的原因，主要来自对于风险模型，特别是 VaR 指标的误用。

1. 隐含风险因子和无法建模的相关性变化

长期资本管理公司对自己组合的超级自信来源于它是一个足够分散的

组合。至少表面上是这样。基金分散投资在欧洲、美洲、俄罗斯、南美洲、日本等世界上几乎所有市场，风险因子包括利率、利差、权益、波动率等。

但实际情况并非如此，至少在后面实际表现并非如此。组合虽然投资在无数的套利因子上，但这些套利因子有几个隐含的共同因子，即投资者信心和流动性。信用债券利差、互换利差等都跟这两个因子正相关联。从这个角度说，长期管理公司一直在大规模做多投资者信心和流动性，根本没有进行对冲。

从计量上来看，当市场平稳时，不同市场和产品之间的相关性较弱，风险模型会得到一个很高的分散化效应，从而计算出一个较小的风险值。但是当市场风险真正爆发时，投资者信心和流动性下降，这些套利因子呈现出高度的关联性，它们会几乎同时下跌，使得实际损失远比风险模型计算出来的数据大。

在 LTCM 这个案例里，还有另外一个因素。LTCM 的财务状况和持仓明细被泄露。大家发现这些持仓额度如此之大，市场上其他参与者（据传主要是高盛）争先恐后抛售 LTCM 也持有的资产，生怕落在 LTCM 的后面。这也是 LTCM 发现自己在每个地方都亏钱的原因之一。

2. VaR 模型本身的缺陷和错误的解读

从公开记录看，长期资产投资公司主要使用 VaR 模型计量风险。但这是不够的。因为 VaR 事实上只是正常市场下的波动范围，并未考虑到宏观因子变化所导致的波动变化。单纯的 VaR 不足以解释组合的风险。

多数定价模型和 VaR 计量体系都基于两个重要的假设：一是市场是连续的；二是不同时间段的市场行为是独立或近似独立的。基于这两个假设条件以及大数定律，我们很容易得到风险因子的变化符合正态分布或者类正态分布。连续的市场意味着我们可以动态地调整持仓来控制风险，这也是很多定价模型的基本假设。但事实并非如此。一是市场并不是连续的。历史上出现很多次跳变的现象，市场上根本不存在足够的交易，使得能在下跌中还能保持风险动态平衡，这使很多无套利定价模型存在瑕疵。二是基于假设条件市场在不同时间独立或近似独立，VaR 随时间的根号成正比。然而在本案例中，长期资产管理公司在 1998 年 8 月和 9 月只有屈指可数的几个交易日挣钱，其他时间都在亏钱。在正常市场条件下，市场的确表现出在不同时间独立的现象。但在投资者恐惧、市场缺乏流动性时，市场的时间独立性开始消失，呈现出反复下跌的现象；资产之间的独立性也在下降。时间和资产两个维度的独立性下降带来远远高于模型所显示的风险。

三、MGRM——流动性的冲击

MGRM（Metallgesellschaft Refining and Marketing）是德国公司 MG（Metallgesellschaft）的美国子公司。1992 年，MGRM 执行了一种管理人员认为有利可图的商业策略。MGRM 卖给客户大量合约，承诺在 10 年内以固定价格（高于当前价格）卖出石油。为了对冲风险，MGRM 在期货和 SWAP 市场买入短期石油期货。

1993 年底，石油价格下跌，受到补充巨额保证金的压力，MGRM 被母公司下令平掉合约和期货头寸，造成超过 15 亿美元的损失。

（一）涉及的合约和对冲策略

MGRM 提供 5 年和 10 年的远期合约，让客户在接下来 5 年或 10 年时间里每个月以固定的价格买入石油产品。合约的价格是未来 12 个月内的平均期货价格再加上 2.1 美元/桶—4.2 美元/桶（当时石油现货价格大约为 15 美元/桶—20 美元/桶）。

有两种合约。一种称为“Firm Fixed Program”，占总合约数量的 2/3。该合约下，当近月期货价格高于合约价格时，客户有权利终止合约，同时获得差价 50% 的补偿。在 1993 年秋季，所有该类合约重新商议了条款，当近月期货达到一定价格时，该条款自动触发。

另一个合约称为“Firm Flexible Contracts”，允许客户选择买入产品的时间。该合约还赋予客户一个权利，当远月期货价格低于合约价格时，客户有权利提前终止合约，但需要支付全额差价。该类合约的价格为未来 12

个月内到期的期货价格最高者再加上一个更高的增量。该类生意在 1993 年增长迅猛，年初为 4300 万桶，到 9 月数量已经增加到 15400 万桶，并在年内维持在差不多的水准，直到年末被清仓。

为了规避市场价格上涨的风险，MGRM 在期货和 Swap 市场上大举买入期货头寸进行对冲，基于流动性原因，MGRM 主要使用期限较短的合约。每当期货合约快到期时，执行本月到期的远期合约，并将剩余的期货头寸轮换到下月到期的期货。这种操作方法称为“Stack – and – Roll”策略，是一种常用的对冲手法。

（二）资金流动性问题

不考虑 MGRM 提供的合约中的其他条款，只把它当作一个远期合约的话，用期货对冲在市场波动风险方面是没有问题的（基差风险一般情况下比较小，但事实上也产生了很严重的后果，在下面的期货流动性处再谈），但在资金流动性方面则带来很严重的问题，远期合约价值的涨跌只会体现在账面上，只有在远期进行交割时才能带来现金流；而期货的涨跌则需要每日清算，一旦亏损就要补充保证金。

1993 年，石油价格从 21 美元下跌到 14 美元，MGRM 需要不断为对冲所使用的期货多头提供保证金，累计金额高达 9 亿美元。

会计处理方法对 MGRM 雪上加霜。根据母公司 MG 所采取的德国会计准则，远期账面上的盈利不能体现在利润表，而期货上的亏损则反映出来，结果造成财务报表上前三个季度亏损 4.5 亿美元。亏损使得公司的信用等级被下调、信用额度下降、融资成本增高、被交易对手要求增加抵押品以及被期货交易所提高保证金比例。

在缺乏资金的情况下，1993 年底，MGRM 被母公司要求清除所有合约和期货头寸。MGRM 在不利的条件下清除了头寸，将账面亏损变成实际亏损。

（三）资产流动性问题

如果说资金流动性只是因为 MGRM 没有得到母公司的足够支持，但其策略中的期货多头资产流动性问题，也是背后的严重打击之一。

1993 年 9 月，MGRM 在纽约大宗商品交易所持有了 55000 张期货合约（5500 万桶），是交易商中最大的玩家，占比超过 16%。

更重要的是，MGRM 的加入改变了市场结构。在之前，石油市场的期货相对于现货是折价（Backwardation），即期货的价格要比现货低。这样当把即将到期的期货头寸（价格约等于现货价格）转移到下一个期货合约时，可以赚取其中的差价。在策略提出者的方案里，这也是策略的收益来源之一。

但 MGRM 的需求量太大了，直接改变了市场的结构。MGRM 的买入量如此之大，而且是市场所预期的，对冲基金蜂拥而至，使得当 MGRM 真的需要换仓时，下一个期货合约的价格原高于现货的价格，市场转为期货溢价市场。这个价格差异如此之大，按照合约数量估算，不计石油实际价格涨跌，光是换仓的损失就高达 6 亿美元。

同样，MGRM 卖给客户的合约数量以及买入的期货数量都如此之大，使得最后清仓时也遇到了流动性难题。当时清仓时操作过急，使得损失再度增加。

（四）风险管理启示

在实际设计业务策略时，不应只从市场风险的角度考虑问题，财务风险、现金流匹配问题、资金流动性风险也是必须要考虑的因素。一个好的策略也可能无法支持到底，造成亏损。

同时，必须考虑自己的操作对于市场的影响，应把策略的流动性因素、对市场的可能的冲击以及其他交易对手的反馈考虑在内。

四、摩根大通“伦敦鲸”——失效的风险管理体系

2012 年摩根大通首席投资办公室（Chief Investment Office，简称 CIO）亏损 58 亿美元，震惊了整个华尔街。2013 年 1 月 16 日，摩根大通公布了详细的调查报告。

（一）CIO 交易策略

整个交易策略为：买入高收益 CDS 指数、5 年期 IG－9 指数或分层指数；卖出 10 年期 IG－9 CDS（信用违约掉期）、5 年期 IG－17、IG－18、iTraxx－16、ITraxx－17 CDS 指数或分层指数。

1. 交易部门 CIO 和交易组合 SCP

事情发生在 CIO 的合成信贷资产组合（Synthetic Credit Portfolio，简称 SCP）。这个组合是 CIO 的核心组合，它的作用是对冲 CIO 的投资以及整个摩根大通作为贷款人的风险。通常这个组合持有的都是信用衍生品，包括各种 CDS、CDS 指数以及 CDS 分层指数。

2. 交易策略简介

2011 年底——CIO 的 SCP 组合里是一些高收益 CDS 的多头、投资级 CDS 的空头（指买入高收益 CDS、卖出投资级 CDS）。此时组合整体在看空信用市场。

2012 年 1 月——为了避免"Jump－to－Default"风险（指短期内发行人突然破产的风险，票面金额净买入 CDS 可避免该风险），CIO 买入高收益 CDS；为了收取保护费降低组合成本，同时将组合从看空转向看多，CIO 卖出了大量 10 年期 IG－9 CDS；为了避免刚卖的 IG－9 发行人的"Jump－to－Default"风险，CIO 又买了大量 5 年期 IG－9 CDS。此时组合在信用方向是中性的。

2012 年 2 月——因为又有一家发行人预期破产，CIO 加大了上面 1 月的策略。同时，由于手中的头寸占市场的比例太大（而且当时 CIO 的头寸已经被泄露出去），为了稳住市场价格，CIO 不得不继续加大手中的敞口。

2012 年 3 月——交易员注意到组合还是受到信用市场上涨的影响，为了调回市场中性，交易员卖出了大量交易中的 CDS 合约（包括 IG－17、IG－18、iTraxx－16、iTraxx－17）。最终，CIO 持有了巨大的交易头寸，在失去交易的支撑后，CIO 亏损持续放大。

（二）CIO 风险限额体系

摩根大通公布的调查报告显示，虽然 CIO 的风险指标颗粒度的确不够，但几个关键的管理指标都有，并且都被突破。这本来足够引起公司最高管理层的警觉，但实际被完全忽略了，最终酿成大错。

CIO 至少有三大类指标：VaR、压力测试、信用利差敏感性。第三个主要有 CS01（指所有信用利差上升 1BP 对组合损益的影响）以及 CSW10%（指所有信用利差扩大 10% 对组合损益的影响）。

CIO 整体 VaR 和压力测试是 Level 1，而两个利差敏感性是 Level 2 限额，这些指标的突破都应当被汇报给业务线风险管理委员会和市场风险管理委员会。任何业务线级别和公司整体的限额指标，若连续 3 日突破，或者突破幅度超过 30%，必须向部门主管、首席风险官（CRO）、市场风险主管、首席运营官（COO）、公司风险管理委员会汇报。

（三）CIO 风险限额突破情况

1. 风险价值（VaR）

CIO 的 VaR 限额是 9500 万美元，于 1 月中旬被突破，并且直接顶爆了全公司的 VaR 限额。

当 VaR 被突破时，CIO 解释说新的 VaR 模型正在开发中，将降低 VaR 值。首席执行官（CEO）和首席风险官（CRO）批准了将全公司的 VaR 限额从 1.25 亿美元调增至 1.4 亿美元。

与此同时，CIO 正在加班加点研制新的 VaR 模型，它们已经预期新 VaR 模型可以大大降低 VaR。新模型赶在临时限额到期之前被启用，公司 VaR 和 CIO 的 VaR 如预期回落到原有 VaR 限额范围以内。

抛开新的 VaR 模型本身的问题不谈，整个调整流程本身也存在非常大的漏洞。本来风险限额就是用来发现风险的变化，使用新模型计算出一个较小的 VaR 值，按道理 VaR 限额也应当有相应的调整，但 VaR 的突破完全被忽略了。

2. CS01

CS01 最早于 2012 年 1 月 6 日被突破。但 CIO 的 CEO 对此不以为然，认为这个指标已经过时，应当跟其他指标联动。

CIO 尝试将这个指标从 500 万美元调整到 2000 万美元甚至 3000 万美

元，但一直未能完成。一个 Level 2 的风险限额指标就一直被这么敞着。

3. CSW 10%

交易类账户的 CSW10% 在 2012 年 3 月 22 日被突破，总 CSW10% 于 4 月 10 日被突破。这个指标相对比较晚被突破的原因是 CSW10% 是交易员交易时最重要的观察指标，表明组合在做多还是做空信用市场。

4. 压力测试

压力测试于 3 月 29 日被突破。这时候交易员已经陆续停止新的交易。

5. CIO 的风险指标缺陷

CIO 的风险管理指标都只针对 CIO 部门整体，没有针对 SCP。它不够细化，没有关于规模、资产类型、风险因子的指标，也没有针对 SCP 这个交易策略的特殊指标。这导致 SCP 的交易策略没有得到有针对性的管理。

可与之对比的是 CIO 亏损之后，CIO 一次性设置了 260 个风险指标。这里面有 67 个重新设计的各种 VaR 指标、压力测试等指标，80 个资产类型的限制指标，60 个单个发行人的限制指标，53 个国家和地区指标。

CIO 的 VaR 模型在整个事件中起到了关键作用。CIO 的 VaR 上涨甚至顶破了公司的 VaR 值，这本来应引起全公司的关注，但 CIO 用切换 VaR 模型的方法掩盖了问题。

6. 新旧 VaR 模型

首先使用线性法计算 VaR，即局部估值法。这种估值法忽略了 CDS 指数标的之间的相关性。但随着 SCP 里 CDS Tranches 越来越多，这种方法的误差也越来越大。为此，CIO 的一名股市分析员提出了一种新的使用完全估值法的 VaR 模型。

新 VaR 模型主要有四个重大缺陷。

第一个缺陷是新 VaR 模型的实现基于一组 Excel 文件，全靠手工操作。计算时需要手工操作，不断将数据从一个文件复制粘贴到另外一个文件，大大增加了操作复杂性，也引发了不少其他的问题。模型中也存在一些编码上的错误，比如在计算违约率的变动率本该为（新违约率 - 旧违约率）/（新旧违约率的平均值），但在模型中等于（新违约率 - 旧违约率）/（新旧违约率之和）。这导致变动率被 100% 低估了，由此也降低了计算出来的 VaR。

第二个缺陷是模型对持仓的估值依赖于新的名为“West End”的分析套件，而不是通过审批的“Numerix”模型。

第三个缺陷是没有考虑到流动性的因素。SCP 里持有的大量分层 CDS 没有流动性，经常多个交易日价格一成不变，这大大低估了资产的实际波动率。虽然模型提供了一些降低流动资产映射到高流动品种的手段，但这些方法在后续处理时并没有被坚持。

第四个缺陷是没有足够的历史验证数据。历史突破率是 VaR 模型最重要的检验指标。摩根大通要求模型至少需要 264 个交易日的验证数据。但由于数据问题，新模型只提供了两个月不到的计算数据，这个时间范围不足以检验模型的准确性。

7. 新 VaR 模型的模型验证

在摩根大通，任何模型在应用前都需要得到模型验证组的同意。模型验证组注意到了上面提到的几个重大缺陷，有条件地通过了该新模型。但他们提出的条件在 CIO 东窗事发之前再无人提及。

从邮件记录看，CIO 的风险管理人员向模型验证人员施加了压力，加快了验证速度。模型验证时处于一个敏感的时期，当时公司 VaR 限额被 CIO 的 VaR 上涨撑破。公司 CEO 戴蒙批准临时上调 VaR 限额，但只给了半个月的时间。模型验证组受到各方面的压力，最终草草了事。

（四）风险管理启示

回顾整个过程，本事件中，风险的成因并不十分隐蔽。同时，摩根大通本有较为成熟的风险管理流程，也有专业的风险模型团队，评估、监控团队以及完善的限额体系，似乎足以避免该风险的发生，但结果令人震惊。

事实上，摩根大通的确得到了很多次机会避免这个损失。然而，这些机会都被放弃了，CIO 的团队使用了各种方式绕过和突破了常规的风险限额约束，造成了风险管理体系的实质失效。

所以，一个公司风险管理的根本基础是自上而下严谨的风险文化。一个形式上完善的管理体系只有在整个公司，特别是高层正视其价值并能够严格遵守时，才能最终对公司形成有效的保护。

五、负油价和“原油宝”——产品设计不完善

2018 年 1 月中国银行开办“原油宝”产品，为境内个人客户提供挂钩境外原油期货的交易服务，其中包括挂钩芝加哥商品交易所（CME）的德州轻质原油（WTI）期货合约。

2020 年受新冠肺炎疫情及价格战的影响，国际原油市场供需失衡、储油空间耗尽，近月合约流动性枯竭、交易异常，加之芝加哥商品交易临时修改系统支持负价格，美油历史上首次（4 月 20 日）跌至负值区间。

（一）事件经过

2020 年 4 月 20 日为“原油宝”WTI 原油 5 月合约（CL2005）的最后交易日，交易截止时间为北京时间 22:00，约 46% 的客户主动平仓离场。4 月 21 日凌晨，5 月合约价格急剧下挫，最终结算价为 -37.63 美元。

4 月 22 日，中国银行发布关于“原油宝”业务情况的说明，该产品挂钩 WTI 原油期货需按协议约定，合约到期时会在合约到期处理日，依照客户事先指定的方式进行移仓或到期轧差处理，而结算价为 CME 公布的结算价 -37.63 美元（北京时间 4 月 21 日凌晨 2:28—2:30 的 VWAP）。

基于此结算价格，客户如未提前移仓或平仓，持有 WTI 5 月合约多头的客户不仅失去了全部本金，还需向银行补缴额外的欠款，以弥补价格跌破 0 所造成的超额损失，总体损失规模约百亿元。

4 月 30 日，中国银保监会回应“原油宝”巨亏并进行了相关问询，要求中国银行尽快查清问题。5 月 4 日，国务院金融稳定发展委员会召开第二十八次会议，会议表示，要高度重视当前国际商品市场价格波动所带来的部分金融产品风险问题，增强风险意识，强化风险管控。要控制外溢性，把握适度性，提高专业性，尊重契约，厘清责任，保护投资者合法利益。

中国银行已分别于4月22日、4月24日、4月29日、5月5日发布了关于“原油宝”产品情况的说明，并与其客户进行协商沟通，争取和解。中国银行愿承担负价亏损、归还扣划保证金、补偿20%持仓本金。如无法达成和解，双方可通过诉讼方式解决民事纠纷，中国银行表示将尊重最终司法判决；同时，保留依法向外部相关机构追索的权利。另外，中国银行已委托律师正式向CME发函，敦促其调查4月21日原油期货市场价格异常波动的原因。

此次事件，客户和中国银行都蒙受了较大的经济损失，同时中国银行的外部声誉也受到了严重影响。

（二）事件原因分析

回顾整个过程，此事件是由多项因素共同造成的，包括：

（1）负油价的出现颠覆传统认知，系统、模型、产品协议的可支持性受到极大冲击；

（2）原油期货价格波动性较高，到期移仓换月时间较晚（可能使用了TAS指令）。当期货交易流动性枯竭时，将遇到极大的市场风险；

（3）交易及结算规则不清晰，中国银行最终使用的CME结算价为收盘前两分钟的VWAP，极易受到异常交易影响（凌晨2:21—2:27，价格从-8.925到-37.175，只有两手交易）；

（4）原油期货为高波动性资产，产品风险揭示不足，未能完全履行投资者适当性义务；

（5）可能存在操作不规范的行为，例如删除App交易记录等；

（6）未对市场异动做出及时有效的响应。

（三）风险管理启示

由上文分析及事后回顾来看，中国银行可有如下几项措施来预防类似风险：期货到期前的移仓换月应尽早完成，以防流动性风险及市场风险；选择标的和参考价格时应关注流动性和市场深度等因素，避免收益与易受异常影响的价格挂钩等。

然而，整体来看，风险还是来自对于所涉足市场和工具的认知不足，未能充分考虑极端环境造成的产品设计和交易中的缺陷。

所以，在开展各种新业务特别是规模较大的业务时，必须对其市场可能产生的极端环境有深入的分析，在产品设计中设置相关的条款，以防止极端事件的影响。

六、GameStop“逼空”事件——失控的市场操纵

2018 年，受网购与游戏数字化冲击，全球最大的实体游戏零售商——GameStop（以下简称 GME）经营遭遇瓶颈，业绩惨淡。伴随 2020 年新冠肺炎疫情的暴发，美股上演了史诗级崩盘，GME 在前三季度持续亏损，其落后的经营模式和疲软的业绩表现吸引了大量机构做空。据 FactSet 的数据显示，股价暴涨前，做空规模一度达到股票流通量的 138%，为之后的“逼空”大战埋下伏笔。

（一）事件经过

2021 年 1 月 11 日，在线宠物食品零售商 Chewy 的创始人科恩（Ryan Cohen）加入 GME 董事会并宣布将带领公司走出困境，股价在当天上涨 12.72%，并在接下来的两天大涨 57.39%。疫情后美国大规模财政转移支付使得居民可支配收入增多，大量散户入市，美国网络论坛 Reddit 中有一个散户集中讨论股票的版块——WallStreetBets（WSB），其中关于 GME 的讨论越来越多，大家纷纷认为轧空（Short Squeeze）的可能性越来越大。被称为散户“带头大哥”的 Keith Gill 十分积极地发表看好 GME 股价的视频，展示自己做多 GME 的仓位和获利情况。社交媒体的推波助澜一时间点燃了散户们买入 GME 的热情，不到一周的时间 GME 股价已逼近 40 美元。

1 月 19 日，空头力量开始反击，知名做空机构香橼（Citron）发布公告看空 GME，预言其股价将很快会跌至 20 美元。但香橼次日发布的视频毫无说服力，激起了部分散户的不满，舆论也逐渐将事件描述为散户和华尔街之间的对抗。大家一边在香橼的推特下刷屏谩骂，一边通过各种社交

渠道号召散户们买入 GME。

1 月 22 日，面对疯狂的舆论，香橼表示不再就 GME 发表任何意见。此时，伴随越来越多投资者的涌入，GME 股价当日大涨 51.1%，股价突破 65 美元。市场上 GME 个股看涨期权买方力量陡增，而此时看涨期权的最高行权价仅为 60 美元。1 月 26 日，硅谷知名风投家、前脸书（Facebook）高管查马斯（Chamath Palihapitiya）宣布站队散户，花费 12.5 万美元买入 GME 看涨期权，此时看涨期权的最高行权价已经达到了 115 美元，而上一日 GME 收盘价仅为 76.8 美元，股价当天应声大涨 92.7%。同日，空头主力梅尔文资本（Melvin Capital）宣布整个 1 月份共计亏损约 30 亿美元。散户“带头大哥”Keith Gill 则继续在 WSB 论坛展示着自己在 GME 上的获利情况，过去在股价低点花费 5 万美元购入的 GME 股票和看涨期权此时已价值 2200 万美元。

1 月 27 日，查马斯在接受 CNBC 采访中，将个人投资者对做空机构的逼空上升到散户对抗华尔街建制派的高度。同时，特斯拉 CEO 马斯克也在其个人推特转发了 WBS 的讨论，进一步点燃了投资者的热情，GME 当日股价大涨 134.8%，收于 347.51 美元。Keith Gill 在 WSB 更新了自己的账户盈利情况，资产达到顶峰，到 4800 万美元，而空头则溃不成军。CNBC 爆料称，梅尔文资本认输，已全部平仓空头头寸，基金总亏损 53%。

1 月 28 日，线上交易平台，如 Robinhood，意外暂停了包括 GME 在内的部分投机股票及期权的开仓交易，平仓不受影响，GME 股价盘中触及 483 美元的高点后，收盘大幅回落至 325 美元。线上交易平台这种“拔网线”式的操作引起了巨大争议，舆论纷纷指责这些交易平台和华尔街大机构同流合污，打压散户。1 月 29 日，Robinhood 发表声明，称散户们的买入行为使得他们给清算所的交易保证金压力骤增，需要追加的保证金高达几亿美元，所以不得不采取措施，暂停买入，以限制个股波动性，确保满足清算所的资金要求。同日包括 Robinhood 在内的多家券商宣布将取消交易限制，但 GME 股价自此一路下行。香橼发布公告称将终止做空研究，专注于为散户提供多方投资建议。

2月4日，GME股价已经一路下跌至50美元，美国财政部长耶伦（Yellen）召集美国金融监管机构讨论近期金融市场的波动，首次公开回应GME逼空风波，耶伦表态要保护散户投资者。2月18日，持有特许金融分析师（CFA）牌照的Keith Gill在美国国会众议院金融服务委员会（Financial Services Committee）举行的线上听证会上，否认了怂恿任何人逼空，称自己只是个散户，没有收取其他任何人的费用。此时Keith Gill的账户资产已经缩水到1700万美元。线上交易平台Robinhood则因一度暂停GME等股票的买入交易而遭到集体诉讼。

随着GME股价在1月下旬暴涨并在2月快速回落，先入场的做空机构（梅尔文资本、城堡基金、枫林资本）以及后进场的散户蒙受了较大损失，但最大赢家依然属于机构，富达（Fidelity）大赚30亿美元，贝莱德（BlackRock）和先锋集团（Vanguard Group）分别赚了27亿美元和17亿美元。摩根士丹利也是这场逼空战中的赢家，旗下的对冲基金（Institutional Inception Fund）赚了大约1亿美元。

（二）事件原因分析

2021年11月美国证监会针对GME的调查报告中总结了事件发生的原因主要有：GME股价和成交量大幅波动；市场中存在大量空头头寸且基本面较好，股价被低估形成了轧空的基础；以及社交媒体的传播和组织功能直接助推并放大了市场的异常行为。

（三）风险管理启示

从市场行为的角度，GME的事件已经明显偏离了股票和衍生品市场的意义，完全落入了价值无关的投机和搏杀。要避免这类风险的发生，需要监管机关的有效管理和及时介入。而就证券公司而言，应该保持从专业出发，避免涉足混乱无效的市场。

第三章

信用风险管理

第一节　信用风险管理概述

一、信用风险定义

信用风险（Credit Risk），又称违约风险，指因借款人、交易对手或发行人（以下简称“借款人”）等违约导致损失的风险。

与市场风险相比，信用风险具有明显的风险与收益不对称的特征。以证券公司开展的股票质押式回购交易业务为例，证券公司利差收益往往只有2%—5%，但一旦发生违约损失，极端情况下可能面临100%的本金损失，收益远低于风险。此外，信用风险还存在明显的逆向选择问题，当一家证券公司客户授信审批标准较为宽松时，市场上被其他证券公司拒绝的高风险客户将流向该公司，导致客户违约风险较全市场平均水平偏高。因此，对信用风险需采取审慎的管理策略。

二、信用风险管理的目标

信用风险管理的目标是通过对存在信用风险的业务实施全流程管理，通过有效风险识别、审慎风险评估和决策、动态计量和监控、及时报告和应对等方式，有效防范风险事件的发生、降低风险事件对公司造成的损失。信用风险管理的目标不是要完全杜绝信用风险事件，而是在符合证券公司风险偏好和容忍度的前提下，积极支持业务发展，保障证券公司风险与收益的平衡，防止信用风险事件对公司经营产生重大冲击。

为实现信用风险管理目标，证券公司应当建立健全与公司自身发展战略相适应的全面风险管理体系。全面风险管理体系应当包括可操作的管理制度、健全的组织架构、可靠的信息技术系统、量化的风险指标体系、专业的人才队伍、有效的风险应对机制。

三、信用风险来源与管理范围

（一）信用风险来源

信用风险的来源可以从宏观和微观两个层面来考察。

1. 从宏观层面看，信用风险主要来源于经济运行周期并受突发事件影响

在经济扩张时，由于市场从业者普遍获得较强的盈利能力而使得总体违约率降低，信用风险水平较低；在经济紧缩时，由于从业者盈利状况不理想甚至经营状况出现恶化，借款人因种种原因无法及时足额偿付到期债务的可能性增加，信用风险水平也相应增加。除经济周期外，突发事件也会对市场从业者的经营状况形成一定冲击，进而对其偿债能力产生影响并形成信用风险。

2. 从微观角度看，信用风险来源于借款人的还款能力与还款意愿

还款能力体现的是借款人客观的财务状况，自身缺乏足额可变现的财产、缺乏持续稳定的收入来源的借款人的信用风险水平显然处于较高水平。

还款意愿是指借款人对偿付相关债务的态度。借款人即使有还款能力但还可能通过欺诈、伪造资信材料或隐瞒实际资金用途等方式获取借款、逃废债务，从而形成信用风险。

（二）信用风险管理范围

所有可能因信用风险事件给证券公司带来直接或间接损失的业务均应纳入证券公司信用风险管理的范围，主要包括自有资金出资的业务和虽无自有资金出资但由于担保、承担担保交收责任可能给证券公司带来损失的表外业务，以及证券公司所有子公司以及比照子公司管理的各类孙公司开展的上述业务。

1. 自有资金出资的业务种类

（1）股票质押式回购交易、约定购回式证券交易、融资融券等融资类业务；

（2）互换、场外期权、远期、信用衍生品等场外衍生品业务；

（3）债券投资交易和债券中介业务，债券包括但不限于国债、地方债、金融债、政府支持机构债、企业债、非金融企业债务融资工具、公司债、资产支持证券、同业存单；

（4）非标准化债权资产投资；

（5）其他涉及信用风险的自有资金出资业务。

2. 表外业务

（1）经纪业务模式债券正回购业务、托管业务模式债券正回购业务、证券公司在资管业务开展债券正回购业务中承担的担保责任；

（2）证券公司创设的信用保护工具所挂钩的标的。

四、信用风险管理的风险偏好与容忍度

除证券监管部门发布的《证券公司风险控制指标管理办法》和《证券公司风险控制指标计算标准规定》外，证券公司还应结合自身业务品种设置信用风险管理的风险偏好和容忍度，将股东收益要求与管理层治理水平相结合并进行明确，从而体现差异化的客户介入点、市场竞争力和风险控制能力，尽量避免出现过于整齐划一的标准和手段，无谓地形成纯粹比拼风险资本规模和融资资金成本的“内耗式市场”。

（一）信用风险偏好

信用风险偏好是董事会和经营管理层在分析公司面对的各种风险因素后，做出的对风险和收益平衡关系的基本态度。确定信用风险偏好时应充分考虑信用风险分布的有偏性、厚尾以及收益的有限性特征，审慎合理确定公司愿承担信用风险的水平。

（二）信用风险容忍度

信用风险容忍度是董事会和经营管理层设定的事后反映风险管理效果的量化限额指标，以明确对风险管理结果的最大容忍范围。信用风险容忍度指标主要采用违约损失率作为标准，信用风险容忍度原则上不应超过业

务预期利润率。容忍度主要通过风险限额指标和分级授权体系体现。风险限额指标主要包括敞口限额、风险限额、集中度限额、损失限额和其他限额等维度；分级授权体系则是基于“自上而下”式的框架，将股东大会、董事会、监事会（如有）、高管层、各业务及职能部门的具体职责和权限加以明确。

五、信用风险管理的原则

证券公司的信用风险管理应遵循“全面性、内部制衡、全流程风控”的原则组织开展相关业务。

（一）全面性原则

证券公司信用风险管理应全面覆盖证券公司各部门、分支机构、子公司，包含所有表内外和境内外业务。

（二）内部制衡原则

证券公司应确保前、中、后台的职责分离，建立相应的制约机制，防范利益冲突。业务部门或子公司作为第一道防线，负责自我风险控制；风险管理部、法律合规部等职能部门作为第二道防线，负责独立开展风险管理；稽核部、监察部等监督部门作为第三道防线，负责对风险管理工作进行监督评价。

（三）全流程风控原则

证券公司应对信用风险管理各个环节进行严谨、审慎判断，对业务信用风险的管理应贯穿业务全流程，完善风险的识别、评估、监控、应对及全程管理，确保风险可测、可控、可承受，保障可持续经营。

第二节　信用风险计量

一、内部信用评级

（一）开发内部信用评级的必要性

2014 年 3 月 21 日，“超日债” 成为中国债市违约里程碑后，债券市场“刚性兑付” 逐一打破，违约事件不断出现。近年来，伴随着国内外经济调整，局部地区和行业依然面临着较大的经营压力，债券市场信用风险继续发酵，违约事件频频发生；加之资本市场中债券及发行主体评级虚高，债券市场的投资策略差异化都进一步要求金融机构对信用风险实施精细化的管理，在风险可控的范围内提升资产投资收益。

与此同时，监管机构持续提高对信用风险管理的监管要求。原银监会《关于加强商业银行债券投资风险管理的通知》（银监办发〔2009〕129号）明确要求加强信用风险管理，将债券资产纳入统一风险管理体系，同时强调应将债券投资信用评级纳入信用风险内部评级管理体系或者建立独立的债券投资评级管理体系，建立健全信用评级管理制度，配备合格的债券投资评级工作人员，并确保评级职能的独立性。2017 年 3 月，沪、深证券交易所发布实施的《公司债券存续期信用风险管理指引（试行）》强调了发行人、受托管理人等在债券信用风险管理方面的责任，要求建立覆盖债券存续期全过程和市场参与各方的持续性、常态化信用风险管理机制。2018 年 12 月，中国证券业协会、中国证券投资基金业协会联合发布《证券基金经营机构债券投资交易业务内控指引》，强调证券基金经营机构应当对现券交易、买断式回购、远期、借贷交易的标的债券进行必要的尽职调查和内部评级，区分不同的风险等级。2019 年 7 月，中国证券业协会发布了《证券公司信用风险管理指引》，对证券公司建立完善的信用风险管理体系和信用风险控制流程，以及各类信用风险事件的防范与应对提出了指导性的建议，明确提出证券公司应建立健全内部评级管理制度；对于债券投资交易，应设置针对主体评级或债项评级的内部评级准入要求。

在此背景下，证券公司开始利用先进的评级模型方法及实践经验，结合债券发行主体的经营、财务和舆情等大数据，建立覆盖全市场的债券评级体系，准确识别和评估所面临的信用风险，提升公司内部信用风险管理能力，确保对信用风险可测、可控、可承受，进而提升在资本市场上的竞争力。

（二）模型开发框架

债券发行人信用风险评级框架主要是针对发行人主体的信用评价，主体评级模型主要由基于财务数据的定量模型以及基于经营数据的定性模型共同构成。

敞口划分是根据企业业务模式、信用风险特征、企业数据情况对企业适用模型进行分类，目前业内常见的敞口大多是以中国证监会行业分类或者 Wind 行业分类为基础，结合业务习惯以及数据情况进行划分。

主体评级模型的建立是一个信息从繁到精的过程：从众多信息和评价视角中选取能代表该敞口企业风险特征的指标，形成一个相对客观规范化的衡量标准，作为确定该敞口企业信用风险的基础。主要包括以下步骤：

1. 指标超长清单

分析师在分析企业信用风险时首先会基于企业所在行业的业务特征对企业进行分析，敞口内企业的经营特征以及由此衍生的评价指标是敞口建模的起点。通过梳理各大评级机构以及研究机构的评级方法、信用分析视角，将不同指标纳入考虑范围内，形成一个基本涵盖评价该敞口评级视角的指标超长清单。

2. 指标长清单

指标超长清单在应用到全敞口企业分析时会面临指标重要性和数据可获得性的挑战，在经过指标试收集、数据缺失率评估以及经济含义的初步筛选后，形成了适用于该敞口企业分析、具备经济含义且数据可获得的指标长清单。

3. 指标短清单

以指标长清单作为备选指标清单进行建模，从中挑选出指标短清单。指标短清单是衡量该敞口企业最为重要的视角和维度。

4. 主体评级结果

按指标短清单和指标系数建立的主体模型排序，经主标尺校准以后得到该企业的基准评级。主体评级模型将行业内认为最重要的分析视角和指标纳入考虑，将不太常见以及在模型中表现较弱的指标排除在外，保证了企业能够在同一个分析视角下进行比较，指标的选取和分析相对客观。

主体评级模型保留了核心的评价指标，保证了评级结论的相对客观性。在应用层面上，则需要在客观可比的评级结果基础上将可能遗漏的重要信息分别通过专家分析意见进行补充。专家分析能够在企业信用风险相对可比的情况下，将企业个体化因素纳入最终结论的考虑范围内，使得评级结论更加可靠。主体信用风险评价是从主体模型评级到专家分析后得到的企业最终认定评级。

（三）模型开发方法

业内常用的信用评级模型开发方法包括：统计建模法、专家打分卡法、混合建模法等，应根据各敞口的特点采用合适的模型开发方法进行建模。

1. 统计建模法

统计建模法是根据统计理论，利用数学方程模拟现实中发债主体信用状况与发债主体特征之间相互关系的研究方法。在数据量充足且数据可信度较高的情况下利用统计建模法能够相对准确地捕捉到发债主体的信用状况，避免主观判断产生偏差，但是该方法对数据的数量和质量要求较高。

2. 专家打分卡法

专家打分卡法是综合专家意见以及数据特征等多方面信息，选取主要的评价企业信用状况的指标，并赋予其权重以评价企业信用风险的模型开发方法。这种方式能充分发挥专家知识、经验方面的优势，同时能够避免数据量不足对模型开发的约束，但打分卡法容易受专家个人经验及主观因素的影响，难免存在片面性。为此，采用经统计方法优化后的打分卡模型，在吸收专家意见的同时也会将数据统计特征作为模型开发的参考。

3. 混合建模法

混合建模法是分别考虑不同层面数据的特征采用不同的建模方法进行建模，然后将各个层面的模型结果综合起来。如混合建模法可对经营数据进行打分卡建模和对财务数据进行统计建模后，将两部分评级得分混合，得到发债主体的最终评分。该方法能够针对不同数据源的数据特征选择最合适的模型开发方法，使得评价模型更加合理、有效。

（四）模型开发流程

1. 统计建模法

统计建模部分的开发步骤主要为数据清洗，确定违约定义及建模样本，然后通过计算定量指标、数据转换和标准化、单因素分析、相关性分析以及多因素分析等步骤，形成定量模型。

步骤1：违约定义及样本生成。定义模型的坏样本和好样本，并对发债主体进行标识，以生成建模所需的目标变量，然后根据目标发债主体清单从其历史数据中筛选出符合建模条件的数据集。

步骤2：单因素分析。单因素分析的目的是对财务指标长清单进行初始筛选，为后续建模提供有效的变量。具体包含数据基本统计分析、指标经济含义分析、指标针对违约或非违约的区分能力分析等工作。单因素分析的主要手段包括PD曲线、CAP（Cumulative Accuracy Profile）曲线、AR（Accuracy Ratio）值、KS值、Somers’D值，以及单因素回归分析。

步骤3：相关性分析。对财务指标长清单中的指标相关性进行分析，将相关程度较高的指标进行分析和筛选。在多因素回归模型中，如果存在具有高度相关性的变量，则会导致多重共线性问题。相关性分析可以通过建立相关性矩阵进行，变量间相关性高于预设阈值（如0.7）的变量需要进行进一步的分析，从该组变量中选择一个代表变量进入模型。一般会选择经济含义更加明确或者根据业务习惯进行选择。

步骤4：多变量分析。该步骤用单变量分析以及指标间相关性分析后的财务指标，通过建立不同的变量组合生成一系列统计模型。

步骤5：模型选型及确认。该步骤将平衡多方面的要求来选取备选模型。定量模型筛选不仅需要从统计学的角度考虑，还需要充分结合业务需求。

2. 打分卡法

步骤1：确定指标长清单。整理敞口评级方法，梳理及设计敞口指标清单，收集专家意见，形成具有敞口特色的指标长清单。

步骤2：数据采集及处理。根据指标长清单的经济含义，设计指标采集内容及采集路径。数据采集完成后，对指标各个档位的样本数量及坏样本率情况进行分析，调整指标档位。

步骤3：变量分析。统计指标的缺失率，对指标进行单变量分析、相关性分析，结合指标经济含义给出打分卡备选指标清单。

步骤4：打分卡试算。利用建模数据，结合多因素统计分析结果以及专家意见，初步挑选指标短清单，确定指标权重，建立打分卡初稿。

步骤5：专家讨论及打分卡确定。召开专家研讨会，根据专家经验优化模型指标选取和指标权重，确定最终的打分卡模型。

3. 混合建模法

模型混合部分的开发步骤主要为计算两个子模型的得分、对模型得分进行标准化处理、确定各模型的权重等几个步骤。

步骤1：计算财务定量模型得分和经营定性模型得分。

步骤2：对两个模型的模型得分进行标准化。

步骤3：确定定量模型和定性模型的权重，并根据该权重和标准化后的两个模型得分计算发债主体的综合得分。

步骤4：根据模型得分和主标尺之间的关系，确定模型评级结果。

（五）模型校准

模型的直接输出通常是一个分值，其高低排序反映了客户的风险状况。模型校准是将模型所预测出的分数通过一系列调整转换成一个对应的信用评级的过程，即建立一个由模型结果到信用评级的映射。此映射以主标尺为基础，同时运用校准曲线建立模型结果与相应的违约率之间的关系。

1. 模型校准的目的和功能

（1）把模型结果映射到“真实”的违约概率；

（2）使模型的结果可以通过违约概率与内部以及外部的评级映射起来；

（3）进行长期违约概率的分析和评估，作为真实违约概率的依据；

（4）进行资产组合风险评级分布分析，使分布符合业务需求和风险管理要求；

（5）进行模型数据的检验和调整，确定模型各个风险级别的可靠性。

2. 判断三大要素

在进行校准之前需要先基于数据或者业务专家的经验判断确定长期违约趋势、主标尺以及评级期望分布三大要素

（1）长期违约趋势。经过模型校准的违约概率结果应该反映了特定资产状况的长期平均违约率。因此在进行模型校准之前，需要通过估计得出长期违约趋势，主要有以下方式：

一是基于证券公司内部历史违约数据计算长期平均违约率，这种方法适用于当证券公司内部已经积累了大量可靠的历史数据的情况。

二是基于内外部数据源进行估计。外部数据源包括同业、评级机构等，内部数据源主要是证券公司内部数据。这种方法适用于内部有部分数据的情况。

三是基于业务特征和专家的判断确定，这种方法适用于内部没有任何数据并且也难以获得外部数据的情况。

无论采用何种方式进行估计，最终的长期违约趋势都应反映特定资产组合的长期平均风险特征。

（2）主标尺。主标尺反映的是信用风险评级等级和违约概率之间的映射关系，通过该映射关系，风险评级和风险度量构建在同一标尺上。基于主标尺，证券公司可以将不同敞口（资产组合）下的风险评级放在同一个

标尺下进行比较。主标尺需要满足以下条件：以违约概率为标准划分；无重叠地覆盖所有可能的信用风险范围；各等级的风险程度应该呈逐渐稳定增长的趋势；客户不能过于集中在单个风险等级。

一般情况下，证券公司内部所积累的历史数据和评级经验相对有限，有限的历史数据和评级经验无法从计量显著性上支持主标尺的开发，常用的解决办法就是以外部评级机构的主标尺为参考，根据自身资产组合的风险特征、业务需求、模型区分能力等建立自己的主标尺。

（3）评级期望分布。不同类型的客户其评级分布具有不同的特征，针对特定客户群所开发的模型，其结果需要校准到符合实际业务经验的评级分布上，在进行模型校准前，需要依据业务特征制定评级期望分布。由于模型校准是一个多目标约束的优化问题，需要同时考虑多个方面的因素，因此，最终校准后的评级分布与期望分布可能会存在一定的差异。

二、股票质押率测算模型

（一）概述

股票质押式回购交易业务、约定购回式证券交易业务（以下统称为“股票质押业务”）主要通过股票作为质押物来缓释业务风险。质押物在考虑了各类风险之后的可收回价值理论上应该能够覆盖融资的本息，才能真正实现对风险的规避。因此，对质押物担保能力的评估，即质押率的确定，成为风控指标方面的核心问题之一。

股票质押率，即借款本金与质押股票市值的比值。《证券公司参与股票质押式回购交易风险管理指引》规定：“证券公司应当综合考虑融入方资质、质押股票种类、交易期限、近期价格涨跌幅、估值情况、流动性情况、所属上市公司的行业基本面等因素，对具体项目的质押股票质押率进行动态管理。”

由于本金数据无法取得，因此，目前缺失市场整体质押率水平的数据。根据上海证券交易所每周公布的初始交易金额和平均质押率数据，2021 年新增初始交易的加权平均质押率为 35%。

（二）质押率的影响因素

股票质押业务的主要风险包括信用风险、市场风险和流动性风险。信用风险，即借款人违约风险，主要体现为未按照合同约定按时还本付息或未及时补充质押物；市场风险，即由于宏观经济形势、股票市场环境等变化，引起质押股票的股价大幅下降的风险；流动性风险，即由于市场流动性不足、质押股票存在限制卖出条件等原因，导致证券公司在处置质押股票时不能及时变现的风险。上述风险具有很强的关联性和传导性，其中一种风险的上升很可能引起其他风险的快速上升。例如，上市公司重要股东的信用风险暴露可能会引起股价的大幅下跌，由此引发的大幅抛售又导致质押股票处置困难，从而使流动性风险上升；再如，市场风险上升导致股价下跌，也将削弱借款人的再融资能力，从而增加借款人违约的信用风险。因此，证券公司在确定股票质押率时应充分考虑信用风险、市场风险和流动性风险，并根据市场变化进行动态调整。

1. 信用风险的影响因素

主要关注借款人除质押股票以外的还款来源和能力、借款人的股东背景、借款人全市场股票质押数量占其持股总数的比例、是否存在第三方担保及担保人的担保能力、是否办理赋强公证等。

2. 市场风险的影响因素

一方面，要考虑标的证券当前估值水平及在一定时间内相对整体市场的涨跌幅，对于估值明显偏高或涨幅显著高于整体市场的标的证券应适当调减质押率，防范个股市值回落的风险；另一方面，应充分考虑当前整体市场在长时间周期中所处的位置，适当进行逆周期调节，降低市场整体波动产生的风险。

3. 流动性风险的影响因素

一般而言，影响流动性的主要因素包括市值和换手率，市值越高、换手率越高的股票，在市场上变现的效率越高。但是现行法律法规对一些特殊身份股东的卖出行为作出了特殊规定，导致证券公司在需要将股票变现时受到限制。例如，《中华人民共和国公司法》规定，董事、监事、高级管理人员在任职期间每年转让的股份不得超过其所持有本公司股份总数的25%；离职后半年内，不得转让其所持有的本公司股份。再如，《上市公司大股东、董监高减持股份的若干规定》（简称“减持新规”）要求，上市公司大股东在3个月内通过证券交易所集中竞价交易减持股份的总数，不得超过公司股份总数的1%，股东通过证券交易所集中竞价交易减持其持有的公司首次公开发行前发行的股份、上市公司非公开发行的股份适用上述比例限制（注：2020年2月14日，中国证监会发布《关于修改〈上市公司证券发行管理办法〉的决定》《关于修改〈创业板上市公司证券发行管理暂行办法〉的决定》和《关于修改〈上市公司非公开发行股票实施细则〉的决定》后，依据上述办法通过非公开发行股票取得的上市公司股份，其减持不适用减持新规的限制）。实践中股票质押业务的借款人多数都属于上述法律法规的限制范围，增加了证券公司的变现难度。因此，在确定质押率时应充分考虑到上述风险。

（三）质押率模型的实践运用

实践中，质押率模型既要充分考虑上述风险类型及其产生原因，又要逻辑清晰、简单易用，避免过于烦琐。在此介绍质押率评定的VaR方法以供参考。

1. 原理

在理性市场中，股票的价值通过价格来反映，市场价格是投资者对股票真实价值的估计。市场的有效程度越高，市场价格越接近股票的真实价值。而VaR方法能够刻画出市场价格的波动情况。

VaR（Value at Risk）反映的是金融资产在一定置信区间和时间段内的最大损失。结合股票质押业务，即在一定的置信水平下质押股票在质押期间内的最大可能损失，也就是在质押期间内股票价格变化的最差情形。质押股票市值减去VaR值即为相同置信水平下的质押价值，质押价值占市值的比例即为质押率。

2. 构建方法

（1）计算VaR得到初始质押率。VaR的计算取决于持有期、显著性水平和预期收益率的概率密度函数。其中，持有期的选择取决于业务种类，显著性水平取决于证券公司的风险偏好，因此 VaR 计算的关键在于描述预期收益率的概率密度函数。在此主要介绍历史模拟法和直接正态法这两种常用的计算方法。

①历史模拟法。历史模拟法能有效处理非线性组合，无须假设市场因子的统计分布，直接根据 VaR 定义进行全值模拟。根据历史模拟法的假定，确定不同分位数（a）求得相应置信水平的 VaR。根据每种资产的历史损益数据计算当前组合的损益数据，将 N 个历史收益数据从低水平到高水平依次排列，那么位于（1 - a）×N 处的临界收益值 R 就是 VaR 的估计值。该方法从历史收益数据中简单计数得到 VaR 值，适用于简单的资产或资产组合。

和其他 VaR 方法相比，历史模拟法概念清晰，简单方便，容易被市场参与方接受；能有效处理“非对称”和“厚尾”问题，参数估计风险小，能较好地处理市场大幅波动的情况，捕捉各种风险；不需要市场动态模型，避免模型风险。历史模拟法的缺陷主要表现在：第一，假定市场因子的未来变化与历史变化完全一致，服从独立同分布，难以预测和反映未来的突然变化和极端事件；第二，需要大量的历史数据。

②直接正态法。直接正态法假设股票的期望收益率服从正态分布。为保证价格和收益的假设一致性，通常采用对数收益率，即 $R_t = \ln(P_t + 1/P_t)$。按照正态分布模拟计算出一定置信水平下股票价格对原始股票价格的最低比例，从而得出质押率。

（2）模型调整项。计算出初始质押率后，还需针对股票质押业务的各类风险确定调整项及其系数，可综合考虑标的证券分类、个股波动率、个股涨幅、个股流动性、回购期限、限售期限等调整项并赋予适当的系数，采用每个调整项因子系数连乘的方法得到业务调整系数，从而对初始质押率进行调整。

（3）参考质押率。根据上海证券交易所、深圳证券交易所发布的《股票质押式回购交易及登记结算业务办法》，质押率不能超过 60%，因此，最终的参考质押率为 Min（初始质押率 × 业务调整系数，60%）。

在质押率模型构建完成后，需定期进行回测验证，并在验证结果基础上对模型持续迭代优化。验证方法包含：返回检验、分析板块上限触碰情况、比较与过往业务实际质押率的偏离度、统计实际业务追保情况等。

三、舆情监控

（一）舆情监控的目的

信用类业务市场实时产生了海量舆情信息，单靠人工搜集甄别不太现实，需要借助内外部舆情监控工具进行高效处理。

（二）舆情监控的管理工具

万得、大智慧等外部采购的舆情监控系统具有强大的数据搜集处理能力，能实时推送重点舆情信息，然而也存在信息安全、舆情清洗等方面的弊端，自建负面信息客户管理系统能有效克服上述弊端。结合运用内外部舆情监控系统，能有效提升舆情监控工作效率。

1. 外部采购舆情监控系统

目前市场上外购舆情监控系统凭借其高效的数据处理能力，在信用债投资、融资融券、股票质押、香港孖展等资本市场信用类业务标的券、担保品（上市公司股票）的监控中得到广泛运用，部分系统还支持债券交易数据的实时抓取推送、境外债主体的境外媒体新闻报道搜集。

2. 自行开发舆情监控系统

（1）系统建设的必要性。外购舆情监控系统是舆情监控的重要工具，然而也存在信息安全、舆情清洗、系统互联、追踪处理等方面的缺陷，证券公司应自建舆情监控系统，提升客户负面信息搜集、处理的安全性、及时性、准确性和全面性。

信息安全方面，外购系统可能泄露公司业务持仓等敏感信息，自建系统数据只留存在公司数据库，避免外泄风险。

舆情清洗方面，外购系统推送数据涉及多个信源，雷同舆情反复推送，舆情重要性高低也未区分，影响用户舆情处理效率。系统互联方面，外购系统无法关联公司内部系统数据，导致无法基于业务规模等指标设置推送优先级，增加用户舆情处理负担。

追踪处理方面，外购系统无法提示用户重大舆情的追踪处理，自建系统可以记录并生成阅知处理等追踪任务。

（2）系统流程及工作原理。外部负面舆情监控系统能够搜集、监控客户的外部风险信息，通过主体识别、打标签及除重、风险标注及打分等，将风险信息加工成基本面因子、冲击面因子，代入多因子指标分析模型中，形成客户的信用风险预警指数及排序、风险信息的预警等级并推送给特定监控人员，系统记录监控人员处理结果，提升信用风险监控的效率。

信息搜集方面，系统每日自动搜集企业工商信息、司法诉讼、行政主管部门的行政处罚情况、行政监管机构的问询、监管记录、媒体披露的舆情信息、上市公司或债券发行人公告、产业链相关企业的财务信息及其他信息、证券交易、报价、债券隐含评级等。

信息处理方面，通过网络爬虫、文本挖掘、OCR 等技术，结合业务专家经验、时序分析、深度学习方法，对已有的内部及外部信用风险信息进行搜集、补充、分类、整合等加工，加工后的数据需进行封装及开放接口，以便于其他系统进行调用（包括权限控制机制）。

①信息去重。可以分为“重复信息”和“相似信息”。以新闻为例，通过系统算法直接实现的去除“重复信息”是已经确定在很大程度上是同一条新闻的（比如标题、内容一模一样，根据爬虫数据源优先度确定优先展示对象）；而“类似信息”可能是同一事件涉及多家媒体报道，内容近似但描述笔法有所不同，该类新闻相似度较高但可能无法通过算法直接去除，可以通过新增“相似信息”模板进行管理，这具备人工去重的功能（一次性选中多个项目后去重），仅保留一条展示用的信息，但可置换，可通过“相似信息”查看。

②正负判断。通过情感分析、观点抽取等技术实现监控信息的正负面判断。

③信用风险标签。根据预先设置的标准，结合监控关键词，由系统算法自动添加信用风险标签。同一信息支持添加多个标签，同时支持人工添加标签。

④提高区分度。结合业务专家经验、深度学习方法等，将上述信息按重要性和相关性实现分档或排序，提高推送和展现的监控信息的区分度。

信用风险预警指数排序方面，根据监控对象的风险信息（包括舆情、公告、财务、价格、行业地区等因素）进行分类、标签、计量从而形成量化指标，对企业进行全面内外部风险多因子指标分析。基于主体的财务信息、舆情信息、市场价格偏离度、时间序列等信息，形成最终的信用风险预警指数，综合识别相关主体在未来1年发生债务违约的风险，并提示主要风险点。信用风险压力指数通过触发不同级别的阈值确定风险压力等级，形成风险排序。该模型具备持续优化改进及子模块权重调整的开放性。

信息推送处理方面，系统将处理后的负面舆情实时推送给用户，包含涉事主体风险等级（或风险排序）、该主体在公司相关业务类型及敞口，以及该条舆情的概要、标签、风险预警等级、发生时间、任务处理端口等；系统自动记录用户任务处理情况。

组合管理方面，系统自动对接或者按固定模板人工导入需要监控的客户名单（舆情信息自动关联组合中的客户主体）；按权限支持组合配置和分配功能，用户主管等高等级权限下可筛选需要监控的客户组合分配用户，并保留相关分配记录等到系统中，支持查询分配历史记录。

四、同一客户管理

（一）同一客户定义及管理意义

1. 同一客户的定义

同一客户指公司开展承担信用风险的业务过程中可被认定为同一个主体的客户，包括同一自然人客户、同一机构客户、同一产品客户，以单一客户维度进行识别和管理。

除单一客户以外，对于具有关联关系的客户组，证券公司可视为一个整体来管理。

2. 同一客户的管理意义

随着证券公司开展的信用风险业务种类及规模的增加，为避免单一客户集中度过高的风险，有必要对同一客户进行充分识别及准确计量风险暴露，落实风险信息集中管理，实现可计量、可控制、可集中管理公司同一客户风险。

（二）同一客户识别和认定

证券公司开展信用类业务所覆盖的客户范围包括境内外自然人客户，境内外法人客户，以及产品客户五大类。证券公司在开展信用类业务时应根据同一客户识别要求收集客户信息并录入系统，及时维护存量客户信息，确保录入客户信息的及时性和准确性。

1. 单一客户维度

（1）境内自然人客户。对于境内自然人客户，按照境内身份证号码进行认定。

（2）境内法人客户。对于境内法人客户，按照统一社会信用代码进行识别。

（3）境外自然人客户。对于在境内机构开展业务的境外自然人，按照客户提供的护照号码等法定有效证件进行认定。

（4）境外法人客户。对于境外法人客户，按其有效证件号码（优先使用“全球通用 LEI 码”）进行认定；无法提供有效证件号码的客户，按照中英文名称人工识别。

（5）产品客户。对于境内产品客户，一般根据其产品备案编号和名称进行认定，产品备案号包括但不限于中国证券投资基金业协会备案号、理财登记中心备案号、中国银保监会备案编号等。

对于境外产品客户，可参考 ISIN、CUSIP、Sedol、Ticker 等国际编码进行辅助认定。

2. 关联客户组维度

客户之间的关联关系按照客户组的类型可以分为企业法人客户之间、自然人客户之间、自然人客户与企业法人之间及产品户相关的关联关系。证券公司应优先通过公开信息可以获取的关联关系来判定同一客户；对于通过公开信息无法获取的关联关系，根据信用风险、集中度风险等风险暴露程度制定尽调要求，同时要考虑隐秘的关联关系。对于客户之间的关联关系识别原则可参考表3－1，并根据证券公司实际业务开展情况进行关联客户组的识别认定。

表3－1　　　　同一客户关联关系

客户类型	自然人	企业法人	产品户
自然人	直系亲属（父母、配偶和子女），法定一致行动关系，实际一致行动关系	控制、法定关联关系，法定一致行动关系，实际一致行动关系	实控委托人，实控人，实控融资人
企业法人	控制、法定关联关系，法定一致行动关系，实际一致行动关系	控制、经济依赖、法定一致行动关系，实际一致行动关系	实控委托人，实控人，实控融资人
产品户	实控委托人，实控人，实控融资人	实控委托人，实控人，实控融资人	共同的实控委托人，实控人，实控融资人

（三）同一客户管理覆盖范围

证券公司同一客户管理应覆盖所有信用类业务，涵盖融资类业务（股票质押回购业务、融资融券业务、约定购回业务、非标融资业务等），投资类业务（债券投资）及交易对手类业务（场外衍生品业务、债券中介业务、现货业务等），形成跨部门或子公司的统一管理要求。

（四）同一客户统一授信管理

1. 授信审批

同一客户在多个业务部门（单位）或开展多项业务时，证券公司应对该客户在各业务部门（单位）的授信额度进行统一分析评估，核定客户统一授信额度，并视情况调整及协调客户的额度分配。

2. 授信监控

证券公司需统一监控同一客户在各业务部门的授信使用情况，确保总授信余额不超过该客户的统一授信额度。当授信余额使用达到统一授信额度的一定比例时（如设置预警值为80%），需进行预警提示，避免总体使用超限。

（五）同一客户集中度管理

为防范同一客户敞口过大，需对同一客户进行集中度管理。一般包括两个层次：第一层次是客户统一授信额度占证券公司净资本的比例；第二层次是客户具体业务项下授信额度（或业务规模）占该业务总规模的比例。集中度指标的制定应结合监管要求以及证券公司内部管理要求。

（六）同一客户不良行为信息管理

同一客户不良行为信息管理包括不良行为信息类型、信息报送机制和日常管理应用三个方面。

1. 不良行为信息类型

不良行为信息一般包括客户在公司任一业务被认定为实质违约、在其他金融机构或债券市场违约、股东或关联方违约、存在其他重大风险等。

2. 不良行为信息报送机制

证券公司应在内部建立不良行为信息报送机制，牵头部门定期向业务部门收集客户不良行为信息，并要求业务部门主动向牵头部门报送客户不良行为信息。

3. 不良行为信息日常管理应用

（1）牵头部门建立不良行为信息客户名单并定期进行评估和调整，业务部门认为客户最新信用状况已明显转好时也可申请将其从名单内调出。

（2）各级审批人员在审批信用类业务时应查询客户是否有不良行为信息。对有不良行为信息的客户原则上不应开展新增业务，存量业务不应展期，特殊情况下确需展期以及新增业务时应有充分理由并将理由和审批报告报备牵头部门。

（3）业务部门在开展业务时获悉客户存在重大风险应及时告知牵头部门，如知情不报导致公司相关业务产生损失，应对相关人员予以问责处罚。

五、信用风险经济资本计量

（一）背景

金融机构在经营中时刻面临着风险，只有承担风险才能获得回报，因此，对风险进行有效的管理是金融机构经营的主要目标之一。风险管理中的一个重要内容，就是如何平衡回报与风险的关系，在有限的风险承受能力下实现股东价值的最大化，即在有限的资本要求的限制下，需要对资产进行合理的选择。同时，经济资本还需覆盖未来可能出现的非预期损失。

要解决风险和收益相匹配，实现资产合理配置的问题，首要任务是对各类风险进行统一度量，从而实现对各类风险的比较、加总和评估。简而言之，金融机构需要一个统一的量化风险的标准工具，使得金融机构能够量化它所承担的全部风险，而经济资本就是这样的一个标准工具。同时，根据面临的风险类型不同，经济资本又可大致分为信用风险经济资本、市场风险经济资本、操作风险经济资本等。本部分将详细介绍信用风险经济资本的概念、计量方法和行业探索实践情况。

（二）信用风险经济资本概述

1. 信用风险经济资本简介

所谓信用风险经济资本，是指在一定的置信度和期限下，对于某个承担信用风险的特定资产组合，经营主体为了覆盖和抵御自身超出预期的经济损失，需要持有的资本总额。它有几个特性：

（1）经济资本是基于风险的资本，其数量和风险损失相关，用来抵御经济损失中非预期信用风险损失，而不包括预期损失；

（2）信用风险经济资本的估计需要基于一个给定的置信度和期限；

（3）经济资本是一种虚拟资本，与监管资本存在差异，它因内部自身风险管理需要而产生，是内部经营管理风险的一种计量方法和工具；

（4）经济资本的估计主要基于自身的计量体系对经济资本的重要输入参数，主要有违约率（PD）、违约损失率（LGD）、违约风险暴露（EAD）等，与内部信用评级体系十分契合。

2. 信用风险经济资本的重要计量参数

信用风险经济资本计量中的几个重要参数及概念：

（1）违约概率（PD）：是指在未来一定的期限内合约另一方不履行合约而发生违约的可能性。

（2）违约损失率（LGD）：是指未来违约发生后，风险敞口中产生实际损失的比例。

（3）违约风险暴露（EAD）：是指未来违约发生时暴露在风险下的敞口。

（4）相关性（R）：是指不同类型资产组合之间的相关性。

（5）期限（M）：是指资产组合的实际存续期限。

（6）预期损失（EL）与非预期损失（UL）。

预期损失是经营主体预期在特定时期内某资产可能遭受的平均损失。预期损失是可预期的，在经济资本计量中可以视为一个常量，经营主体一般通过定价和提取风险准备的方式，覆盖预期损失。一般而言，预期损失的计算公式为：$EL = PD \times LGD \times EAD$。

非预期损失是在某一置信水平下，超过预期损失的部分。非预期损失是损失的不确定性因素，是真正的风险。非预期损失需要由经济资本覆盖，即经营主体所需的最小经济资本等价于主体面临的非预期损失。

（7）置信水平。从非预期损失的定义中，可以看到我们设置了一个置信水平，因为要去计量所有可能性下的损失是不现实的，且为了这些极小概率下的极端损失事件去时刻准备资本进行覆盖，也是意义不大、成本很高且不经济的。因此，置信水平帮助我们决定需要抵御多少极端的风险。假定某个经营主体的置信水平设置为99%，那么通过这个置信水平计算出

来的经济资本 EC_{99} 是指在未来一定时间内损失超过该经济资本的概率为 1%，即经营主体有 99% 的把握可以利用该经济资本覆盖所有的潜在损失。

置信水平的选择是经营主体对于自身稳定经营的一种综合考量，反映了经营主体的风险偏好。

3. 监管资本与经济资本

目前，券商在实践应用中，一般同时计算两类资本，分别是监管资本和经济资本，二者在承担风险上的本质是相同的，均是用于覆盖未来可能出现的非预期损失，但是在计算方法上存在本质的差异。

中国证监会建立的风险资本准备及相关风控指标监管标准、风险资本管理及约束机制，在推动证券公司稳健经营、防范行业系统性风险方面起到了极其重要的作用。但是，现行的以静态系数为基础的风险资本计量标准法在计量真实风险、体现风险敏感性等方面仍有不足。特别是在中国证券行业业务复杂化、国际化趋势下，券商亟须在现行监管资本基础上研究更加科学的风险资本计量方法，实现对风险资本的精细化管理。

第三节　信用风险管理控制

信用风险的全流程管理主要包括尽职调查、信用评估、交易管理、授信后管理、风险资产的化解五大环节。

一、尽职调查

（一）定义及目的

尽职调查（Due Diligence），又称审慎性调查，是指证券公司在与借款人达成初步合作意向后，经协商一致，对借款人的历史数据文档、管理人员的背景、公司组织架构、财务情况、所处行业地位情况、经营风险、财务风险等进行全面深入的审核。

尽职调查的目的是使证券公司尽可能地了解和发现借款人的全部情

况，是证券公司了解借款人、判断借款人信用风险程度的主要手段。开展信用类业务前均应对借款人开展尽职调查。

（二）基本原则

1. 真实性原则

调查人须如实反映尽职调查获得的业务信息和风险，不得刻意隐瞒或篡改。

2. 完整性原则

调查人应当按规定准确、完整采集业务信息，不得擅自简化尽职调查内容，尽职调查报告须完整反映其调查过程和结果。

3. 独立性原则

调查人须独立履行其职责，不得按照他人倾向性意见进行调查。

（三）基本要求

实施尽职调查的主体一般为业务部门的调查人员，在尽职调查过程中，调查人员应遵循以下基本要求：

1. 实地走访

调查人员应该到客户的营业场地和生产场地，直接观察企业经营运作情况。

2. 资料核查

调查人员须核对客户提供的身份证明、业务主体资格、财务状况等资料的真实性、完整性、合法性和有效性，并将核实过程和结果以书面形式记载。对于客户提供的复印件，调查人员须在核对无误并与原件一致的情况下签署“经核对与原件相符”字样并签名。

3. 面谈面签

探访机构客户经营领导层、关键部门负责人或生产员工等，把同一问题从不同的角度及同一问题向不同的对象调查咨询。尽职调查人员须当面见证借款人本人或法定代表人签署业务申请文件及业务法律文书。

4. 外部调查

获取资信评级机构评定的信用等级、股票行情、证券同业的评价、授信银行的评价、政府机关与行业团体的评价、客户同行的评价、权威机构公布的排名情况、经济年鉴、行业年报、新闻媒介的报道等。

（四）主要程序

1. 客户资料收集

调查人应收集客户的基本信息资料，建立客户档案。基本信息资料包括但不限于客户注册及项目批准文件、近年财务资料、担保品资料等公开信息和与业务相关的项目背景资料、合同协议等企业内部资料和软信息。对集团公司进行授信时，还需收集、分析其核心附属机构的相关资料。

调查人应对客户资料的合法性、真实性和有效性进行认真核实，并将核实过程和结果以书面形式记载和确认。必要时，调查人还要向政府有关部门或社会中介机构索取相关资料，作为客户资料的补充，以验证客户资料的真实性。

2. 客户基本信息调查与分析

（1）机构客户主体资格调查。了解客户的基本经营特点，包括企业的行业性质、生产的季节变动规律、基本设备情况、生产能力等基本情况。

（2）机构客户关联关系调查。查验公司章程、验资报告等材料，核实客户的资本投入情况、股权结构（投资方及出资方式、比例），分析客户的股东背景、实际控制人，并罗列其关联人，构建其集团关系树。

调查客户的主要原料供应和销售对象。关注主要原材料供应商和产品销售对象，分析其生产经营的独立性和持续性。

（3）机构客户公司治理调查。查看客户的公司章程，分析客户的内部治理结构，如股东大会、董事会和经理层的权限，股东大会和董事会的召开方式、议事规则等，评价其内部治理结构是否合规、健全、有效。

（4）机构客户组织形式调查。查验客户的组织形式是否发生变化（或可能发生变化），了解并评价其经营的独立性、稳定性，分析其企业组织结构的变迁可能会对业务构成的影响。

（5）机构客户企业信用和外部评价调查。

①通过调查董事长、总经理、财务经理等关键管理人员的履历、管理

经验、过往业绩、个人品德和信用记录，分析与判断客户的管理层素质和经验。

②通过公开信息或者实地访谈，了解客户是否存在被监管机构、司法机关、海关等政府管理部门谴责、通报、处罚的情况，判断企业的信用水平。

（6）个人客户尽职调查主要包括但不限于以下内容：

①借款人基本情况，包括工作履历、社会地位、个人资信、资产负债情况；

②借款人收入情况；

③借款人是否存在违约、未决诉讼、失信被执行人等负面信息。

3. 客户经营情况调查与分析

（1）客户经营情况的调查与分析侧重于行业风险和客户经营风险两个方面。

（2）行业风险调查与分析。通过调查和整理相关行业有关信息和资料，收集和整理国家产业政策及进入或退出市场的难易程度等其他相关信息资料。调查内容具体如下：

①客户所处行业的市场结构基本特点，分析其竞争状态、行业的盈利性和稳定性等。

②客户所处行业的业务内容，特别是行业规则。

③影响行业发展的主要内外部因素。

④行业的发展和利润趋势，包括市场需求变化、技术替代趋势等。比较客户在行业的经济周期，比较分析客户和主要竞争对手的优劣势，分析其经营战略的合理性，并预测企业发展前景。

（3）客户经营风险调查与分析。调查客户在行业的地位，优越性和竞争力：

①通过调查客户的生产或销售规模、企业所处的发展阶段、商品的市场占有率、产品多样化程度及经营策略等，评价客户的市场定位和经营战略是否合理。

②通过与同行业平均和（或）先进指标的比较，评价客户核心竞争力。

4. 客户财务情况分析

（1）对上市公司和外资企业，调查人需要求客户提供经审计的财务资料；对其他客户，调查人尽可能地要求企业提供经会计师事务所审计的最近三年及一期财务报表。

（2）调查人需关注审计意见的类型。审查出具报告的会计师事务所及签字审计师的品行和信誉，必要时应与注册会计师管理机构核实审计报告的真实性。

（3）调查人需认真完整阅读审计意见、审计报表及其附注等。重点审阅带说明段无保留意见审计报告、保留意见审计报告，并判断审计报告的可信度。

（4）根据实地调查和对财务报表进行分析的结果，对企业提供的财务报表进行必要的审慎性调整。

（5）经济实力分析。通过比较客户在行业中净资产额、资产总额、固定资产总额、销售额、净利润等状况，分析其经济实力和抗风险能力。

（6）经营能力分析。通过测算和比较销售利润率、净利润率等指标对客户的盈利水平、盈利稳定性和持久性进行分析和判断。通过测算和比较应收账款回收期、存货周转率、应收及存货增长是否超过销售收入的增长等对企业经营能力进行判断。

（7）负债结构分析。通过测算与比较资产负债率、齿轮比率、长短期负债结构、银行负债明细，分析并判断公司负债总量、结构是否合理、偿债能力是否充足。

（8）变现能力分析。通过测算与比较流动资产的质量及流动比、速动比和银行借款等刚性负债占流动负债的比重，分析并判断企业偿债压力大小及短期偿债能力强弱。

（9）现金流量分析。通过计算过去、预测未来的经营活动、投资活动、筹资活动现金流入、现金流出和净流量的情况，分析客户现金流量的历史状况及还款情况，判断客户的还款资金来源及其稳定性，判断其是否具有偿还能力。

（10）根据上述对经济实力、经营能力、资产负债结构和现金流量的分析，综合评价客户是否具备再举债能力和到期偿还融资的能力。

5. 借款用途分析

主要是借款用途的合法合规性调查。通过实地调查和分析企业财务状况和现金流量，分析客户直接的、真实的借款用途，判断该用途是否合法合理。

6. 还款来源分析

对还款来源进行调查，调查落实还款来源的可靠性。如果还款来源依赖于与借款用途有关的某笔交易顺利完成，重点调查这笔交易顺利完成的可能性；如果还款来源属于某项非经营性的现金收入，重点调查该笔现金收入来源是否可靠。通过上述调查分析，确认客户还款计划的合理性。

7. 担保方调查与分析

（1）担保调查与分析的重点是担保人的资格、财务实力、担保品的变现能力、担保人的担保意愿、担保人的履约能力和意愿及与借款人之间的关系。

（2）担保人的主体资格调查与借款人的资格调查方式和要求基本相似，除此以外，还需符合《民法典》司法解释中有关担保人资格禁止性条款的规定。

公司对股东或实际控制提供担保的，需符合《公司法》相关规定。证券公司提供担保的，还需符合《证券法》相关规定。上市公司及其控股公司对外提供担保的，还需符合中国证监会等监管机构的具体规定。

（3）保证人财务实力的调查分析方法参照前述对借款人的调查评估方法进行，除了分析保证人财务状况、现金流量外，还应尽量掌握保证人目前对外所提供的保证金额。

（4）担保品的调查与分析包括担保品的权属、抵（质）押行为的合法合规性、担保品价值的合理性及波动性、占有控制情况及其变现性。

（5）担保人担保意愿的调查与分析。主要考察担保人履行担保义务的历史记录，是否知道款项的真实用途（特别是借新还旧的借款）、担保人履约的经济动机及与借款人之间的关系等。对担保人是借款人的关联公司，或是与借款人之间存在较多经济利益关系的公司，侧重分析有无用于代偿的现金来源，防止其通过互保、循环担保方式削弱担保的有效性。

（6）对于自然人提供保证的，需要着重调查保证人与被担保人的关系、对被担保人的制约力、个人信用状况、个人主要财产等。

（五）佐证材料

1. 机构客户

（1）营业执照（副本及影印件）和年检证明。

（2）法人代码证书（副本及影印件）。

（3）法定代表人身份证明及其必要的个人信息。

（4）近3年经审计的资产负债表、损益表、现金流量表及销量情况，并提供附注。成立不足3年的客户，提交自成立以来年度的报表。

（5）本年度及最近月份存借款及对外担保情况。

（6）合同或章程（影印件）。

（7）董事会成员和主要负责人、财务负责人名单等。

（8）若为有限责任客户、股份有限客户、合资合作客户或承包经营客户，要求提供董事会或发包人同意申请业务的决议、文件或具有同等法律效力的文件或证明。

（9）现金流量预测及营运计划。

（10）业务由授权委托人办理的，需提供客户法定代表人授权委托书（原件）。

（11）其他必要的资料。

2. 个人客户

包括客户身份信息、联系信息、职业信息、偿债能力、信用状况、家庭状况分析等，如年龄、婚姻状况、第一还款来源、纳税证明、现有借款及对外担保情况等。

3. 担保信息

根据业务采取的抵（质）押、保证等不同担保方式，对不同的担保信息进行调查。如质押物控制落实情况，保证人保证能力等。

4. 其他信息（如有）

保险、评估、借款人声明等信息。

（六）尽职调查报告

尽职调查最终应形成正式的尽职调查报告，调查人应在尽职调查报告上签字确认，尽职调查报告应作为证券公司内部授信审批的主要依据。

1. 尽职调查报告撰写原则和要求

（1）如实反映尽职调查过程，不得随意采用未经调查核实或没有可靠来源的信息和资料。

（2）客观全面揭示调查结果、客户及业务的相关信息。

（3）内容翔实，论据充分，逻辑合理，观点鲜明；既有定性分析，又有定量分析；既有总量分析，又有明细分析。

2. 尽职调查报告一般应包括的内容

（1）声明与保证：调查人需声明按照要求履行了尽职调查，如实全面揭示借款人和业务信息，保证调查报告的真实性、准确性和完整性。

（2）客户基本情况：股本投入和变动情况、发展历史、公司治理结构、关键管理人员情况、管理水平和信用状况等。

（3）经营状况：介绍主导产品、市场营销情况，分析经营风险、行业风险、经营战略和经营前景。

（4）财务分析：经济实力分析、经营能力分析、资产负债结构分析和现金流量分析。

（5）借款用途和还款来源。

（6）担保分析。

（7）问题与风险：提出业务的主要风险点及防范措施。

（8）建议：明确提出业务是否开展，以及币种、金额、期限、利率、担保信息等基本要素。

二、信用评估

信用风险评估以判断客户未来违约概率和违约损失率为核心，评估对象包括借款人、担保品、业务方案和内控执行四个方面，评估内容包括是否符合授信政策、方案是否完备、风险缓释是否充足，并总结风险点及化解措施。对于高风险业务，可通过提供第三方担保、设定质押集中度、办理赋强公证等措施缓释风险，或压缩授信额度。

（一）借款人评估

借款人为融资类业务的第一还款来源，对于借款人还款能力的评估，是信用业务评估的核心。

若借款人为个人或者无实际经营的持股类平台，在分析时应评估借款人的背景履历、信用记录、负面信息、收入情况、持有资产的价值及变现能力、市场融资情况及融资能力等。这类借款人的信用评估相对简单，重点在于对借款人资产、负债、收入、信用记录的审核，对借款人资产及收入的真实性、负债的完整性应予以重点关注。

若借款人为具有实际经营的法人主体，应全面评估借款人的股东背景、经营、财务、资信、资金用途等。以下列出一些核心的评估要点：

1. 借款人主体资格、股权结构、关联关系、历史重大事件等

2. 借款人所处行业基本情况

包括行业的发展和利润趋势、市场需求变化、技术替代趋势、重要行业政策等。分析借款人所处行业的周期位置、主要竞争对手的优劣势，分析其经营战略的合理性。

3. 借款人经营情况

（1）营收及利润结构。核心产品或服务，营收及利润的结构分布（如按产品类型、客户类型、销售类型、地区等维度）。

（2）生产情况。主要生产工艺、产能分布、产能利用率、产能升级改造、在建项目等。

（3）原材料及供应商。主要原材料及成本占比，主要供应商及合作年限、稳定程度、结算方式、依赖程度等。

（4）销售方式及客户结构。采用何种方式进行销售（直销、经销、加盟等），主要客户类型、收入占比、结算方式、合作年限、依赖程度、关联关系等。

（5）技术实力。公司的核心技术门槛、研发投入力度、人员学历结构、专利数量等。

（6）管理层。核心高管的背景及简历。

4. 借款人财务状况

（1）资产质量。资产的整体规模及结构，资产的记账及核算方式（以公允价值或评估价值入账的资产须重点评估），资产减值计提情况（商誉、存货、应收账款），资产抵质押情况等。

（2）负债结构及偿债能力。公司负债率，有息债务占比，债务期限分布及与资产期限的匹配程度，营收对于债务的保障程度，融资渠道的丰富性，对外担保及或有负债。

（3）盈利能力。营收规模、稳定性、成长性，利润中经常性及非经常性损益的占比，关注利润表中几项投资类收益的占比及变化。

（4）现金流情况。重点关注经营现金流净额与净利润的匹配程度，以及资金是否被股东或关联方长期占用。

（5）财务规范性。财务报表是否真实、完整，财务报表是否经审计，审计意见等。

5. 借款人资信情况

借款人资信情况包括借款人征信记录、诉讼情况、违规情况、公开负面消息等。

6. 借款人资金用途

通过对借款人的分析，判断其资金用途是否合规、真实、合理。

7. 借款人历史履约情况

若借款人为公司存量客户，应关注借款人历史履约情况是否良好，审批条件是否落实，资金用途是否匹配等。

（二）担保品评估

证券公司信用类业务多以股票或债券等有价证券作为担保品，担保品的可持续性、价格稳定性、估值合理性、变现能力对于业务的风险水平构成决定性影响。除有价证券外，担保品还可以为土地、房产、非上市公司股权、债权、其他权利等其他财产，这在实际业务当中也会有所涉及。

1. 有价证券

对于有价证券担保品，对发行人的基本面评估可采用与前述借款人同样的信用分析框架，在基本面分析的基础上，应加入对于担保品估值分析的内容，具体包括：

（1）估值情况。担保品 PE/PB 与行业均值/中位值的比较，券商的研究覆盖程度、估值观点，内部估值报告观点，担保品当前价格区间等。

（2）市场表现。担保品区间涨跌幅、波动率，平均成交量、换手率等。

对担保品的基本面分析重点在于判断发行人是否涉及财务造假、退市、破产、重组、债务违约等重大风险隐患，解决的是“能否作为合格担保品”问题，对于担保品的估值分析重点在于评估担保品的价格合理性、流动性、融资的安全边际，解决的是“能做怎样的融资方案”问题。

有价证券担保品还需考虑借款人（出质人）的各类减持限制。以股票担保品为例，减持限制可能包括：

（1）借款人持股来源。借款人所持股份通过何种渠道获得，如 IPO 股份、定增股份、大宗交易、协议转让、集中竞价等，不同的获得渠道对应不同的减持限制，审批时应充分关注借款人持股来源及对变现能力的影响。

（2）借款人持股身份。核实借款人持股身份，若借款人为上市公司大股东或董监高，则受减持新规影响。评估时应根据借款人的持股身份及减持限制影响测算减持周期。另外，对于减持时涉及个人所得税的业务，应测算在券商代扣代缴个人所得税后，担保品市值对债权的保障程度。

（3）借款人不减持承诺。若借款人的持股附带其他不减持承诺或者业绩承诺，则担保品变现能力将受到显著影响。

（4）其他减持限制。如借款人为国有法人，其持股减持可能需征得政府部门同意。

2. 其他担保品

对于有价证券以外的其他担保品，评估时应关注以下要点：

（1）权属完整性。抵质押人对担保品权利是否具有瑕疵，如是否有共同持有人，是否有附加义务未完成。

（2）价值合理性及稳定性。通过有效的估值方式，判断担保品当前价值是否合理，是否存在融资期间内价格大幅下跌的可能。如果必要，可引入专业评估公司提供价值评估报告作为参考依据。

（3）变现能力。担保品是否具有二级市场或者有效的交易市场，变现是否存在障碍，如划拨土地未补足出让金。

（4）风险相关性。担保品与借款人风险是否高度相关，如借款人质押其子公司股权，则风险高度相关，风险缓释能力较弱。

（5）抵质押有效性。担保品抵质押能否办理有效手续，担保事项是否经过有效的内部决议流程。

（6）保证人。若业务方案存在保证人，应按照借款人尽职调查及审查标准进行审查审批，并关注担保人的担保动机、担保意愿、担保能力。

（三）业务方案评估

基于对借款人及担保品的综合评估，确定信用业务方案是否合理，或如何进行方案优化，是信用评估的目的。对业务方案的评估，重点在于以下几个方面：

1. 业务方案是否符合公司整体风险偏好

对于不符合公司整体偏好或者风险导向的业务，需要非常审慎地进行评估，除非具备充分的理由，否则不应续做。

2. 业务产品、业务额度、业务期限是否合理

业务产品应根据借款人特征、融资目的、监管规定等要素选择最为适合的产品。如原市场流行的融资收益互换产品，由于不再符合监管导向，应对类似具有融资需求的客户采用股票质押、融资融券等更为标准的产品。

业务额度在客户需求的基础上，还应充分考虑借款人的融资用途、还款能力、担保品的安全边际等要素，一方面避免过度融资风险，另一方面避免在风险可控的前提下由于额度过于谨慎导致的业务机会丧失。

业务期限应与业务产品特点、融资用途、借款人还款能力、担保品变现能力等因素相匹配，同时应关注整个产品组合持仓期限，如债券持仓的组合久期管理。

3. 风险缓释手段是否有效

结合对于担保品的分析，评估方案中的风险缓释手段能否有效缓释业务风险，对于缓释不足的，应补充风险缓释措施，或重新设计业务方案。

4. 风险收益是否平衡

业务的风险定价应合理准确，应根据公司风险偏好、业务风险水平、市场价格环境等因素综合确定。

（四）内控执行评估

内控执行情况是对于业务管理标准的有效性以及管理措施是否得到有效执行进行评估，及时发现业务在实际运行过程中存在的问题漏洞，保障信用业务的有效平稳运营。内控执行的评估重点包括以下几方面：

1. 业务是否有明确的管理标准和有效的管理措施

如可供执行的业务管理办法、有效的业务授权等。对于重要的业务标准和授权，应通过业务管理制度予以明确，降低前、后台沟通成本。同时，业务管理标准应根据公司风险偏好、信用环境、监管标准等因素及时进行更新。

2. 管理标准及措施是否得到了有效执行

内控部门应对业务管理标准及管理措施的执行情况进行检查，评估管理机制的落实情况，对内控标准执行不到位的业务进行调查督导，优化执行方案，必要时予以问责。

3. 业务运行中是否存在管理漏洞

如敞口计量规则不明确、部分类型担保措施存在瑕疵、债项管理标准缺失等，应针对发现的管理问题及时完善管理措施，优化业务管理方案。

4. 业务流程能否进行优化

在风险可控的前提下，尽可能提高业务运行效率，如优化冗余授权，减少流程节点，提高业务系统化水平等。

三、交易管理

交易管理的重点在于确保交易业务符合公司政策规定，同时按照审批意见进行交易。根据业务类型的不同，交易管理主要分为非标准化债权类业务的交易管理和标准化债权类的交易管理两类，通常债券业务归类为标准化债权类业务，融资业务、场外衍生品业务等归类为非标准化债权类业务。

（一）非标准化债权类业务的交易管理

非标准化债权类业务的交易管理是指对客户申请授信额度的提用至其发放到位的全过程管理，包括用信申请、合同签订、担保核实、条件落实、放款审核、会计处理、资料归档等环节。

1. 用信申请

业务经办人员应根据授信批复要求，通知客户签署用信申请，并按要求提供用信资料，业务复核人员对经办人提供的资料进行全面性和有效性审核，对合同相关要素、额度有效性、批复条件落实情况等内容进行审核。

2. 专业审核

业务主管部门对客户用信申请实施专业审核，审核内容包括但不限于交易结构是否符合批复要求、交易资料是否完整有效、交易合同及要素是否合规有效、抵质押担保条件是否落实、交易额度是否足额有效等，并出具是否同意办理的明确意见。

3. 放款审核

放款审核人员对经办人提交的用信申请资料进行全面性、逻辑性和合规性审核，放款审核应以授信审批意见为审核依据，对授信审批执行情况的审核应以最低要求为限，如金额不超过为限，利率不低于为限，期限不延长为限等；放款审核应将经办人员和平行作业人员提交的放款合同、协议等法律文书与预留印鉴和签字样本进行仔细核对，实施交叉验证。

4. 会计处理和资料归档

交易人员按照账务处理规则，进行账务记账或操作交易；放款审核人员应将放款环节确认的资料整理成册，编制清单移交档案管理岗归档保管。

（二）标准化债权类业务的交易管理

标准化债权类业务的交易管理主要是指债券交易，债券交易的流程包括询价、指令下达、审批、执行、清算以及数据报送、资料存档等。

债券交易询价阶段应使用金融机构统一配置的通信工具开展投资交易询价等活动，确保通信信息监控留痕，并接受合规部门监督检查。债券投资经理应在交易系统准确录入交易要素，并提交审批。机构授权的领导负责审批交易指令，在系统中提交的各类交易应按照授权进行相应的流程审批。债券交易员负责复核交易价格的合理性，集中执行所有债券业务交易指令。运营部根据交易指令进行划拨资金和结算、清算操作，并及时向交易员反馈结算确认、日终清算情况。涉及数据报送的由交易相关人员按照规定进行报送，债券交易相关资料应存档备查。

债务交易业务部门应确认债券交易业务严格遵守外部法律法规、公司内部管理制度以及业务授权的相关规定，确保债券投资总规模、单一行业投资规模、单一发行人投资规模以及单一债券投资规模不超过业务授权限额。

四、授信后管理

授信后管理是指信用类业务开展后到完全终止前，业务经办及管理单位人员对客户及影响业务安全的有关因素进行现场或非现场核查，及时发现风险预警信号，并采取相应补救措施的管理过程。

（一）基本原则

1. 分类管理和差异化原则

根据具体信用类业务的风险敞口、目标客户群、细分业务品种和担保方式等差异，采取差异化的授信后管理方式。

2. 有效性和针对性原则

根据客户风险特征，灵活确定授信后管理时间间隔，强调通过定期的风险过滤和排序，确定授信后管理的重点风险客户，提高管理的有效性。

3. 现场与非现场核查手段相结合的原则

对可采取非现场手段进行的核查项，如行业发展变化、财务分析等，可合理采取现场实地核查与非现场核查手段相结合的方式，提高核查效率。对客户经营情况以现场实地核查为主，通过非现场核查进行验证和补充。

4. 权责对等和责任到人原则

根据“谁经营、谁受益、谁担责”原则，在业务生命周期内，业务经办单位对公司客户信用类业务授信后管理工作的核查、监督、回收等全过程的组织管理负责，业务经办及管理单位等相关人员各尽其责，共同完成授信后管理工作。

5. 信息化和集约化原则

依托信用风险管理系统等信息平台收集和整合各类数据，结合人工判断客户风险特征，确定授信后管理重点，调整授信后管理频率，提高风险管理的工作效率。

（二）基本要求

1. 流程方法

业务经办单位确定的经办人（或业务发起人）按照授信后管理办法等公司内部管理制度规定的管理频率，对授信客户的生产经营管理、财务状况等情况进行调查分析。管理方法包括：材料收集，账户信息核实，实地走访客户办公、生产或经营场所，查看建设工地，访谈客户主要负责人、财务业务等细分板块负责人，查看会计账簿、记账凭证、仓库存货、与个人客户面谈等。

2. 管理频率

授信后管理频率分为定期和不定期两种。其中，对非标准化债权投资、信用评级较低的信用债券投资、授信金额超过公司净资产或净资本一定比例的业务等风险较大或金额较大的业务，需定期进行授信后管理。对其他业务在满足监管规定要求的前提下，业务经办单位定期或不定期进行授信后管理。

定期授信后管理的基准频率一般为每 3 个月现场核查 1 次，对于高风险业务，可提高核查频率。

业务管理单位可根据管理需要直接对特定客户实施突击性授信后管理工作，或要求业务经办单位对个别风险客户进行授信后管理。

（三）管理程序

1. 信息资料收集

在授信后管理工作中，主要通过要求授信客户提供、实地核查或从第三方渠道获取并分类保管如下客户信息资料：

（1）客户基本资料，包括机构客户定期财务报表（如资产负债表、利润表和现金流量表）及相应的财务报告、信用评级报告；证明机构客户正常持续经营的书面材料（如年审更新后营业执照）、机构或个人客户的征信证明等。

（2）可能对机构客户履约能力产生重大影响的有关情况资料，包括企业改制、企业增（减）资本、法人代表或重要股东或管理层变动等重大人事变动、更改企业章程、对外重大投资、新建项目或对老项目进行技术改造、对外担保、大额借款、卷入重大诉讼事件、重大亏损等。

（3）反映授信支持项目（事项）进展情况的业务资料，包括项目现场图片影像、项目管理单位提供的工程进展情况等。

（4）担保人资料。担保人资料参考授信客户基本资料的收集范围。对担保品还应收集进行定期评估的资料证明。

2. 核查授信资金用途

针对有明确资金用途的授信业务，需要核查授信资金用途，主要包括：授信资金用途与业务申请流程中审批意见的一致情况，发现不一致的需进一步分析对业务风险的影响，并研究采取应对措施。

3. 核查审批条件的落实

部分授信业务的审批意见附有授信后需落实的授信条件，需要对照审批意见逐条核查附加授信条件是否落实。

4. 核查授信客户重大经营管理事项

授信客户自身的偿付能力是第一偿债来源，对授信客户重大经营管理事项的核查对保障债权安全尤为重要，主要包括：

（1）企业发展战略、经营策略变化及执行落地情况，如五年规划、年度预算及经营计划、整体及各板块或分部的经营业绩是否达成、业绩归因情况等。

（2）企业治理层、管理层的变化情况，如新任负责人的能力、作风、品质，董事会、经理层成员构成变化，财务负责人、核心技术骨干等关键管理技术人员引进及辞任情况，以及上述人员是否涉及违法违规行为等。

（3）企业股东与经营管理体制有无进行调整，是否发生兼并、合并、分立、停业（产），是否发生重大合营联营企业投资、大额权益性投资等。

（4）企业采购、生产、仓储、销售、管理等各生产经营环节是否发生重大变化，如核心供应商断供、大额订单取消、安全生产事故、重大环保处罚、间歇性拉闸限电、管理层或核心员工贪腐等。

（5）企业主导产品及原材料市场是否发生重大变化，如产品重大技术变革、产品及原材料价格重大波动、原材料供应及产品需求的重大变化等。

（6）企业融资渠道及期限结构、资金成本变化，融资计划及落地，债务偿付计划安排及执行情况；市场投资者或其他授信机构对企业信用资质的认可度（如银行授信额度、贷款条件、债券认购倍数、融资利率区间等），是否发生债券大幅折价成交、金融机构断贷、抽贷及惜贷等重大不利变化等。

（7）企业对外担保、重大投资、委托理财、关联交易、大额借款等重要事项的决策和执行情况。

（8）企业有无发生重大财务纠纷、违法违规经营行为、重大安全生产问题、意外事件等，由此可能造成的企业重大财产或经济损失，以及是否有后续改进优化措施等。

（9）企业有无重大跨境业务风险，如境外政治事件、技术封锁、关税壁垒升级、市场准入限制、境外巨额索赔或判罚、劳资纠纷、汇率波动等。

（10）用款项目是否可能停缓建或进行建设方案的重大调整。

5. 核查民营授信客户实际控制人的重大事项

由于民营企业的信用风险与其实际控制人高度相关，因此，需对民营授信客户实际控制人的重大事项进行核查，主要包括：

（1）实际控制人的资产负债情况，股票质押比例是否过高，是否存在高杠杆激进投资、盲目多元化情况等。

（2）实际控制人的违法违规情况以及继承人安排情况，继承人的能力、作风、品质等。

（3）实际控制人控制的其他企业是否发生重大经济纠纷、商票持续逾期、债务违约等重大负面事件等。

6. 核查授信客户所在行业的重大事项

在顺周期中，行业变化对企业信用风险的影响相对有限，但在周期性行业结构性产能过剩、房地产调整等行业发生重大趋势性变化的背景下，需加强对授信客户所在行业重大事项的核查，以便对行业信用风险演化可能路径预研预判，提前预警企业信用风险，主要包括：

（1）行业竞争格局变化，如经营及财务实力雄厚的“野蛮人”入侵，行业“黑马”的崛起，同业的兼并重组等。

（2）行业供求关系变化，如消费者信心、购买力及偏好变化，行业供给的结构性或全面过剩，替代品的威胁等。

（3）政府对行业发展方向、市场主体培育、行业供求、投融资政策等方面的引导干预，金融机构对不同性质企业的融资歧视。

（4）气候、疫情等宏观因素对行业的影响。

（5）同业及产业链上下游企业对企业的风险传导。

7. 核查用款项目进展

针对有明确用款项目且将用款项目未来经济效益作为重要偿付资金来源的授信业务，需核查用款项目进展情况，主要包括：项目投资和建设进度、项目施工设计方案及项目投资预算是否变更、项目自筹资金和其他融资是否到位、项目建设与生产条件是否变化、配套项目建设是否同步、项目投资缺口及建设工期、项目回款是否达到规划预期、项目回款资金归集支取是否符合授信合同要求等。

8. 核查个人客户信用

对个人客户信用状况的核查，主要包括：资产实力、负债水平、偿债意愿、职业发展、身体状况、家庭关系、社会关系与活动、征信情况，是否涉及重大经济债务纠纷、纳入失信被执行人名单、涉嫌违法违规等被公检法机关采取措施。

9. 核查担保条件

对担保条件的核查，主要包括：

（1）担保人经营及财务状况是否正常、资产和负债有无重大变化、有无不良信用记录，担保人担保意愿有无弱化、是否具备继续担保的资格和能力。对自然人担保人，需核查和分析其个人资产和资信变化情况。

（2）对担保品需重点核查：担保品的抵（质）押法律效力和公司对担保品的控制能力，检查担保品权属有无发生变更、是否发生贬值、是否被其他债权人或监管机构采取限制措施，分析担保品变现的难易程度与变现周期，判断抵（质）押担保对公司债权的保障程度，担保品贬值后有无其他担保措施保障公司债权的偿付。

10. 资本市场业务特有管理措施

相较银行贷款等传统信用类业务，融资融券、股票质押、信用债投资、衍生品等资本市场业务具有信息公开、高频、信息化程度高等特点，其授信后管理措施更加多样。具体如下：

（1）融资融券业务：对于自动授信客户，重点关注存在集中持仓、交易行为趋同、身份可疑等特征的客户，防范中小客户联合坐庄“暴雷”风险；对于大额授信、集中持仓客户，重点关注身份信息可疑客户；对于存在履约保障比例低、持仓集中度高、负面舆情多等风险信号的客户，及时风险预警。

（2）股票质押业务：对于借款人，重点关注信用资质、持股比例和持股质押集中度的变化情况以及负面舆情；对于担保人，重点关注信用资质、担保代偿能力的变化情况以及负面舆情；对于标的证券，重点关注股价波动（涉及履约保障比例）、所在行业重大政策、上市公司重大经营决策、重要人员、经营业绩、所有者权益的变化情况以及负面舆情。

（3）信用债投资业务：采用定性与定量相结合、系统与人工相结合的方法。在定性方面重点关注宏观环境、产业链、业务经营、外部支持以及各类负面舆情；在定量方面重点关注债券的中债估值收益率、成交偏离、信用评级、核心财务数据等指标；通过信息系统及时监控债券池内及持仓债券的各类负面舆情及价格异动情况；对具有风险重要性的大额客户进行跟踪，定期开展排查分析和风险评估，及时预警。

（4）衍生品业务：建立盯市和平仓机制，每日对合约进行盯市，动态计算客户占用授信额度或保证金比例变动情况；若保证金比例低于平仓线或授信敞口超过授信额度，则要求客户及时补仓，否则平仓；设定压力测试情景，适时测试客户在压力情景下的最大风险敞口，对单一客户交易规模加以控制。

（四）重点风险客户过滤

重点风险客户过滤，是指结合客户授信后管理发现的风险状况，由业务经办管理单位组织对辖内资产进行持续滚动筛选后，形成重点风险客户名单，实施差异化后续管理的过程。

1. 业务经办单位

业务经办单位负责第一层重点风险过滤，每月或每季度进行一次。主要内容是对辖内授信客户的授信后管理报告进行评审、对日常营销过程中客户行为进行分析过滤，发现潜在风险，提出本单位重点风险客户名单。主要包括具备如下特征的客户：

（1）授信后管理和日常营销中发现风险信号、潜在风险、异常行为以及不良传言等的客户；

（2）高风险行业、产品客户，包括业务管理单位提示风险的客户；

（3）当期新增债务违约客户，即出现欠息、本金逾期等违约事项的客户；

（4）信用评级下降的客户；

（5）实际控制人失联的客户；

（6）担保品被司法冻结或存在重大减值风险的客户；

（7）担保人担保能力或意愿明显下降的客户。

业务经办单位识别出后续需要跟踪的重点风险客户名单后，采取如下措施：

（1）向业务管理单位上报重点风险客户名单及筛选原因；

（2）对名单内的重点风险客户研究形成风险应对措施并推进实施。包括：拟订客户压降退出计划、增加担保措施、缩短现场检查间隔、继续关注风险等。

2. 业务管理单位

业务管理单位进行第二层风险过滤，每季度一次。第二层风险过滤范围为业务经办单位报送的重点风险客户及业务管理单位主动排查发现的重点风险客户名单。过滤后确定出本期业务管理单位辖内重点风险客户名单，研究形成风险应对措施并推进实施。

（五）管理报告

授信后管理报告一般分为业务经办单位报告、业务管理单位报告两类，具体而言：

1. 业务经办单位报告

（1）报告格式及审批。业务经办单位在完成授信后管理相关工作后，按照一定的格式撰写客户授信后管理报告，并报有权人审批。

（2）重大风险事件报告。在授信后管理过程中，业务经办单位如发现客户出现下列重大风险事件，须及时研究采取风险应对措施，并向业务管理单位等报告：

①借款人或担保人发生非正常性停产、半停产、关闭、破产；

②借款人的控股股东变更，或实际控制人失踪、失去联系；

③借款人或实际控制人出现重大违法、违规事件被采取司法措施，或涉及重大诉讼；

④借款人征信出现不良记录；

⑤借款人所在集团或关联企业内部资金链断裂，发生债务危机；

⑥借款人所在行业发生剧烈的不利影响，对借款人收入（盈利）可能带来严重不利影响；

⑦借款人项目停建、缓建或重大投资失败；

⑧公司债权对应的抵押物形态出现重大变化影响抵押效力或变现；

⑨借款人违背融资协议条款或贷前承诺，构成违约；

⑩借款人或实际控制人等关联方的债券持续大幅折价成交；

⑪担保品市场价值发生大幅减值且威胁公司债权安全；

⑫其他对业务安全发生严重不利影响的重大事件。

2. 业务管理单位报告

业务管理单位根据监管机构及公司内部要求对公司信用类业务开展授信后管理，识别风险隐患并提示各类风险，通过定期报告、专项报告等形式，向公司管理层及时报告公司信用类业务的信用风险状况。具体而言：

（1）业务管理单位每日对有无信用评级下调等负面信息、信用风险敞口是否超限额等进行监控，并适时发布风险预警；每周跟踪排查信用类业务大额客户风险，每月梳理排查全量信用类业务风险。

（2）业务管理单位每季度提出公司面临的主要风险点并建议控制措施，每年多渠道收集风险信息，识别评估下年度主要风险源；每季度向公司管理层报告信用风险环境变化，制订或优化公司信用类业务内部管理制度，报告已违约客户、重点潜在风险客户、超大额客户风险。

（3）当监管政策、宏观环境、行业发展、客户经营等发生重大不利变化时，业务管理单位通过快速响应出具专项风险排查报告等形式完成风险排查、汇报及处置。排查主要通过匹配信用风险管理系统或台账的存量业务明细、评估上述重大不利变化的具体影响程度、通知业务经办单位同步排查，业务管理单位与业务经办单位会商确定风险化解措施方案，及时完成排查及汇报公司管理层、回应公司管理层关切，按照公司内部管理制度要求落实风险化解措施。

五、风险资产的化解

（一）风险资产的定义

风险资产是指可能或者已经不能完全收回应收款项的资产，风险资产可分类为已实质违约资产和潜在违约资产。

风险资产的化解是指通过增加抵质押担保、处置担保品、司法诉讼等手段降低违约损失。

（二）潜在违约资产的风险化解

1. 潜在违约资产的认定

潜在违约资产指的是尚未违约但存在显著影响客户还款能力的风险因素，导致违约概率明显上升的资产。

2. 潜在违约资产的化解

对潜在违约资产的风险化解，应当优先压缩风险敞口，制订风险处置预案，同时要求借款人提供增信措施，以便在业务最终违约时争取到对债权人最有利的处置条件，化解风险。

对潜在违约资产的具体管理措施包括补充尽调借款人有效资产情况、

落实还款来源、寻求实际控制人担保或补充担保品、卖出持仓债券等。

（三）实质违约资产的风险化解

1. 实质违约资产处置原则

实质违约资产的处置应当以尽可能降低违约损失为首要目的。根据违约资产的具体情况，采取担保品的追加、担保品的变现、提前了结合约、诉讼追偿等措施，及时处置、处理和化解信用风险。

2. 具体处置方式

根据实质违约资产所属的不同业务类型，处置手段包括平仓处置、司法处置、债务重组、以物抵债、不良资产证券化等。

以上处置方式适用业务不同：担保品的平仓和司法处置是担保品变现的最有效手段，但由于处置周期长及担保品价格波动，可能影响债权的实际回收率；债务重组则能够以时间换空间，给予尚有经营前景、还款诚意以及债务负担不重的借款人周转空间，同时为债权人争取债权回收的有利条件，但处置周期跨度较大；不良资产证券化可以增强违约资产流动性等。实际运用中，需要结合业务具体情形进行分析选择。

（1）平仓处置及股票质押业务违约后协议转让。

①以集中竞价方式进行处置。对于以流通股质押且被质押股票未被司法冻结、能够通过交易系统进行处置的股票质押及融资融券违约业务，证券公司应在业务违约后及时进行平仓处置。

证券公司违约处置时应当根据市场情况确定处置的时间、价格等要素。同时有多笔交易需处置的，在实际操作中原则上应当优先处置履约保障比例低的交易。

对于以质押股票为流通股但被司法标记的，证券公司应当及时向司法标记执行法院申请以证券交易所集中竞价、大宗交易方式处置卖出。法院经审查后准许的，相应质押股票的司法标记调整为不限制卖出状态后，对标的证券进行处置。

②以协议转让方式进行处置。根据沪、深证券交易所2020年4月发布的《关于通过协议转让方式进行股票质押式回购交易违约处置相关事项的

通知》，在满足以下条件时，证券公司作为债权人可通过协议转让方式进行股票质押业务违约处置：第一，借款人持有的质押标的证券质押登记已满 12 个月（包括补券交易）；第二，质押标的证券质押比例超过总股本的 2%，且借款人同意配合证券公司进行违约处置协议转让。

股票协议转让价款应当与债权人优先受偿金额基本匹配。违约处置完成后，证券公司应当向沪、深证券交易所提交违约处置结果报告。

对于拟协议转让股份被司法标记的，还需提供法院出具的准许过户的司法文书（司法文书内容中应明确过户双方证券账户信息、原司法标记案号、股票简称、过户数量、质押登记编号等）。

（2）司法处置。合理制定司法处置策略，对于证券公司处置违约资产，最大化收回债权至关重要。

证券公司应在论证可行性的基础上，根据掌握的借款人财产情况，确定司法处置主要策略、是否申请财产保全等，裁决生效后，应尽快执行。对于无法掌握财产线索的借款人，可以考虑在执行程序中追加或者通过诉讼手段追加偿债主体，并通过财产保全等方式增加与借款人谈判的筹码。

司法处置的主要流程包括诉讼或仲裁程序、执行程序。

①诉讼程序。诉讼程序包括立案、财产保全、一审、二审等阶段。立案阶段主要确定主体、案由以及管辖法院等具体事项。债权人作为直接出资人通常可以直接起诉借款人和担保人，但若遇到多层嵌套结构下行权障碍的问题，则需通过通道方和管理人提起诉讼。财产保全包括诉前保全和诉中保全，财产保全是保障生效判决最终得到有效执行的重要措施。在立案与财产保全等流程均完成后，即进入司法审判阶段，司法审判包括一审、二审以及再审。

②执行程序。通过司法执行收回现金，是实质违约资产最终化解风险的主要手段之一。具体流程为：

一是申请强制执行并立案。收到执行判决文书或公证处出具的执行证书后，债权人可向法院申请司法执行。此类违约事件中若存在赋予强制执行效力的债权文书，借款人或者担保人违约后，债权人可准备相关材料并起草“强制执行申请书”，提交被执行人财产所在地法院，申请强制执行。

二是财产查控。执行的核心在于被执行人财产的查找和控制。在被执行立案后，人民法院通过法院网络查控“总对总”和“点对点”系统，对被执行人名下财产进行全面查控，查控的财产包括被执行人的银行存款、证券、股权、不动产、机动车辆等。上述查控系统的运用实际上是为了遏制被执行人转移财产，也是执行中最常被使用和威慑效果最强的手段。

三是根据查控结果对财产进行处理。存款直接划拨到法院账户，土地使用权、房产车辆被查封后予以评估拍卖等。

司法拍卖可分为自行拍卖与委托拍卖两种类型。其中自行拍卖指的是法院执行部门或者法院系统同意设立的执行机构自行进行强制执行财产的公开拍卖行为。委托拍卖是指法院委托市场主体中的拍卖公司或者拍卖机构在法院主导和监督下进行公开市场拍卖。

目前，债权人依托淘宝、京东等大型互联网平台开展线上处置已成为普遍现象。互联网司法拍卖可以有效改善因信息不对称导致资产价值未充分挖掘的问题，可有效扩大市场受众范围，在更大范围内实现资产价值。

（3）以物抵债。以物抵债指的是债务到期，借款人无法用货币资金偿还债务，或者债务尚未到期但借款人完全丧失清偿能力，担保人也无能力偿还债务时，债权人、借款人、担保人三方协商，以实物资产或者财产权利替代原定给付或折价归债权人所有，从而消灭债务的法律行为。

根据《银行抵债资产管理办法》，以物抵债通常分协议抵债或者法院、仲裁机构裁决抵债。值得注意的是，司法拍卖中二拍流拍的动产，法院可以作价交申请执行人抵债，若申请执行人拒绝接受，人民法院将解除查封、扣押，并将该动产退还被执行人。

（4）债务重组。根据《关于企业重组业务企业所得税处理若干问题的通知》，债务重组指在借款人发生财务困难的情况下，债权人按照其与借款人达成的书面协议或者法院裁定书，就其借款人的债务作出让步的事项。

债务重组实际上是对流动性暂时出现问题的借款人进行信用风险重新评估，目的是优化、盘活存量债权资产，实现债权人和借款人的双赢。债权人与借款人达成重组协议，通过对还款时间、金额、还款方式以及担保增信等一系列的重组安排，实现未来债权的回收。债务重组协议达成后，建议办理赋强公证。若未来借款人违约，债权人可向公证处申请出具执行证书，并向法院申请强制执行。

关于赋强公证的具体操作流程：办理债权文书强制执行公证—公证机关出具公证书—出现申请强制执行情形—债权人申请公证机关出具执行证书—公证机关审查核实后出具执行证书—债权人申请法院强制执行—法院经审查后裁定执行。

（5）核销。根据《中央企业资产减值准备财务核销工作规则》，资产减值准备财务核销是指企业按照国家有关财务会计制度和国资委有关财务监督规定，对预计可能发生损失的资产，经取得合法、有效证据证明确实发生事实损失，对该项资产进行处置，并对其账面余额和相应的资产减值准备进行财务核销的工作。

根据财政部《金融企业呆账核销管理办法》，呆账是指证券公司承担风险和损失的债权和股权资产；核销是指证券公司将认定的呆账，冲销已计提的资产减值准备或直接调整损益，并将资产冲减至资产负债表外的账务处理方法。

积极核销符合监管指导精神。根据《关于进一步加强国有金融企业财务管理的通知》（财金〔2022〕87 号），金融企业应当严格落实“符合认定条件、提供有效证据、账销案存、权在力催”基本原则，加大不良资产核销力度，用足用好现有核销政策。根据银行业统计数据，在各种不良资产处置方式中，呆账核销作为兜底处置方式，占比最高。2020 年银行业全年处置不良资产 3.02 万亿元，其中核销呆账 1.22 万亿元，占比 40%。

核销呆账应当遵循“符合认定条件、提供有效证据、账销案存、权在力催”的基本原则。对于核销后的呆账，证券公司要继续尽职追偿，尽最大可能实现回收价值最大化。对于已核销的资产，除依据法律法规规定的权利义务已终结的情形外，证券公司仍然享有已核销债务或股权等合法权益，要按照“账销案存、权在力催”的原则，比照表内债务和股权的管理方式加强管理，建立保全和尽职追偿制度，实现核销前与核销后的管理的有效衔接，最大限度减少损失，充分维护资产权益。

证券公司要履行清收职责，继续尽职追索，全面查找各项关联财产线索，发现有效财产后，要及时进行资产保全；对可恢复的中止或终结裁定的，在获取财产线索证据后，及时向法院提请恢复执行。同时，证券公司要对已核销资产做好台账记录，立卷归档，专人管理，加强追索维护权益。

3. 处置所得资金的还款安排

对于处置后所得资金还款顺序的安排，如果预计仍能全额收回本金，建议仍按先收取利息、违约金后再收取本金的方式进行还款。

如果预计不能全额收回本金，建议及时调整还款顺序为先归还本金、后收取利息违约金等，避免证券公司产生额外的增值税、所得税成本。

此外，建议证券公司参考银行业的惯例，当资产违约时间超过 90 天或者逾期时间虽未超过 90 天但已资不抵债的业务，调整还款顺序为先本后息。

（四）减值准备的计提

根据《证券公司金融工具减值指引》，证券公司持有的按照企业会计准则 22 号规定需计提减值准备的项目，包括以摊余成本计量的金融资产、以公允价值计量且其变动计入其他综合收益的债务工具、租赁应收款、合同资产以及符合条件的贷款承诺和财务担保合同等。计入上述分类的金融工具包括但不限于债券投资、开展融资类业务（含融资融券、约定购回、股票质押回购等）形成的资产，以及货币市场拆出（借出）资金或证券（含定期存款）、应收款项等。

减值计提模型中应充分考虑借款人信用状况、违约时间、担保品流动性、担保品预期可回收金额、担保品的质押集中度、其他风险缓释措施等多维信息，测算业务的预期信用损失。对正常类业务按组合方式计提预期信用损失，对违约类业务逐笔评估，根据预计损失情况逐笔评估、逐笔计提。证券公司计算预期信用损失时，应当考虑前瞻性信息，包括但不限于宏观经济因素、行业政策和行业环境等，根据前瞻性信息对违约概率、违约损失率等参数进行调整。

减值计提模型建立后应定期重检，重点关注其关键定义、参数和假设的应用，主要包括违约概率、违约损失率、违约风险暴露、前瞻性信息以及宏观事件的影响等，测试模型的计算是否与其方法论一致，评估模型的适当性、完整性和准确性。

第四节　重点信用类业务及风险案例解析

一、融资类业务

（一）股票质押式回购交易业务

股票质押式回购交易业务是指符合条件的资金融入方以所持有的股票或其他证券质押，向符合条件的资金融出方融入资金，并约定在未来返还资金、解除质押的交易。

股票质押式回购交易业务是具有高于普通信贷业务风险的高风险业务，主要表现在：一是融入方大部分是大股东，大股东风险与质押股票风险具有高度一致性，具有明显的正反馈效应，往往大股东资金链出现问题的时候上市公司股价也会大幅下滑，或大股东出现违法犯罪时上市公司往往也会被立案调查；二是大股东处置股票受到监管机构的严格控制，减持难度大，部分股票为限售股，担保品流动性弱；三是大股东自身往往无实际经营，没有可用于还款的经营性现金流，只能靠再融资或减持股份筹资，且融资大部分短贷长用，期限不匹配；四是证券公司在管理借款用途和还款来源方面，相比银行信贷及账户体系存在劣势。因此，在股票质押业务实践中，融出方需重点进行融入方信用评级、集中度管理、标的券管理、质押率管理、平仓线管理等，以防范信用风险。

1. 融入方信用评级

融入方信用评级的主要参数包括经营情况、资产实力、负债情况和担保增信措施等。融出方可通过信用评分表的形式对融入方进行信用评分，信用评级结果将影响质押率能否在基准基础上上调以及上调的幅度。

2. 集中度管理

根据监管规定，融出方应结合自身风险偏好及风险承受能力，对业务总量、单一客户、单一证券设定融资额、质押比例、与净资本比例等多层次限额指标，防范过度质押或单一敞口过大带来的信用风险。

3. 标的券管理

股票质押业务标的券应通过标的池进行分类管理，将高负债行业、经营模式缺乏可持续性、存在业绩爆雷风险或退市风险等高风险股票剔除出质押标的券范围，可接受的标的券根据减持时间、风险程度实施分类管理。在分类基础上对池内标的券进行动态管理，通过主动定期排查、每日舆情监测以及专项评估（如对短期内股价大幅波动标的）的方式，剔除高风险标的券。

4. 质押率管理

股票质押率模型根据标的证券基本资质、所属板块、波动率、涨幅、流动性、回购期限、限售期限等因素，并结合业务金额、处置时间等因素进行调整，使标的券折后质押价值能够抵御一定置信区间下市场最大跌幅（详见股票质押率测算模型内容）。融出方在实际开展业务时的标的证券质押率可由各级审批人员结合融入方资质、增信、标的证券估值等因素，对模型质押率进行调整。

5. 平仓线管理

股票质押业务平仓线的设定需综合考虑担保品流动性、业务金额、融入方身份等因素，根据处置时间长短、处置所得资金的税务问题进行差异化设置，以控制平仓处置时的流动性风险。

（1）担保品流动性：对于受减持新规影响处置时间较长的担保品设置

较高的平仓线。

（2）业务金额：对于质押的担保品占其日均成交量超过一定比例的业务设置较高的平仓线。

（3）融入方身份：融入方为个人且股票减持时须缴纳个人所得税的业务，平仓线水平应比同等条件下法人客户平仓线高；对于个人融入方所质押标的上市日期在2012年3月1日以前的业务，由于证券机构预扣预缴税款须以上市首日收盘价（或股改复牌日收盘价）计算转让收入及应纳税所得额，如股票现价较上市首日降幅较大，可能导致股票卖出金额不足以覆盖预缴税款，需视情况进一步上调平仓线。

6. 风险案例

（1）康得新股票质押项目。

案例背景：曾经的材料界千亿“大白马”康得新于2019年1月被爆出短融违约。2019年7月，中国证监会向公司及相关责任人发出行政处罚事先通知书，揭开了康得新长达4年的财务造假内幕。自康得新被调查以来，其股价便一路下挫。截至2021年5月28日收盘，其股价仅为0.2元/股，较市值最高峰已蒸发99%。而今，康得新以退市并摘牌收场。

经验与启示：上市公司主营业务利润水平与可比公司存在大幅偏差，利润率达到世界领先的进口同类产品的水平，但生产技术明显落后，且大存大贷，有较大的财务造假风险。大股东有效资产在上市公司爆雷前已质押殆尽，资金用途及还款来源亦存在极大的不确定性。针对上述典型风险特征，融出方应当避免盲目信仰其“龙头”地位，从实质出发审核其业务风险。

（2）信威集团股票质押项目。

案例背景：信威集团在2016年12月因市场质疑其财务造假开始停牌。2019年7月，信威集团复牌并被ST，股价连续无量下跌约95%。2021年5月，信威集团退市。

经验与启示：上市公司仅为集团整体产业链的一环，无法从公开信息判断集团整体业务经营情况，业绩真实性存疑。信威集团对海外业务依赖严重，90%以上收入来源于柬埔寨等国，而其海外客户运营情况较差。上市公司通过“尼加拉瓜运河”等概念炒作估值，市盈率75倍过高，市值是中兴通讯的近3倍。上述特征符合商业模式的暴雷信号，融出方应当避免被市场热度影响判断，从实质出发审核其业务风险。

（二）融资融券业务

1. 融资融券业务的主要概念及特点

融资融券交易，是指投资者向具有融资融券业务资格的证券公司提供担保物，借入资金买入证券或借入证券并卖出的行为。融资融券业务，是指证券公司向客户出借资金供其买入证券或者出借证券供其卖出，并收取担保物的经营活动。

与普通证券经纪业务相比，融资融券业务具有以下特点：一是融资融券属于资本中介类业务，券商需要具备一定的资本实力并管理好自身流动性风险，能够提供稳定、充足的资金和证券用于开展业务；二是融资融券属于信用类业务，投资者与证券公司之间不仅存在委托买卖的关系，还存在资金或证券的借贷关系，因此，开展融资融券业务的证券公司需要具备较强信用风险管理能力并建立相应的管控机制；三是融资融券对于投资者而言属于杠杆交易，存在放大亏损与收益的特点，从保护投资者的角度出发，证券公司在展业过程中需要充分做好投资者教育及适当性管理。

2. 我国融资融券业务发展状况

我国于2006年即已建立了一套较为完整的融资融券业务相关制度体系，在经过数年筹备工作后，中国证监会于2010年1月22日发布《关于开展证券公司融资融券业务试点工作的指导意见》（〔2010〕3号），提出证券公司开展融资融券业务，采取“试点先行、逐步推开”的步骤有序进行，并委托中国证券业协会组织专家对证券公司融资融券业务试点实施方案进行专业评价，对于申请试点的证券公司成熟一家、批准一家。

2010年3月31日，经国务院同意，中国证监会推出首批证券公司融资融券业务试点，标志着我国融资融券业务正式开展。经过一年多的试点运行后，融资融券业务于2011年转入常规运行。

截至2022年8月末，融资融券业务余额为1.62万亿元，其中，融券业务占比约6.48%，业务总体呈现大融资、小融券的结构特征，信用账户内担保股票市值合计约4.62万亿元，约占沪、深两市流通市值的6.83%。上半年全市场融资融券交易总额占A股交易额的比重约为7.30%。融资融券业务标的证券数量已由业务开展初期的90只，逐步扩大到2614只（截至2022年8月末）。

3. 证券公司开展融资融券业务面临的主要风险

（1）信用风险。证券公司开展融资融券业务可能面临客户违约的风险，同时，如担保品流动性缺乏甚至退市，证券公司将无法通过担保品平仓处置收回全部债权。

（2）操作风险。由于系统中断或缺漏、人员操作出错、流程设置不当，导致证券公司融资融券系统前端失控，交易或清算交收环节中断、出错等的风险。

（3）合规风险。证券公司在融资融券业务开展过程中未遵照各项监管规定办理，导致违规被罚，并使自身在与客户间可能产生的诉讼中处于不利地位。主要体现在：投资者适当性管理不到位，违规开户及授信，交易前端失控，指导或协助客户进行“套现绕标”操作，未按规定进行追保通知，平仓处置环节违规操作等。

4. 证券公司管控融资融券业务信用风险的主要手段

证券公司可结合自身资本实力、股东风险偏好，确定融资融券业务的各项限额标准，并以此为导向，重点通过尽职调查、授信审批、担保品及折算率管理、集中度管控、监控及风险排查等手段，管控融资融券业务的信用风险。

（1）征信及尽职调查——切实开展尽职调查工作，持续了解客户，从风险源头把好关。证券公司在授信前，业务经营部门须扎实开展尽职调查，切实做到“了解你的客户”。客户信用状况是证券公司决定是否接纳其开展业务的先决条件，也是考虑给予客户具体授信额度时除担保品以外的重要参考指标。授信后，持续了解客户也是业务经营部门的一项长期重要任务。

（2）授信审批——对大额、高风险业务可提高审批层级，对风险偏高客户可采取调高平仓线、补充第三方担保、限制集中度等措施。由于融资融券业务存在客户数量众多、时效性要求高、授信金额跨度大等特点，证券公司可依据客户授信额度大小实行差异化的授信审批机制。对于符合融资融券开户资质标准的小额授信客户简化审批程序；对于超过一定授信额度的客户，可按金额大小、风险程度，实行人工分级审批，识别并防范大额业务尾部风险，评估客户补仓还款能力、真实资金实力、资金来源，保障大额业务能及时平仓或在资不抵债后客户有足够的场外还款能力。

证券公司在对大额集中持仓户、产品户、空壳机构等风险较高客户授信时，可采取调高平仓线、提供符合资质要求的第三方担保、限制单券或单一类别证券集中度等个性化风险控制措施。对于须单边集中持仓或卖空的客户，证券公司可要求其提供标的白名单并深入评估分析。

对于担保品减持受限的客户（部分流通股因投资者为大股东或董监高等特殊身份，或取得方式为IPO、定增、大宗交易、询价受让等，而实际减持受限），因其担保品难以在短时间内变现，证券公司应尽可能采取逐笔人工审批，同时需要业务经营部门事前充分尽调，了解客户真实需求并排除"套现绕标"风险。对于此类客户，授信审批部门可参照前述大额集中持仓户授信方式，根据其交易策略，视风险程度采取相应的控制措施。

（3）担保品及折算率管理——结合自身风险偏好及市场竞争需要，制定可行的可充抵保证金证券准入及折算率管理标准，并持续动态管理。信用账户内的担保品是对融资融券债权的直接保障，为保证融资融券业务资产安全，证券公司可在交易所规定的可充抵保证金证券准入范围基础上，将退市标准适度前移，将存在较大潜在退市风险的股票、可持续经营风险较高的壳股、估值虚高的庄股、低评级信用债等剔除出可充抵保证金证券范围。同时，为满足部分量化交易客户的交易需求，可对集中度风险低、采取对冲策略、已提供第三方担保的部分客户，在符合交易所规定的前提下，个性化扩大可充抵保证金证券、标的证券范围。

证券公司对可充抵保证金证券折算率实行分类管理，即对基本面优质、流动性好、估值合理、集中度低的股票设定较高的折算率；反之，对基本面不佳、流动性较差、估值较高、集中度较高的股票实行较低折算率，保障担保品整体质量。

证券公司可研究建立折算率量化模型，通过模型测算结果的运用，使可充抵保证金证券折后价值能抵御业务存续期及处置期间一定置信区间下市场最大跌幅。在具体设置各证券折算率时，证券公司可参考同业其他可比公司的折算率情况，并结合自身折算率模型测算结果来确定。

证券公司日常对可充抵保证金证券实行每日持续跟踪、定期及不定期动态调整管理，及时剔除不符合准入标准或存在重大负面舆情的证券，并对已符合准入标准的证券及时调入。

（4）集中度管控——实行多层次集中度管控机制，引导客户分散交易，降低单一证券、单一客户的暴雷风险。证券公司可对融资融券业务实行“总量、单一券、单一客户”等多层次集中度管控机制，并通过业务系统前端控制防范集中度超限。在具体集中度指标设置上，除监管已要求的集中度外，证券公司可设置板块集中度、单票持仓或融券集中度、单一客户单票持仓或融券集中度、单一客户融资或融券授信限额等多维度集中度控制指标。

融资融券业务主管部门、风险管理部可对各项集中度限额的执行情况每日监控、每月评估，并每季度回溯重检，结合内外部环境变化，对集中度标准持续调整优化。

（5）监控及报告——业务主管部门及风险管理部门各自开展独立监控及报告，及时决策及化解风险隐患。对于小额授信客户，重点关注存在集中持仓、交易行为趋同、身份可疑等特征的客户，防范中小客户联合坐庄“暴雷”风险；大额客户中重点关注集中持仓、资质较弱以及身份信息存疑的客户。

大额授信、集中持仓客户以及信用账户总体持仓集中度较高的证券可纳入证券公司的重点监测范围，每日监测其动态及负面舆情。对于风险较高的证券，可及时采取调出可充抵保证金证券范围、调低折算率、限制单一账户集中度等措施。对于风险较高的客户，可采取风险提示、限制展期、降低授信额度、控制集中度等措施。

（6）风险排查——开展大额客户及担保品风险排查，及时识别出潜在高风险业务并采取风险缓释措施。对大额融资融券客户进行风险排查时，可重点关注：持股集中度较高、维持担保比例较低、主要持股基本面不佳、估值过高的账户风险等。对于经排查后确定退出的客户，可与客户协商逐步缩减负债规模；对于非退出类但风险较高的客户，可引导客户分散投资、追加第三方担保、降低杠杆，将维持担保比例保持在安全水平，降低交易风险。

对担保股票进行风险排查时，可重点关注：股票估值是否与其行业及基本面匹配，是否存在“庄股”嫌疑（如股东数量低，户均持股数量高，股价走势及交易量呈“庄股”特征，主要股东存在网红系及“牛散”，存在相关负面报道等），该股全市场融资盘是否过大，主要股东是否存在占用上市公司资金嫌疑及自身资金链断裂风险，上市公司是否存在财务造假风险等。经排查确定可能存在较大退市、“暴雷”风险的股票，可调出可充抵保证金证券范围。对于虽未调出，但估值过高并与行业景气度背离的股票，因特殊题材遭到市场爆炒，涨幅远超大盘却缺少实际业绩支撑的股票可采取降低折算率、下调个股持仓集中度等措施。

5. 融资融券业务典型风险案例

2020 年底，仁东控股（代码：002647）出现连续 14 个跌停，股价跌幅最高达 81%，风险发生后，多家券商因融资融券业务爆仓而遭受损失。此后根据中国证监会公布的信息，庄家景华通过控制其本人、其近亲属、其一致行动人、其所控制的北京紫金鼎投资股份有限公司员工以及委托其投资的客户账户等共 83 个证券账户，在 2019 年 6 月 3 日至 2020 年 12 月 29 日期间，操纵仁东控股股价，致使该股在一年多的时间，累计最大涨幅达 380.48%。

该案例中，仁东控股早在“暴雷”前即已出现显著风险特征：一是仁东控股存在基本面欠佳、信息披露多次违规、大股东持股被轮候冻结等较多负面舆情，但股价在无基本面支撑的情况下持续虚涨；二是仁东控股全市场融资盘大，“两融”担保品集中度、融资买入余额占流通市值比例两项指标均较高；三是仁东控股在市场上存在一定数量的庄家代持户，相关户具有开户网点区域性集中、持仓集中、交易行为一致、开户时间相近等特点。

证券公司可以通过风险监控、排查提前识别出上述风险，通过尽职调查摸清客户底细，从而发现其疑似庄家“人头户”、联手做高股价等特征，并采取将相关股票调出可充抵保证金证券范围、限制相关账户授信额度等控制措施，及早压缩风险敞口，避免或减少最终损失。

（三）约定购回式证券交易业务

1. 约定购回式证券交易业务的主要概念及特点

“约定购回式证券交易”是指符合条件的客户以约定价格向其指定交易的证券公司卖出标的证券，并约定在未来某一日期客户按照另一约定价格从证券公司购回标的证券，除指定情形外，待购回期间标的证券所产生的相关权益于权益登记日划转给客户的交易行为。

约定购回式证券交易业务与股票质押式回购交易业务类似，本质上均属于以上市交易的股票为担保品并融资的一种业务形式。与股票质押式回购交易业务相比，证券公司开展约定购回式证券交易业务的特殊性主要体现在以下几方面：

（1）约定购回式证券交易业务只能以流通股作为担保品，而股票质押式回购交易业务可以限售股作为担保品。

（2）约定购回式证券交易的购回期限不超过一年，延期后总的购回期限一般不超过一年，股票质押式回购交易业务期限最长可达三年。

（3）股票质押式回购交易业务对融资资金的用途有严格的监管限制，而约定购回式证券交易则无相关限制。

（4）约定购回式证券交易业务存续期间，担保品将划转至证券公司在中国证券登记结算公司开立的约定购回式证券交易专用账户内，该账户所持证券须与证券公司的自营账户合并计算自营持仓，并适用自营业务相关监管指标。上述规则的优势在于约定购回式证券交易业务的担保品可对抗因客户自身因素导致的司法冻结，一旦客户违约，担保品可转入证券公司指定用于约定购回式证券交易相关证券处置的自营账户并及时平仓处置；上述规则的劣势在于约定购回式证券交易业务的担保品将占用自营持仓额度，且受自营相关风险控制指标的限制，在不考虑自营自身持仓的情况下，证券公司开展约定购回式证券交易业务的单一标的占总股本比例最高不得超过4%。

2. 约定购回式证券交易业务的发展状况

我国约定购回式证券交易业务最早开展于2012年，业务开展不久后，因股票质押式回购交易业务的诞生及逐步推广，约定购回式证券交易业务规模未能得以持续扩张发展。截至2022年上半年末，全行业约定购回式证券交易融出资金余额仅约28.70亿元，有业务存量的证券公司共19家。

3. 证券公司开展约定购回式证券交易业务的主要风险及控制措施

鉴于约定购回式证券交易业务具有与股票质押式回购交易业务相似的融资属性，证券公司开展该业务所面临的主要风险类型及可采取的控制措施亦与股票质押式回购交易业务基本一致。具体详见相关章节，此处不再赘述。

（四）股票期权行权融资

1. 概述

（1）业务背景。为了建立健全对高级管理人员和核心骨干员工的激励与约束机制，许多上市公司推出了股权激励计划，具体形式包括股票期权和限制性股票。激励对象在股票期权行权或受让限制性股票时需要按照激励计划约定的价格和数量支付相应的资金，由此产生了融资需求。2014年5月30日中国证监会发布《关于开展上市公司股权激励行权融资业务和限制性股票融资业务试点监管工作安排的通知》，同意证券公司开展上市公司股权激励行权融资业务（以下简称“行权融资业务”）和限制性股票融资业务试点。

（2）业务模式。上市公司推出股权激励计划并在证券公司开展股权激励自主行权服务后，激励对象向证券公司申请开展行权融资业务。证券公司审批通过后向借款人授予授信额度，借款人以授信额度为限向证券公司借入资金，专项用于行权买入标的证券。在借款到期前，借款人卖出标的证券或以其他资金偿还借款。

（3）目前全市场开展情况。证券公司开展股权激励行权融资业务有利于丰富产品线、扩大服务范围，既能提高对上市公司的服务质量，又有助于批量获得优质个人客户，进一步增强了财富管理业务的竞争力。因此，在试点推出后，证券公司纷纷申请开展该项业务。据不完全统计，目前已有至少 20 家券商获得了这一试点资质。同时，股权激励计划的数量和规模都迅速扩大，仅 2021 年 A 股市场上就有 458 家上市公司实施 788 次股权激励期权认购方案，涉及金额约 1829. 79 亿元，行权融资业务的市场前景可观。

2. 主要风险点

行权融资业务具有借款人分散、借款金额较低、借款时间较短、资金用途明确等特点，整体上风险相对可控。但是也存在以下主要风险点：

（1）未质押资产无法对抗第三方。由于行权融资业务小额、短期、分散的特点，一般难以针对借款人账户内的资产办理质押登记手续。未办理质押登记的担保资产无法对抗第三方，存在被司法冻结、强制执行以及被场外质押的风险。

（2）股价波动风险。借款人行权后买入的标的股票既是主要的担保品，同时也是重要的还款来源。如果股价大幅下跌，可能导致资不抵债，并提高了违约损失率。

（3）部分借款人减持受限。借款人行权后买入的股票为流通股。但一些借款人可能因为自身的特殊身份而减持受限，主要包括：

①董事及高管受《证券法》短线交易条款限制，行权获得的股份 6 个月内不得卖出，且每年减持数量不得超过其持股总数的 25%；

②借款人在行权后持股总数超过总股本的 5%，后续因其身份成为大

股东而减持受限。如果借款人所持股票减持受限，其股票无法作为还款来源，证券公司在必要时也无法通过平仓收回债权。

3. 风控措施

（1）做好贷前尽职调查，重点调查借款人的涉诉情况、负债情况等；贷后管理要持续跟踪上市公司及借款人资质，动态管控客户授信额度；合理规定业务期限和单一借款人的授信额度，控制风险暴露的时间和规模。

（2）根据市场情况和标的证券情况设定行权保护差价，预留安全垫防范股价波动风险；设置合理的平仓线，做好实时盯市，及时通知借款人追加保证金，发生违约时及时平仓。

（3）对于减持受限的借款人提高审批标准，并在行权买入股票并完成交收后第一时间办理质押登记。

（五）孖展融资业务

“孖展”一词由英文“Margin”音译而来，“Margin”即保证金。在香港市场，银行或证券公司可为投资者开设孖展账户（保证金账户），给投资者提供融资以购买证券，证券公司或银行向投资者提供融资服务会收取一定的抵押物（保证金）以及融资利息，同时投资者可以利用金融机构的融资额度开展杠杆交易，使得自身投资收益放大。这种给投资者提供融资以购买证券的业务在香港统称为孖展融资业务，其业务实质等同于境内融资融券业务中的融资业务。

1. 孖展融资业务的风险点分析

孖展融资业务主要面临的风险为信用风险，包括借款人的信用风险和可抵押证券的市场价格波动风险。

（1）借款人信用风险。借款人信用风险是指借款人因种种原因，不愿或无力履行到期债务而违约的风险。因此，证券公司在给借款人核定孖展融资额度时，须对其提供的资料进行评估，了解其财务状况，并根据借款人财务状况、融资用途及还款来源等因素核定融资额度。除上述外，还须考虑包括（但不限于）以下各项因素：借款人的交易习惯和过往交易记录、借款人的交易标的、投资经验、对产品及市场的认识、借款人的其他自有财产、信用评级（如有）变化情况及在市场上的声誉等。

（2）可抵押证券的市场价格波动风险。可抵押证券的市场价格波动风险是孖展融资业务的主要风险之一。可抵押证券是孖展融资业务的重要还款来源，如可抵押证券市场价格发生大幅下跌，可能导致平仓处置后仍资不抵债，从而造成损失。因此，孖展融资业务除审核借款人的信用风险外，还须高度关注抵押证券质量、抵押证券对融资金额的保障程度、抵押证券流动性及变现能力等因素。

2. 孖展融资业务风险案例

由于港股无涨跌幅限制，极端情况下股价波动剧烈。以房地产行业为例。由于房地产行业现金流持续紧张，行业风险事件频发，2022 年以来，先后有新力控股集团（2103. HK）、祥生控股集团（2599. HK）、正荣地产（6158. HK）、天誉置业（0059. HK）、佳源国际控股（2768. HK）、领地控股（6999. HK）等地产股及其上市的物业管理公司发生股价闪崩（当日跌幅在 80% 以上）事件。如果借款人集中持仓上述股票，则可能因为股票下跌过快无法及时处置或处置后仍资不抵债，从而造成损失。

3. 孖展融资业务的主要风险管理措施

孖展融资业务的信用风险管理措施主要包括：借款人信用风险管理、可抵押证券信用风险管理。证券公司主要从业务授权、借款人授信额度管理、业务要素管理、可抵押证券准入、证券池及折算率分类管理、集中度管理、持续监控管理及催缴、补仓、平仓管理等方面对孖展融资业务进行管控。

（1）业务授权管理：证券公司应对孖展融资业务总规模、单笔业务金额、期限等进行授权管理，同时明确超授权审批机制。

（2）借款人授信额度管理：证券公司应对借款人进行尽职调查，根据不同借款人的资信状况进行授信额度审批管理，对授信额度进行定期重检，对大额授信重点关注。

（3）业务要素管理：证券公司可对孖展融资业务的平仓线、预警线进行设置，特殊情况下如借款人申请个性化平仓线预警线，应明确审批机制。

（4）抵押证券准入：孖展融资业务可抵押证券应为符合香港《证券及期货条例》（CAP 571）内定义的证券，证券公司应明确可抵押证券的具体范围（包括但不限于股票、债券、基金等），应制定明确的可抵押证券准入标准。

（5）可抵押证券池管理：证券公司可对符合准入的可抵押证券实行证券池管理，定期或不定期对可抵押证券池进行重检。

（6）可抵押证券折算率分层管理：证券公司可以对可抵押证券折算率实施分层管理。从可抵押证券总市值、日均交易金额、证券价格及价格波动幅度、证券的基本情况（如财务信息、负面舆情信息等）等方面对可抵押证券核定合适的折算率，并根据可抵押证券的变化情况适时调整。对基本面优质、流动性好、集中度低的股票可设定较高折算率，同时对基本面资质差、信用风险高、流动性差、集中度高的股票设定较低折算率甚至取消折算率。

（7）集中度管理：为避免孖展融资业务过度集中于单一证券、单一行业、单一客户或单一关联客户群，证券公司应对孖展融资业务的相关集中度进行管理，制订相应的监控指标，并明确超限的审批机制及事后处置方式。

（8）持续监控管理：证券公司应建立融资后持续监控机制，证券公司相关人员应对借款人的信用资质进行定期排查和持续监控，若借款人出现重大风险等事件，可视情况要求提前终止业务以控制业务的相关风险；相关人员应对可抵押证券进行日常实时监控，同时监控借款人持仓情况，并根据市场价格波动情况对借款人投资组合作出评估，若证券价格或交易异常，导致借款人跌破预警线或补仓线，应及时进行催缴或补仓，甚至在特定时间内采取平仓等措施。

（9）催缴、补仓、平仓机制管理：为把控孖展融资业务信用风险，证券公司还应建立明确的催缴保证金、补仓、平仓管理措施或办法，明确业务流程中各部门或人员的职责，完善孖展融资业务的追收及处置工作。

二、债券类业务

（一）债券投资业务

1. 债券投资概述

债券投资，是指债券购买人以购买债券的形式投放资本，到期向债券发行人收取固定的利息以及收回本金的一种投资方式。根据发行主体的不同，债券可分为政府债券、金融债券和公司债券三大类，其中政府债券通常被认定为利率债，公司债券及金融债券通常被认定为信用债。在我国债券市场，利率债通常包括国债、地方政府债、政策性金融债、政府支持机构债，这部分债券一般不纳入信用风险管理范围，信用债通常包括金融债、企业债、公司债、中期票据、短期融资融券、同业存单、资产支持证券、非公开定向融资工具、可转债、可交债等。

近年来，随着宏观经济下行，我国信用债市场违约主体和违约率不断走高。根据中证鹏元统计数据，2014—2020 年，我国信用债违约主体数量由 6 家增至 49 家，违约率由 0.24% 增至 1.15%，信用债投资面临的信用风险逐渐加大，防范相关信用风险逐渐成为金融机构的关注重点。

2. 债券投资信用风险管理实践

对于金融机构而言，在债券投资信用风险管理实践中，首先需结合监管指标、风控指标和董事会风险偏好及容忍度指标进行债券投资业务授权，然后在此基础上通过债券池管理、分级审批、全面风险监控及报告机制进行信用风险管理。

债券投资主要通过债券池对可投资标的进行管理，入池标准主要包括内外评最低级别、期限、行业等标准。对于风险较低的投资级债券，由业务部门评估入池，对于风险较高的高收益债券由更高层级部门审批入池。通过设立债券池，将可投资的债券提前准入，保障信用债投资的时效性。信用债投资部门与风险管理部对池内债券进行独立监控，对于信用资质弱化的债券重点跟踪关注，必要时调整出池，保持池内债券持续符合投资风险偏好。

分级审批是指在入池后的实际投资环节，根据投资金额、发行人资质、债券品种建立分级审批体系，即在投前对债券资质进行再次评估，并通过投资授权管理对单一主体限额进行管控。在分级审批标准的划分中，可以将主体资质优良（如 AAA 央企、大型金融机构）、投资规模较小、短期限债券类业务（如撮合交易、过券）等权限授予投资部门，其他信用风险水平较高的业务应提交高层级部门审批。

全面风险监控及报告机制是指对债券池及持仓债券进行持续监控，制订定性和定量的监控指标体系，通过内部舆情和外部负面舆情监控系统及时获取负面舆情，结合人工评估判断，认定为风险客户后通过采取预警提示、列入观察名单、调整出池、限期减持等方式控制风险，并通过日报、月报、季报、临时报告等形式及时向公司管理层汇报。

3. 信用保护类工具

信用保护类工具，是指信用保护卖方和信用保护买方达成的、约定在未来一定期限内，买方按照约定的标准和方式向卖方支付信用保护费用，由卖方就约定的一个或多个参考实体或其符合特定债务种类和债务特征的一个或多个、一类或多类债务向买方提供信用风险保护的金融工具。目前我国银行间债券市场和交易所债券市场均有信用保护类工具，前者统称为信用风险缓释工具（CRM），后者统称为信用保护工具，并且都可以再细分为合约类工具和凭证类工具。

银行间的合约类产品包括信用风险缓释合约（CRMA）和信用违约互换（CDS），凭证类产品包括信用风险缓释凭证（CRMW）和信用联结票据（CLN）。交易所的合约类产品主要是信用保护合约，凭证类产品主要是信用保护凭证。合约和凭证的主要区别在于：合约类产品是一对一签订的非标产品，不可转让，而凭证类产品属于标准化的场内产品，由创设机构向凭证持有人提供信用保护，可以转让。以交易所的信用保护工具为例，信用保护合约为一对一达成，个性化较强，与之相比，信用保护凭证具有可流通转让、参与便捷、要素较为标准化、定价市场化等特点。

在信用风险缓释工具（CRM）当中，信用风险缓释凭证（CRMW）的比重最高。截至 2021 年末，CRM 各品种存续 200 笔，名义本金总计 422.42 亿元。其中凭证类产品存续 165 笔，名义本金总计 370.85 亿元；合约类产品存续35 笔，名义本金总计51.57 亿元。可以看出，凭证类产品无论从数量还是名义本金来看，都远高于合约类产品，而在凭证类产品当中，CRMW 的比重又远高于 CLN。

在信用保护工具当中，信用保护凭证和信用保护合约齐头并进，占比相差不大。据中国证券业协会数据，2021 年证券公司创设信用保护工具规模共计 37.08 亿元，其中信用保护凭证的创设规模合计 19.68 亿元，占信用保护工具创设规模的比重为53.1%。可以看出，信用保护工具当中的凭证和合约占比非常接近，这与 CRM 当中凭证类工具 CRMW“一家独大”的现象并不相同。

4. 债券违约案例

康美药业主要从事中药饮片的生产与销售等业务，曾经作为“白马股”受到资本市场追捧，自 2018 年 10 月起陆续出现质疑公司财务异常的报道，2018 年 12 月公司因涉嫌信息披露违法违规被中国证监会立案调查。2019 年 4 月公司对 2017 年年报进行会计差错更正，承认虚增货币资金 299 亿元。2019 年 8 月中国证监会调查确认公司长期进行财务造假。2020 年 2 月公司未能按期偿付“15 康美债”回售本金及利息，债券正式违约。康美药业的违约给我们带来如下反思：

（1）对企业存贷双高、不合理举债等异常现象保持警惕，康美账面有巨额现金却未投入生产经营中，且现金多通过举债所得，与经营常理相悖，对此应保持警惕，类似案例还有康得新、宜华集团等；

（2）及时关注并响应负面舆情信号，从 2012 年《证券市场周刊》刊文质疑康美多年高增长，到 2018 年媒体对康美账面存贷双高、大股东股票质押比例过高、中药材毛利率明显偏高等质疑不断，加之 2018 年 10 月康美债券二级收益率飙升，种种负面信号提示企业存在重大信用风险；

（3）规避天然高风险行业，“民营 + 中药材 + 贸易”标记的康美存在诸多天然的高风险特征，民营企业财务规范性偏低、老板一言堂、缺乏有效监督，中药材产品估价难、成交不透明，贸易业务对资金链管理要求高，身处天然高风险行业，这类企业的信用风险评估存在诸多障碍，“爆雷”风险高。

（二）债券回购业务

债券回购是一种以债券作抵押的融资行为。在交易中，买卖双方按照一个互相认可的利率和期限，达成资金拆借协议，即以券融资方（资金需求方）以相应债券作足额抵押，获得一段时间内的资金使用权，该交易就称为进行债券正回购；以资融券方（资金供应方）则在此时间内暂时放弃资金使用权，获得相应期限的债券抵押权，并于回购到期日收回本金及相应利息，该交易就称为进行逆回购。这当中买方的目的在于获得高于银行存款的利息收入，而卖方的目的在于获得资金的使用权。债券回购主要分为质押式回购和买断式回购。

1. 质押式回购

质押式回购是指正回购方（卖出回购方、资金融入方）在将自身持仓债券出质给逆回购方（买入返售方、资金融出方）融入资金的同时，双方约定在将来某一指定日期，由正回购方按约定回购利率计算的资金额向逆回购方返回资金。

质押式回购交易中，质押债券的冻结与解冻均由第三方债券托管机构负责。质押债券的本身所有权不发生转移，一直属于正回购方所有。因此，对于交易双方的会计处理及债券持仓管理要求相对简单。质押式回购是当前市场上最主流的债券回购交易品种。

2. 买断式回购

买断式回购是指债券持有人（正回购方）将自身持仓债券卖给债券购买方（逆回购方）的同时，与买方约定在未来某一日期，由卖方再以约定价格从买方买回相等数量同种债券的交易行为。买断式回购与质押式回购的交易要素基本类似，唯有一个重要区别：买断式回购中的债券，是需要买断给逆回购方，债券的所有权发生了转移，从融资方转移到了出资方。出资方在获得债券所有权后，可以对该债券进行卖出或借出等处理，只要逆回购方能够保证在回购到期日有充足的债券归还给正回购方即可。

开展买断式回购交易的，正回购方应当将逆回购方暂时持有的债券继续按照自有债券进行会计核算，以此计算相应风险资本准备等风险控制指标，并统一纳入规模、杠杆、集中度等指标控制。

由于抵押债券的所有权发生了转移，买断式回购在理论上的对手方信用风险较质押式回购更低，但由于买断式回购涉及的会计处理更加复杂，此外公募基金因为对投资的资产持有权重和久期有限制，尤其是其中的货币基金对投资资产久期的要求更短，采用买断式回购按照债券剩余期限计算久期很可能突破规则限制，因此，买断式回购的交易量占比远低于质押式回购。

3. 债券回购市场

我国债券回购市场主要分成银行间市场和交易所市场。从活跃程度来看，银行间债券回购业务的成交量远超交易所市场的成交量。

银行间市场和交易所市场的主要区别在于：

（1）银行间市场参与主体主要为银行、基金、保险、券商等机构，而交易所市场参与人除了机构外，还存在大量自然人等小投资者。

（2）银行间市场是参与主体直接在结算机构开户，结算机构与参与主体之间直接构成结算关系，实行一级结算；交易所市场结算机构只与法人进行结算，因此交易所市场实行的是分级结算，由证券公司等机构结算参与人先与中证登集中结算，然后再与投资者进行结算。

（3）由于参与主体主要是以银行为代表的机构，多数交易日银行间市场利率波动较交易所市场更小。

（4）交易所市场实行标准券制度，利于信用债回购，因此，信用债在交易所市场更容易质押融入资金。

（5）银行间市场采用询价机制，交易对手相对固定，便于维护交易对手和交易量。交易所市场采用集中竞价为主、询价机制为辅的机制，适用于小规模交易。

银行间市场债券回购又可分为质押式回购与买断式回购两个品种，质押式回购又可分为质押式回购（普通）与三方回购（上海清算所通用质押式回购）两个品种。交易所市场债券回购可分为质押式回购与买断式回购两个品种，质押式回购又可分为质押式回购（普通）、三方回购、协议回购三个品种。

三方回购是指将结算机构纳入原本双方进行的债券质押式回购交易中，结算机构不再是仅仅提供服务的第三方机构，而是回购交易的一方，具体体现在质押券品种和折扣率的限定、质押券选取、质押券管理等由结算机构实施，不再是双方协商决定。

交易所市场与银行间市场的三方回购不同之处在于：（1）交易所市场三方回购采用了质押债券篮子管理制度，根据交易所的质押债券篮子进行质押债券的选取。银行间市场三方回购则是定期公布合资格质押券清单。（2）交易所市场三方回购不设质押库，由正回购方（债券持有人）开设三方回购专用证券账户或将普通证券账户转换为三方回购专用证券账户，仅用来提存出质的债券，不得从事其他业务，正回购方出质债券由普通证券账户转到三方回购专用证券账户。银行间市场三方回购则设立质押库，出质债券集中存放于结算机构设立的质押库。（3）交易所市场三方回购采用的是实时逐笔全额结算模式，银行间市场三方回购采用的是集中清算模式。

协议回购是交易所市场特有的债券质押式回购品种，交易的所有要素，如出质债券品种、质押率、变更登事宜，都由交易双方自主协商约定，结算机构提供质押登记、解除质押登记、清算交收及交收违约处理等服务。

4. 债券回购业务的风险与控制

在债券回购交易中由于融资方必须有足额的债券作抵押，因此，债券回购业务的信用风险相对较小，一些机构根据债券回购业务安全性较高和收益相对稳定的特点，将其视为一种重要的资金流动性管理工具。

债券回购业务的主要风险主要表现为中低等级信用债券价格下跌带来的质押券价值不足的风险和融资方在到期回购日无法全额支付回购资金或

买断式回购业务中融资方融券方以放弃履约金摆脱到期还券或收券的风险。证券公司主要通过以下方式进行控制：

（1）业务期限：严格控制债券回购的业务期限，以降低因债券价格波动而导致质押券价值变动，以及交易对手方发生信用风险的可能。

（2）折扣率：可参考中债估值净价等第三方定价，针对信用风险较大的中低等级信用债券给予更低的折扣率，可有效缓解债券价格变动带来的风险。

（3）交易对手分级管理：根据交易对手资信情况，针对交易对手进行不同风险等级的划分，给予交易对手一定的授信额度，并在授信额度项下开展业务交易。

（4）严格控制交易参与主体：所有债券回购交易中，不得指定协议双方以外的第三方作为交易对手方开展业务。

（三）债券中介业务

债券中介业务，指以服务客户、拓展销售渠道、赚取中介业务费用、资金利差或交易价差为主要目的，以事前约定的交易方式开展的债券中间业务，主要包括一级市场代申购、代缴款、撮合交易、债券借贷、远期卖出交易、质押式回购、买断式回购、开放式回购、跨市场转托管等业务，其中债券回购属于“以券融钱”类业务，已在前文单独介绍，本部分主要介绍一级市场代申购、代缴款、撮合交易、远期卖出交易、跨市场转托管、债券借贷等“现券”交易类业务。

1. 一级市场代申购、代缴款、撮合交易、远期卖出交易、跨市场转托管

一级市场代申购、代缴款指接受客户委托，以证券公司为申购主体，向主承销方申购债券并在一级市场分销；根据客户要求在一级市场通过自有资金替申购债券客户申购缴款并持有至上市，再在二级市场出售给客户的交易。该业务时效较短，一般在上市后5个交易日内完成交易。

撮合交易指作为资本中介通过对市场信息的了解，寻找上、下家客户进行相同品种+0+0，+1+1，+1+0交易以达成撮合成交目的的行为（包括依照客户委托，按照约定的交易要素执行+0+0，+1+1，+1+0

等交易，即过券交易)，一般日终无敞口或T+1结算。

远期交易是指与交易对手约定的，通过签订书面协议，在远期指定的交易日按照约定的价格执行的买入或卖出的交易。标准债券远期交易对手应当已签署衍生品主协议。

跨市场转托管业务是指对于跨市场托管的债券，根据客户的委托指令从一个交易场所转托管至另一个交易场所的交易。跨市场转托管中介业务则是指客户委托证券公司在指定交易场所买入标的债券，在托管场所转换后，再在指定的另一托管场所卖出给客户，并收取一定的费用。

2. 债券借贷

指债券融入方以一定数量的债券为质物，从债券融出方借入标的债券，同时约定在未来某一日期归还所借入标的债券，并由债券融出方返还相应质物的债券融通行为。与债券回购业务“以券融钱”相比，债券借贷业务为“以券融券”。对于融出方而言，债券借贷的主要目的是盘活持有债券存量，获取额外收益（借贷费用）；对于融入方而言，债券借贷的目的可分为交易性、融资结算性、补充债券库存等。融入方主要交易目的包括：

(1) 交易性需求：债市看空的工具，空方借入活跃券卖出，到期时再从市场上买入归还给债券融出方，从而利用收益率上涨获取价差收益，达到做空的目的。

(2) 融资结算性需求：对于日常净融资资金的机构来说，使用信用债质押融入利率债，再将利率债进行质押式回购融入资金，使用利率债质押融资更容易，且若利率合适亦可降低综合融资成本。

(3) 临时补库：当结算时发现符合要求的标的债券有效库存额度不够时，需要临时在市场上借券。

3. 风险点分析及风险案例

债券中介业务主要信用风险包括交易对手信用风险、标的券信用风险。

(1) 交易对手信用风险。交易对手信用风险是指交易对手未能履行义务而产生损失的风险。除交易对手自身的信用风险外，一级市场代申购、代缴款、撮合交易等业务目前行业内普遍做法为通过统一通信工具、成交单等进行交易留痕，未签署相关合同，目前仍主要依赖行业自律，若发生风险可能追偿难度较大。因此，除关注交易对手自身信用风险外，还应重点关注交易对手一线业务人员的管理、交易背景的核查等情况。

风险案例：2019 年 6 月，A 公司委托 B 券商投标债券 Z、约定由 B 券商代缴款债券 Z、并于上市后 5 日内购回债券。A 公司交易人员周某为其公司官网公告的自营交易人员，双方已通过 Qtrade 和企业 QQ 留痕确认交易要素。2019 年 6 月 17 日，债券 Z 顺利上市。但截至 6 月 21 日，周某仍未按照约定购回债券，后经协调发现其为个人私自接受其他机构要求投标，因对方未履约、导致该笔代缴款业务未能按约定执行。后经双方多番协调，该笔业务才最终完成交易。

（2）标的券信用风险。在债券中介业务中，撮合交易、过券、代申购代缴款等业务期限整体较短，标的券信用风险相对可控，但一级市场代缴款业务中仍存在若债券无法上市、导致债券无法顺利交割的风险；债券借贷业务中，针对融出交易，如交易对手发生违约情况下须处置质押债券，也可能存在质押券处置难度大、处置后造成一定损失的风险。

4. 管理措施建议

债券中介业务信用风险管理措施主要包括：交易对手信用风险管理及标的券信用风险管理，证券公司主要从业务授权、交易对手白名单及授信额度管理、标的券准入、保证金管理、集中度管理、投后持续监控等方面进行管控。

（1）业务授权管理。证券公司应对业务总成本规模、单笔业务金额、期限等进行授权管理，针对风险较小、期限短的债券业务（如撮合交易、过券、代申购、代缴款等），可给予投资部门一定的审批决策权限、并明确超权限的审批机制。

（2）交易对手白名单及授信额度管理。债券中介业务的交易对手主要是各类金融机构及其管理的各类产品户。按照金融机构的类型划分，可以分为银行、保险公司、基金公司、城商行等。根据不同业务特点，证券公司应对交易对手进行白名单管理，进行尽职调查、内部评级、客户分层及授信额度审批管理，并对授信额度进行定期重检。

（3）标的券准入。对债券中介业务标的债券应落实债券池管理，制定明确的入池标准及黑名单管理制度。

（4）保证金管理机制。与资质较弱的交易对手开展中介业务时，可根据实际情况要求交易对手采取缴纳不同比例的保证金等方式进行增信。

（5）集中度管理。债券中介业务债券持仓，应与证券公司自营投资持有的同一债券一并纳入集中度管理指标。

（6）投后持续监控。建立投后持续监控机制，业务人员应对质押信用债及交易对手的信用资质进行每日监控及定期排查，若出现质押券信用评级下降、交易对手出现重大风险等事件，可视情况要求对手方替换或补充质押券、提前终止业务等措施，以控制业务的相关风险。

（四）经纪业务模式债券正回购

1. 业务简介

债券质押式回购交易，是指在证券交易所挂牌、实行标准券制度并采用多边净额结算的回购交易。其中，提交质押券并以标准券折算率（值）计算出的标准券数量为额度取得资金的一方为“融资方”，其对手方为“融券方”。操作上，融资方先将准备质押融资的债券提交至质押库，由中国证券登记结算有限责任公司（以下简称“中国结算”）根据每日公布的标准券折算率将质押券折算成相应金额的标准券，融资方再以标准券为质押品作担保进行融资，到期时融资方归还本息，完成回购交易。

融资回购交易按照其交易结算的模式，可以分为自营业务模式、经纪业务模式和托管人结算业务模式。

（1）自营业务模式是指证券公司、保险机构等参与机构通过直接拥有或租用的交易单元进行回购交易，并且作为中国结算的结算参与人，直接办理自身回购交易的证券资金结算业务的模式。

（2）经纪业务模式是指证券公司接受投资者委托，通过直接拥有的经纪业务交易单元进行回购交易，并且作为中国结算的结算参与人，以自身名义办理回购交易的证券资金结算业务的模式。

（3）托管人结算业务模式是指投资者通过租用交易单元的方式进行回购交易，并且委托托管人（结算参与人），办理回购交易的证券资金结算业务的模式。

简言之，自营业务模式是证券公司等参与机构自身在交易所进行融资的回购交易，已在前文“债券回购”中提及，此处不再赘述。经纪业务模式是证券公司等参与机构接受客户委托进行的回购交易，实际资金需求方为客户，但参与机构需以自身名义与中国结算办理回购交易，并承担相应的担保交收责任。托管人结算业务模式是客户租用参与机构的交易单元进行的回购交易，参与机构同样需向中国结算承担保交收责任。

2. 主要信用风险点

近年来，债券违约、欺诈发行事件引起市场参与者的广泛关注。当发行人违约或出现其他信用风险事件时，中国结算将大幅下调其发行的信用债折算率，导致客户标准券不足额，出现“欠库”现象。此外，若客户出现流动性风险，到期无法全额偿还融资本息，将出现账户“透支”现象。

无论“透支”还是“欠库”，都可根据沪、深两市和中国结算联合发布的《中国证券登记结算有限责任公司、上海证券交易所、深圳证券交易所债券质押式回购交易结算风险控制指引（2021 年修订版）》（以下简称《风控指引》）执行：“经纪业务模式和托管人结算业务模式下的融资回购交易，结算参与人应当就其经纪、托管客户的融资回购还款义务对中国结算承担交收责任。经纪客户或托管客户融资回购到期违约风险由相关结算参与人承担，结算参与人不得以其客户融资回购到期违约为由拒绝对中国结算承担相关交收责任。”

因此，当客户出现“透支”或“欠库”时，证券公司需承担相应的信用风险，若违约规模较大导致券商自身流动性不足，证券公司将对中国结算构成违约，造成严重不良后果。由于该业务垫资风险较高但佣金收入较低，造成了风险和收益的不匹配，因此，各家证券公司采取了收缩规模、提高客户准入标准等措施来防范业务风险。

3. 违约案例分析

2019 年 2 月，某地证监局通报一起案例，某管理人下属的 4 只私募基金在开展经纪业务模式正回购时，全仓买入同一只信用债，并通过质押融资持续加仓。其后由于该债券发行人信用资质显著恶化，流动性大幅降低，标准券折算率被中国结算一次性调降为 0，导致上述 4 只基金无法通过续做回购来偿还负债，账户出现了透支且未能补足。为履行担保交收责任，为其开户的证券公司最终向中国结算垫资 9000 余万元。

上述案例中，客户账户中单一发行人信用债资质差且集中度过高，一旦质押券违约或折算率大幅下调很可能造成客户资不抵债，证券公司为履行向中国结算的担保交收责任需代客户垫资，从而产生损失。由此可知，证券公司作为结算参与人，日常需对客户的单一发行人入库担保集中度等核心风控指标进行监测和预警，防止因客户透支、欠库产生垫资。

4. 风险管控措施

根据《风控指引》，融资回购交易风控指标主要有以下四条：

（1）证券公司经纪客户开展融资回购交易的，回购标准券使用率不得超过 90%。（回购标准券使用率的计算公式为：回购标准券使用率 = 融资回购交易未到期金额/质押券对应的标准券总量，按照证券账户核算。）

（2）回购融资主体开展融资回购交易的，回购融资负债率不得高于 80%。对于利率类债券入库占比超过 80% 的，该比例可放宽至 90%。（回购融资负债率的计算公式为：回购融资负债率 = 融资回购交易未到期金额/债券托管量，按回购融资主体核算。可计入债券托管量的资产包括：回购融资主体证券账户内的全部债券类资产以及符合中国结算质押券入库标准的债券型基金产品。其中，利率类债券按面值计算托管量，信用类债券按面值乘以 0.85 调整系数计算托管量，债券型基金产品按份额面值计算托管量。利率类债券入库占比为回购融资主体利率类债券入库量与入库质押券总量的比值。）

（3）回购融资主体开展融资回购交易，其持有的债券主体评级为 AA +

级、AA 级的信用类债券入库集中度占比不得超过 10%。（信用类债券入库集中度占比的计算公式为：信用类债券入库集中度占比 = 单只信用类债券单市场入库量/该只债券全市场托管量，按回购融资主体核算。）

（4）回购融资主体开展融资回购交易的，应当合理控制单一发行人信用类债券入库担保集中度。对于上月日均回购未到期规模小于 2 亿元的，单一发行人信用类债券入库担保集中度不得高于 50%；对于上月日均回购未到期规模大于 2 亿元（含 2 亿元）的，单一发行人信用类债券入库担保集中度不得高于 30%。（单一发行人信用类债券入库担保集中度的计算公式为：单一发行人信用类债券入库担保集中度 = 单一发行人信用类债券入库量/入库质押券总量，按回购融资主体核算。）

对于经纪业务模式正回购，由于证券公司可掌握客户的担保品持仓情况，因此，可在《风控指引》的基础上对回购融资主体进行较一般风控指标更为严格的差异化管理，例如：（1）对融资主体进行严格的授信准入和跟踪管理：对于机构类客户，应持续掌握其资产状况、负债状况、信用记录、风险偏好、回购交易业务开展情况、流动性资源和管理能力、欠库及违约记录、诉讼情况等；对于产品类客户，应持续掌握管理人经营管理情况和负面舆情，同时定期对产品户的运作情况展开跟踪，如产品规模、净资产、杠杆倍数、投资范围、投资限制等。（2）对回购标准券使用率、回购融资负债率、信用债单一发行人入库担保集中度、低评级债券入库比例等风控指标可实行较《风控指引》更为严格的差异化管理，由业务主管部门和风险管理部门每日独立对上述指标进行监测和预警。（3）对入库债券发行主体的基本面和舆情进行每日监控，将低信用资质主体发行的债券纳入黑名单管理（例如，黑名单内的债券不予新增入库），及时提醒客户将库内的高风险债券替换为符合要求的质押品。（4）对于采用内部评级系统的证券公司，可将内评系统嵌入正回购交易管理系统，对内部评级较低的高风险债券采取限制入库等措施。

（五）托管业务模式债券正回购

1. 业务简介

托管人结算业务模式正回购是指投资者通过租用交易单元的方式进行回购交易，并且委托托管人（结算参与人）办理回购交易的证券资金结算业务的模式。该模式下，证券公司作为结算参与人应当就其托管客户的融资回购还款义务对中国结算承担交收责任。

2. 主要信用风险点

根据《风控指引》，在托管人结算业务模式下，当投资者（一般为产品户）发生违约时，证券公司作为结算参与人需向中国结算承担担保交收责任，回购到期时先向中国结算足额支付融资本息，后续再根据与客户签署的托管协议等文件向产品或管理人追偿，存在一定的垫资风险。

3. 违约案例分析

2020 年，某证券公司资管部门下属的产品 3 笔正回购业务到期时账户资金不足，构成交收违约，且逾期未能补足。托管银行作为结算参与人，对上述三笔资金向中国结算进行了垫付。随后，托管行起诉管理人，要求其赔偿垫付款项 1.73 亿元、相关利息损失 18.35 万元，及案件受理费、财产保全费等。

4. 风险管控措施

由于托管人结算业务模式下证券公司对客户的持仓信息所知有限，建议在以下两方面加强管理：

（1）根据管理人资质设置准入门槛和梯级审批，一般情况下托管协议中需包含“管理人违约后需向证券公司承担最终交收责任”之条款，对于豁免该条款的管理人需提高审批层级。

（2）对于豁免以上条款的管理人托管的产品应加强日常监控，持续掌握管理人经营管理情况和负面舆情，同时定期对产品户的运作情况展开跟踪，如产品规模、净资产、杠杆倍数、投资范围、投资限制等。

（六）证券公司资管业务开展债券正回购

1. 主要信用风险点

证券公司资产管理公司（部门）作为产品管理人，在其他公司开展经纪业务模式债券正回购或托管人结算业务模式正回购时，如因自身管理原因造成产品违约，结算参与人可根据相关协议对产品进行追偿。当产品出现资不抵债时，风险可能传导至管理人自身，给证券公司资产管理公司（部门）带来损失。

2. 风险管控措施

证券公司资产管理公司（部门）开展债券正回购业务的，应认真学习《风控指引》的相关要求，建立完善的交易和流动性管理制度并严格执行，同时对所管理的产品回购标准券使用率、回购融资负债率、信用债单一发行人入库担保集中度、低评级债券入库比例等风控指标实施监控，防范交易风险。

三、衍生品类业务

根据交易场所的不同，衍生品类业务可分为场内衍生品业务和场外衍生品业务。场内衍生品业务交易品种为标准化的期货及期权等产品，由交易所作为中央交易对手方，信用风险相对较低；相较场内，场外衍生品业务由于交易对手信用资质差异较大，交易产品结构多样且更为复杂，信用风险相对较高，是证券公司衍生品业务信用风险管理的重点。

根据监管机构的不同，我国场外衍生品市场可以分成NAFMII体系下的银行间场外衍生品市场、SAC体系下的证券期货场外衍生品市场、ISDA体系下外资金融机构场外衍生品市场。其中，证券公司主要参与证券公司间衍生品市场和银行间场外衍生品市场，主要开展收益互换和场外期权产品。

截至2021年底，国内证券公司场外衍生品存续未了结合约规模合计2.02万亿元，同比增长53%。全年累计新增合约规模8.40万亿元，其中收益互换全年累计新增规模4.77万亿元，场外期权累计新增规模3.63万亿元。挂钩标的涉及股指、A股、港股、美股、黄金、大宗商品等众多标的；交易对手涵盖商业银行、公募基金及子公司、私募基金、期货公司及子公司、保险公司及子公司等，其中私募基金、商业银行是最主要的两类交易对手。

（一）收益互换业务

收益互换是指交易双方根据有效约定在约定日期交换收益金额的互换交易，其中交易一方或交易双方支付的金额与标的的表现相关。根据互换资产的收益特征，收益互换业务主要包括固定收益换浮动收益和浮动收益换固定收益，其中固定收益换浮动收益的业务模式与场内的融资融券类似，相当于杠杆融资，证券公司主要赚取利息收入；浮动收益换固定收益，主要用于上市公司股东、定向增发参与机构锁定已有收益，将未来损益支付给证券公司。

与主要以股指为底层资产的场外期权不同，收益互换底层资产以个股、境外标的以及私募基金净值（互换新规已禁止该标的）为主。交易对手也以私募基金为主。融券类互换在T+0、套利组合及Alpha策略中广泛应用；锁定既有收益、套期保值则应用于大宗交易、股份减持等场景。

中国证券业协会2021年12月发布的《证券公司收益互换业务管理办法》（简称“互换新规”）对收益互换业务可挂钩标的以及保证金管理有了更明确的要求。挂钩标的方面，不得挂钩私募基金及资管计划等私募产品、场外衍生品。

保证金管理方面，挂钩标的为股票、窄基股票指数及其产品、信用债的，向单一交易对手方收取的保证金比例不得低于合约名义本金的100%；挂钩其他标的，有对应期货或集中交易品种的，向单一交易对手方收取的保证金比例不得低于同一品种的期货或集中交易品种对应保证金比例；挂钩宽基股票指数及其产品，无对应期货品种的，向单一交易对手方收取的保证金比例不得低于50%；多空收益互换业务保证金比例不低于25%。目前市场上开展的收益互换业务主要包括以下几类：

1. 多空收益互换业务

相较一般收益互换业务，多空收益互换业务的挂钩标的为多空组合一篮子证券，包括股票、股指期货等。根据互换新规对多空收益互换的保证金管理要求，证券公司向单一交易对手方收取的保证金应当覆盖交易或衍生品风险敞口，且不低于与单一对手方开展的多头或空头名义本金孰高的25%，多空组合持仓的具体要求如下：

（1）多头或空头收益互换挂钩股票不少于50只，且单一股票对应的合约名义本金占多方或空方股票对应的合约名义本金的比例不高于5%；

（2）多头与空头收益互换挂钩的标的过去一年相关系数不低于80%；

（3）多头收益互换名义本金与空头收益互换名义本金的比例不低于80%且不高于120%。

2. 黄金租赁及互换业务

黄金租赁及互换业务是证券公司以资金融通为目的，通过上海黄金交易所与交易对手开展实物黄金租赁业务，在现货市场借入黄金后卖出融入资金，并通过黄金互换业务锁定远期归还的黄金价格。

该业务模式的交易对手一般为金融机构，占用黄金借入方的授信额度，借出方亦可要求借入方提供双方认可的履约担保。在约定的租赁期限到期时，黄金借入方向借出方归还黄金并支付相应的利息。

3. 信用违约互换（CDS）

信用违约互换指交易双方达成的，约定在未来一定期限内，信用保护买方按照约定的标准和方式向信用保护卖方支付信用保护费用，由信用保护卖方就约定的一个或多个参考实体向信用保护买方提供信用风险保护的金融合约，属于一种合约类信用风险缓释工具。

根据中国银行间市场交易商协会对信用违约互换业务的指引，信用风险缓释工具业务参与者开展信用违约互换交易时应确定参考实体（包括但不限于企业、公司、合伙、主权国家或国际多边机构），并应根据债务种类和债务特征等债务确定方法确定受保护的债务范围。

信用违约互换产品交易时确定的信用事件范围至少应包括支付违约、

破产。根据参考实体实际信用情况的不同，可纳入债务加速到期、债务潜在加速到期以及债务重组等其他信用事件。

4. 风险案例

瑞士信贷与客户阿奇戈斯开展了大量的保证金股票交易和股票总收益互换业务，初始保证金比例为名义规模的20%，其中互换业务存续期间不追保；后续因阿奇戈斯要求初始保证金比例进一步降至7.5%。2020年起，阿奇戈斯持仓组合从原来的总体少量净空头转向明显的多头，且持仓集中度很高、仓位持续增加，持续突破瑞士信贷核定的风险限额。经过风险管理部多次提示后，业务部门依然与客户继续开展大量交易。

2021年初，阿奇戈斯重仓的多只股票大跌，导致其大量业务违约，最终瑞士信贷损失约55亿美元，Morgan Stanley、UBS等投行合计损失约46.74亿美元。

启示与反思：

（1）保证金机制是交易对手业务信用风险管理的核心。包括初始保证金比例、变动保证金机制、追保机制等，应确保业务存续期内保证金对潜在风险暴露的覆盖能力，保证金应根据合约挂钩标的、集中度、多空策略变化等情况动态测算，及时调整；

（2）应动态监测评估交易对手持仓总体情况，包括方向性、持仓集中度、区域分布、流动性等，据此动态计算交易对手的压力情景风险暴露水平是否超过公司风险偏好和容忍度范围。

（二）场外期权业务

自2012年开展试点以来，证券公司场外期权业务规模快速增长，根据中国证券业协会数据，2021年场外期权业务累计新增规模3.63万亿元，同比增长39.41%。截至2021年12月末，场外期权存续未了结合约规模0.99万亿元。

从交易结构看，期权主要分为香草、二元、障碍、自动赎回、区间累计、安全气囊等类型。从挂钩标的看，期权主要分为权益类、大宗商品、利率、信用类、汇率及其他期权。截至2021年底，证券公司场外期权标的主流仍是权益类和商品类。期权合约的标的构成，主要分为以沪深300、中证500、上证50为主的股指，A股个股、商品类等。从组成结构来看，以名义本金为维度进行统计，股指类占比为57.33%、个股类占比为11.36%、商品类占比8.12%、其他类占比23.19%。

从期权的交易对手看，商业银行、证券公司及子公司、私募基金是场外衍生品市场的主要买方机构。在2021年12月新增期权交易中，商业银行、证券公司及其子公司占比较高，分别为53.25%、17.03%。

1. 主要期权结构

（1）香草期权。香草期权（Vanilla Option），又称为普通期权。与收益取决于各种独特条款的奇异期权不同，香草期权是指结构单一、普通，没有内嵌任何特殊条款的期权。虽然是"最简单"的期权，但香草期权也是很重要的衍生金融工具，具有避险、价格发现、活跃金融市场等功能。

期权赋予期权持有人（买方）在未来特定时间以特定价格买入或卖出一定数量的某种特定资产的权利。香草期权依据特定时间的不同、未来买入或卖出权利的不同，可以分为欧式看涨期权、欧式看跌期权、美式看涨期权、美式看跌期权四类。

（2）二元期权。二元期权（Binary Option），也称为两值期权、数字期权。与一般期权不同，它不具有连续的收益，合约中会规定确定的行权价，对于二元看涨期权，若标的资产价格在到期时间低于行权价，该期权不具有任何收益；若标的资产价格高于行权价，执行该期权会获得收益。与障碍期权、亚式期权一样，二元期权也属于奇异期权的一种。

（3）障碍期权。障碍期权（Barrier Option），即相比于香草期权多了一个或多个障碍（Barrier Level）的期权。它的收益结构取决于到期前的标的资产价格是否触碰到某一个障碍，是一种路径依赖期权。当标的价格触及障碍，期权敲出（Knock - Out）失效或者敲入（Knock - In）生效，所以障碍期权可以分为敲出期权和敲入期权两大类。根据成交时标的价格和障碍水平的相对大小关系，障碍期权被进一步定义为向上敲入或敲出（标的价格低于障碍水平时）和向下敲入或敲出（标的价格高于障碍水平时）。

若敲出期权在合约期限内没有敲出，则其到期收益等同于香草期权；若发生敲出，则期权立即失效。当敲入期权在期限内发生敲入，则该期权转换为一个香草期权，否则没有任何收益。

障碍期权最大的优势在于权利金便宜，因为障碍限制了期权买方的潜在到期收益而降低了期权卖方的风险敞口，障碍期权可以降低投资者的风险管理或投资的成本。当投资者预期标的资产价格在未来一段时间内上涨或下跌不会超过某个水平，他就可以选择交易障碍期权而非香草期权，不为不太可能达到的收益范围支付权利金。

（4）自动赎回期权（雪球期权）。2021 年，随着无风险收益率持续下行，银行理财收益日益下降，在低利率、流动性宽松的市场环境中，场外期权市场迎来了大发展，雪球结构成为浮动收益型收益凭证中发行最热门的产品。根据中国证券业协会数据，截至 2022 年 2 月底，雪球产品存续规模约为 1500 亿元。

雪球期权是一种场外期权产品，属于奇异期权，设置有敲入敲出条件，最后的收益取决于挂钩标的资产的表现和敲入敲出事件是否发生。若标的资产价格上涨到一定程度（敲出价），雪球产品提前终止，投资者获得存续期间的固定收益；若标的资产价格下跌到一定程度（敲入价），则要根据到期日标的资产价格决定损益情况，投资者可能会承担标的资产下跌的风险；若标的资产从未触碰到敲入敲出价格，投资者获得整个产品期间的固定收益。这一类产品通常被称为“Auto Call”（自动赎回型产品），只要标的资产不大跌就支付累计票息，就像滚雪球一样越滚越大，也被形象地称为“Snowball Structure”（雪球结构产品）。

雪球产品可以应对一定幅度的市场下跌，同时兼具类固收产品的特点，只要挂钩标的资产价格不发生大跌，就可以获取固定利率的票息收入，像滚雪球一样，时间越久，绝对收益越高。雪球产品适合震荡行情下，对后市谨慎乐观或温和看跌的投资者。但当市场持续下行的时候，投资雪球产品的风险基本等同于直接投资标的合约本身，发生敲入事件后，投资者很可能面临较大幅度亏损。

（5）区间累计期权。区间累计期权（Accumulator）是一种只要挂钩的股票收盘价不涨破敲出价，就可以每天用执行价来买挂钩标的的结构化产品。所以只要挂钩标的收盘价不跌破执行价，投资者就相当于用低于市场的价格购买标的。

区间累计期权有四个核心参数——执行价、敲出价、每日买入数量（执行数量）、合约期限和一个核心要素——挂钩标的。其中，敲出价通常高于挂钩标的的初始价，执行价通常低于挂钩标的的初始价。在合约期限内，只要挂钩标的当日收盘价小于敲出价，投资者就可以且必须以执行价买入约定的每日买入数量；如果在敲出观察日，挂钩标的收盘价大于等于敲出价，则合约结束。在合约持续期间，只要挂钩标的每日收盘价不涨到敲出价，也不跌破执行价，投资者就可以每天以低于市场的价格买入约定数量的挂钩标的。

（6）安全气囊期权。安全气囊（Airbag）期权是一种具备一定幅度内下跌保护，且能获得标的上涨收益的期权结构。只要观察期内任意一天的收盘价不跌破保护区间（敲入价），投资者都不用承担下跌风险。该结构的保护区间就像安全气囊，给投资者一定的缓冲，但如果下跌幅度过大也会"扎破"安全气囊，其保护作用就会失效，投资者要按照到期标的实际下跌的全部损失来承担风险。

投资者判断后市震荡上行，可以选择利用安全气囊结构获取上涨收益的同时，回避一定程度的价格回调风险。

（三）风险特点及主要管控措施

场外衍生品业务交易对手信用资质及交易目的存在较大差异，特别是对于私募基金等产品户，多数资产规模不大，偿付能力有限；衍生品业务在运用杠杆获取额外收益的同时，也放大了业务风险，特别是在挂钩标的价格剧烈波动的情况下，可能发生客户保证金不能覆盖平仓损失的情况，进而可能导致大额穿仓损失；部分场外衍生品业务交易结构复杂，估值定价模型可能未对潜在风险进行充分计量，在极端市场情况下可能发生超预期损失的情况。

因此，对于存在信用风险的非全额保证金场外衍生品业务，证券公司主要从交易对手准入、交易规模、授信额度、挂钩标的管理、保证金管理、盯市平仓、潜在风险敞口计量、交叉违约与净额结算条款等方面管控信用风险。

1. 交易对手准入管理

证券公司场外衍生品业务交易对手为符合中国证监会《证券期货投资者适当性管理办法》认定标准的专业机构类投资者。根据机构投资者主体身份类型，可以分为法人投资者以及经有关金融监管部门批准设立的金融机构发行的产品。其中法人投资者包括符合特定条件（净资产、金融资产、投资经验）的一般企业法人以及证券公司、公募基金管理公司及其子公司、期货公司及其子公司、商业银行、保险公司、信托公司、财务公司、经行业协会备案或登记的证券公司子公司、经行业协会备案的私募基金管理人、合格境内机构投资者（QDII）等金融机构。

在开展场外衍生品交易前，应对投资者进行背景调查，了解投资者的经营情况、股东背景、财务状况、投资经验、信用资质、风险偏好以及投资目标等，并要求投资者提交相应资质证明材料。

对交易对手为法人投资者的尽调核查主要包括以下内容：

（1）最近 1 年财务报告以及金融资产情况（银行存款、证券、基金、期货、黄金等金融资产的时点市值证明，或经审计财务报表中披露的金融资产信息）；

（2）投资者分类（是否为专业投资者）以及证券、基金、期货、黄金、外汇等相关投资经验是否符合要求；

（3）机构主体及股东信息核查（营业执照、经营许可证、法定代表人身份证或身份证明信息、公司章程或合伙协议等）；

（4）征信及背景调查情况、交易是否合法授权；

（5）投资者资金来源合法性以及真实交易目的（是否具有真实的风险管理需求，相关投资是否符合法律法规规定）；

（6）如交易对手为场外期权二级交易商，则须对该交易对手及其对手方客户的交易目的、交易标的、交易行为等进行监测评估；

（7）交易是否合法合规以及有无其他重大负面信息。

对交易对手为产品投资者的尽调核查主要包括以下内容：

（1）管理人最近 1 年末管理的金融资产规模以及金融产品管理经验；

（2）产品是否为合规设立的非结构化产品、产品规模、穿透后的委托人真实身份；

（3）穿透后份额占比超过 20% 的委托人是否为符合要求的专业投资者；

（4）产品合同中对投资场外衍生品是否有约定；如购买场外期权，则支付的期权费以及缴纳的初始保证金合计占产品规模的比例是否超过 30%；

（5）管理人及产品主体信息核查（营业执照、法定代表人身份证或身份证明信息、金融业务许可或私募基金登记备案证明、私募产品备案证明等）；

（6）投资者资金来源合法性以及真实交易目的（是否具有真实的风险管理需求，相关投资是否符合法律法规规定）；

（7）交易是否合法合规以及有无其他重大负面信息。

在对交易对手尽调核查的基础上，进一步加强对其股东背景、经营及财务状况、管理经验、交易策略及风险管理能力等方面的评估。对银行、证券等金融机构同业客户，优选行业排名中上且风险管理稳健的客户；对私募基金等产品户，优选具有一定管理规模、管理人经验丰富且历史业绩表现良好、风险管理能力较好的客户，并根据具体业务风险情况提供第三方担保等增信安排。

2. 交易规模及授信额度管理

证券公司通过业务限额管理收益互换、场外期权等场外衍生品业务的整体交易规模，以控制业务整体风险。此外，通过对单一交易对手交易规模分级授权审批，控制大额客户的集中度风险。

证券公司应建立完善的授信管理制度，审慎评估交易对手信用资质。一般仅对于银行、证券公司等金融机构优质客户，可申请交易对手授信额度。场外衍生品交易对手授信额度审批需符合外部监管规定。如对于收益互换业务的交易对手，根据中国证券业协会要求，证券公司可为具有场外期权交易商资质的证券公司以及信用主体评级 AAA 级的商业银行设定授信额度。对于未具有场外期权交易商资质的证券公司、信用主体评级 AAA 级以下的商业银行、期货子公司及产品户等交易对手，均不得予以授信。

业务部门对交易对手开展尽职调查，提交风险管理部门综合评估交易对手的信用资质。交易对手授信额度按授权分级审批，授信期限一般不超过 1 年，每年重检。单一交易对手交易额度及授信额度的审批综合考虑交易对手的内部评级、信用资质、挂钩标的集中度、标的流动性等维度。业务部门及风险管理部门每日独立监控交易对手的信用风险敞口不得超过授信额度。

3. 动态保证金机制

场外衍生品业务的保证金可分为初始保证金和变动保证金。初始保证金主要用于防范中长期信用风险，即覆盖未来潜在风险敞口；对于非授信交易对手，均需按监管及合约规定缴纳足额初始保证金，保证金比例应至少覆盖交易对手的潜在风险敞口，即保证金比例需高于触发平仓线时的极端损失，主要考量因素包括挂钩标的组合的波动性、相关性和尾部风险等。变动保证金主要用于防范短期性交易对手信用风险，根据相关头寸逐日盯市价值的变化进行调整。

业务部门需对衍生品交易进行盘中实时盯市，一旦业务触及预警线，及时通知交易对手追加保证金；如交易对手未按合约规定及时追保，或盘中业务已触及平仓线，应及时平仓处置。

此外，保证金监控需符合监管规定，如果场外期权交易后发现交易对手涉嫌存在利用场外期权从事规避监管、保证金比例超出产品规模 30% 的，以及涉及违法违规行为的，应当立即停止合作，并及时向监管部门报告。

证券公司应建立动态保证金机制，根据挂钩标的市场情况变化、交易对手持仓情况变化等要素动态调整保证金要求，并定期通过压力情景测试验证保证金是否合理、是否需要调整。

4. 挂钩标的管理

场外衍生品业务可挂钩标的包括权益类（股票、股票指数等），信用类（债券、债券指数等），商品类（商品期货等），利率及汇率等。挂钩标的应当具有充分的现货交易基础，市场竞争充分，具备公允的市场定价，流动性良好等。不同品种场外衍生品业务可挂钩标的应符合监管相关规定。

证券公司应根据外部监管要求及市场环境等因素建立场外衍生品业务动态标的池，并对挂钩标的进行穿透核查。对于场外衍生品业务挂钩个股的，应选择流动性较好、无退市风险的标的，主要依据包括但不限于：中国证券业协会公布的场外期权业务挂钩个股标的名单、融资融券标的名单、上市交易时间、全市场股票质押率、股价、每股净资产、上市公司损益情况、日均成交额、会计师事务所审计意见、立案调查情况等。

5. 潜在风险敞口计量

对于场外衍生品业务，除业务产生的实际信用风险敞口外，还需考虑潜在风险敞口，即平仓处置期间因挂钩标的市场波动带来的损失。对潜在风险敞口的计量通常采用风险价值模型（Value at Risk，即 VaR），即在一定置信水平下（如 95%），某一金融资产或证券组合价值在未来特定时期内（如 10 天）的最大可能损失。

6. 交叉违约与净额结算条款

同一交易对手在证券公司可能同时存在多笔衍生品合约，协议中应设置交叉违约条款，单一合约违约即触发该交易对手所有合约提前终止并进行清算，证券公司有权冻结该交易对手其他合约内的资产。场外衍生品业务应尽量采用净额结算的方式，防范交割风险。

第四章

流动性风险管理

第一节　流动性风险管理概述

一、流动性风险基本概念

（一）流动性和流动性风险定义

“流动性”一词，最早由著名经济学家凯恩斯提出，可以广泛地理解为获取现金或现金等价物的能力。

在此之后，学者们对凯恩斯提出的流动性含义进行了拓展和延伸，比如将流动性区分为市场流动性和融资流动性两个层面。市场流动性是指金融资产在市场上流通、交易及变现的能力，用来衡量金融市场中资产与现金转换能力的强弱。在流动性良好的市场中，参与者可以在不对资产价格有很大影响的前提下，迅速完成资产与现金之间的转换。融资流动性则是指金融市场中各类主体融入资金的能力。金融资产能够以合理的市场价格及时变现，说明市场流动性好；金融市场中各类主体能够以合理的利率便捷地筹措所需资金，表明金融体系较为完善，具备较好的融资流动性。

全球不同的金融管理机构对流动性有着相似的定义。巴塞尔委员会在《稳健的流动性风险管理与监管原则》中对流动性的定义是为资产的增加而融资及在债务到期时履约的能力。巴塞尔委员会还在《银行机构流动性管理的稳健办法》中指出，流动性对任何金融机构的持续生存都很关键，良好的流动性管理可以降低发生严重问题的概率。美联储将流动性定义为金融机构履行现金支付和债务偿还义务而不引起不可接受的损失的能力。流动性是否充足取决于金融机构是否有能力有效地满足预期之内和预料之外的现金支付和债务偿还需求，而不会对金融机构的日常运营或财务状况造成不利影响。国际清算银行在《市场流动性：研究结果和政策影响》中指出，在一个具有流动性的市场上，市场的参与者能够迅速进行大量的交易，而对价格产生的影响很小。

当流动性出现问题时，就会引发流动性风险。流动性的不足，会影响业务的发展：由于资金不足，失去业务机会；影响公司声誉，不能及时偿还交易对手资金；增加公司负担，付出超出合理水平的融资成本筹集应急资金维持公司运营；流动性不足甚至会导致企业倒闭、被收购。一家金融机构的流动性不足，还可能会进一步对金融系统产生影响。

对于流动性风险的定义，世界银行在《银行风险分析：评估公司治理和风险管理的框架》中将流动性风险定义为金融机构无力偿还到期负债以履行支付义务的风险。美联储对流动性风险的定义是金融机构无法履行其义务而对其财务状况或安全稳健经营造成的风险。

在我国，随着多层次资本市场建设的推进，证券市场规模快速扩张，在金融体系中的重要性也日渐提高。为加强证券公司流动性风险管理，中国证券业协会发布了《证券公司全面风险管理规范》和《证券公司流动性风险管理指引》，要求证券公司建立全面风险管理体系，加强流动性风险管理，这标志着监管层对证券公司的风险管理要求迈上了新的台阶。《证券公司流动性风险管理指引》对证券公司流动性风险进行了明确定义，即：流动性风险，是指证券公司无法以合理成本及时获得充足资金，以偿付到期债务、履行其他支付义务和满足正常业务开展的资金需求的风险。

在本书中，我们把证券公司的流动性风险分为两个层次，即宏观市场因素和公司内部因素引发的流动性风险。外部宏观环境会对整个金融系统的流动性产生影响，进而触发证券公司个体的流动性风险。证券公司内部的资产负债配置、自身业务属性、表外业务以及其他因素也可能会产生流动性风险。

（二）流动性风险的特征

随着金融市场的快速发展，流动性风险的危害也日益凸显，正确把握其特征有利于对流动性风险的认识和管理。

流动性风险具有以下几类特征：

1. 普遍性

流动性风险是金融机构经营过程中面临的主要风险之一。各类机构在各阶段、各业务条线中、各种市场条件下都会面临流动性风险。例如，流动性风险可能会在市场流动性宽松时发生，也可能会在市场流动性紧张时发生。

2. 引致性

流动性风险总是由其他金融风险导致，包括市场风险、信用风险、操作风险、声誉风险等，这些风险如果得不到有效控制，最终也会以流动性风险的形式表现出来。对于市场风险而言，其会影响证券公司资产的价值及变现能力；证券公司可能被迫要付出较高的代价进行融资。对于信用风险而言，承担过高的信用风险可能导致违约损失大幅上升，固定收益类资产收益显著下降，流动性风险进而增加。对于操作风险而言，信息系统缺陷或故障、人员失误都可能会诱发大额损失，从而对证券公司流动性状况产生严重影响。对于声誉风险来说，任何涉及证券公司的负面消息都有可能危及其声誉，进而削弱投资者和债权人信心，造成资金流失，最终使证券公司陷入流动性危机。

3. 突发性和隐蔽性

由于影响流动性风险的因素众多、复杂，流动性风险往往以一种突然、迅速的形式发生，属于低频高损事件。随着证券行业创新业务和产品的引入，业务及资产负债结构更加复杂，流动性风险识别的难度增加。比如大量表外业务都伴随着隐性支付义务，资产负债表无法全面反映证券公司的流动性风险。正常情况下，证券公司认为持有的流动性储备是充足的，而一旦流动性风险爆发，会发现其持有的流动性储备往往难以满足需要；而且并不是资本量越大流动性管理就越好，拥有充足资本的证券公司仍然可能会爆发流动性问题。

4. 传染性和破坏性

随着经济一体化进程的加快，金融机构与金融市场之间的关联度越来越高，单一机构的流动性不足也可能对整个系统产生负面影响。证券公司流动性风险可能导致风险溢出，甚至引发系统性风险。由于流动性风险的传染性及与其他风险的相关性，和其他风险相比，流动性风险对金融机构及金融系统的破坏往往是巨大的。

（三）流动性风险管理的目标和原则

《证券公司流动性风险管理指引》明确了我国证券公司流动性风险管理需要达到的目标和必须遵循的基本原则。

证券公司流动性风险管理的目标，是建立健全流动性风险管理体系，对流动性风险实施有效识别、计量、监测和控制，确保其流动性需求能够及时以合理成本得到满足。

根据证券公司的实践经验，证券公司流动性风险管理遵循全面性、审慎性、预见性、成本和收益匹配的原则。

1. 全面性原则

证券公司流动性风险管理全面覆盖证券公司各部门、分支机构、子公司，包含所有表内外和境内外业务，贯穿决策、执行、监督、反馈等各个环节。

2. 审慎性原则

证券公司对流动性风险管理各个环节进行严谨、审慎判断，保障公司流动性的安全。

3. 预见性原则

证券公司加强资金来源、资金运用规模及期限结构变化方面的预测分析，合理预见各种可能出现的风险，协调公司表内外各项业务发展。

4. 成本和收益匹配的原则

证券公司在对未来流动性需求及市场资金供求趋势进行预测，并以此为依据选择筹资方案时，提高资金运用效率，降低资金成本。

全面性原则和审慎性原则是流动性风险管理的基础，体现证券公司的风险管理能力；预见性原则是流动性风险管理的核心，体现证券公司的风险研判能力；成本和收益匹配的原则是流动性风险管理的基本条件，确保证券公司流动性风险管理有效实施。通过对上述四项原则的分析和运用，可以帮助证券公司合理制定流动性风险管理架构，保障流动性风险管理的完整性和有效性。

二、流动性风险管理的产生和发展

（一）行业背景

早期证券行业处于综合治理和规范发展阶段，经纪业务比重高，业务结构单一，融资渠道有限，流动性风险处于较低水平。

2012 年证券公司创新发展研讨会召开后，多层次资本市场建设日益加快，证券行业进入以创新发展为主导的新阶段，业务范围不断扩展，业务模式日益复杂化和多元化。随着融资融券、股票质押式回购等资本中介业务的开展，证券行业业务结构呈现明显的重资本化趋势，融资需求日益增长，对外融资依赖度持续提高，证券公司财务杠杆倍数较大幅度上升，资产负债期限结构开始出现一定程度的错配，流动性风险逐渐显现，流动性风险管理理念逐步树立。

随着资本市场和证券行业的双向开放，证券公司直面外资机构的竞争，外资机构以其全球视野、标准化交易和清算系统、全球丰富的产品链，在机构投资者和高净值个人客户服务方面具有竞争优势。同时，本土证券公司也在加速国际化步伐，以应对客户跨境业务需求的变化，服务中国资本和中国投资者走出去，参与国际竞争。这要求国内券商摒弃通道盈利模式，建立专业能力壁垒，以客户需求为中心，不断丰富金融产品的品种，实现全市场、全业务覆盖。深化资本市场改革为证券行业发展提供了历史性机遇，也给证券公司流动性风险管理带来新的挑战。

几次极端情况下的流动性压力事件，也让国内证券公司意识到流动性安全对于自身安全稳健运行的重要性。2008 年全球金融危机，市场流动性环境恶化，流动性短缺加速了危机蔓延，大量金融机构被接管、收购或申请破产保护。此次危机表明：即便是资本充足的金融机构也可能面临严重的流动性问题，暴露出流动性风险管理存在重大疏漏。2013 年国内“钱荒”事件，导致部分金融机构发生违约，银行回购利率急剧上升，市场资金面剧烈收缩。2015 年投资者通过融资融券加杠杆进场，股票市场的波动性加大，当年 6 月市场遭遇“千股跌停”，大量杠杆资金被动强行平仓，证券公司流动性安全面临威胁。

流动性风险作为重要风险之一，是证券公司必须重视的。证券公司应树立流动性风险管理理念，强化风险管理意识，建立健全风险管理体系，提高自身流动性风险管理能力和水平，实现创新发展与风险管理的动态平衡。国内监管机构也在逐步探索适合国内证券公司流动性风险管理的方法、程序和制度。

（二）历史沿革

流动性风险相关法律法规的历史沿革反映了市场和监管部门对流动性风险的重视程度不断提高。梳理流动性风险相关法律法规可知，其大致经历了从国外到国内、再从银行业到非银行业的过程。2008 年以前，国内对流动性风险的关注较少，主要集中在银行层面。2008 年以后，美国次贷危机引发的全球金融危机将流动性风险的防控提高到更高层面，在全球范围内首次建立流动性监管国际法律体系。国内在借鉴巴塞尔委员会相关规定的基础上，开始完善与金融市场流动性风险相关的法律法规。从我国实际情况来看，由于国内金融市场商业银行间接融资占据了相对主导的地位，因此，国内流动性相关法律制度的改革经历了从银行业到非银行业的过程。下面流动性风险监管的历史沿革将按时间顺序展开：

2008 年 2 月，巴塞尔委员会发布《流动性风险管理和监管面临的挑战》，从资本市场融资、证券化、金融工具的复杂化、抵押品使用、支付系统和日内流动性需求、跨境流动六个方面讨论监管和银行流动性风险管理面临的挑战，介绍了不同国家流动性制度的主要特征和差异，提出未来加强流动性风险管理重点领域，包括识别和计量全面的流动性风险、压力测试、加强监管机构的交流与合作等。

同年 9 月，作为流动性框架的基础，巴塞尔委员会发布《稳健的流动性风险管理与监管原则》，从流动性风险的治理、度量和管理、公开披露以及监管机构的角度提出管理和监督流动性风险的 17 项原则，由此构建了银行流动性风险管理框架。

2009 年 9 月，中国银监会（现“中国银保监会”）印发《商业银行流动性风险管理指引》（银监发〔2009〕87 号），作为国内第一部流动性监管的法律法规，明确了流动性风险管理体系的基本要素、流动性管理方法和技术、流动性风险监督管理原则及程序等，初步构建了国内流动性风险管理架构和监管体系。

2010 年 12 月，巴塞尔委员会发布《巴塞尔协议Ⅲ：流动性风险计量、标准和监测的国际框架》，引入全球统一的流动性风险监管指标——流动性覆盖率和净稳定资金率，作为流动性风险管理的重要补充。

2011 年 5 月，为推动国内银行业转变发展方式和稳健运行，提升银行业监管有效性，中国银监会根据巴塞尔协议Ⅲ，充分借鉴国际经验，印发《中国银行业实施新监管标准指导意见》，按照宏观审慎监管与微观审慎监管有机结合、监管标准统一和分类指导统筹兼顾的总体要求，引入流动性覆盖率和净稳定融资比例，明确了资本充足率、杠杆率、贷款损失准备监管标准。

2013 年 1 月，巴塞尔委员会发布《巴塞尔协议Ⅲ：流动性覆盖率和流动性风险监测标准》，对流动性覆盖率进行修订和完善，并提供了一系列流动性风险的监测工具，包括合同期限错配、资金集中度、可用无担保资产等指标。

2014 年 1 月，中国银监会在前期分析研究国内银行业流动性风险管理存在的问题，同时借鉴巴塞尔协议Ⅲ流动性标准的基础上，对前期运行的流动性风险监管制度进行梳理、补充和完善，发布《商业银行流动性风险管理办法（试行）》（银监会令〔2014〕2 号），构建定性与定量相结合、微观审慎与宏观审慎相结合、中外资银行监管要求相结合的流动性风险监管框架。

同年 2 月，中国证券业协会发布《证券公司全面风险管理规范》和《证券公司流动性风险管理指引》，要求证券公司建立全面风险管理体系，加强流动性风险管理，标志着对证券公司的风险管理要求迈上了新的台阶，流动性风险管理已日益受到监管层、股东、管理层等各方的关注。

2014 年 10 月，巴塞尔委员会发布《巴塞尔协议Ⅲ：净稳定资金率》，限制了对短期融资（Short－Term Wholesale Funding）的过度依赖，鼓励更好评估所有表内和表外项目的融资风险，维持融资稳定。

2016年6月，中国证监会修订发布《证券公司风险控制指标管理办法》（证监会令第125号）及配套规则，改进净资本、风险资本准备计算公式，完善杠杆率、流动性监管等指标。将流动性覆盖率和净稳定资金率两项流动性风险监管指标由行业自律规则上升到中国证监会部门规章层面。

2018年5月，中国银保监会下发《商业银行流动性风险管理办法》（银保监会令2018年第3号），一方面结合国内银行业务经营出现的新特点，另一方面借鉴巴塞尔委员会新版净稳定资金率国际标准，新引入三个量化指标（净稳定资金率、优质流动性资产充足率、流动性匹配率），完善流动性风险监测体系，细化了流动性风险管理相关要求。

2019年12月，考虑到国内银行业、信托业普遍建立了对金融机构流动性支持长效机制，中国证监会借鉴境内外成熟经验，发布《证券投资者保护基金实施流动性支持管理规定》（证监会公告〔2019〕29号），明确基金使用情形和证券公司的主体责任，进一步丰富了证券公司流动性支持储备手段，提升行业抗风险能力。

三、流动性风险管理体系

（一）组织架构

1. 发展路径

证券公司流动性风险管理的部门设置随着证券公司业务的发展不断演化，其发展路径大致可以划分为三阶段。

第一阶段，财务部门和固定收益部门对流动性风险进行共同管理。早期阶段，我国证券公司业务发展资金主要依靠资本金，中长期融资需求较小。在此阶段，证券公司中长期头寸的流动性管理一般由财务部门负责，短期头寸的流动性管理由固定收益部门管理，或是由财务部门和固定收益部门共同管理。

第二阶段，财务部门或其下设二级资金管理部门负责流动性管理。随着证券公司资本中介业务的发展，中长期融资需求增加，且出现了流动性资金的投融资运作。为更好地匹配资产负债结构，保证资金流动性充裕，证券公司开始由专门的资金管理部门负责流动性管理，同时由风险管理部门配合资金管理总部负责流动性风险监控。

第三阶段，独立的资金管理部门成立，对流动性风险进行管理。随着证券公司资产负债规模的不断扩大，融资需求进一步提高，且监管部门发布流动性风险管理的监管要求，独立的资金管理部门成立。资金管理部门负责统筹管理公司资金流动性、对外融资、自有资金运作、内部资金定价和资金调度等。同时由风险管理部门配合资金管理部门拟订流动性风险监控指标体系和风险限额，对流动性风险进行监控。

2. 监管要求

金融监管机构对流动性组织结构提出了相应要求。巴塞尔委员会在《银行机构流动性管理的稳健办法》中对流动性管理的组织架构有如下规定：

（1）金融机构应制定一个被认可的日常流动性管理战略，并传达至整个公司。

（2）流动性管理战略和与之相关的重大政策应由金融机构董事会批准。董事会还应确保高级管理层采取必要措施来监测和控制流动性风险。

（3）每家金融机构都应当有一个管理架构来有效地执行流动性策略，这个架构应当包括高级管理人员的持续参与。

（4）金融机构应当有适当的信息系统来衡量、监控、控制并报告流动性风险。报告应当及时提交到董事会、高级管理层以及相关人员。

在我国，中国证券业协会在《证券公司流动性风险管理指引》明确规定了证券公司流动性风险管理部门的相应职责：

（1）证券公司应建立有效的流动性风险管理组织架构，明确董事会、经理层及其首席风险官、相关部门在流动性风险管理中的职责和报告路线，建立健全有效的考核及问责机制。

（2）证券公司应明确负责流动性风险管理的部门及职责，并配备履行职责所需要的人力、物力资源。负责流动性风险管理的部门应统筹公司资金来源与融资管理，协调安排公司资金需求，监控优质流动性资产状况，组织流动性风险应急计划制订、演练和评估；负责制定流动性风险管理策略、措施和流程；监测流动性风险限额执行情况，及时报告超限额情况；定期向首席风险官报告流动性风险水平、管理状况及其重大变化；组织开展流动性风险压力测试。

3. 现状与特征

目前，常见的证券公司流动性风险管理组织架构分为三个层次：

第一层，董事会。董事会的职责包括审核批准流动性风险偏好、流动性风险管理策略、重要政策和程序等。

第二层，管理层。公司经理层、首席风险官以及财务总监应当根据董事会所订的目标与风险承受水平，开展流动性风险的日常管理。

第三层，负责流动性风险管理的部门。目前，证券公司多设置有独立的资金管理部门，资金管理部门通常下设二级部门，职责包括：（1）流动性风险管理二级部门统筹管理公司流动性风险，负责指标监管，确保公司在正常及压力情景下的整体流动性安全；（2）资产负债管理二级部门负责集团股本及资产负债配置管理，协调安排公司资金需求；（3）负债管理二级部门负责融资，统筹管理公司负债；（4）资金运营二级部门负责进行公司流动性储备资金的投融资运作；（5）资金调配中心二级部门负责统筹管理公司资金，实施资金监测、定价发布、调度、划付与交收，确保公司资金安全、日间流动性安全并提高资金运营效率。

此外，业务部门作为流动性管理的第一道防线，应做好自己部门的流动性风险管理。业务部门应该在公司授权范围内从事经营管理活动，执行具体的风险管理制度，履行一线风险管理职责，接受流动性风险管理部门的监督。其具体职责包括：制订与自身业务相关的流动性风险管理指标，发现本部门指标超限时，及时上报和整改。

4. 发展方向

随着证券公司规模增长、业务复杂性增加、国际业务快速发展以及国内外金融市场的不断变化，未来流动性风险组织架构会朝着司库体系的方向发展。

证券公司司库体系以资金集中和资金流动性管理为重点，以提高资金运营效率、降低资金成本、管控资金风险为导向，以网络信息系统为平台，强化对于营运资金、流动性、资产负债配置、资本结构、利率汇率风险和融资的管控，加快司库体系建设，进一步加强资金管理，强化流动性风险防范。对所拥有和控制的金融资源进行统筹调度和高效配置，帮助证券公司全面提升资金管理精益化、集约化、智能化水平。

（二）流动性风险偏好

流动性风险偏好，是指证券公司基于经营目标，权衡风险和收益后所愿意承担的流动性风险水平，是证券公司在流动性风险方面所能承受的底线。

证券公司根据自己的经营战略、业务特点、财务实力、融资能力和总体风险偏好，在充分考虑其他风险与流动性风险相互影响与转换的基础上，确定流动性风险偏好，并采用定性和定量相结合的方式明确公司在正常和压力情景下愿意并能够承受的流动性风险水平。

定性上，流动性风险偏好应具体阐述流动性风险管理策略的定位，其中管理策略是指为主动有效管理流动性风险而制定的总体管理要求、方法和应对措施，其定位具体可分为“进取”“稳健”和“保守”。

定量上，流动性风险容忍度是公司在实现经营目标的前提下所能承受的最大流动性水平，是风险偏好的具体量化体现，证券公司流动性风险容忍度一般选取监管指标流动性覆盖率和净稳定资金率；证券公司流动性风险偏好还可包括压力情景下需维持必要的最短生存期和公司整体杠杆水平。证券公司根据流动性风险偏好和流动性风险容忍度设定风险限额，建立限额管理体系。流动性风险限额是风险容忍度的细化和分解，通过对不同流动性风险因素或业务类别设定管控限额，将风险偏好落实为具体的风险管理目标，自上而下地分解和传递。

流动性风险偏好的有效传达和执行需要通过风险文化宣导、风险限额管理等手段，将风险偏好融入公司经营决策中，将流动性风险管理策略嵌入公司经营管理流程中。

（三）基本步骤

流动性风险管理流程包括风险识别、计量、监测和报告、控制与缓释等多个环节，将事前流动性风险识别评估、事中进行流动性风险监控、预警和控制、事后及时总结和改进管控措施相统一，使流动性风险覆盖到所有业务的事前、事中和事后全链条。

流动性风险识别是流动性风险管理的首要环节，是全面识别出公司各项经营管理活动中流动性风险的潜在因素和潜在来源的过程。风险识别的目的在于分析流动性风险的来源，并分别评估各类因素对公司各业务类别的流动性影响。证券公司流动性风险的识别需覆盖宏观市场因素、资产端因素、负债端因素以及其他风险因素的影响，如操作风险和声誉风险。在引入新产品、新业务、新技术手段和建立新机构之前，证券公司需充分评估其可能对流动性风险产生的影响。

流动性风险计量是指在对流动性风险充分识别后，对流动性风险影响因素和影响程度进行度量的过程。通过量化的方式描述流动性风险水平可以提升流动性风险管理的有效性。巴塞尔委员会在2010年发布《巴塞尔协议Ⅲ：流动性风险计量、标准和监测的国际框架》，并于2013年发布《巴塞尔协议Ⅲ：流动性覆盖率和流动性风险监测工具》，对此前提出的计量工具进行了修订，为流动性风险提供更加标准的计量工具；证券行业监管机构以此为基础，构建了以流动性覆盖率（LCR）和净稳定资金率（NSFR）为典型代表的符合证券业特点的流动性风险控制指标。目前证券公司常用的流动性风险计量方法包括指标分析法、现金流缺口分析法和压力测试等。

流动性风险监测和报告是指监测证券公司流动性风险各类可量化指标和不可量化风险因子的发展和影响，制定量化指标的预警标准和风险因子的预警信号，并以此为基础编制不同层次和不同类型的流动性风险管理报告，使证券公司的不同风险层级和不同管理职能部门及时、准确地了解公司所面临的流动性风险以及流动性风险管理工作的运行情况。目前证券公司主要使用流动性风险信息系统实现对量化指标的监测和预警。

流动性风险控制和缓释是指证券公司通过采用与流动性风险特征相匹配的一系列管理工具和手段，降低流动性风险发生的频率或影响程度。风险控制和缓释不仅应与公司整体的战略目标保持一致，还需综合平衡成本与收益。

第二节　流动性风险识别

一、宏观市场因素

宏观市场因素对于证券公司流动性风险识别具有重要意义。以下从经济与金融周期、货币政策、银行体系内流动性、宏观市场流动性、股市流动性以及流动性风险突发事件六个方面，就宏观市场因素对证券公司流动性的影响进行分析。

（一）经济周期与金融周期

经济周期是指经济活动沿着经济发展的总体趋势所经历的有规律的扩张和收缩，是国民收入或总体经济活动扩张与紧缩的交替或周期性波动变化。经济周期通常用 GDP 等产出指标以及 CPI 等通胀指标进行跟踪。金融周期是指由金融变量扩张与收缩导致的周期性波动，核心跟踪指标是广义信贷和房地产价格[①]。流动性危机大多发生在经济周期与金融周期的下行阶段，在这个阶段经济基本面趋弱，信用收缩，资产价格下跌，市场流动性收紧。前期的高杠杆交易可能为降低风险敞口而抛售资产，导致流动性

① 中国人民银行货币政策分析小组：《中国货币政策执行报告》，2017 年第三季度，第 62 页。

挤兑，较多矛盾的突然激化可能会触发流动性危机。

在全球化的背景下，各国经济、金融、政策之间的相互影响也日趋强化。伴随着我国对外开放程度的不断加深，境外流动性通过资本、贸易等途径，对境内流动性产生重要影响。美元作为全球主要的储备以及贸易结算货币，是境外流动性的主导因素。当美元流动性增加时，流入境内的资本以及外汇占款量增加，货币供应量被动提高，引发境内流动性增加；当美元流动性由松转紧时，资本回流美国，导致境内流动性收紧。美国货币政策的转向，往往对应着美元流动性的转紧，可能会对境内流动性产生冲击。

（二）货币政策

在现代信用货币体系下，银行通过发放贷款、购买债券等方式进行信用扩张，形成广义货币供给。央行通过流动性、资本和利率这三大外部约束影响银行货币创造行为，调控货币供应。

一是流动性约束。银行进行信用扩张，需要满足法定准备金需求，央行掌握基础货币供应，通过存款准备金率、公开市场操作（OMO）和中期借贷便利（MLF）等工具，从流动性源头上约束银行货币创造。

二是资本约束。银行资本的充足与否对银行的信用扩张具有较大影响。央行通过宏观审慎政策工具，调整银行资本补充的渠道以及资本充足的监管要求，从资本方面调节银行货币创造。

三是利率约束。银行的信贷扩张，很大程度上受贷款利率的约束。央行通过中期政策利率 MLF 利率、短期政策利率 OMO 利率等工具，调节市场利率和贷款利率，影响银行的信贷投放。2019 年改革后的贷款市场报价利率（LPR）由报价行综合考虑市场利率走势并在参考 MLF 利率的基础上形成市场化报价，并形成了“市场利率 + 央行引导→LPR→贷款利率”的利率传导机制。①

（三）银行体系内流动性

从流动性的创造和传导机制来看，基础货币通过货币政策工具、外汇

① 中国人民银行货币政策分析小组：《中国货币政策执行报告》，2022 年第一季度，第 4 页。

市场和财政存款等方式，在投向实体之前，形成银行体系内流动性。量方面，主要观察拆借和回购的交易量、回购量占现券规模的比例等指标，交易量及占比越高，反映银行体系内流动性水平越高。价方面，主要观察Shibor、DR系列利率、R系列利率、国债利率等。其中，DR系列利率是银行之间的回购基准利率，R系列利率是银行和非银机构之间的回购基准利率，R与DR的利差能够在一定程度上反映出流动性溢价和信用风险溢价（见图4-1）。当银行体系内流动性收紧，或是有信用风险事件冲击导致流动性分层，通常会表现为R与DR利差的走扩，一般会导致证券公司的融资成本提高，对固定收益等业务产生影响。

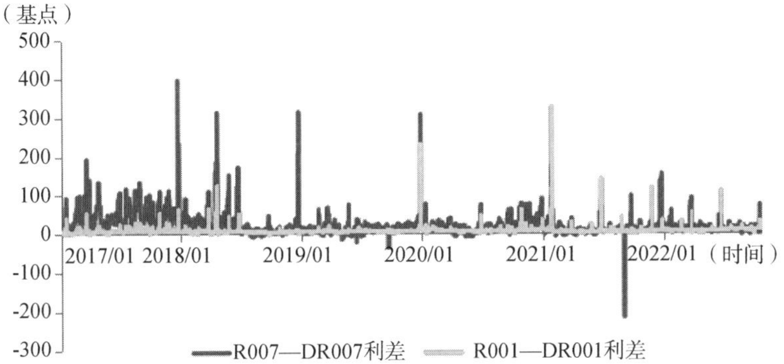

图4-1　R与DR利差走势图

资料来源：Wind。

超额存款准备金是银行能够自由支配的资金，超额存款准备金越高，意味着银行体系内流动性越充裕。超额存款准备金主要受外汇占款、央行主动投放、政府存款、法定存款准备金及流通中的现金等因素的影响。政府存款和流通中的现金受到缴税时点以及居民取现需求的影响，导致银行体系内的流动性水平具有明显的季节性特征，在缴税大月的月末以及春节等重大传统节日前，一般银行体系内流动性都会表现出收紧的特征。

（四）宏观市场流动性

宏观市场流动性通过银行的信用扩张形成。量方面，主要观察社会融资规模增速，增速越大，反映银行信用扩张越强，宏观市场流动性状况越好。价方面，主要观察市场参与主体的融资利率，包括 LPR、债券利率、信贷利率、票据融资利率以及住房抵押贷款利率等。较高的融资利率，一方面反映宏观市场流动性偏紧，另一方面也对融资需求具有抑制作用，不利于信用扩张，导致宏观市场流动性进一步收紧。宏观流动性的收紧不利于证券公司融资以及各类资产的变现。

（五）股市流动性

股市流动性是指股市交易的资金量，受到经济和金融周期、货币政策、市场利率、资金供应量等多方面因素影响。对股市流动性的判断主要包括以下四种方法：一是价格法，例如买卖价差越高，意味着股市流动性越差；二是交易量法，包括市场深度、成交深度、成交率、换手率等指标；三是价量结合法，综合使用价格法和交易量法；四是时间法，包括执行时间、交易频率、弹性等指标。当股市流动性趋紧，证券公司的资产变现难度可能会增加。

（六）流动性风险突发事件

除了上述所讨论的宏观市场方面的因素，证券公司的流动性风险也可能因为个别主体的突发性事件而触发。例如，2019 年 5 月包商银行突然被接管，银行风险偏好明显下降，融出资金意愿降低，成本迅速提升，反映非银金融机构信用风险溢价水平的 R007 - DR007 利差大幅上行，证券公司的资金可得性受到较大影响。

二、公司内部因素

除了外部宏观因素外，证券公司内部的资产负债配置和具体业务经营是流动性风险的另一来源。

（一）资产负债配置的流动性风险

1. 证券公司资产负债配置的基本特征

第一，证券公司是“资产定负债”，即根据公司经营目标及各项资产业务开展计划，对公司负债规模、结构制订方案并实施。保险公司资产负债表的形成是“负债定资产”，即确定了各类保单规模后，再据此综合考量偿付能力、利差损风险等因素后确定资产配置计划。商业银行资产负债表的形成是“资产负债动态平衡”，负债端吸收存款，同时资产端进行信贷投放或者债券投资等。

第二，证券公司资产相对多元化，在期限上具有高度的不确定性。与其他金融机构相比，除了债券、股票质押式回购以外，还有大量资产分布于股票、未上市股权、私募股权基金、公募及私募证券投资基金以及融资融券业务形成的资产。商业银行和保险公司资产则以利率品种为主，一般具有较为确定的期限。

第三，证券公司以主动负债为主。主要包括公司债、短期融资券、收益凭证或者回购等，虽然也存在代理买卖证券款这一被动负债，但在管理模式上，客户资金和自有资金因严格隔离而无法使用。商业银行和保险公司负债则以客户存款或保单等被动负债为主。

2. 资产负债配置的流动性风险识别

证券公司可以通过杠杆率、现金流缺口、大类资产占比以及大类负债占比等，进行大类资产负债配置的流动性风险识别。

（1）杠杆率：可以用总资产 ÷ 净资产等指标表示，反映流动性的总体水平。由于个体资产负债结构的差异性，证券公司需要综合业务发展规划、管理层风险偏好来确定自身的杠杆水平上限。

（2）现金流缺口：在不同时间区间和情景下预期现金流入与预期现金流出的差额。证券公司资产种类多元化、期限不确定性较高，需要密切关注现金流缺口指标，以计量资产负债期限的错配程度。这是因为对于不同证券公司来说，同样的杠杆水平，由于资产负债表规模、结构不同，其面临的流动性风险也可能完全不同。需要特别指出的是，证券公司资产大量分布于股票、股权、基金、“两融”等未定期限的种类中，在理论层面计算缺口时，需要加入较大量的人为判断和技术处理。

（3）大类资产占比：大类资产占总资产的比率。反映单个大类资产配置的集中度，观察单一业务对整体流动性的影响。通常而言，业务集中度越高，流动性风险越大。实际中，还要看具体业务的流动性风险。

（4）大类负债占比：大类负债占总负债的比率。反映单个大类负债的集中度，观察单一负债对整体流动性的影响。一般而言，负债集中度越高，流动性风险越大，也需要结合具体负债期限等因素综合判断。

（二）投资端流动性风险

证券公司投资端形成的资产一般包括权益类资产和固定收益类资产。现阶段证券公司权益类资产包括股权、底仓投资于股权资产的权益类产品及相关的衍生金融产品，涉及权益类资产投资的业务条线主要包括权益类自营投资业务、做市业务、融资融券业务、股票质押式回购业务、约定式购回业务、股权承销业务等；固定收益资产包括债券及底仓投资于债券资产的固定收益类产品，涉及固定收益市场的业务种类包括债券承销业务、自营固定收益产品投资业务、日间闲置资金流动性管理、做市业务等。

根据证券公司的经营特点和业务特性，证券公司投资端流动性风险来源可分为预期外业务用款增加、资产无法及时变现和预期内资金无法回流三种情形。

1. 预期外业务用款增加

证券公司在从事股权或债券承销类业务时，往往会与客户签订包销条款。包销条款一般分为全额包销和余额包销，实务中，余额包销的使用更为普遍。例如，在 IPO 发行时，当网下累计投标阶段认购数量较少、网上发行认购缺口较大时，证券公司会在承销期结束时将售后剩余证券全部自行购入。由于股票发行的包销金额受市场情绪、投资机构偏好、企业资质等一系列因素影响，如果包销金额较大，可能会给参与包销的证券公司造成因业务未预期用款增加产生的流动性压力。债券包销业务是承销商向发行人支付债券发行全额或者剩余余额，以承销商自己的名义将债券全部或者部分买下，之后在适当的时机将债券在债券市场出售。当债券包销业务超出业务用资额度或者连续多日发生大额债券包销时，会增加证券公司日间资金使用金额，导致流动性资金管理压力增加。

资本中介业务包含股票质押式回购业务、融资融券业务、约定式购回业务、并购贷款业务等，其流动性受到业务开展规模、权益市场波动、市场利率变化、资金回收情况等多种因素的综合影响，资金需求往往难以提前准确规划。当权益市场出现快速波动时，证券公司在融资类业务上融出资金的规模往往也会大幅波动，这种情况下，证券公司可能由于预判失误导致资金准备不足，在融资类业务需要大量资金支持时无法足额提供，在富余大量资金时又无法及时消化，使资金收益受到损失，从而产生流动性风险。

证券公司投资业务包括权益类投资、固定收益类投资和金融产品投资等，与资产的市场表现紧密相关。当市场出现突发的投资机会时，若业务部门没有提前预估，则会出现资金准备不足、无法足额开展投资的情况，亦属于因业务未预期用款增加导致的流动性风险。

一般证券公司会确定单个业务使用资金的规模上限，但由于资金有成本，在没有市场机会的时候不一定储备相应的资金，当市场出现机会时，需要在较短时间内提供额度内的资金，也存在一定的流动性风险。

2. 资产无法及时变现

证券公司可能因市场表现、持仓集中度和各类政策等原因，产生资产无法及时变现的情况，造成流动性风险。

从市场表现方面来看，证券价格的大幅波动和宏观货币紧缩是流动性风险发生的主要原因。当股票或债券的市场价格在短时间内大幅下降时，证券公司可能无法通过交易在短时间内以合理价格及时卖出资产，交易时间变长或无法找到足够的交易对手方。

从持仓集中度来看，若自营持仓规模占标的资产整体比重过大，或在股票质押式回购、融资融券等业务中担保品持仓集中度过高，卖出标的资产会对标的资产的流动性形成负面冲击，增加处置难度，甚至可能因无法及时变现而引发流动性风险。

从政策因素来看，证券公司在资产端的业务开展中可能受证监会、证券交易所、银保监会、国家外管局等多个部门监管，相关监管部门的法律法规、规章制度的变化也可能使证券公司资产无法及时变现从而产生流动性风险，例如减持规则限制、资产被司法冻结等因素使资产无法卖出；投资涉及跨境、资金因外汇监管或其他原因无法及时进行换汇使用；“T+1”“涨跌停板”等交易制度导致无法及时执行交易操作；证券公司根据规定为科创板企业及部分触发相关条件的创业板企业上市提供投行服务时进行强制跟投；2017 年“资管新规”使得资产流动性出现分化等。

除以上三方面因素之外，证券公司内部因素也可能造成因资产无法及时变现产生的流动性风险。例如，自动化交易中交易策略设置不当或未充分考虑市场极端情况导致交易策略失灵，交易系统发生错误无法及时下单，交易操作人员人为因素和投资杠杆使用不当等。

3. 预期内资金无法回流

资本中介业务的资金使用具有新增占用资金和归还资金动态发展、动态平衡的特点，除了考虑新增占用资金对流动性的影响，还需要对归还资金进行估计和管理。资本中介业务资金的回款主要受到权益市场波动和客户信用资质变化两方面因素的影响。股票价格波动可能导致投资者出现投资损失，而融资融券业务的杠杆效应会放大这种损失，在股票价格大幅下挫时，很可能集中出现客户没有能力偿还到期债务的情况。同时，客户的信用资质决定了其还款意愿和偿债能力，当大额客户因经营不善、法律纠纷等自身原因引发信用资质恶化时，有可能出现故意拖欠债务或丧失还款能力的情况，造成证券公司不能按期回收融出资金用以履行公司负债到期归还义务，出现资金错配断档，引发流动性风险。

证券公司持有的债券发生信用违约，或者由于金融机构集体抛售固定收益产品从而触发产品大额赎回机制等，会使得固定收益资产预期内可兑现的资金无法收回。

（三）融资端流动性风险

随着证券行业发展的日益壮大，证券公司的负债规模也逐年扩大。根据上市证券公司年报显示，2011 年上市券商有息负债规模不到 2000 亿元，经过 2014—2015 年的迅猛发展及 2018 年以后的稳步跃升，2021 年，49 家上市证券公司的有息负债规模合计已超过4.9万亿元[①]。

与银行及其他金融机构不同，证券公司无法通过公开市场操作、SLF及MLF等债务工具直接从央行获得流动性，近年来基本也无法通过ABS等资产抵押的方式进行融资。证券公司的债务融资渠道相对较为单一，主要以信用发行的主动负债为主，融资工具包括拆借、回购、短期融资券、短期公司债、转融资、公司债、次级债、收益凭证、永续债等。

引发证券公司负债端流动性风险的因素大体可分为以下几种情形，分别为宏观市场流动性变弱、融资集中度过高、融资额度受限、公司信用资质下降及债务到期的不确定性。

1. 宏观市场流动性变化

正如本章第二节所阐述的，宏观市场流动性与证券公司流动性息息相关。从宏观层面来看，在现代信用货币体系下，流动性由央行传导至银行，再传导至证券公司等非银金融机构及实体经济，即央行流动性、银行流动性是证券公司流动性的源头。从微观层面来看，市场资金面紧张，导致市场上可供出借的资金量及交易对手减少，证券公司无法从市场获得足额流动性或不得不以更高的价格获得融资，引发证券公司的流动性风险。

2. 融资集中度过高

从融资品种来看，如果对单一融资工具过度依赖，一旦该种融资工具的发行市场环境或监管政策发生变化，导致其融资渠道受阻，将较大程度降低公司的整体融资能力，引发流动性风险。同时，不同融资工具的发行期限、利率水平、融资效率均有差异。例如，债券等标准化融资工具在发行前的内外部审批备案流程相对较长，而收益凭证等非标工具的发行流程则相对较为简便，回购等资金市场工具更可以在日间进行高频交易。合理运用这几类融资工具的不同特点，对融资品种进行分散，可以提高融资效率，降低流动性风险发生的概率。

从融资期限来看，拆借、回购等短期融资成本低、借入快，相较于以

---

① 有息负债规模=短期借款+应付短期融资款+拆入资金+卖出回购金融资产款+长期借款+应付债券

债券为主的长期融资来说，其融资方式更加灵活高效。但过度进行短端融资，不考虑融资期限与资产端久期的匹配程度，公司短期内积累大量短期债务，偿债压力加大，极易引发流动性风险。从2021年末上市证券公司的自有负债期限结构来看，除证券公司因开展杠杆交易而形成的卖出回购金融资产款以外，证券公司的短期融资规模普遍小于长期融资，大部分证券公司短期融资占公司整体自有负债规模的比例都低于30%[①]。

从到期日来看，债务到期日的分散程度与再融资压力息息相关。如果一段时间内债务到期频次过高，当其中一笔负债出现兑付困难时，容易引发多笔债务连环违约而使公司爆发流动性危机。而短期内各种债务工具的总到期规模如果过大，可能导致公司在短期内需要从市场上借入大量资金来偿还到期债务，这将会增加公司融资的难度，导致公司的流动性风险上升。

从融资市场来看，如果过度依赖单一交易市场进行融资，也会对公司的流动性造成隐患。证券公司可以在银行间市场开展拆借、回购、短期融资券业务；在交易所市场开展回购、公司债、次级债、永续债等业务；在场外市场开展收益凭证、转融资等业务。部分融资工具只能在单一市场发行，例如，短期融资券仅可在银行间市场发行；部分融资工具可以跨市场发行，例如，回购业务在银行间市场、交易所市场均可进行交易。

从交易对手来看，证券公司债务融资的交易对手主要由各类银行、基金公司、保险公司、资管公司、其他证券公司等金融机构组成。当交易对手集中度过高时，一旦该交易对手无法继续为公司提供借款，可能导致存量负债无法滚动续作，公司流动性缺口加大。当公司的交易对手集中于单一类型金融机构，或集中于单一金融机构时，均会对公司的流动性造成不利影响。

3. 融资额度受限

不同的融资工具根据相关管理法规，对发行主体有不同的发行资质要

① 资料来源：Wind，年报数据。

求及发行额度限制。例如，中国人民银行2021年7月颁布的《证券公司短期融资券管理办法》中规定，证券公司发行短期融资券应当具备“具有较强的流动性管理能力”“近2年内风险控制指标持续符合监管要求”“近2年内未因重大违法违规行为受到行政处罚”等条件，在发行额度方面需满足“短期融资券与证券公司其他短期融资工具待偿还余额之和不超过净资本的60%”。上海证券交易所在2020年颁布的《关于开展公开发行短期公司债券试点有关事项的通知》中规定，申请发行短期公司债的发行人需满足“发行人最近3年平均经营活动现金流量净额为正或最近一年末的速动比率大于1”“综合实力较强、内部控制和风险控制制度健全”等条件，发行人在发行额度方面需满足“公开发行短期公司债券的待偿余额不得超过注册规模”。

对融资工具的发行条件及额度要求，随着新法律法规的出台可能发生变化，对证券公司融资工具的管理使用造成影响。在2020年新《证券法》颁布后，公司债发行全面实施注册制，简化了审批流程，缩短了审批期限，同时取消原有“累计债券余额不超过公司净资产40%”的限制，提高了证券公司的融资效率，对证券公司的业务发展提供了较大支持。

当公司受到监管处罚，或发生风险事件暴露出内控和风控机制不完善的情况时，公司发行融资工具的资质可能会受到影响，导致可使用的融资工具种类受限。当某种融资工具批文额度用毕或现有负债规模接近监管限额上限时，公司无法继续使用该种融资工具，同样会造成该种融资工具的缺失。这两种情况皆会为公司流动性带来风险。

另外，由于银行资金体量较大，与证券公司的综合业务合作范围较广，是证券公司融资业务的主要交易对手方。银行对交易对手采取统一授信管理，定期为单一交易对手核定一个授信额度，并在该额度之下与交易对手开展各项业务合作。证券公司通过各类融资工具向银行借入资金时即占用相应的额度规模，当已使用授信额度接近或等于所获授信额度时，证券公司将很有可能无法继续向该交易对手获得融资。

4. 信用资质变化

偿债能力是债权人判断是否愿意出借资金的重要参考标准之一，而信用评级是衡量一家公司偿债能力的重要指标之一。政策环境、行业风险等外部因素及经营策略、财务状况等内部因素都会影响公司的信用水平。2020 年中国银行间交易商协会、中国证监会和央行先后发布文件，取消了发行人发行债券前需进行信用评级的要求。但为了向投资者展示公司的信用水平，获取投资者信任，目前大部分公司在发行债券前仍然会对债项和公司主体进行信用评级。

另外，中国证监会每年以证券公司风险管理能力、持续合规状况为基础，结合业务发展状况，对证券公司进行综合性评价，分类评级结果也是许多证券公司债务投资者较为关注的指标之一。

公司财务状况是发行人信用资质的重要参考因素。常见的债权人关注的财务指标有短期偿债能力指标，包括流动比率、速动比率、现金比率等；长期偿债能力指标，包括资产负债率、利息保障倍数、EBITDA 利息倍数等；其他经营指标，包括总资产、总负债、营业收入、净利润、资产回报率、净资产收益率等。

当证券公司的信用评价下降、监管分类评级结果下调或财务指标恶化时，可能无法满足获取融资批文的相关条件，交易对手可能会调低对公司的内部评级，进而影响公司的交易对手准入及融资授信额度，使公司在市场上的融资活动变得较为困难。

5. 债务到期的不确定性

证券公司的部分负债没有确定的到期日及到期偿付金额，仅有明确的债务到期的条件及到期待偿付金额的计算方式。如果这类到期日不确定的债务规模较大且发生要求在短期内进行兑付的情形，会对公司流动性造成压力。这种类型的负债包括：

（1）不确定利率的负债。例如，约定负债利率随市场利率浮动的债券、借款、固定期限的结构化收益凭证等。

（2）不确定期限的负债。例如，可转债，可交换债，附带赎回、回售、延期条款的债券等。

（3）不确定利率及期限的负债。例如，附带调整票面利率条款及回售条款的债券，设置有敲入敲出条件的结构化收益凭证等。

对这些负债的现金流出时点及规模的测算具有一定难度，较难提前制定相应的融资计划，需要对这些负债的到期兑付做充分准备。因此，如果面临到期兑付规模超预期、兑付完成时间要求过紧或多笔债务突发集中到期等情况，公司将在短时间内产生额外的流动性缺口。在前述负债类型中，无法确定本金兑付时间的负债对公司流动性可能造成的冲击最大，需重点关注此类负债的到期兑付情况。

（四）自身业务属性引发的流动性风险

由于证券公司一些业务在经营模式上存在内生性流动性风险，即业务本身会同时形成资产端和负债端，且负债来源和资产投向具有较强的对应联系，可以很清晰地与其他业务分离形成闭环。这就使得对其单独进行流动性风险识别具备了必要性和可能性。现阶段，这类业务主要分为债券杠杆投资和能够产生交易性负债的场外衍生品业务。

1. 债券杠杆投资

证券公司债券杠杆投资是指利用债券回购等方式融入资金投资于债券的交易策略，通过期限利差和信用利差来增加投资组合收益。息差杠杆策略中的收益贡献包括：所投本金购入债券的票息收入、杠杆部分息差收入以及债券资产的资本利得收入。债券收益率与资金利率存在明显正利差时，息差杠杆策略可以为证券公司提供套利空间。

息差杠杆债券投资所面临的流动性风险，既包含外部因素，也包含自身因素，以及日间的流动性风险。

外部风险方面，当融资市场发生流动性紧张时，市场内资金供给不足，机构融出资金意愿低，资金利率抬升，证券公司将面临融资不足或融资成本上升的风险。另外，由于融资市场本身还存在流动性分层现象，央行通过货币政策操作提供的资金如果无法顺利传导到证券公司，也会导致证券公司杠杆滚动续作受阻。如果回购业务中的抵质押资产资质下降或发行人违约导致抵质押品的可用性和可用比例下降，融资方就需追加或者替换抵质押资产，证券公司可能无法顺利通过回购业务补足杠杆敞口，进而引发流动性风险。

内部因素方面，主要与交易对手和抵质押资产管理相关。当出现自身负面因素导致信用资质下降时，证券公司在进行银行间回购业务和资金拆借业务时可能无法找到交易对手，或融入资金利率大幅抬升，银行间融资渠道不畅。杠杆融资期限分布不合理、隔夜品种占比过高、日间杠杆融资量大，也会导致证券公司面临较大的流动性风险。针对交易对手管理方面，如果证券公司融资业务交易对手过于单一，融资渠道不够分散，一旦此类交易对手或融资渠道出现融出资金减少，则证券公司将会面临杠杆资金无法满额续作的情况。同时，如果银行间拆借和正回购业务交易对手出现违约，融入资金无法按照约定到账，则证券公司当日的头寸产生缺口。

还有日间流动性风险，由于银行间回购业务中的抵质押债券需要在归还前次回购款项后才可以解除质押，如果当日到期头寸较大无法先行还款，会导致前次抵质押债券的不可用，从而影响到杠杆资金的滚动续作。通常在实际操作中，考虑到资金成本，证券公司对回购资金不会进行完全备付，而是依赖回购资金的自我滚动续作，这也是该类业务流动性风险较为突出的原因。

2. 场外衍生品业务

从流动性风险的识别来看，以场外期权及收益互换为载体的证券公司场外衍生品中，证券公司在负债端收取客户保证金，在资产端购买资产或进行对冲交易，以满足衍生品合约义务。证券公司在场外衍生品业务的资产端和负债端均可能面临流动性风险。此外，近年来以跨境收益互换为代表的跨境衍生品业务发展迅猛，还面临特有的流动性风险。

（1）场外衍生品合约的流动性风险识别。场外衍生品合约通过挂钩股指、个股、债券、商品等多类型资产满足客户的不同资产配置及风险管理需求。证券公司将根据交易对手及交易类型的不同，收取不同比例的保证金。根据缴纳保证金比例的不同，可以将场外衍生品合约分为全额保证金及部分保证金两个类型。

①全额保证金的场外衍生品合约。针对收取全额保证金的场外衍生品合约，主要流动性风险来源于挂钩标的的变现能力，即是否能够在合约到期或终止时以合理的价格变现资产、兑现损益。如果挂钩标的流动性较低，将产生无法变现或者变现价格与估值偏离较大等情形，无法保证按估值结束合约，进而产生流动性风险。为此，监管机构也要求证券公司在开展场外衍生品业务时增加挂钩标的的透明度及流动性。例如，收益互换业务挂钩标的应当具备公允的市场定价、良好的流动性。场外期权的挂钩标的应当具有充分的现货交易基础，市场竞争充分，具备公允的市场定价，流动性良好等，挂钩个股标的范围不得超出融资融券标的当期名单①。

此外，与经纪业务三方存管的客户保证金不同，证券公司拥有衍生品合约保证金的处置权。客户保证金如何管理也将影响证券公司面临的流动性风险。在全额保证金下，如果资产端交易无须全额使用保证金，剩余保证金应该进行闭环管理，即保证金除了用于合约的对冲交易外，剩余资金只用于低风险的流动性运作。闭环管理能够避免保证金的混用及挪用，降低合约结束时的流动性风险。

②部分保证金的场外衍生品合约。根据交易对手及交易类型的不同，场外衍生品合约可以收取部分保证金。从交易对手来看，证券公司在与具有场外期权交易商资质的证券公司以及部分商业银行进行交易时，可以在授信额度内免收保证金。从交易类型来看，若交易的期权结构为普通结构型期权或保本雪球型期权，则实践中交易商仅需收取期权费，期末兑付期权损益；若交易的期权结构为非保本雪球型期权，则一般收取部分保证金开展对冲交易，收取保证金的比例与期权结构有关。

对于收取部分保证金的合约，不仅需要关注挂钩标的的流动性情况，还需要关注因资产端估值波动带来的补充保证金等情况，可能存在因交易对手信用风险引发流动性风险的情形。如果交易对手无法及时补充保证证

---

① 中国证券业协会：《证券公司收益互换业务管理办法》第四章，2021 年；《证券公司场外期权业务管理办法》第三章，2020 年。

金，交易商需要使用自有资金进行垫付。

（2）跨境收益互换业务的流动性风险识别。目前，国内部分证券公司获批跨境业务试点，通过与境外子公司联动开展跨境收益互换业务，进一步丰富了场外衍生品业务的类型。与境内场外衍生品交易不同，跨境收益互换常见的北向或者南向收益互换交易，合约的负债端和资产端分别位于境内和境外，在目前跨境资本管理制度下，更需要做好流动性风险的识别与管理。

在实践中，跨境收益互换往往由证券公司在境内的总部与其在香港的证券子公司合作进行完成，依赖各自在当地市场的交易能力及牌照优势。由于境内与境外资金流通存在限制，除了与境内场外衍生品交易面临一样的负债端及资产端的流动性风险外，还面临着境内、外资金不连通产生的流动性风险，可能因为市场因素境内或境外端持续亏损导致境内或境外端资产规模的持续下降，进而造成无法及时兑付衍生品合约义务的流动性风险。尤其是证券公司境外子公司，由于资产负债表规模较小，受到市场波动的影响较大。为此，证券公司需要做好境内及境外双向业务规模的平衡，实现两端资金的动态稳定，降低市场波动对境内外资金的影响。

（五）日间流动性风险

日间流动性风险指的是金融机构日间流动性不足从而无法在约定时间内履行支付义务的可能。这时尽管证券公司仍然有充足的资产来延期完成支付义务，但是日间流动性风险导致技术性违约，从而引发连锁效应造成的一系列影响仍然不能忽视。

1. 日间流动性风险产生机制

持有流动性的成本主要包括为取得流动性头寸而支付的资金成本，以及为保持头寸流动性而不得不放弃的机会成本，金融市场的机构参与者们进行流动性管理的目标之一是在保持支付结算指令顺利完成的前提下最小化这一成本。因此，证券公司往往利用一笔相对较小的头寸，依赖日间资金的循环交收，提升资金使用效率。然而随着金融信息化的不断发展演进，支付系统实现了逐笔全额实时结算、券款对付（DVP），能有效控制信用风险，由延时结算和净额交易所导致的信用风险得以基本消除。但这一作用的机制是以真实发生的流动性替代信用交易，其代价必然是更高的日间流动性要求。这就与市场个体的流动性管理目标产生了矛盾。新的交易机制要求全市场具有更多的流动性，而个体的最优化策略是在保持谨慎前提下最小化的头寸水平。当日间市场环境较为宽松，或者资产负债的交收支付顺序符合预期时，市场与个体都能顺畅运作；而当市场环境预期外收缩时，资金循环效率降低，就会产生日间流动性风险。

2. 证券公司日间流动性风险的识别

日间流动性风险难以预测，主要从内部和外部因素来进行识别。首先，由于证券公司缺乏类似商业银行吸储等被动融资方式，日间融资工具主要限于回购、拆借等，一旦无法续作，或资产端到期形成的资金回收无法在时序和金额上满足到期负债的日间刚性支付，就会产生日间风险。其次，日间流动性风险也可能来自支付结算系统失效，资金在途时间超过支付要求也会导致日间风险。最后，由于交易对手或者市场因素而导致的日间风险，比如在债券分销中由于对手方资金不到位而导致我方不得不垫资；或者资金市场日间突发收缩，交易对方资金不足无法预期完成清算，也会导致日间风险。

（六）表外其他业务类导致的流动性风险

除了需要关注以上业务的流动性风险外，其他业务线，如资产管理业务、债券质押式回购经纪业务也可能会给公司带来流动性风险。此外，证券公司法律诉讼、对外担保等或有负债的水平，也会对证券公司流动性风险水平产生影响。

1. 资产管理业务

资产管理业务是指投资者将自身资产委托给证券公司、商业银行、基金公司、信托公司等，按照投资者即委托人与管理者签署的资产管理合同规定，将资金投向约定的标的资产。在我国，证券公司以及资管子公司是资产管理行业的重要主体，承担着管理者角色。

资产管理业务的流动性风险一般发生在市场出现极端情况时以及各类因素导致的赎回挤兑。资产管理业务中的流动性风险来源多样，比较典型的情形有：一是对于来源于银行理财的资金，如果理财到期，银行要赎回资管份额以应对兑付需求，就可能产生资产负债错配问题并带来流动性风险。二是各机构都会对收益不符合预期的计划进行清盘或赎回。若资产管理计划未达到预期的收益，那么各方委托人很可能在一个集中的时间点对产品进行赎回，使资金链突然断裂，由此引发产品风险。三是流动性直接影响投资者对产品的信心，而这一信心又同时干预产品的流动性，形成了相互影响的反馈模式。在一个产品停止赎回时，会对公司其他的产品形成关注度的“溢出效应”，从而使其他资管计划产品的关注度同步提高，并人为增加其波动率和风险。

2. 债券质押式回购经纪业务

债券质押式回购交易是指债券持有人在将债券进行质押，并将质押后获得的标准券向交易对手方进行质押融资，同时约定在将来某一日期以约定的价格再次购回该相关标准券的交易行为。其中质押债券取得资金的交易参与人成为“正回购方”，其对手方成为“逆回购方”。债券质押式回购交易是担保交收业务，证券公司从事债券质押式回购经纪业务，就其客户回购还款义务对中国证券登记结算有限责任公司承担交收责任。

债券质押式回购经纪业务可能引发流动性风险的情形有两种：一是债券欠库。这是指在交易期限内，标的债券信用风险提高、折算率下调，初始回购委托指令依赖的标准券数量不能够支撑原回购交易，客户若未能及时补足债券，出现账户可用标准券余额为负数的情况，即发生欠库。二是资金透支。这是指客户账户资金不足以支付融资回购到期清算的情形。以上两种情形发生时，证券公司均需要垫资予以履约。对于部分正回购交易规模较大的机构或产品，突发巨额垫资可能给证券公司带来较大的流动性需求，需要特别防范。

3. 或有负债

或有负债是指因过去的交易或事项可能导致未来所发生的事项而产生的潜在负债。或有负债因其不确定性成为企业重要的风险来源，作为一项潜在因素可能使企业遭受沉重债务，也可能导致企业资产流失，给企业带来难以计量的经营压力。对证券公司而言，未决诉讼和对外担保是两项重要的或有负债事项，往往会带来巨额的损失进而引发流动性风险，风险不容小觑。

证券公司因其业务性质和业务范围面临着大量的法律诉讼风险，诉讼结果须视法院的判决而定，具有较强的不确定性。若涉及诉讼金额较大，可能会给证券公司带来沉重的债务负担，严重情形下，不仅会损害企业信誉、造成负面社会影响，还会影响证券公司评级，导致证券公司融资困难，甚至陷入债务危机。

对外担保指担保人应担保申请人的要求，以符合法律手续的书面形式，向担保受益人作出承诺，当申请人未按其与担保受益人签订的主合同的约定偿还债务或履行约定义务时，由担保人代为履行债务或承担责任的法律行为。证券公司较为常见的对外担保形式是融资担保，主要包括为纳入合并范围内的子企业和未纳入合并范围的参股企业借款和发行债券、基金产品、信托产品、资产管理计划等融资行为提供的各种形式担保，如一般保证、连带责任保证、抵押、质押等，也包括出具有担保效力的共同借款合同、差额补足承诺、安慰承诺等支持性函件的隐性担保。在被担保人因经营不善无法清偿到期债务或因触发某些条款导致债务被宣布提前到期的情况下，均有可能引发代偿风险，严重情况下可能削弱证券公司融资能力，引发证券公司流动性风险。

（七）其他因素导致的流动性风险

流动性风险作为证券公司的全局风险，可能受到方方面面因素的扰动，除了受到与业务密切相关的市场风险、信用风险的影响外，操作风险和声誉风险对流动性风险的扰动同样需要关注。

操作风险是由不当或者失效的内部控制过程、人员和信息系统以及外部事件所造成的损失。操作风险表现形式多样，防范难度较大，也正因如此，操作风险对流动性风险的冲击通常是毫无征兆的、瞬时的。尤其在当下，金融风险事件与信息技术的联系越来越紧密，包括交易程序的前端控制失效催生的“乌龙指”事件。计算机系统和网络的安全与稳定已经成为金融机构的生命线，任何与信息系统相关的操作风险漏洞所造成的瞬间损失都可能是难以估量的，给证券公司带来流动性风险。

证券公司声誉风险对流动性风险的影响主要体现在风险的传导性上，尤其是对证券公司融资能力上的影响。一旦某家证券公司陷入负面舆情，根据舆情大小及事件持续的时间，证券公司将先后需要面对以下几种流动性风险：先受影响的是短期线上融资，如银行间拆借、回购交易，交易对手可能因负面舆情暂停与该证券公司的交易，证券公司进而面临短期负债无法滚续带来的流动性风险。后受到影响的是证券公司中长期债务融资及银行授信。目前大型证券公司的中长期债务融资余额均在1000亿元以上，每年再融资规模也在几百亿元的规模。如果负面舆情无法迅速解决，银行会出于规避风险考虑，暂停对证券公司某些业务类型的授信，尤其是融资类授信。来自银行的资金占证券公司债务融资规模比率较高，这将对证券公司流动性产生重大影响。

第三节　流动性风险计量

一、流动性风险的计量

对流动性风险进行充分识别后，需要对其进行进一步的计量和监测。证券公司可以通过运用计量指标、现金流模型及压力测试等，构建完善的流动性风险计量体系，量化并管理公司的流动性风险。

（一）流动性风险计量指标

证券公司常用的流动性风险计量指标有流动性覆盖率、净稳定资金率、杠杆倍数、最短生存期、资产负债集中度和流动性储备比率等。其中，流动性覆盖率和净稳定资金率是计量流动性风险的两个核心指标。中国证监会在借鉴巴塞尔协议Ⅲ的经验和广泛征求行业意见后，于2016年将这两个指标纳入证券公司风险控制指标监管体系，并于2020年进行修订。流动性风险监管指标突出了指标的证券行业特征，对充分反映和有效防范证券公司流动性风险、促进行业长期稳定健康发展有着重要的作用。

1. 流动性覆盖率（LCR—Liquidity Coverage Ratio）

流动性覆盖率的定义为证券公司在压力情景下公司持有的优质流动性资产与未来 30 天现金净流出之比。该指标旨在确保证券公司在压力情景下，能够持有充足的、无变现障碍的优质流动性资产，以保障公司未来 30 日的流动性需求。

流动性覆盖率的公式为：

$$流动性覆盖率=\frac{优质流动性资产}{未来30日现金净流出}\times 100\%$$

其中，未来 30 日现金净流出 = 未来 30 日现金流出 - min（未来 30 日现金流入，75% 未来 30 日现金流出）。

（1）优质流动性资产。优质流动性资产是指具有高度市场流动性，被各证券公司普遍持有并满足可供交易的条件，可以在无损失或极小损失的情况下快速变现的资产。这些资产变现能力受市场流动性影响较小，在市场压力情景下，仍可以合适的价格出售或者抵质押变现以获取流动性。证券公司的优质流动性资产具体包括货币资金、结算备付金、利率债、同业存单、高等级信用债、货币基金、部分优质指数成分股及宽基指数类 ETF 等具有现金性质或低信用风险和市场风险特质的资产。

流动性资产因为其不同的资产特性，具有不同的变现能力。在风险测量中，根据流动性资产的变现能力分类设定资产的变现折算率，以各类流动性资产规模与折算率的乘积来量化公司优质流动性资产的规模。流动性资产按变现能力由高至低可分为以下几类：

①不受市场流动性影响的现金类资产。这类资产在压力情景下也可无损失变现，折算率可达 100%。现金类资产包括货币资金和结算备付金。其中，货币资金仅限于自有资金，不包括属于客户资产的代理买卖证券款、信用交易代理买卖证券款以及代理承销证券款；结算备付金不包括自有备付金中的最低结算备付金。

②受信用资质影响的资产。固定收益类资产的变现时间及损失程度会

随着发行主体信用资质的下降而增加。利率债由于有国家、政府的信用为担保，基本能够以无损失或者较小损失变现，变现能力强于信用债。利率债中，又以国债、中央银行票据、国开债的变现能力最强，政策性金融债次之，地方政府债的变现能力弱于国债及政策性金融债。信用债中，信用评级AAA级及AAA级以下、AA+级（含）以上的高等级信用债变现能力较强，其余信用债则因变现不确定性较大一般不予计入优质流动性风险资产的测量。值得注意的是，为避免引起同业之间的风险传导，证券、基金、期货公司发行的债券一般不计入证券公司优质流动性资产。

③受偿还安排影响的资产。在信用资质相同的情况下，部分固定收益类资产因偿还顺序靠后，市场变现能力较相同信用等级的债券弱。例如次级债，本金和利息在清算时的清偿顺序在公司的普通债务之后，因此在设定折算率时，按照债券信用评级下调一档测算。

④受市场交易活跃度影响的资产。权益类资产的变现能力主要与其市值、日均成交量、市场认可度、市场影响力等有关。变现能力较强的权益类资产包括上海180指数、深圳100指数、沪深300指数成分股、宽基指数类ETF等，一般不包括非指数成分股。另外，由于权益类资产价格波动总体较高，因此，应考虑对可计入优质流动性资产的权益类资产总体规模设置比例上限。

（2）未来30日现金流出。未来30日现金流出反映公司的短期流动性需求，其公式为未来30日各类负债科目和表外承诺的余额与其预计流失率或被提取率的乘积。不同种类的现金流出，根据其流出概率的不同，可分为以下几类：

①债务承诺或约定。在风险测量中，对于公司具有到期或在指定日期足额偿付的承诺或约定的现金流出，预计流失率或被提取率可达100%。这类承诺或约定包括公司的主动负债、交易性金融负债、衍生金融负债等各项债务融资工具，应付职工薪酬、应交税费、利息和股利等应付款项。

②受业务属性影响的业务资金流出。证券公司因业务经营活动可能引起的现金流出，包括自营业务及长期投资资金流出、承销业务资金流出、

融资类业务资金流出、资产管理业务资金流出等，根据业务风险属性的不同，其现金流出的确定性程度亦不同。例如，自营衍生品类投资业务因风险属性较高，可按合约实际参与衍生品交易的名义金额测算现金流出规模，按衍生品业务类别预计不同的流失率；融资类业务规模受权益市场情况变化影响较大，可按维持现有融资类业务规模需追加的流动性，或按现有业务规模乘以某一特定比例，来估算该业务未来30日的现金流出；卖出回购业务的现金流主要与质押物的信用资质及变现能力有关。

③或有负债。或有负债是一种潜在义务，未来债务的发生及发生金额均存在不确定性。在风险测量中，可按或有事项涉及金额或可能发生的损失孰高者测算规模。一般来说，或有负债短期内资金流出的可能性较小，因此，可以赋予该类较低的预计流失率。或有负债包括对外担保金额（公司为自身负债提供的反担保除外），对控股证券业务子公司提供的净资本担保承诺，资本性支出承诺，对控股子公司提供的融资担保，未决诉讼赔偿，公司在履行结算参与人职责过程中因客户开展债券质押式正回购交易而可能垫资的情形等。

（3）未来30日现金流入。未来30日现金流入与优质流动性资产相似，均可在短期内对证券公司流动性进行补充。因此在风险测量中，为避免重复计算，如果某项资产已被纳入优质流动性资产中，则在计算现金流入时不再考虑该资产，反之亦然。未来30日现金流入的计算公式为未来30日各类表内外资产的规模与其预计通过现金的形式流入率的乘积。不同种类的资产，根据其流入概率的不同，可分为以下几类：

①确定现金流入的资产。证券公司与交易对手已约定或承诺兑付日期及金额的资产，可按约定的金额计入未来30日现金流入，但考虑到交易对手方违约或未履行支付义务的可能性，可根据不同交易属性赋予不同的现金流入率。这类资金流入包括银行承兑汇票、拆出资金、买入返售金融资产、应收股利和应收利息等。其中，买入返售金融资产中的约定式购回及股票质押式回购融出的资金不予计入，仅计入逆回购的融出资金。

②不确定现金流入的资产。这类资产主要指银行提供的未使用且随时

可用、不可撤销的授信额度。根据合约，证券公司可以在短时间内获得额度内的资金支持，因此，将该额度同样计入未来30日现金流入。值得注意的是，对使用时间、比例、证券公司财务及流动性状况等有条件限制的一般性银行授信不属于上述情况。证券公司应仔细核对与商业银行的授信合同条款，甄别所获额度是否为该类授信额度。

流动性覆盖率指标重点强调了短期流动性风险的监控，目前的监管要求为不低于100%，即在不影响正常业务的前提下，证券公司的优质流动性资产需100%支持压力情景下公司业务的正常开展。该标准应视为对证券公司短期流动性的最低要求。为提高公司流动性水平，增厚流动性安全垫，证券公司在持续满足监管要求的同时，应根据自身情况设置内部预警值及限额值，防范流动性风险的发生。此外，证券公司还可以不断优化内部流动性覆盖率，针对自身业务实质对指标进行动态调整，以更准确地反映公司实际的流动性水平。

2. 净稳定资金率（NSFR——Net Stable Funding Ratio）

净稳定资金率是可用稳定资金与所需稳定资金的比值。该指标根据证券公司资产和业务的流动性特征设定可接受的最低稳定资金量，旨在确保证券公司在出现外部流动性压力的情况下，仍有稳定的资金来源支持其运营超过一年以上。

净稳定资金率的公式为：

$$\text{净稳定资金率}=\frac{\text{可用稳定资金}}{\text{所需稳定资金}}\times 100\%$$

（1）可用稳定资金。可用稳定资金是证券公司在压力情景下一年内可作为稳定可用资金来源的负债和权益类资金。在指标测算中，可通过分析资金来源及资金期限来判定是否属于可用稳定资金。可用稳定资金主要包括权益类资金，以及剩余存续期大于等于1年的借款和负债，前者主要指资产负债表的“所有者权益”，后者指通过中长期融资渠道获取的且剩余存续期大于等于1年的资金，均可作为证券公司已获得的稳定资金全额计入指标。其余融资性及运营类负债和权益，因期限较短或剩余期限小于1

年，已不能作为长期资金来源，因此在指标计算中不予以计入。

（2）所需稳定资金。所需稳定资金是指证券公司为匹配现有业务结构和业务规模所需的长期稳定资金。对所需稳定资金的测算，可以根据资产负债表内和表外各项资产和业务的性质及其期限特征，设定不同的折算率来分析公司维持现有业务经营所需要的长期稳定资金规模。证券公司不同类型的资产和业务，根据其风险特征，可分为以下几类：

①高流动性资产。该类资产的流动性较高，可以在短时间内快速和基本无损失变现，因此，无须通过长期稳定资金来提供支持，可以将短期资金作为资金来源，例如货币资金、结算备付金、不足一年的拆出资金、存出保证金、买入返售金融资产（不含约定式购回、股票质押式回购等低流动性资产）以及货币基金等。

②各类具有公允价值或市场估值的金融资产。该类资产主要根据交易市场和其自身流动性状况、资产变现的损失大小和难易程度以及资产的到期日特征等因素设定相应的折算率。例如，对于剩余存续期大于等于一年的债券，因其对资金的占用时间长于一年内到期的债券，故赋予较高的折算率；在债券剩余存续期均大于等于一年时，根据其变现能力及变现时的损失，确定需要的长期稳定资金比例，在这种情况下，信用债的折算率高于利率债，而信用债随着信用等级下降则需要更多的长期稳定资金支持；对于股票资产，由于优质指数成分股的流动性和变现损失较小，因此，在计算所需稳定资金时赋予其一定的折扣系数，而流通受限的股票和其他流动性较差的股票则完全依赖于长期稳定资金提供支持，折算率可达100%。

③信用类资产。这类资产包括融出资金、约定式购回融出资金和股票质押式回购融出资金。由于存在信用风险，因此，信用类资产的总体折算率较高。在信用资产中，还可以根据合约的到期日或者与业务相匹配的资金来源，来设定不同的折算率。对于一年以上到期或逾期的信用类资产，相较于一年以内到期的来说，由于其快速变现能力更差，因此折算率更高。

④其他资产。指除上述资产外的其他所有表内资产。例如一年内的应

收账款和应收利息，因到期期限小于一年，无须用100%的长期稳定资金覆盖，故可参照一年内到期的信用类资产确定折算比例；而其他资产，如长期股权投资、固定资产等，因流动性差、占用的资金期限长，需要完全用长期稳定资金支持，折算率可达100%。

⑤表外项目。主要包括证券衍生品业务、承销业务和其他或有负债等表外事项。表外项目对长期稳定资金需求一般不确定，因此，无须用100%的长期稳定资金支持。

净稳定资金率指标反映的是证券公司的中长期流动性风险，目前的监管要求是不低于100%，即确保证券公司在出现外部流动性压力时仍有稳定的资金来源支持其持续运营一年以上。该指标作为流动性覆盖率的补充，可防止证券公司在市场繁荣、流动性充裕时期过度依赖短期的流动性，帮助证券公司通过对资产负债结构的调整减少期限错配带来的流动性风险，增加中长期稳定资金的来源，维持证券公司的长期健康发展。

3. 杠杆倍数

杠杆倍数通过计算表内总资产（剔除客户资金）与净资产的比值，衡量公司的负债风险水平，是分析资产负债表流动性的代表性指标。

杠杆倍数的公式为：

$$\text{杠杆倍数}=\frac{\text{表内总资产（剔除客户资金）}}{\text{净资产}}$$

证券公司通常采取杠杆经营模式，在市场繁荣阶段，高杠杆能够为公司带来较高的净资产收益率，但同时也会带来一定的流动性风险。值得注意的是，对于证券公司来说，较高的杠杆倍数并不一定代表高风险，公司的流动性风险还与其资产负债结构相关。证券公司应将杠杆倍数纳入风险偏好体系，结合市场情况与自身业务状况调整杠杆倍数，在追求业绩增长的同时合理控制风险。

由于杠杆倍数仅考虑到表内资产的情况，证券公司目前很多创新业务都存在于表外，而某些表外资产的内嵌杠杆程度较高，故还需特别关注表外业务的风险情况。为完善杠杆倍数指标，提高风险覆盖的完备性，证券公司可参考资本杠杆率指标予以补充分析。资本杠杆率为核心净资本与表内外资产总额的比值，综合考虑了表内外资产的风险情况，其监管要求设定为不低于 8% 。

此外，从资产负债表角度分析流动性指标反映的是静态时点下的财务风险状况，无法提供预期信息或对公司未来风险情况的假设，具有一定的局限性，因此，证券公司还需要通过其他指标及分析工具去探索公司流动性风险的实质。

4. 最短生存期

最短生存期是指证券公司在融资渠道受阻的情况下，持有的流动性能持续经营的天数，即对应净现金头寸为负数的前一天。净现金头寸是证券公司无变现障碍资产变现总额与预期现金流出的差值。根据目前的监管要求，在压力情景下证券公司满足流动性需求并持续经营的最短期限不应少于 30 天。

最短生存期的计算方式为：

$$净现金头寸 = 无变现障碍资产变现期初总额 - \sum_{i=1}^{n} 第\ i\ 日预期现金流出$$

当净现金头寸减到负数时,最短生存期即为$(n-1)$。

由于融资渠道受阻，证券公司的流动性视为仅可通过无变现障碍资产的变现或抵押获得，其价值由无变现障碍证券价值乘以变现或抵押折扣率，折扣率反映了资产的流动性程度及变现能力。预期现金流出包括债务承诺或约定、业务资金流出以及或有负债等。债务承诺或约定中的拆借回购类超短期负债需考虑不同压力情景下滚动续作的比例，非固定期限到期负债，如雪球类收益凭证需考虑预期敲出概率。业务类资金流出可根据历史情况和压力情景设定不同的每日现金流出。或有负债可根据实际情况匡算预期流出的比例。多维度情景的设置可以得出不同结果的最短生存期。

当最短生存期小于 30 天时，证券公司需控制某些业务回流资金的进一步流出。如证券公司对于融资类业务一般采取总额控制的管理模式，默认融资类业务资金在控制范围内滚动运作，但当最短生存期小于 30 天时，回流的融资类业务资金将不允许再次流出，用以维持公司的运行。

5. 资产负债集中度

（1）资产集中度。资产集中度的多维度衡量包括但不限于大类资产集中度、行业集中度、发行方集中度等。证券公司应进行合理的资产配置，各项资产在多维度下均应避免出现过度集中的情况。

①大类资产集中度指的是各大类资产占总资产的比重，如权益类资产占总资产的比重、固定收益类资产占总资产的比重、另类投资类资产占总资产的比重等。如果某一大类资产集中度相比于历史情况上升较多，则须引起公司的关注。值得注意的是，大类资产集中度需结合公司战略综合考量，某一大类资产集中度上升有可能是公司战略变动导致的资产配置的调整。大类资产集中度的公式为：

$$\text{大类资产集中度} = \frac{\text{大类资产}\ i}{\text{总资产}}$$

②行业集中度指的是证券公司持有某一行业的资产占总资产的比重。证券公司持有某一行业的资产占比过高，如果该行业遭遇危机，则该行业资产价值下降甚至难以变现，对公司的流动性产生一定影响。行业集中度的公式为：

$$\text{行业集中度} = \frac{\text{持有行业}\ i\ \text{的资产价值}}{\text{总资产}}$$

③发行方集中度指的是持有同一发行方发行的证券市值占总交易对手的证券市值的比重。该证券的发行方一旦违约甚至破产，即会导致资产变现困难甚至无法变现，对证券公司的流动性产生负面影响。发行方集中度的公式为：

$$\text{发行方集中度} = \frac{\text{持有发行方}\ i\ \text{发行的证券总价值}}{\text{总交易对手的证券市值}}$$

（2）负债集中度。负债集中度的多维度衡量包括但不限于负债品种集中度、负债到期期限集中度、对手方集中度、同业负债依存度等。

①负债品种集中度指的是证券公司某一品种的负债占总负债的比重，比重越高表明对该融资工具的依赖度越高。如果对单一融资工具过度依

赖，一旦该种融资工具的发行市场环境或监管政策发生变化，导致其融资渠道受阻，将较大程度降低公司的整体融资能力，引发流动性风险。证券公司应合理运用融资工具的不同特点，对负债品种进行分散融资，可以提高融资效率，降低流动性风险发生的概率。负债品种集中度的公式为：

$$负债品种集中度 = \frac{负债品种\ i\ 的总值}{总负债}$$

②负债到期期限集中度指的是某一期限内到期的负债占总负债的比重。负债集中到期会增大证券公司的头寸压力，影响日间甚至期间的流动性水平，增加公司的流动性风险。证券公司应在融入资金时合理分配负债到期期限，避免某段时期的负债集中到期。负债到期期限集中度的公式为：

$$负债到期期限集中度 = \frac{到期日在期限\ i\ 内的负债总额}{总负债}$$

③对手方集中度是衡量证券公司对融入资金的不同交易对手方的依赖程度。负债对手方集中度对负债规模较大的对手方反应较为敏感。一旦重要负债对手停止资金融出，证券公司可能面临较大的流动性风险。证券公司应提高资金来源的多元化程度，不过度依赖某一交易对手方。需要注意的是，目前许多类型的负债都无法确认实际的融资交易对手（比如交易所融入的资金），因此，证券公司实际的负债集中度有可能会高于指标所显示的结果。对手方集中度的公式为：

$$对手方集中度 = \sum_{i=1}^{n}\left(\frac{从交易对手方\ i\ 融入的资金}{总负债}\right)^2 \times 10000$$

④同业负债依存度指的是证券公司从银行间融入的负债占总负债的比重。证券公司如果对同业机构短期负债的依赖程度过高，一旦银行间资金成本提高或者资金面紧张，则会对公司的流动性产生一定影响。证券公司应提高资金来源的多元化程度，不过度依赖同业融资渠道。同业负债依存度的公式为[①]：

① 摘自投资者保护基金证券公司风险监测指标体系。

$$同业负债依存度 = \frac{银行间拆入资金 + 银行间正回购}{总负债}$$

6. 流动性储备比率

流动性储备比率是证券公司流动性储备占表内总资产（剔除客户资金）的比重，衡量证券公司的流动性充裕程度。

流动性储备是流动性管理部门持有的、为保障公司流动性的资产，主要包括货币资金（自有备付金超过最低备付的部分）、利率债、货币基金、每日开放申购赎回的银行现金管理类理财产品、剩余期限一年内的 AAA 级信用债、剩余期限 30 日内的逆回购等。

控制流动性储备比率旨在确保流动性管理部门持有足够的流动性安全垫，及时应对突发性资金需求或资金缺口。证券公司的流动性管理部门应根据自身情况设定流动性储备的日均规模与上年度末公司总资产（剔除客户资金）总额的限额。

（二）现金流模型

现金流模型即现金流缺口分析法，现金流缺口是在不同时间区间和情景下预期现金流入与预期现金流出的差额。当现金流缺口为负数，证券公司需要额外筹措资金以满足流动性需求，如果短期内出现无法匹配的较大的现金流缺口，将会对证券公司造成流动性冲击，影响公司的正常运营。

证券公司产生现金流缺口的主要原因是资产负债期限不匹配，资产业务类别繁多，期限不确定性较高，负债工具相对有限，支付相对刚性。比如开展杠杆性业务，“借短投长”以获取息差收入，导致负债端短期融资占比较高，中长期资产依靠短期负债来支撑，则可能造成资产负债期限的错配，产生流动性风险。因此，证券公司应建立现金流缺口预测分析模型，对现金流的期限错配进行详细分析。

现金流缺口的预测分析分为静态现金流缺口分析和动态现金流缺口分析。

1. 静态现金流缺口分析

静态现金流缺口分析，是指在当前时点，分析未来一定时间段内的预期现金流入是否可以覆盖预期现金流出。如果预期现金流入不足以覆盖预期现金流出，即现金净流出为负数，则出现现金流缺口。静态现金流缺口反映的是证券公司净现金流的现状，不考虑资产负债未来可能出现的增长。

现金流入和现金流出的测算，可以通过表内外资产负债的业务类别及期限两个维度，分别观察不同到期期限内净现金流出的情况。到期期限的阶梯可设定为7天、30天、90天、1年内、大于1年或者证券公司关注的其他期限，对于不确定到期时间的现金流，如现金流期限为随机性的权益类资产，则可计入未定期限。现金流入的业务类别主要有现金及现金等价物、买入返售金融资产、固定收益类资产、权益类资产等；现金流出的业务类别主要有各类到期日不同的负债和所需支付的款项等。计算现金流出时，证券公司需注意与期权挂钩的收益凭证和雪球场外期权等未定期限业务的预期敲出情况。

通过对不同到期期限下净现金流的测算，可以分析出证券公司短端与中长端的资产负债结构是否健康以及资产负债错配程度是否可控。

静态现金流期限缺口见表4-1，可供参考。

表4-1　　　　证券公司静态现金流期限缺口表

项目	7D	30D	90D	1Y	>1Y	逾期	未定期限	合计
现金及现金等价物								
买入返售金融资产								
固定收益类资产到期								
权益类资产变现								
利息及分红收入								
费类业务收入								
……								
现金流入合计								
拆借回购								
债券到期偿付								
利息及分红支出								

续表

项目	7D	30D	90D	1Y	>1Y	逾期	未定期限	合计
应付职工薪酬、应交税费等刚性支出								
……								
现金流出合计								
到期期限缺口								
累计期限缺口								

2. 动态现金流缺口分析

相较于静态现金流缺口分析，动态现金流缺口分析侧重于观察不同压力情景下，不同到期期限的预期现金流的动态变化，在流动性风险管理中对计量短期流动性风险尤为有效。证券公司应根据各项业务性质、业务规模、业务复杂程度及风险状况，运用适当的方法和模型，建立动态现金流测算分析框架，有效计量、监测和控制正常和压力情景下未来不同时间段的动态现金流缺口。

除实际的现金流外，还需将资本补充计划、未来融资计划、未来业务资金流出、客户行为模型对现金流的影响、或有资产、或有负债等潜在现金流纳入动态现金流缺口分析模型。对于境外业务往来较多的证券公司，应当对重要币种的现金流单独进行测算和分析，确保外币现金流期限合理匹配。

（三）压力测试

流动性风险压力测试是一种以定量分析为主的流动性风险分析和管理办法，测算压力情景下流动性风险控制指标、内部流动性风险限额指标等变化情况，评估流动性风险承受能力，并采取必要应对措施的过程。证券公司通过建立流动性风险压力测试体系，可以识别和发现流动性风险管理过程中的风险点和薄弱环节，提前采取必要措施降低不利情景对公司造成的冲击，在预防流动性风险的同时提升公司抵抗流动性风险的能力。

1. 压力测试的现状

长期以来，证券公司压力测试被纳入监管风险管理体系之中。2011

年，中国证券业协会发布《证券公司压力测试指引（试行）》，以推动证券公司建立、健全压力测试机制。随着证券公司资产规模不断增大、创新业务迅速开展，为了鼓励证券公司进一步完善压力测试机制，提升风险管理能力，2016 年底，中国证券业协会对《证券公司压力测试指引（试行）》进行了修订，发布了《证券公司压力测试指引》，对证券公司开展压力测试提出了更高要求，证券公司应当建立压力测试机制和制定相关制度，确保在压力情景下风险可测、可控、可承受，保障可持续经营。

目前，证券公司均定期实施流动性风险压力测试，但在测试目标、压力情景的设计、测试结果的应用方面存在明显差异，压力测试这一工具在流动性风险管理方面的作用仍存在提升空间。

2. 压力测试的对象和目的

证券公司可以设定某一日为基期，针对流动性覆盖率、净稳定资金率、现金流缺口、最短生存期等风险计量对象进行压力测试，测算未来一段时间不同压力情景下测试对象的承压情况。

3. 压力测试的方法

压力测试的方法通常分为敏感性分析（Sensitivity Analysis）和更复杂的情景分析（Scenario Analysis）。反向压力测试（Reverse Stress Testing）亦可以作为压力测试的补充。

敏感性分析属于单变量测试，仅检验单个重要风险因素发生变化时的压力情景对证券公司流动性风险造成的影响。例如，当证券公司开展一项新业务时，可以通过敏感性分析来检测该业务对流动性的影响。情景分析是综合性的多变量测试，通过构建多风险因素变化的情景来模拟证券公司日常经营中可能遇到的各种复杂情况，并针对不同情景形成相应的测试结果。流动性风险极易受到其他前端风险的传导，而流动性危机往往是由多种因素同时爆发而导致的，因此，基于多变量测试的情景分析压力测试较单变量的敏感性分析更适合证券公司对整体流动性风险的计量。

反向压力测试在原理和方法上与压力测试相反，首先决定一个或者多个变动的风险因子，再设定流动性监管指标的最低值，最后计算流动性监管指标达到最低值时风险因子的变化幅度。例如，对于信用类业务，证券公司可通过对流动性覆盖率控制目标的先行设定，反向推算出不同控制目标下自有资金可用于信用类业务的投资规模。反向压力测试的目的在于寻找证券公司流动性管理中的风险因子及其变化幅度，并在日常流动性管理中对变化幅度较大的风险因子进行重点管控。

4. 压力情景

证券公司可以从机构特定情景、市场负面情景和协同影响情景三个层面设定压力情景，压力情景包括证券公司内外部经营环境发生极端变化、出现突发事件以及开展重大业务等情形。在每个压力情景下，还可以分别设置轻度、中度和重度等不同的压力程度。

机构特定情景是指因证券公司自身原因而导致的流动性压力情景，如外部评级下调、发生负面舆情事件导致声誉风险、母公司或下属子公司受到监管处罚、出现连续经营亏损等。在此类压力情景下，证券公司通常会遭遇融资渠道受阻（如失去债券发行资格）、融资成本上升、特定业务不能正常开展等不利因素影响。

市场负面情景为市场系统性风险上升而导致证券行业整体流动性紧张的压力情景，如货币政策大幅收紧导致市场资金面紧张、资本大量外流等。在此种压力情景下，市场利率会持续快速走高，股价下跌严重，证券公司将会面临难以以合适的价格融入资金、流动性资产难以变现、融资渠道严重受阻、交易对手及客户违约或破产等不利因素。

协同影响情景是指综合考虑证券公司自身的非系统性风险和系统性风险，在两者同时上升时将会导致的极端流动性压力情景。遭遇此种极端压力情景时，证券公司可能会遭遇无法弥补的现金流缺口、信用违约、难以持续经营等极端情况。

证券公司在进行日常压力测试时，可以针对压力测试对象和压力测试目的设定不同的压力情景，并定期审查压力测试中使用的各项参数，以确保持续满足公司流动性风险的偏好。证券公司的流动性风险往往由市场风险和信用风险传导而来，因此在情景设置方面，还可以借鉴前端风险的压力情景，例如股指波动情况，利率债、信用债利差变动情况、不同类别资产的久期长短等。

在设置压力情景时，可采取历史情景法、假设情景法或者二者相结合的方法。历史情景法是指模拟历史上重大风险事件或重大压力情景，假设情景法是指基于经验判断或数量模型模拟未来可预见的极端不利情况。必要时，证券公司可借助信息系统来辅助完成压力情景的设置。

5. 压力测试的频率

证券公司应定期开展压力测试，分析其承受短期和中长期压力情景的能力。开展常规压力测试的频率取决于压力测试框架的目标、压力测试的范围、证券公司业务的规模和复杂性，以及宏观经济环境的变化等因素。此外，证券公司可以出于特定目的进行临时、专项或综合压力测试，开展此类压力测试的情形包括发生可能导致流动性风险控制指标出现明显不利变化或接近预警线的事件、确定重大业务规模和开展重大创新业务、预期或已经出现重大内部风险状况、预期或已经出现重大外部风险和政策变化事件等。

二、流动性风险监测、预警和报告

（一）流动性风险监测

流动性风险监测是指根据公司各项业务的规模、性质、复杂程度及风险状况，运用适当方法或模型，对正常和压力情景下公司未来不同时间段的资产负债期限匹配情况、融资来源的多元化和稳定程度、优质流动性资产及市场流动性情况等进行监测和分析。

流动性风险监测是公司有效实施风险偏好、风险容忍度、风险限额和日常流动性管理的重要保障。证券公司应结合自身业务发展实际状况和流动性风险管理情况，制订流动性风险监控指标，并运用流动性风险管理信息系统或其他方式，及时、准确、全面地计量、监测和报告公司的流动性风险状况。

流动性风险监测体系应在公司治理及组织架构框架下明确各单位职

责，运用科学合理的监测方式，建立完备清晰的监测流程，在公司日常风险管理中持续监测和评估流动性风险水平，防范流动性风险的发生。具体来看通常包括：

1. 监测主体及职责

监测主体的组织架构包括各业务部门、流动性风险管理部门、风险管理部门和审计稽核部门等。

各业务部门负责日常监测自身业务相关的流动性风险管理事项，记录并向流动性风险管理部门或风险管理部门报告；流动性风险管理部门会同风险管理部门负责制定流动性风险监测指标、限额要求及监测制度，监测公司日常经营活动中的流动性风险并提出防范风险的措施，监测公司优质资产状况、流动性限额执行情况并报告超限额原因和处置建议等；审计稽核部门将流动性风险管理纳入内部审计范畴，对流动性风险管理的充分性和有效性进行独立、客观的审查和评价，并督促整改相关问题。

2. 具体监测内容

流动性风险监测的具体内容包括监测范围、监测指标、监测频率和方式等。流动性风险监测的范围通常包括各分支机构、各业务单元或各部门，表内和表外业务的流动性状况。流动性风险监测指标包括但不限于：监管指标、资产负债结构类指标、资金缺口分析类指标、优质资产储备类指标等。证券公司可根据行业监管要求及自身管理需求确定各类指标的监测频率，并运用流动性风险信息系统或其他方式监测公司的流动性风险状况。

3. 监测流程

各业务条线根据自身管理需要，会同流动性风险管理部门和风险管理部门共同建立流动性风险各项监测指标，并每日监控其流动性风险状况；流动性风险管理部门会同风险管理部门将获得的信息分类汇总，并持续监控公司整体的流动性风险状况，如优质资产水平、流动性风险限额执行情况等，综合分析公司流动性风险水平，形成定期报告。

（二）流动性风险预警

证券公司根据各项业务的规模、性质、复杂程度及风险状况，识别可能引发流动性风险的特定情景或事件，在发现异常情况时，对流动性风险预警信号及其变化趋势进行持续观察，前瞻性地分析其对流动性风险的影响，及时预警，实现对流动性风险“防患于未然”的防错纠错机制。良好的预警系统对证券公司非常重要，尽早发现流动性风险的初期迹象，公司就能尽早采取行动防范与化解流动性风险，降低流动性风险事件对公司造成的损失。

流动性风险预警信号可分为机构特定风险和系统性风险两大类。

机构特定风险的预警信号是指由于公司自身经营情况变化而导致的流动性风险预警，主要包括公司风险水平、盈利能力、资产质量、融资稳定性、融资能力以及信用评级的变化等。机构特定风险的预警信号包括资产快速增长，负债波动性显著上升；资产或负债集中度上升；负债平均期限下降；表外业务、复杂产品和交易对流动性的需求增加；资产质量、盈利水平和总体财务状况恶化；预警指标触碰内部预警值；融资渠道受阻，融资成本上升；交易对手要求追加额外抵（质）押品或拒绝进行新交易；交易对手降低或取消授信额度；外部信用评级下调；发生舆情事件导致声誉风险等。

系统性风险的预警信号是指由于市场系统性风险上升而导致行业整体流动性紧张的预警，包括市场资金面紧张导致利率飙升、银行间 R 与 DR 的利差走阔、信用利差走阔、经济指标严重下滑以及政治危机爆发等。

证券公司应随时关注并监测这些预警信号的变化、发展趋势和可能对公司流动性状况造成的影响，并根据预警信号的严重程度采取相应的应对措施。证券公司可采取的具体应对措施包括以下几点：

一是对于近期可能对公司流动性造成重大不利影响且事态发展迅速的流动性风险，须即刻采取应对措施，及时上报管理层，并启动相应的应急计划。

二是对近期流动性不会造成重大不利影响但预计未来可能有重大影响

的流动性风险，应及时发布风险提示，组织相关部门拟订应对方案并报告公司管理层批准后实施，同时强化流动性风险压力测试，提高风险监测频率，重点关注事态发展和应对措施效果，为可能发生的突发事件做好充分的应对准备。

三是对近期流动性不会造成不利影响且远期影响还有待观察的流动性风险，按照预见性原则开展流动性风险压力测试，提高风险监测频率，适时开展应急演练。

（三）流动性风险报告

证券公司应建立清晰完备的流动性风险报告体系，明确各项流动性风险报告的内容、形式、频率和报送范围，确保董事会、高级管理层和其他内部管理人员及时准确地了解流动性风险水平及其管理状况，并根据监管要求及时进行报送。流动性风险报告体系应包括以下几方面：

1. 报告的报送范围和内容

流动性风险报告按报送范围可分为满足外部监管要求的监管报告和满足内部管理需要的内部报告。监管报告主要指各类监管机构、自律组织要求证券公司提供的相关流动性风险报告。内部管理报告主要用于记录生成的公司流动性风险管理的信息，通常包括报告期内公司整体的流动性风险状况、公司监测指标或限额指标的执行情况、流动性储备情况和预测、现金流预测和压力测试结果等。证券公司应根据报送范围的不同，甄选报告信息，精准匹配报告受众，避免报告内容繁杂琐碎，提高报告的使用效率。

2. 报告的形式和频率

按照风险等级的不同，流动性风险报告可分为紧急报告、不定期报告及定期报告。

紧急报告用于报告风险等级较高、突发的流动性风险事件，监测部门或风险管理部门监测和收集信息后立即向公司管理层报告，特别重大的事项还需向公司董事会或董事会风险管理委员会报告。

不定期报告主要用于报送各业务部门或风险监测部门监测到的特定流

动性风险事项及风险评估分析。对于此类事项，原则上应做到随时发现、随时分析并报告。

定期报告可分为日报、月报、季报和年报，根据公司内部管理要求报送公司管理层、董事会风险管理委员会、董事会等。日报可用于报送上一交易日流动性头寸和监测指标情况、短期内流动性储备和需求情况、资金市场情况等；月报和季报可用于涵盖月度及季度流动性风险分析、主要流动性风险指标和限额执行情况、流动性风险指标压力测试情况、现金流预测、流动性风险提示及应对措施等；年报可用于综合评估分析公司上年流动性风险状况及主要影响因素、年度流动性管理体系建设与完善情况、年度压力测试情况、重大流动性风险事件及应对措施、未来流动性风险管控工作计划等。

第四节　流动性风险防范与应对

一、资产负债管理

近几年来，证券公司逐渐开始在管理层设置资产负债配置委员会，负责对整个集团资产负债的规模、结构以及资本进行全面动态规划。这对于流动性风险管理工作的开展也是一个积极的信号：通过资产负债管理推动流动性风险管理理念内嵌到公司经营层决策环节中，实现流动性风险管理前移，系统性预防流动性风险。具体管理措施包括：

（一）制订年度资产负债配置方案

制订方案需要重点考虑三方面因素：一是宏观政策，资产端配置方向要与经济金融背景、国家战略产业政策相一致；二是行业发展，要结合自身资源禀赋，对未来业务发展路径做出策略选择；三是风险收益，杠杆水平、监管指标、经营层风险偏好以及利润目标是需要重点考量的约束条件。

（二）定期检视、评估配置方案和业务落地情况，并动态调整

资产负债管理始终是一个动态的过程，要不断评估配置方案是否科学，检视配置完成的有效性，计算配置实施的风险收益比；当市场变动、公司战略调整、创新业务推出或者由于各种原因公司负债储备发生较大变化时，通过动态调整配置，实现系统性防范流动性风险的目标。

（三）内部资金定价

通过该机制可以及时向业务端传导市场利率、监管动向，配合资产负债配置传递公司战略导向。同时，将流动性风险作为一项重要因子包含在内部资金定价机制中，有效传导公司流动性风险偏好，引导调控对流动性风险资源消耗较大的业务。

二、投融资管理及其他业务管理

（一）投资业务管理

针对投资相关业务中可能产生的流动性风险，证券公司可以通过多种方式强化管理，包括但不限于以下几方面：

一是加强资产端持仓管控，在持仓额度、持仓集中度（包括行业、地区和持股比例等）、止损止盈等方面进行管理；

二是合理控制杠杆规模；

三是加强投资标的及抵质押资产的信用等级及资产质量管控；

四是加强交易结构及交易策略设计，利用定性和定量的方法降低流动性风险；

五是加强承销定价能力，减少在股权或债券承销服务中触发包销条款的情况；

六是加强交易对手管理，拓展机构类型，丰富交易对手。

（二）融资管理

负债融资是证券公司补充流动性的重要手段，融资端流动性风险管理是证券公司流动性风险管理的重要组成部分之一。在融资活动中，证券公

司可以通过考虑以下五个方面的因素，防范流动性风险，保障公司的流动性需求：

1. 关注宏观市场流动性变化情况

通过密切跟踪债券回购、MLF、LPR 等市场主要利率价格变化情况、债券成交量变化情况以及宏观政策变化等，评估市场流动性变化对公司融资能力的影响。

2. 测算债务到期现金流

在不确定到期时间及金额的情况下，根据保守原则，按最短到期日、最高到期规模进行测算。例如，对设置有敲出条件的结构化收益凭证，在进行现金流预测时，将最近一次敲出观察日视为收益凭证到期，将最大收益率视为融资利率。

3. 在进行融资活动时，充分考虑融资集中度

避免出现单一融资品种、期限、到期日、融资市场、交易对手等集中度过高的情况。积极维护交易对手，拓展融资渠道，提高融资来源的多元化和稳定性。

4. 关注融资限额

例如，批文有效期及额度使用情况等。扩充公司批文储备，将各融资品种发行规模控制在监管限额以内，做好批文的跨期衔接。

5. 在日常经营中，证券公司应持续关注公司资信情况及对公司融资能力产生的影响

包括公司信用评级变化情况、主要财务指标变化情况等。

（三）债券杠杆投资管理

针对债券杠杆业务中所面临的流动性风险点，证券公司可以通过以下方面强化流动性风险识别和管理：

1. 合理控制债券的杠杆规模

对杠杆融资部分进行动态监测，当杠杆融资规模接近设定的规模上限时，交易系统应发出预警提示。

2. 对融资交易对手进行分类管理

积极拓展机构范围，丰富杠杆融资交易对手类型。

3. 合理布局银行间市场和交易所市场的融资比例

根据市场流动性情况和自身杠杆规模的情况进行动态调整，做好跨市场融资的准备。

4. 加强系统化管理

针对抵质押资产进行系统化管理，尤其是对资产的信用资质、库存情况、利息到期兑付情况、同一发行人信用资质变化以及抵质押比例应密切关注。

5. 进行融资方式的创新

如对于长期在账不发生频繁交易的信用债品种可以通过债券借贷的方式将信用债融出，融入利率债，优化抵质押债券品种，满足自身头寸需求。

（四）场外衍生品合约管理

场外衍生品的流动性风险管理需要同时关注挂钩标的的流动性情况及客户保证金的管理。对于跨境场外衍生品合约，除上述流动性风险外，需要关注因境内外资金不连通导致的流动性风险。

1. 收益互换业务挂钩标的应当具备公允的市场定价、良好的流动性

场外期权的挂钩标的应当具有充分的现货交易基础，市场竞争充分，具备公允的市场定价，流动性良好等，挂钩个股标的范围不得超出融资融券标的当期名单。

2. 保证金管理采取闭环管理模式，避免资金混用带来的流动性风险

保证金除了用于衍生品合约的对冲交易外，剩余资金只用于低风险的流动性运作，具有较强的流动性及变现能力。

3. 对部分收取保证金的客户做好授信管理

确保客户在市场波动情况下及时追加保证金，避免客户信用风险传导的流动性风险。极端情况下，证券公司需要做好使用自有资金进行垫付的应急准备。

4. 控制境内境外业务规模

对于跨境收益互换，证券公司需要做好境内及境外双向业务规模的平衡，实现两端资金的动态稳定，降低市场需求波动对境内外资金的影响。实践中可以通过控制单方向净额规模、设定最低保证金规模等方式进行风险管理。

（五）日间流动性管理

针对日间流动性的风险点，证券公司通过以下方面强化管理：

一是提升对头寸前瞻性管理水平，提高预判能力；

二是加强精细化管理力度，建立并完善日间流动性管理系统，保障收支指令在时间上的精准匹配；

三是预留合理头寸用于日间交收；

四是降低维持日间流动性所需的成本。

（六）其他业务管理

针对会引致流动性风险的其他业务线和传导因素，证券公司分别采取不同的手段开展流动性风险的防范和管理。

1. 资产管理业务

证券公司应合理控制资产管理产品的融资杠杆、管控投资范围、投融资集中度、资产负债期限错配额度等，控制产品流动性风险，并在产品临近开放期前筹备一定规模的现金类资产。

2. 债券质押式回购经纪业务

证券公司应当及时了解并持续跟踪正回购方的信用情况和流动性水平，建立日常风险敞口盯市机制。做好各方面的压力测试，包括质押券价格波动形成潜在损失、潜在流动性需要、抵押品变现造成潜在损失的准备金计提等方面，准备好风险处置应急预案。

3. 或有负债

证券公司应通过严格监控或有负债事项，建立业务台账，定期盘点并对或有负债事项进行分类分析和风险识别，提早防范风险蔓延可能引发的流动性风险。

4. 由其他风险转化的流动性风险

证券公司在日常流动性风险管理中，应保持日间流动性的合理充裕，防范因人员失误等操作风险事件导致的账户透支、错误下单等问题；同时，应该在压力测试中充分考虑内外部欺诈、信息系统故障等不可测操作风险事件对流动性风险的影响，提高自身流动性风险防御能力。此外，应维护公司良好声誉，和投资者保持及时沟通，防范声誉风险导致的流动性风险。

三、限额管理

流动性风险限额管理是对流动性风险进行事前控制的一项重要手段，是一种基于流动性风险计量的管理方式，代表了流动性风险管理专业化、精细化和系统化发展方向。为了与整体流动性风险偏好相匹配，证券公司需建立一套限额管理体系，以便将风险偏好在全公司传递和细化。证券公司应当制定流动性风险限额管理的政策和程序，建立流动性风险限额设定、调整的授权制度、审批流程和超限额审批程序等。

限额管理的流程包括限额设立、限额调整、限额监测和超限额管理。

（一）流动性风险限额的设定

流动性风险限额是为防止证券公司过度承担流动性风险而设定的一系列反映流动性风险程度的关键指标的阈值，是流动性风险容忍度的细化和补充。其设定不仅可以确保将流动性风险控制在可承受的范围内，还可以为管理层和风险管理人员提供风险参考基准。

1. 限额设定需考虑的因素

由于流动性风险的复杂性和多维性，需要建立一整套限额管理指标，确保全面涵盖主要流动性风险因素，因此，流动性风险限额的设定需要综合考虑多项因素，主要包括：

（1）监管机构及自律组织要求；

（2）公司流动性风险偏好和容忍度；

（3）资产负债结构特征和管理策略；

（4）业务规模及发展计划；

（5）业务的风险回报率；

（6）对流动性风险的缓释能力和对取得流动性能力的预期；

（7）市场流动性和外部市场变化情况。

2. 限额层级的分类

根据限额重要性程度和管理权限的不同，对流动性风险限额进行分级管理，设置不同管理层级的限额。具体的指标限额管理体系可以分为三个层级：第一，经董事会审批设置，通常包括公司风险容忍度指标；第二，经高级管理层审批设置，通常包括公司主要流动性风险指标；第三，由各部门设置，通常为各业务条线、各部门的限额管理指标。不同层级指标的限额设定、调整、监测、报告和超限额均需建立相应的程序，在执行过程中需严格遵守相应的规章制度。

3. 限额指标的分类

流动性风险限额是在流动性风险承受框架下以流动性风险指标为基础设定的，既可以根据公司整体流动性状况制定，也可以根据实际管理需要对单一业务线、重要币种或单一部门等进行设置。通常来说会选择重要的、具有代表性的指标作为基础来设置限额，包括但不限于：

（1）流动性风险控制指标：如流动性覆盖率和净稳定资金率；

（2）集中度类指标：包括资产集中度、融资集中度等，主要通过类别和行业占比、交易对手比重、到期日占比等维度进行限制；

（3）流动性储备指标：衡量流动性储备占总资产（剔除客户资产）的比例；

（4）现金流缺口指标：以合同到期日为基础，测算未来各个时间段内的合同现金流入和现金流出的缺口；

（5）流动性风险压力测试指标：用以保证在压力情景下满足流动性需求并可持续经营的最短期限不少于 30 天，包括最短生存期、不同压力情景下的现金流缺口等；

（6）其他指标：其他根据流动性限额管理需求设定的指标。

（二）流动性风险限额的调整和超限额管理

证券公司每年对流动性风险限额进行一次评估，并适时进行调整。在特殊情况下，如外部环境剧烈变化、监管政策变化、发展战略调整、新业务拓展时，需要对限额进行调整，并经公司管理层审批通过后实施。

按定期频率开展流动性风险限额指标监测、预警和风险提示，根据监测结果发出预警信息，并持续跟踪该限额指标变化，必要时采取积极应对措施，持续监测并报告限额执行情况。

当流动性风险限额指标超限时，流动性风险管理部门进行超限额原因分析，开展流动性风险趋势分析和判断，向管理层提交超限额报告，内容包括超限额的程度、发生原因、可能持续的时间、处置方案和解决时间表等。由于市场状况或时点波动等原因，确实需要调整限额水平的，需按照限额管理的政策和程序将指标恢复或者申请进行调整。对于超限情况的处理应该保留书面记录。

四、优质流动性资产管理

目前，作为应对流动性冲击的缓冲垫，流动性资产储备是证券公司抵御流动性风险最直接有效的管理手段，也是全行业的最佳实践。证券公司通过建立流动性储备机制和专门的管理制度、持有充足的优质流动性资产来应对突发性资金需求或资金缺口。在实践中，作为日常证券公司流动性的缓冲，一旦出现流动性问题时，在不影响其他业务的情况下，通过优质流动性资产的管理及时满足负债端、业务端及其他需求，以应对、缓释流动性风险。

优质流动性资产是指在一定的压力情景下能够通过出售或抵（质）押方式，在无损失或极小损失的情况下在金融市场快速变现的各类资产。

（一）优质流动性资产的基本特征

一是属于无变现障碍资产；

二是市场风险和信用风险低，且与高风险资产的相关性低；

三是易于定价且价值平稳；

四是在受到广泛认可、具有广度深度和规模的成熟市场中交易，市场波动性低，历史数据表明在压力时期的价格和成交量仍然比较稳定；

五是市场基础设施比较健全，存在多元化的买方和卖方，市场集中度低；

六是从历史上看，在发生系统性危机时，市场参与者倾向于持有这类资产；

七是明确作为紧急资金来源，并可由负责流动性风险管理的部门控制。

目前，普遍受到认可的优质流动性资产主要包括：货币资金、除最低备付金外的结算备付金、国债、中央银行票据、政策性金融债、政府支持机构债券、地方政府债、高评级信用债券、上海 180 指数成分股、深圳 100 指数成分股、沪深 300 指数成分股、宽基指数类 ETF 及货币市场基金等。

（二）优质流动性资产的管理

优质流动性资产是证券公司应急资金的重要来源，负责流动性风险管理的相关部门应对其进行管理，监控优质流动性资产状况，并负责在危机情况下对其进行统一处置。

在实践中，证券公司可以建立分层级的优质流动性资产体系，包括由负责公司流动性风险管理的部门持有的高流动性资产组成的一级储备和由业务部门持有的优质流动性资产组成的二级储备。一级储备是公司应对流动性风险的主要工具，通过定期调整其规模和构成，有效覆盖公司所面临的流动性风险水平；二级储备是因业务开展自然形成的资产储备，在日常管理中需定期评估其融资能力和变现能力，以便在流动性危机情景下能按公司统一要求进行变现等相关处置。

优质流动性资产规模和结构主要是在公司流动性风险偏好的指导下，以持续满足监管要求和公司各类资金支付需要为基础，并依据市场环境、公司管理需要的变化等进行及时调整。优质流动性资产的规模在测算时不仅需要考虑可预期的现金流，还需要对预期外的交易对手违约、或有事项等因素预留一定的储备资金，一般可以以压力情景下的流动性缺口作为优质流动性资产的最低规模要求。结构上需要考虑品种、规模、债券信用评级和期限分布等多个因素，确保优质流动性资产的多元化，避免资产类别、发行机构、行业、地区等过于集中；同时还需要动态调整优质资产的结构，以适用于不同的流动性风险环境，如在系统风险发生时保留较高水平的现金类资产是更优选择。

证券公司应定期测试优质流动性资产的变现能力，确保其具有足够的流动性，并避免在压力情景下出售资产可能带来的负面影响，必要时还应当加大测试频率。此外，优质流动性资产在作为融资抵质押品时，证券公司应充分考虑其融资能力、价格敏感度、压力情景下的折扣率等因素，确保其能够满足正常或压力情景下日间和不同期限融资交易的抵质押品需求。在日常管理中，由流动性风险管理的部门统一对公司所持有的优质流动性资产和融资抵质押品进行统计管理和日常报告。

五、流动性应急计划

虽然证券公司在流动性风险事件发生前可以有效识别、监测、预警和防范流动性风险，但因其高隐蔽性和强传染性不可能保证绝对安全，因此，在流动性风险事件发生时，需采取积极有效的应急措施降低流动性风险的影响。切实可行、快速响应的流动性应急计划能够保证证券公司及时、高效地应对流动性突发事件。应急计划和具体执行措施需要与流动性压力测试结果相适应，估算度过流动性危机需要筹集资金的量与时间。

完备的应急计划应该包括流动性分级预警、流动性应急小组、应急融资策略、应急沟通、报告和应急演练等。

（一）流动性分级预警

根据关注、识别和监测到的内外部预警信号，综合考虑其影响范围和危机程度后，设定触发实施应急计划的各种情景，视风险级别高低划分不同的应急等级，并启动相应的应急管理程序。

（二）流动性应急小组

建立专门应对流动性风险的应急小组，明确小组各成员的分工，确保能协调应急计划实施的各相关环节，组织人员、理顺流程顺序，做到危机发生时统一指挥、快速反应和协同应对。流动性应急小组通常包括相关高级管理层、资产负债管理部门、流动性管理部门、风险管理部门、合规管理部门以及关键业务部门等。

流动性应急小组的职责从应急计划启动时正式开始，直到此次流动性危机彻底结束时终止。应急小组对于应急计划的有效执行非常重要，其作用在于迅速判断各阶段形势，监测市场和公司流动性情况变化、决定行动方案并采取应急措施。

（三）应急融资策略

应急计划提供的是应对危机的选择方案，在危机发生初期无法准确预测危机产生的原因、延续时间或严重程度，因此，应该提供一系列多元化的潜在应急融资措施。目前，证券公司潜在的应急融资方式和来源主要包括但不限于：

1. 负债端渠道

（1）货币市场融资操作，包括拆借、回购等；

（2）向协议银行提请账户透支，支付一定费用获得日间融资便利；

（3）通过提高价格，临时增加报价回购、收益凭证等可融入资金的规模；

（4）加快启动公司各类债券发行工作，如发行短期融资券、公司债、次级债等；

（5）对于即将到期的债务，与债权人协商展期或延期。

2. 资产端渠道

（1）与银行协商提前支取定期存款；

（2）变现公司优质流动性资产储备，如赎回货币基金、卖出债券和股票；

（3）出售其他资产，如固定资产、未上市股权等。

3. 其他渠道

（1）控制或暂缓各业务部门的用资；

（2）暂停非刚性大额支出、非刚性业务续作等；

（3）通过适当控制业务参数，执行可提前结束的业务指令，加快资金回流；

（4）加快子公司分红进程或在合规前提下从子公司处归集资金。

在应急融资策略的选择上，需要综合考虑每种融资渠道在不同压力情景下预计可获得的资金和所需要的时间及成本，获取资金的合规性、可行性以及对公司整体的影响，包括但不限于给公司带来的声誉风险、对公司业务的不利影响等。

（四）应急沟通与报告

在流动性紧张初期，市场传言会导致局面进一步恶化，应急沟通与报告能确保及时向内外部利益相关者传递清晰的信息，最大限度地减少信息不对称可能给公司带来的不利影响。所以，做好内部和外部的应急沟通与报告也是应急计划中不可或缺的内容。

从内部角度来讲，应急沟通与报告确保各类流动性风险信息能够及时传递到流动性应急小组。此外，应急计划也需指导员工传递可传递的准确信息，而应急处置人员需要严格保密，不得泄露流动性风险事件的相关信息。

良好的外部应急沟通与报告能帮助证券公司辟谣，减少相关利益关系者的担忧、维持其信心，避免不利的相关情景。主要包括：

一是积极及时与投资人、债权人、客户、交易对手、评级机构交流，陈述公司情况；

二是积极及时与监管机构交流，获取支持；

三是与媒体保持良好沟通，维护媒体关系。指派专人在危机期间负责媒体和公共关系，进行信息发布，纠正不实的传闻。

（五）应急演练

在日常管理中，需要定期或不定期开展应急计划的测试，确保在危机发生时应急计划能够依照预期进行。应急演练事前不对任何部门透露，应完全按照实际应急计划的流程组织开展，充分模拟流动性风险事件突发后的处置情景。应急演练不仅可以指明、改进流动性潜在风险点和管理中的薄弱环节，还能提升全体员工的风险防控意识，熟练掌握流动性风险应急处置的技巧和措施等。

六、外部流动性支持

除了加强内部流动性风险管理等常规手段防范和应对风险外，在面临重大流动性风险时，证券公司往往很难得到外部市场化的救助，甚至会存在一些机构出于自身避险的考量终止业务往来从而加重了证券公司自救的难度，造成很多正常经营的证券公司被"错杀"。危机初期，流动性紧急状况主要表现为短时间内流动性资源的显著不足，而并非真正意义上的资不抵债或面临实质破产，因此可对证券公司进行必要的外部支持。

外部机构提供的流动性支持可以为证券公司赢得流动性应急处理的时间窗口，能够有效、快速盘活证券公司资产，在未形成市场不良影响条件下，尽快解决或缓解证券公司流动性紧张状态，能够在一定程度上削弱危机的破坏力，限制危机的蔓延和扩大，大大降低个体危机演化成市场危机或行业危机的可能性，是行业在流动性危机发生时不可或缺的、必要的应对手段。现阶段全行业可使用的外部支持渠道主要包括以下几方面：

（一）股东流动性支持

在发生重大流动性风险时，证券公司应当积极向主要股东及其实际控制人寻求流动性支持。股东流动性支持的应急渠道，有助于证券公司完善其流动性风险管理体系，增强抵御风险的能力。值得注意的是，目前我国证券公司股权结构各有不同，股东支持审批流程、融资额度审核、信息披露程序较为严谨，因此需要在事前完成股东救助的应急准备程序，确保在危机发生时能够快速响应、及时化解。

（二）行业互助

中国证券业协会发挥自律组织作用，引导具备条件的证券公司通过购买资产、同业拆借等市场化手段支持行业化解流动性风险。行业互助主要针对的是单一证券公司的小型流动性危机或系统性流动性危机的初始阶段。

行业互助的主要作用在于当某一证券公司出现突发、紧急流动性危机时，可以由尚有余力的证券公司结合自身现金流状况和经营特点及时快速开展市场化救助，提供资金支持，化解流动性危机。在实践中，可以建立“一对一”流动性应急互助或者由多个证券公司组成的应急互助联盟。第一，在互助交易对手的选择上应拓宽范围，从流动性风险偏好、资产负债规模和结构等多个方面综合权衡并动态调整；第二，明确触发应急互助的条件和要求，一般可采用定性和定量标准，并在其他市场化手段无法奏效时方可申请应急互助；第三，明确应急互助的方式和约束条件，互助的方式应在满足监管部门的要求下开展，且为了保障互助各方的权益需在事前就利率、期限、担保物、违约条款等协商一致；第四，需梳理应急互助流程，开展互助应急演练。互助成功的关键在于在交易的合规性基础上能够及时有效地获得应急资金，因此，交易各方均应制定完善的内部审批及操作流程等，保障互助的合规和顺畅，并定期或不定期开展应急演练。

（三）证券投资者保护基金流动性支持

证券公司通过上述方式仍然无法化解重大流动性风险的，可以申请使用投资者保护基金。

2019 年中国证监会发布了《证券投资者保护基金实施流动性支持管理规定》，目的在于建立健全证券行业流动性支持的长效机制，允许投保基金扩大使用范围，在市场出现重大波动或者行业发生重大风险事件时，对证券公司实施流动性支持。《证券投资者保护基金实施流动性支持管理规定》分别从流动性支持条件、使用约束和监督管理等多个方面作出规定，不仅进一步丰富了证券公司流动性支持储备手段，提升行业抗风险能力，而且可以发挥投保基金的边际效用，减少证券公司由于流动性不足而破产的可能。

1. 明确流动性支持使用条件和使用程序

在可能引发金融市场重大风险、具有还本付息能力且通过自救或其他市场化方式无法化解流动性风险时，证券公司可以申请使用投资者保护基金。这表明投资者保护基金是对本身经营状况良好且具有持续生产经营能力的证券公司在市场突发状况等原因引发流动性风险时使用；投资者保护基金行使最后贷款人的角色，其使用目的是避免发生系统性流动性风险，是证券公司在采取内部和其他外部可能措施后仍无法化解才可申请的支持手段。

证券公司预判可能发生重大流动性风险的，应及时向中国证监会及其派出机构报告风险情况，派出机构核实认为可能需要使用的，将该风险情况通报投资者保护基金公司。证券公司申请使用投资者保护基金进行流动性支持应当提交申请材料，投资者保护基金公司和派出机构在 2 个工作日内进行审核，提出处理意见后报送中国证监会，并由中国证监会经报国务院批准后，投资者保护基金公司办理发放事宜。整个流程要求证券公司、派出机构、投资者保护基金公司建立证券公司重大流动性风险的预判、预核、预准备机制，并严格限定了相关环节的工作时限。

2. 强化使用约束

证券公司使用投资者保护基金的成本、期限、用途等须遵守相关规定。

（1）证券公司使用投资者保护基金的借款利率应当高于同期市场利率；

（2）申请流动性支持的证券公司应当提供与拟使用投资者保护基金金额价值相当的抵押物或者其他形式的担保，但因办理担保周期长等原因暂不能提供担保或者足额担保的，经证券公司申请，投资者保护基金公司报中国证监会同意后可予减免；

(3) 证券公司使用投资者保护基金的期限不得超过一年，到期归还确有困难的，经证券公司申请及住所地派出机构核实，投资者保护基金公司同意后可以延期不超过一年；

(4) 证券公司使用投资者保护基金期间，应当限制董事、监事、高级管理人员以及相关责任人员薪酬，且不得有向上述相关人员发放奖金和绩效薪酬、向股东分红、对外新增提供借款、担保或者进行重大投资、投资低流动性资产、扩大重资本消耗型业务规模、允许上述相关人员离职的行为。

3. 加强监督管理

证券公司使用投资者保护基金期间，自每月结束之日起 7 个工作日内，向中国证监会、住所地派出机构、投保基金公司报送基金使用情况、偿债计划执行情况和流动性风险化解情况。监管部门及投资者保护基金公司对投资者保护基金使用实施全程监测监控，发现问题及时制止，并依法依规追究证券公司及相关责任人员责任。

《证券投资者保护基金实施流动性支持管理规定》的出台弥补了以往监管机构流动性支持体系的空白，赋予了投资者保护基金、监管机构及时解决行业流动性风险的手段，为整个行业阻断流动性风险传播提供了市场化的思路，并制订了具体的流动性支持解决方案，对证券行业防范化解系统性流动性风险起到了重要作用。

第五节　流动性风险信息系统建设

本节主要介绍流动性风险管理信息系统建设的目标、原则、功能架构，以及对流动性风险管理信息系统建设的一些建议。

一、流动性风险管理信息系统建设目标

(一) 匹配监管要求

《证券公司流动性风险管理指引》指出，证券公司应采用满足流动性

风险管理需要的管理信息系统或相应手段，计量、监测和报告流动性风险状况。证券公司需要建设完备的流动性风险管理信息系统，以满足外部监管要求。流动性风险管理信息系统的建设围绕行业监管要求、证券公司总体战略、经营目标、风险偏好进行，包括对流动性风险进行计量、监测、预警和报告等主要功能，以提高证券公司对流动性风险的预测、监控、应对能力为主要目标。

（二）提升管理能力

流动性风险管理信息系统作为证券公司流动性风险管理工作的工具之一，可以大幅提高风险管理人员的工作效率，摆脱大量日间工作的手工操作部分，如数据收集、人工计算、手工报表等，节省可观的时间、人力和物力成本；同时，数字化、智能化的流动性风险管理信息系统，可以及时从证券公司经营、财务活动中获取相关信息，分析、评估这些信息对证券公司流动性风险的影响，有助于准确、及时、全面地监测和计量证券公司所面临的流动性风险状况，提高证券公司流动性风险的应对能力。

二、流动性风险管理信息系统建设原则

（一）全面性原则

流动性风险是引致风险，市场风险、信用风险、操作风险、声誉风险等外部风险事件都可能导致并传导流动性风险，因此，流动性风险管理信息系统的建设，需要打通证券公司投融资业务、经纪业务、中间业务等各条业务线，涵盖所有相关的经营、财务和风险数据，准确、全面地反映证券公司的经营状况。

（二）实用性原则

流动性风险管理信息系统的建设，需要从证券公司的实际需求出发，围绕全公司的经营目标，准确、及时、全面地反映证券公司流动性风险状况，务实有效地解决证券公司流动性风险管理过程中的问题，提升流动性风险应对能力，为管理层决策提供数据信息和科学依据。

（三）稳定性原则

如果发生网络原因或者系统故障，常常会导致信息系统运行异常，各项功能无法使用，因此，在建设流动性风险管理信息系统时，需要使用先进、可靠的技术来提高系统的健壮性、可靠性，以保障系统的稳定运行。同时，需要制定应急服务机制，以便在系统因故障短时间无法使用时，风险管理工作能够“不断档”。

（四）扩展性原则

随着证券业务的不断发展以及管理需求的更新进步，流动性风险管理信息系统将面临持续的优化和升级，这就要求在系统设计和系统建设时，要采用易扩展的架构体系和结构化的设计，实现多种数据接口、跨平台系统的交互能力，使系统具有良好的可扩展性，便于后续的优化升级。

三、流动性风险管理信息系统功能架构

流动性风险管理信息系统，要以反映证券公司流动性风险状况和变动为核心功能，以市场、业务、财务和风险等数据为基础，以风险计量为主线，以指标为抓手，按照风险识别、计量、监测、预警、报告和应对的流程，全面融合流动性风险管理各项管理要求和工作需求（见图4－2）。

（一）资产负债管理

资产负债管理功能可以及时反映证券公司资产负债情况的动态趋势，协助流动性风险管理人员评估证券公司的流动性风险水平。包括：资产管理，对各项资产进行收益率测算，分析资产集中度等；负债管理，通过多维度对公司负债明细情况、负债到期情况、负债成本情况、负债久期情况以及集中度状况等进行详细统计与分析。

（二）资金管理

资金管理功能可以协助流动性风险管理人员关注公司内部整体资金的流动性情况。主要包括：通过资金账户掌握公司资金每日余额情况，为后续资金头寸管理提供依据；通过对资金头寸管理和分析，对各业务部门主

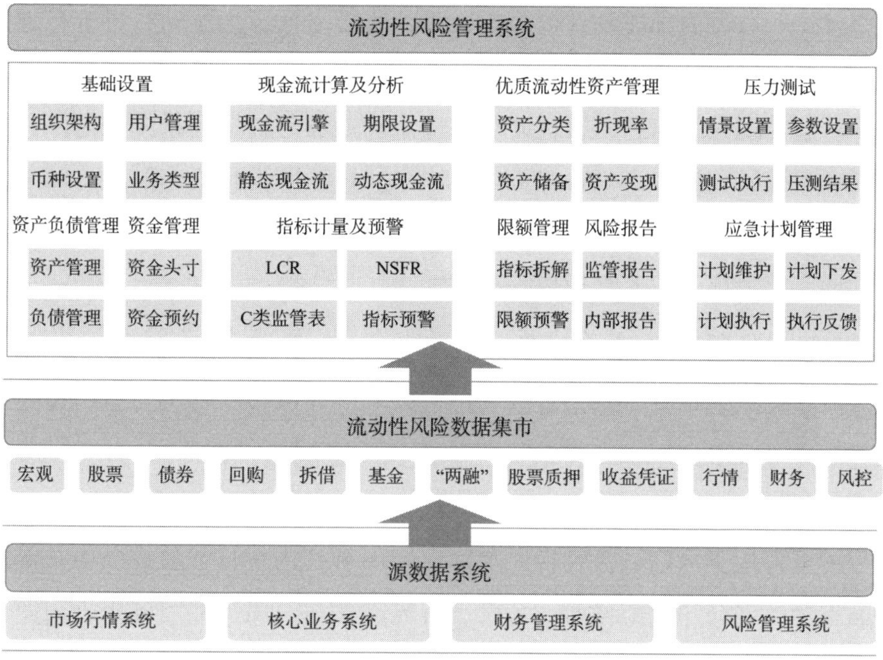

图 4－2　流动性风险管理系统

要资金经营活动进行掌握和控制；通过对主要业务用资的预约、审批与跟踪，实现对资金流的预测与资金的统筹安排，有效控制流动性风险，减少分支机构的资金沉淀，提高公司自有资金统筹管理效率。

（三）现金流计算及分析

现金流计算是通过分析证券公司各业务现金的流入流出特征，设定一定的计算规则，计算得到每笔资金全生命周期的现金流，作为基础功能支撑流动性风险管理，汇总各个期限的现金流，支持基于现金流的流动性缺口管理；同时，通过静态、动态现金流分析，揭示当前的流动性状况，或对存量业务到期和预计新业务进行综合分析，以对未来期限内业务可能产生的现金流入、流出进行计量和分析，计算出期限错配缺口。

（四）指标计量及预警

依据监管要求，流动性风险管理信息系统需要具有流动性风险指标计量、监测和预警功能。监管指标包括：流动性覆盖率（LCR）、净稳定资金率（NSFR）、内部流动性风险指标等。监管指标产生波动时可进行预警提示，并记录波动原因以便日后查询。系统应可维护监管表的类别、监管版本、监管场景等信息，通过此节点将监管报表与应用场景关联起来。监管指标需按日和按月出具，并可以对比不同日期监管报表的数据，同时具备监管表并表功能，将母公司与下属子公司的 LCR 和 NSFR 报表进行汇总，形成整个集团的监管指标。

（五）限额管理

流动性风险限额管理是事前管理，以流动性风险指标为对象，设定可承受的风险水平的限额。流动性风险限额或者阀值一方面来自监管要求，另一方面由证券公司根据现实经营状况、风险偏好设定。通常将选定的指标分拆至各用资部门，流动性风险管理人员对其进行日常监控，当某部门限额指标达到或超过限额时，系统进行风险提示，用资部门应根据需要做好后续超限后的处置工作。

（六）优质流动性资产管理

实现依据相关政策进行优质流动资产分类，并根据分类进行流动资产折现率、限额的设置及控制。实现对不同分类的优质流动资产设置其相应的折现率，从而计算出一定期间内不同分类资产的变现金额，为应对可能出现的资金缺口提供参考；为优质流动性资产不同分类的相关限额进行设定及监控，以便对各类优质流动资产份额进行调控；出具优质流动资产储备表和分析表，理顺公司流动资产的储备情况，并按不同维度进行分析，以加强公司对优质流动资产的识别、计量、调控。

（七）压力测试

按照审慎性、重要性、实践性原则，结合证券行业的实际情况，选定压力测试对象，利用历史数据和不同情景，分别模拟轻度、中度、重度冲击对证券公司流动性的影响。压力测试的对象包括但不限于流动性风险监管指标、内部管理指标、现金流缺口等。系统主要功能包括：设置压力测试的时间区间、对各种不同情景设置分析参数、模拟各因素对压力测试对象的综合影响等。通过对压力测试结果的分析，找出公司流动性风险管理的薄弱点，并将压力测试结果运用于公司的相关决策过程。

（八）应急计划管理

流动性风险应急计划管理，指证券公司在面临流动性风险情景下，为及时化解可能出现的资金营运失衡，保障业务正常、合理运作，对资金进行紧急组织、协调和控制的过程。流动性风险管理信息系统应急计划管理功能，主要包括应急计划维护、下发、执行、结果反馈等，实现系统对应急计划的管控，提高应急处理管理水平。

（九）风险报告

按照行业监管以及内部管理要求，证券公司提供各类流动性管理报表，系统报表可分为监管口径报表和内部管理口径的报表。监管口径报表主要包括：流动性覆盖率（LCR）、净稳定资金率（NSFR）、银行间市场运作监管报表、债券回购监管报表等；内部管理口径报表主要包括各类资产、负债分析报表、资金头寸表、现金流缺口表、优质流动资产报表等。

四、流动性风险管理信息系统建设建议

（一）行业内系统使用现状

自2014年中国证券业协会发布《证券公司流动性风险管理指引》以来，经过多年来持续的开发建设和优化完善，证券公司普遍建立了满足自身需要的流动性风险管理信息系统，实现方式主要是结合公司整体信息技术规划，选择适合自身特点的第三方软件厂商进行开发建设。

通常，除去信息系统实现的研发语言技术、承建软件厂商、界面使用风格不同外，各家证券公司的流动性风险管理信息系统主要功能大同小异：一方面，系统需要能够满足监管要求，及时计量、监测和报告证券公司流动性风险状况；另一方面，持续优化升级，不断结合自身管理需要，通过个性化的信息系统功能模块、精细化流动性风险管理手段，提升自身应对流动性风险管理能力。

（二）系统建设重点

1. 统筹系统建设规划

证券公司在建设流动性风险管理信息系统之前，需要统筹做好系统建设规划。首先，梳理证券公司相关组织架构和业务条线，建立清晰的流动性风险管理架构，明确流动性风险管理部门、人员、职能和角色；其次，建立完善的流动性风险管理政策和制度，明确流动性风险管理各项主要管理职责的逻辑、策略、工作流程，为后续系统建设奠定业务需求基础；最后，采取合适的信息技术手段，结构化设计框架，统一数据接口，对流动性风险涉及的各类数据进行提取、转换和分析，逐步实现流动性风险管理信息系统的计量、监测、报告等各项系统功能。

2. 关注数据质量治理

流动性风险监管指标具有较强的“敏感性”，即使是少量不合格数据也有可能引起指标的大幅波动，从而导致流动性风险指标“失真”，容易引发对流动性风险的误判。而流动性风险管理信息系统涉及从上游不同业务信息系统中取数，如信用交易系统、资讯系统、财务核算系统等，这些系统因建设时间不同、承建厂商不同、实现技术不同等原因，往往导致数据标准不统一、数据质量不高、推送数据时点不同，这通常会给作为下游系统的流动性风险管理信息系统带来不合格的“脏”数据，影响流动性风险计量的准确性和及时性。因此，有必要在系统中建设流动性数据集市模块，特别关注数据质量治理，提升基础数据质量，为后续的计量和分析奠定合格的数据基础；同时，强化数据监测功能和紧急处置流程，以便在系统数据出现问题时，及时响应，尽快解决问题。

3. 加速智能化建设

纵观人类社会发展史，技术进步在生产力的持续发展和经济形态的演变升级中，始终扮演着不可或缺的角色。当前，以5G、云计算、大数据、人工智能等为代表的新兴技术潮流，日益成为证券公司信息化建设的核心驱动力，推动证券公司信息技术资源在更大范围内实现高效整合和优化配置。证券公司流动性风险管理信息系统未来的建设，可以积极尝试引入新兴技术，推动智能化方面的技术应用，加速证券行业信息化转型，面向各类应用场景，持续丰富引入技术种类，满足用户多样化、个性化的使用需求。

第六节 流动性风险案例解析

一、贝尔斯登收购案

（一）案例描述

贝尔斯登创始于1923年，总部位于美国，为各国政府、企业、机构和个人提供服务，业务涵盖证券承销、证券交易和贷款、财富管理和全球清算服务。

2000年开始，美国房地产市场过度繁荣，房屋按揭贷款飞速发展。贝尔斯登大力发展与次级抵押贷款相关的业务，2003年因占领抵押担保业务的主要市场，成为全球盈利最高的投行，2007年成为美国第二大抵押证券承销商。在五大投行中，贝尔斯登规模较小，但其抵押担保债券及其衍生品风险敞口最大。2007年7月，旗下两家对冲基金受到次级抵押贷款拖累破产。同年12月宣布第四季度业绩惨淡，公司自成立以来首次出现季度赤字，作为以前年度收入贡献较多的债券业务，第四季度亏损15亿美元。2008年3月，市场流传其流动性出现问题，随后公司流动性枯竭，最终被摩根大通收购。

（二）案例分析

1. 宏观背景分析

贝尔斯登被收购的宏观背景是美国次贷危机。自2000年以来，美国的货币政策极其宽松，美联储在2001年至2004年连续13次降息，并保持长达1年的超低利率。在流动性过剩、房价上涨和金融创新共同推动下，美国次级住房抵押贷款及相关证券化衍生品快速发展。

随后，美联储为了控制通胀开启加息步伐，从2004年6月到2006年8月连续加息17次，联邦基准利率由1%升至5.25%，由此房贷利率上升，购房者还贷压力加重，不良率创4年以来新高。2007年4月美国第二大次级抵押贷款公司——新世纪金融公司申请破产保护，次贷危机爆发。1000多只按揭贷款抵押债券评级遭到下调，导致其无法出售，对冲基金面临资产巨额损失和投资者赎回的双重冲击，进一步导致市场信贷紧缩。2008年9月，雷曼兄弟由于与次贷相关的巨额亏损而破产，金融危机正式爆发。市场流动性一度枯竭。

2. 微观层面分析

（1）财务杠杆过高。贝尔斯登自有资金较少，随着大力发展包括次级抵押贷款相关的证券化产品，如CDO等，其财务杠杆倍数从2003年的28倍提高至2007年的34倍，超过了行业风险警戒区（25—30）的上限（见表4-2）。高杠杆经营策略的弊端主要体现在：一旦债权人不再为其提供资金，公司又无法及时筹集资金，将导致流动性风险，影响公司安全稳健运行。

表4-2　2003—2007年财务杠杆倍数

项目	2003年	2004年	2005年	2006年	2007年
总资产（亿美元）	2092	2521	2873	3504	3954
总负债（亿美元）	2017	2431	2765	3383	3836
股东权益（亿美元）	75	90	108	121	118
财务杠杆倍数（倍）	28	28	27	29	34

资料来源：纽约证券交易所。

（2）融资渠道单一。从2004—2007年贝尔斯登的负债结构可以看出，签订回购协议的证券、应付账款在负债中占比较大，其中签订回购协议的证券在几年的时间内增长迅速，由2004年的586亿美元增长至2007年的1024亿美元，增幅75%，说明贝尔斯登对回购这一融资来源的依赖日趋增大（见表4-3）。据接近贝尔斯登的市场人士称，贝尔斯登每天在回购市场融入资金量为700亿—800亿美元。回购市场作为短期融资来源，与长期借款相比不够稳定，市场流动性环境稳定时，资金以低成本随时可得，一旦市场环境恶化，将无法从回购市场上获得资金。

表 4 - 3　　2004—2007 年负债结构分析

项目	2004 年		2005 年		2006 年		2007 年	
	金额（亿美元）	占比（%）	金额（亿美元）	占比（%）	金额（亿美元）	占比（%）	金额（亿美元）	占比（%）
未担保短期负债	122	5	200	7	258	8	116	3
作为附属担保品的应付证券	88	4	124	4	196	6	156	4
签订回购协议的证券	586	24	661	24	698	21	1024	27
证券贷款	107	4	101	4	115	3	39	1
其他担保借款	—	—	—	—	33	1	124	3
应付账款	823	33	767	27	775	23	886	23
空头金融工具	295	12	350	13	423	12	438	11
浮动利率借款和特设机构的抵押贷款	48	2	143	5	291	9	306	8
应付福利费以及应计费用	32	1	37	1	50	1	61	2
长期负债	368	15	435	15	546	16	685	18
负债总额	2469	100	2818	100	3385	100	3835	100

资料来源：纽约证券交易所。

（3）业务集中于高风险业务。贝尔斯登大力发展与次级抵押贷款相关的业务，如 CMO 和 CDO，由于结构复杂，市场很难准确定价，因此可能创造高额利润。2002 年以后，其固定收益业务收入增长迅速，从 19 亿美元一度攀升至 2006 年的 42 亿美元，并成为公司第一大业务收入来源（见表 4 - 4）。由于对固定收益业务的过度投资，随着美国房地产市场泡沫的破灭，贝尔斯登抵押贷款相关证券化产品的资产价值严重缩水，评级公司也下调相关产品的评级，导致市场大量抛售该产品，负反馈进一步导致贝尔斯登资产下跌。2007 年 12 月，公司宣布了第四季度业绩，由于受到抵押贷款资产贬值的拖累，贝尔斯登自成立以来首度出现了赤字。

表4-4　　2002—2007年业务收入构成　　（单位：亿美元）

项 目	2002年	2003年	2004年	2005年	2006年	2007年
机构股票	11	9	11	14	20	22
固定收益	19	29	31	33	42	7
投资银行	9	10	12	10	12	11
资产管理	1	1	2	2	3	2
私人客户服务	4	4	4	5	5	6
全球清算服务	8	8	9	11	11	12

资料来源：纽约证券交易所。

（4）流动性风险意识淡薄，流动性风险管理工作不到位。2007年下半年，贝尔斯登旗下两家对冲基金因为次级贷款拖累而破产，公司股价大幅下降，贝尔斯登不仅没有及时识别流动性风险，还强调公司有足够的资金储备。并且面对之前愿意接受资产抵押的证券公司坚持提取现金、债权人拒绝对短期融资续期、交易客户抛售未到交割期的合同等一系列导致流动性出现困难的不利因素，缺乏应急管理预案及应急融资计划，导致公司在短时间内流动性迅速衰减。

（三）贝尔斯登收购案的启示

1. 加强融资渠道管理，对财务杠杆的运用加以合理限制

证券公司应当建立并完善相关融资策略，积极拓展融资渠道，保持融资来源多元化，提高融资来源的灵活性和稳定性，避免因为依赖单一融资工具造成在市场动荡的情形下融资困难。通过加强市场监测和对负债品种、期限和融资抵质押品的管理，合理规划融资活动，充分保障正常和压力情景下未来不同时间段的融资需求和来源。

贝尔斯登面临流动性危机的原因之一是过高的杠杆积累，提高了其杠杆经营的风险，一旦面临去杠杆，将导致资产踩踏式下跌，进一步加剧公司资产负债表受损程度，给公司生存带来危机。证券公司通常采取杠杆经营模式，高杠杆往往伴随着高风险，应将杠杆倍数纳入风控体系，结合自身业务状况和市场情况调整杠杆倍数。

2. 避免资产过于集中，对各业务规模设置合理限额

贝尔斯登被收购的原因之一在于业务集中于高风险业务，导致公司面临很高的集中度风险。证券公司在业务规模扩张过程中，要保持业务结构的多元化和均衡化发展，通过额度管理等方式严格控制资产集中度，避免资产过于集中情境下由单一风险因素引发资产价值重大损失的风险。

3. 增强预防流动性风险的意识，全面覆盖表内外所有业务，做好流动性风险应急管理工作

业务部门是流动性风险管理的第一道防线，应增强其预防流动性风险的意识。在展业过程中，关注、识别流动性风险发生的可能性，并将可能会导致流动性风险的异常情况或可能对公司流动性产生较大影响的突发事件及时上报。

目前证券公司很多创新业务都在表外，因此，要全方位识别和计量流动性风险，包括与表外工具相关的或有流动性风险。

证券公司日常应通过加强对资金来源、资金运用规模及期限结构变化的预测分析，合理预估可能出现的各种流动性危机，并提前做好应急预案。对已经发生的流动性风险事件，进行信息的收集、分析，及时上报公司，使相关人员快速响应，启动应急工作流程，及时处置和化解流动性风险。通过对流动性风险事件的预见和应对，迅速、高效地减少由流动性风险带来的损失，避免流动性危机。

二、包商银行流动性风险事件

（一）案例描述

包商银行于1998年12月在内蒙古自治区成立，是该地区最早成立的股份制商业银行，前身为包头市商业银行，2007年9月经中国银监会批准正式更名为包商银行。2019年5月24日，中国人民银行、中国银保监会发布公告，鉴于包商银行股份有限公司出现严重信用风险，为保护存款人和其他客户合法权益，中国银保监会决定自2019年5月24日起对包商银行实行接管，接管期限一年，并委托建设银行进行托管。

（二）案例分析

包商银行被接管其实并非无迹可寻，自2017年起包商银行资本充足率已低于监管要求，并且一直未披露2017年和2018年年报。2017年披露的第三季度报告显示，包商银行2017年9月末资产负债率为94.36%，且同业负债在负债总规模中占比较高，比例为31.21%，将达监管的警戒线位置（见表4-5）。同业负债依赖度过大使得包商银行负债融资端不够分散，一旦同业资金链断流将会面临流动性风险爆发。

表4-5　　包商银行资产负债情况披露　　（单位：%）

项目	2016年末	2017年9月
资产负债率	93.10	94.36
同业负债/母公司所有者权益	247.56	538.56
资本充足率	11.69	9.52

资料来源：Wind，东吴证券研究所。

资产端方面，截至2017年9月末，包商银行资产总额为5762亿元，较2016年末4316亿元增长33.5%，资产规模增速较快，但是发放贷款及垫款、应收款项类投资科目占比较大，严重影响资产质量。其中，贷款放款的行业集中度高，主要集中在批发和零售业，前十大客户贷款比例占比达到8.85%，客户还款风险集中。应收账款科目89.22%为信托计划理财产品和资管产品投资，并且大部分是涉及贷款客户的非标资产业务，这也使资产风险更加集中。

在接管过程中，个人储蓄存款本息得到了全额保障，各项业务照常办理不受影响；企业存款也得到了充分保障，5000万元（含）以下的对公存款和同业负债，本息全额保障；5000万元以上的对公存款和同业负债，由接管人和债权人平等协商，依法保障。对公存款和同业负债，打破了同业存单的“刚性兑付”，根据对于同业债权的偿付条款，5000万元至1亿元的同业负债仅兑付本金；1亿元至20亿元的同业负债仅兑付90%本金；20亿元至50亿元的同业负债兑付80%本金；超过50亿元的同业负债兑付

70%本金。

在包商银行被接管之后，同业市场受到了较大震动，银行间流动性在短时间内瞬间供给收缩，资金面收紧并且资金利率迅速升高，叠加月末的因素，在2019年5月28日R007、DR007分别涨至3.63%、2.86%，较前一周分别上涨109BP、32BP。与此同时，由于银行同业存单打破了“刚性兑付”，市场对于银行同业存单的认知改变，同业存单一级发行难度加大，尤其是中小城农商行，吸收负债更加困难，同业负债吸收成本抬升。银行间市场中的非银机构由于银行融出资金意愿降低、风险偏好降低以及对回购抵质押债券品种趋严等影响出现了流动性分层，主要体现在产品类账户和中小券商自营账户银行间融资出现困难，头寸平仓困难加大。针对银行间市场出现的流动性冲击，央行通过连续公开市场操作呵护资金面，5月27日到5月30日，央行连续四天通过逆回购向市场释放流动性；财政部于5月30日增加800亿元的3月期国库现金定存，全周合计净投放5100亿元（含国库现金定存），投放金额达到当年度的高峰。经过央行的连续投放资金，资金利率冲高回落，5月31日R007和DR007分别回落到2.59%和2.63%，回到合理水平。针对流动性分层问题，中国人民银行和中国证监会召开会议，对政策性银行、大型国有股份制商业银行以及大型证券公司进行窗口指导，确保央行释放的流动性可以顺利传导到全市场机构，平稳市场的恐慌情绪，确保不发生系统性流动性风险。

（三）包商银行流动性风险事件启示

1. 对于证券公司而言，需要防范此类偶发事件带来的系统性风险，加强政策敏感性，强化证券公司审慎经营的理念，严格执行监管合规要求

在开展同业业务时，证券公司应进行合规性和风险性筛查，避免银行机构进行风险转移，以降低系统性风险发生的可能性。如证券公司作为银行同业存单的投资人，需审慎评估此品种的持仓集中度、发行人信用资质情况和同业存单的流动性情况，进行精细化管理；另外，对于中小城农商行发行的同业存单，还需重点关注变现难易程度和作为抵质押资产的融资能力。

2. 为应对可能出现的极端风险，证券公司应建立系统性风险的识别、监管和处置机制，提前规划应对和处置措施，提升防范化解流动性风险的能力

对于自身资产负债结构管理方面，证券公司对融资的渠道、市场、品种和期限应进行多元化管理，尤其是在同业负债管理方面，交易对手类型不可过于单一化和集中化。

3. 丰富大型证券公司在银行间的融资渠道，可以有效减少流动性在传导过程中的跨机构阻碍

针对包商银行流动性事件中流动性分层断流的现象，监管机构迅速出台相应措施，发挥“有形的手”的力量，如给大型证券公司金融债发行额度，提供流动性，有效发挥了后者连通银行和非银机构流动性的作用。

第五章

操作风险管理

第一节　操作风险管理概述

一、操作风险的定义

（一）操作风险的定义

操作风险（Operational Risk，也有译为“运营风险”者）的概念最早由巴塞尔银行监管委员会（The Basel Committee on Banking Supervision，以下简称巴塞尔委员会）于 1998 年提出，它将除市场风险和信用风险以外的其他所有风险都纳入操作风险的范畴。1999 年，英国银行家协会（The British Bankers' Association）对操作风险做出了较为完整的定义，即操作风险是由于内部程序、人员、系统的不完善或失误，或外部事件造成直接损失或间接损失的风险。巴塞尔委员会 2003 年发布的《有效操作风险管理准则》[①] 将操作风险定义为“由不完善或有问题的内部程序、人员、系统或外部事件所造成损失的风险。该定义包括法律风险，但并不包括声誉风险和战略风险”，该准则在 2011 年、2021 年 3 月的修订稿[②]中延续了该定义。巴塞尔委员会 2019 年发布的操作风险加权风险资本计量标准[③]及其于 2023 年 1 月生效的更新版本中均沿用该定义。

中国银保监会于 2007 年发布的《商业银行操作风险管理指引》将操作风险定义为：“由不完善或有问题的内部程序、员工和信息科技系统，以及外部事件所造成损失的风险。该定义包括法律风险，但不包括策略风

---

① 《有效操作风险管理准则》（Sound Practices for the Management and Supervision of Operational Risk），链接：https：//www. bis. org/publ/bcbs96. htm，其中认为：Operational risk is defined in the capital framework as the risk of loss resulting from inadequate or failed internal processes，people and systems or from external events. This definition includes legal risk，but excludes strategic and reputational risk.

② 《操作风险管理稳健管理的原则》（Revisions to the principles for the sound management of operational risk），链接：https：//www. bis. org/bcbs/publ/d515. htm.

③ https：//www. bis. org/basel_ framework/index. htm，该标准是 Basel Ⅲ框架的组成部分。

险和声誉风险。”

上述定义在国内外金融行业被普遍采用。实践中，法律风险一般由专门的法律或合规部门管理，战略风险和声誉风险与操作风险的界限也相对清晰。本书将证券公司操作风险定义为：“由不完善或有问题的内部程序、人员、信息技术系统，以及外部事件造成损失的风险。”有国外金融机构也采用了此定义①。

（二）操作风险的特点

操作风险有如下特点：

1. 广泛性

操作风险涉及证券公司经营管理的各方面、各部门、各单位和各岗位、活动、流程、信息系统、产品等，涉及面相对较广。

2. 复杂性

操作风险的引发因素多样，通常难以预测和计量；操作风险的表现形式也可能因外部环境、内部业务和管理活动的发展变化等不断变化；操作风险与信用风险、市场风险等其他各类风险还可能相互转化。上述方面交织在一起，导致操作风险呈现出较高的复杂性。这种复杂性也导致操作风险可能难以及时发现，存在一定的隐蔽性，需要持续、审慎地开展识别与评估。

3. 差异性

操作风险在业务领域、风险事件类型等方面的分布存在差异。通常，有较多新业务、新产品、新机构、新员工、新系统的领域发生操作风险的可能性相对较高；执行、交割和流程管理类风险事件、客户、产品和业务活动类风险事件数量占比相对较高。

4. 负面性

与承担信用风险、市场风险下可能有正收益或者负收益的风险收益特

① Girling P. Operational risk management: a complete guide to a successful operational risk framework [M]. 2013.

征不同，操作风险基本是负面性的[①]，即通常无法通过承担更多的操作风险而获得更高收益。

此外，从风险的诱发因素来看，除外部欺诈、自然灾害、恐怖袭击等外部事件之外，操作风险很多是由人员、系统等内部因素引发的，具有一定的内生性。

（三）操作风险因子与操作风险事件类型

操作风险的定义也说明了引发操作风险的四类因子：内部程序、人员、信息技术系统和外部事件。内部程序因子引起的操作风险事件主要表现为业务流程缺失、设计不完善或者流程没有被严格执行造成损失。人员因子引起的操作风险事件主要表现为员工违反制度流程、内部欺诈或内外勾结、工作失误等情况。信息技术因素引起的操作风险事件主要包括系统设计开发漏洞、信息系统故障、信息泄露、数据质量不符合要求等情况。外部事件因子引起的操作风险事件主要包括外部欺诈、与交易对手及供应商等的纠纷、自然灾害、公共卫生事件等。

（四）操作风险事件类型

根据巴塞尔委员会建议，上述四类风险因子引发的操作风险事件可以划分为七大类，主要包括：内部欺诈事件，外部欺诈事件，就业制度和工作场所安全事件，客户、产品和业务活动事件，实物资产损坏事件，业务中断和系统故障事件，执行、交割和流程管理事件，并可进一步细分至二级、三级分类[②]（见表5-1）。

从国内外的情况看，客户产品和业务活动事件，执行、交割和流程管理事件数量占比较高（见表5-2）。

① 有资料称之为“Downside Risk”。

② 详见巴塞尔委员会《资本测试和资本标准的国际趋同：修订框架》（Basel Committee on Banking Supervision. *International Convergence of Capital Measurement and Capital Standards - A Revised Framework*, June 2004.）的附录7“操作风险损失事件分类详表”。

表 5－1　　操作风险事件类型

事件类型	事件类型描述	案例
内部欺诈事件	内部员工（至少一方）故意骗取、盗用财产或违反监管规章、法律或公司政策导致公司受损的事件	某银行：5 名工作人员非法出具大量承兑汇票，3 年内涉案金额达 4 亿多元
外部欺诈事件	第三方故意骗取、盗用、抢劫财产、伪造要件、攻击本公司信息科技系统或逃避法律监管导致公司受损的事件	某公司：子公司遭遇犯罪团伙电信诈骗，导致银行账户内 2670 万元被骗取，约为其 2019 年净利润的 6 倍之多
就业制度和工作场所安全事件	违反就业、健康或安全方面的法律或协议，个人工伤赔付或者因歧视及差别待遇导致公司受损的事件	某证券公司：因公司奖金“递延支付”，原副总将公司告上法庭，法院判决应支付其薪酬、奖金及补偿金共计 450 万元
客户、产品和业务活动事件	因未按有关规定执行业务活动造成未对特定客户履行分内义务或产品性质、设计缺陷导致公司受损的事件	某证券公司：某分公司因对投资者适当性管理不足，被证监局采取出具警示函的行政监管措施
实物资产损坏事件	因自然灾害或其他事件导致公司实物资产丢失或毁坏的损失事件	某证券公司：2020 年台风使 × × 营业部遭受损失 5 万元
业务中断和系统故障事件	因信息系统生产运行、应用开发、安全管理等第三方因素，造成公司系统无法正常办理业务或系统速度异常所导致的损失事件	某证券公司：发生网络安全事件，存在变更管理不完善，应急处置不及时、不到位等问题
执行、交割和流程管理事件	因交易处理或流程管理失败，以及与交易对手方、外部供应商及销售客户发生纠纷导致公司受损的事件	某证券公司：相关内部流程执行不规范，未按要求进行准入管理，被中国证监会采取责令改正的行政监管措施

表 5－2　　不同类型的操作风险事件数量分布

类 别	数量分布（%）
执行、交割和流程管理事件	63. 53
客户、产品和业务活动事件	17. 39
业务中断和系统故障事件	15. 80
外部欺诈	0. 78
内部欺诈	0. 40
就业制度和工作场所安全事件	1. 41
实物资产的损坏	0. 43

资料来源：中国证券业协会：《证券公司操作风险管理调研分析报告》，2021 年第 47 期《传导》，2021 年 6 月 18 日。

（五）操作风险损失形态

操作风险可能造成的损失形态可分为财务损失和非财务损失两类。财务损失是指操作风险事件直接造成的有形损失，包括但不限于：对外赔偿、法律成本、监管罚没、支付其他费用或款项、资产损失、丧失追索权、账面减值以及利息或手续费少收等；非财务损失包括本身不涉及财务损失的事件，以及由直接损失进一步引发或带来无形损失的事件，如声誉受损、监管行动、运营中断、客户服务质量受损、员工安全等。

二、操作风险监管要求的演变

巴塞尔委员会于1999年6月发布的《巴塞尔新资本协议》第一次征求意见稿中提出了金融机构操作风险管理问题。2004年6月正式出台的《巴塞尔新资本协议》（即Basel Ⅱ），将操作风险纳入核心资本充足率测算范围，要求金融机构为操作风险配置相应的资本。自此操作风险正式被纳入风险管理框架。

国内外有关操作风险的监管要求均参考了巴塞尔委员会有关文件，特别是巴塞尔委员会2003年发布的《有效操作风险管理准则》中提出的原则在操作风险管理实践中得到广泛的认可，该原则的最新修订稿在2021年3月发布。

我国银行业对操作风险管理的监管规范起步相对较早。2002年9月，中国银监会发布《商业银行内部控制指引》，对我国银行建立操作风险管理和控制框架提出了要求。2007年5月，中国银监会发布《商业银行操作风险管理指引》，要求将操作风险作为单独一类重要的风险进行管理，建立与业务性质、规模和复杂程度相适应的操作风险管理体系，有效识别、评估、监测、控制和缓释操作风险，并强调加强内部控制管控操作风险。2008年，财政部、中国证监会、审计署、中国银监会、中国保监会联合发布了《企业内部控制基本规范》，要求企业建立和实施有效的内部控制。2012年6月，中国银监会发布《商业银行资本管理办法（试行）》，提出了操作风险加权资产的具体计量方法。

证券行业操作风险管理也在不断加强。2001 年 1 月，中国证监会发布《证券公司内部控制指引》（已于 2003 年修订），要求证券公司建立业务风险识别、评估和控制的完整体系，运用包括敏感性分析在内的多种手段，对操作风险等进行持续监控，明确风险管理流程和风险化解方法。2006 年 7 月，中国证监会发布《证券公司风险控制指标管理办法》（已于 2008 年、2016 年和 2020 年进行修订），要求证券公司应当按照中国证监会规定的证券公司风险资本准备计算标准来计算操作风险资本准备。2014 年 2 月，中国证券业协会发布《证券公司全面风险管理规范》（已于 2016 年修订），将操作风险管理纳入证券公司全面风险管理，明确全面风险管理体系的组成部分，并要求各证券公司对操作风险进行准确识别、审慎评估、动态监控、及时应对及全程管理。

三、操作风险的管理原则

操作风险难以完全消除，只能采取措施尽量控制，且所采取的措施还需要平衡成本与收益。因此，从实际出发，证券公司操作风险管理的基本目标应定位于建立符合相关监管要求，与自身发展战略、业务特点、规模和复杂程度相适应的操作风险管理体系，将操作风险损失控制在自身可承受的范围内。

根据操作风险的特点与操作风险管理的基本目标，操作风险管理应遵循如下原则：

（一）全面性原则

操作风险管理应覆盖证券公司各部门、分支机构、子公司以及比照子公司管理的各类孙公司和所有岗位、活动、流程、信息系统、产品等，并落实于决策、执行、监督、反馈等各环节。提出全面性原则主要基于操作风险分布的广泛性。

（二）针对性原则

证券公司操作风险管理应发挥各专业职能部门的风险管理作用，并根据不同专业领域的特点，有针对性地开展管理。提出针对性原则的原因有两方面：一是操作风险涉及面广，需要充分发挥法律合规、信息技术、人力资源、财务、结算等各专业职能部门的风险管理作用与专业特长。二是操作风险差异性大，不同的业务条线、管理部门的操作风险管理需要根据其特点采取针对性的措施，例如，零售条线与自营投资条线的差别，业务部门与管理部门、信息科技部门的差别等。

（三）主动性原则

证券公司应积极主动地对操作风险进行自我识别和管控。提出主动性原则的原因有三个方面：一是操作风险可能因外部环境、内部业务和管理活动的发展变化而变化，需要主动加以识别、评估；二是操作风险与信用风险、市场风险、声誉风险等存在关联，需要举一反三，主动管控；三是操作风险管理不能仅有事后的、被动的风险事件收集与跟踪，应主动开展对操作风险的识别、评估和监测等管理活动。

（四）审慎性原则

证券公司应审慎识别和控制各项经营管理活动的操作风险，并对操作风险管理重点领域和环节加强风险识别、评估、控制与监测。提出审慎性原则的原因有两方面：一是由于操作风险的广泛性和复杂性，需要审慎识别和控制；二是由于操作风险的差异性，需要识别操作风险管理的重点领域和环节（例如，新业务、新产品较多的业务领域，人工操作较多的流程环节，历史风险事件较多的单位等），突出重点，加强管理。

（五）前瞻性原则

证券公司应充分识别和评估新业务、新产品、新技术涉及的操作风险，并重视防范已有业务流程和信息系统等可能由此引发的操作风险。提出前瞻性原则的原因是：在证券行业快速发展的大背景下，新业务、新产品不断涌现，新技术不断应用，证券公司面临的操作风险与传统已知的操作风险可能存在较大差别，需要采取有前瞻性的措施应对风险变化。

四、操作风险的管理框架与管理思路

（一）操作风险管理框架

本书采用的操作风险管理参考框架如图5－1所示。该框架建立在操作风险环境和文化的基础上，包含操作风险管理组织架构、偏好与容忍度、政策与制度，操作风险管理流程、工具、数据和系统以及激励与考核机制等，共同构成一个有机整体。

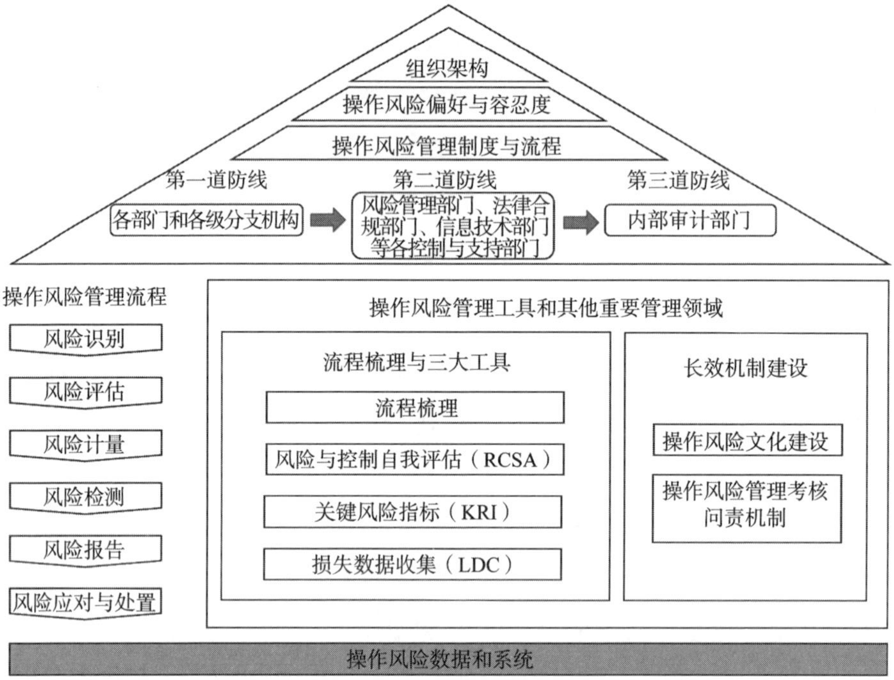

图5－1　操作风险管理参考框架

操作风险环境和文化是操作风险管理生存发展的基础，操作风险文化建设是证券公司企业文化的重要组成部分；操作风险偏好与容忍度是操作风险管理的基调；操作风险管理的组织架构与政策制度是操作风险管理得以执行的支撑与依据；操作风险管理工具是操作风险管理的核心构件；操作风险管理流程是操作风险管理的连接纽带，通过建立闭环管理流程将公司的操作风险管理架构、工具、系统等有机连接；操作风险管理数据与系统是操作风险管理的基础设施，也是进一步提升操作风险管理水平的重要决定因素。

证券公司可从如下方面入手加强操作风险管理文化建设：一是健全覆盖员工职业生涯全周期的培训宣导机制，加强操作风险事件案例教育；二是加强员工行为规范管理，制定员工行为准则，强化全体员工的操作风险管理意识。

操作风险偏好作为公司风险偏好的一部分，是指公司在实现其经营目标的过程中愿意承担的操作风险水平，反映公司对操作风险的基本态度（例如，“在合理成本下最大限度降低操作风险”“在合理限度内接受某些操作风险”，或者操作风险加权资产规模或比例上限等）。操作风险偏好作为公司风险偏好的一部分，需随着公司内外部环境、业务决策与风险管理策略变化同步调整。操作风险偏好的制定，有助于全体员工了解公司对操作风险、对不同类别的操作风险事件等的可接受水平，提高各级员工对操作风险的共同认知，以进一步明确各项管理措施的优先级，以更有效地进行配置。操作风险容忍度是操作风险偏好的分解与传导，应当与公司操作风险偏好、业务规模、盈利状况、资本实力等相匹配。

操作风险管理的组织架构，可以参考中国证券业协会《证券公司全面风险管理规范》中全面风险管理的组织架构，结合操作风险管理的特点适当调整后建立。通常证券公司操作风险管理的组织架构应包括董事会、监事会、高级管理层、首席风险官等相关高级管理人员、操作风险管理牵头部门和相关专业职能部门以及可能发生操作风险的各单位，并构建由各单位、操作风险管理部门、稽核审计部门构成的“三道防线”。详细内容请见本章第二节。

证券公司可以通过制定操作风险基本管理制度，明确公司操作风险管理的相关定义和主要原则、偏好与容忍度、组织架构、职责分工、管理流程和主要工具等；通过制定风险与控制自我评估、关键风险指标、损失数据收集等操作风险管理工具的管理规定及具体操作指引，明确各工具的管理原则、职责分工、具体工作内容与要求等，以实现操作风险管理的细化和落实。操作风险相关制度的制定应充分考虑公司业务与管理实际，不断更新和完善，并通过持续培训、加强检查等手段推动落实。

操作风险管理工具是操作风险管理的核心构件，为公司操作风险管理提供有效的管理技术与方法。常见的操作风险管理工具包括流程梳理、风险与控制自我评估、关键风险指标、损失数据收集等。风险与控制自我评估、关键风险指标、损失数据收集通常又被称为“操作风险管理的三大工具”，但在实践中，这些工具还需要根据不同公司的实际情况改进优化。

操作风险管理流程是操作风险管理的重要依托与纽带，包括识别、评估、控制、缓释、应对、计量、监测、报告等环节。操作风险的识别与评估侧重对操作风险点的挖掘及其严重程度的估计；操作风险的控制、缓释与应对主要是操作风险管控措施在事前、事中、事后的布局与落实；操作风险的计量主要关注操作风险资本的测算；操作风险的监测与报告则主要针对操作风险状况的动态跟踪与逐级上报。操作风险管理环节各有侧重、相互联系、互为补充，共同构成操作风险管理流程的有机整体。

证券公司建立操作风险激励与考核机制建设，一方面应从管理要求落实、风险事件数量及其严重程度、问题整改等方面严格开展操作风险管理考核，另一方面还可以通过设立容错机制、适度考核加分等，引导各单位主动、积极开展操作风险管理。

操作风险数据与系统是操作风险管理的底层基础设施。操作风险数据包括但不限于证券公司为满足操作风险管理需求而采集的各类市场数据、业务数据和财务数据，及各操作风险管理流程与工具运用中生成的各类数据结果（如操作风险损失数据、关键风险指标数据等）等。操作风险数据一方面为操作风险管理提供信息源，另一方面也为操作风险管理效果的分析提供基础和依据。

（二）操作风险管理思路

在以上管理框架基础上，操作风险管理还需要从操作风险的特点出发，以发挥管理实效为目标，采取合理的管理思路（见图5－2）。

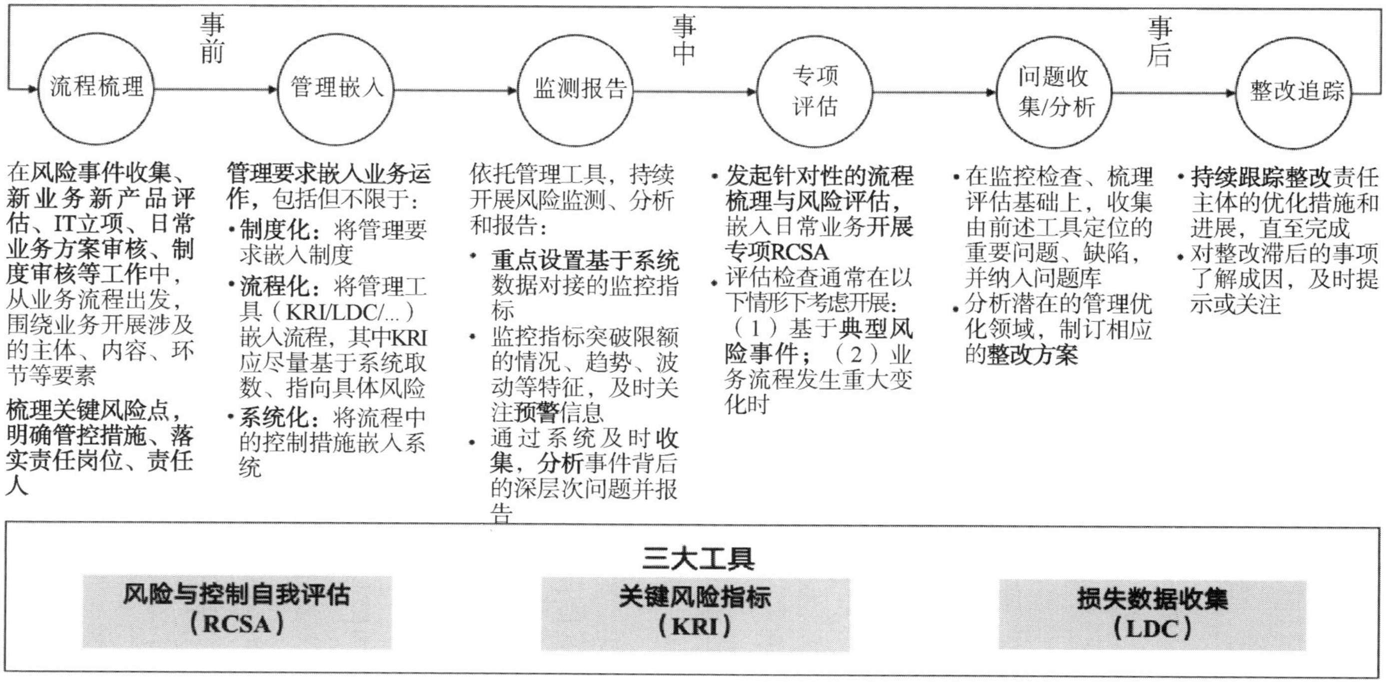

图 5-2　操作风险管理思路参考

事前，通过嵌入日常的风险事件收集、新业务新产品评估、信息系统建设立项、制度发布审核、业务方案论证等工作，开展持续的、专项的、触发式的流程梳理与风险评估，梳理关键风险点与相应的风险管控措施，并落实责任岗位、责任人。之后，将这些管理要求嵌入制度、流程、系统。

事中，依托关键风险指标、损失数据收集结果等，持续开展风险监测、报告。在关键风险指标方面，重点设置基于系统数据对接的、直接指向具体风险点的监测指标。对于监测发现的问题，可以发起针对性的梳理评估与检查。

事后，在监控检查、梳理评估基础上，收集操作与风险相关的问题、数据，分析提出整改措施，纳入问题数据库持续开展整改追踪。

操作风险的广泛性（普遍性），一方面决定了操作风险管理点多面广，另一方面也要求操作风险管理应注意以风险为导向，通过梳理、评估，突出对重点风险领域的管控。操作风险的复杂性（隐蔽性），要求对操作风险的管理不能停留在搭框架、建机制、提要求，而是要根据公司实际，合理设计管理流程，将操作风险管理要求紧密嵌入日常业务运作，形成覆盖事前、事中、事后的管理闭环。

此外，虽然操作风险三大工具理论上可覆盖事前、事中和事后三个管理环节、形成闭环，但实际工作中仍需立足本地实际加以改进。参考思路如图5－3所示。

一方面，操作风险三大工具各有优劣，实际工作时应尽量取长补短、灵活变通。如风险与控制自我评估（RCSA）天然具有工作链条长，人力、时间等成本投入高等特点，且传统的评估方式较为依赖主观判断，评估结果对管理工作的参考意义有限。基于此，开展RCSA时可考虑结合具体的业务场景、风险事件等发起，并在评估过程中引入客观数据（如操作风险事件发生次数）作为支撑。另一方面，操作风险三大工具在运用时应互为支撑、相互校验。如设计关键风险指标（KRI）时可以参考RCSA梳理结果、损失数据收集（LDC）信息等内容，提高KRI对具体控制点、风险点的指向性。

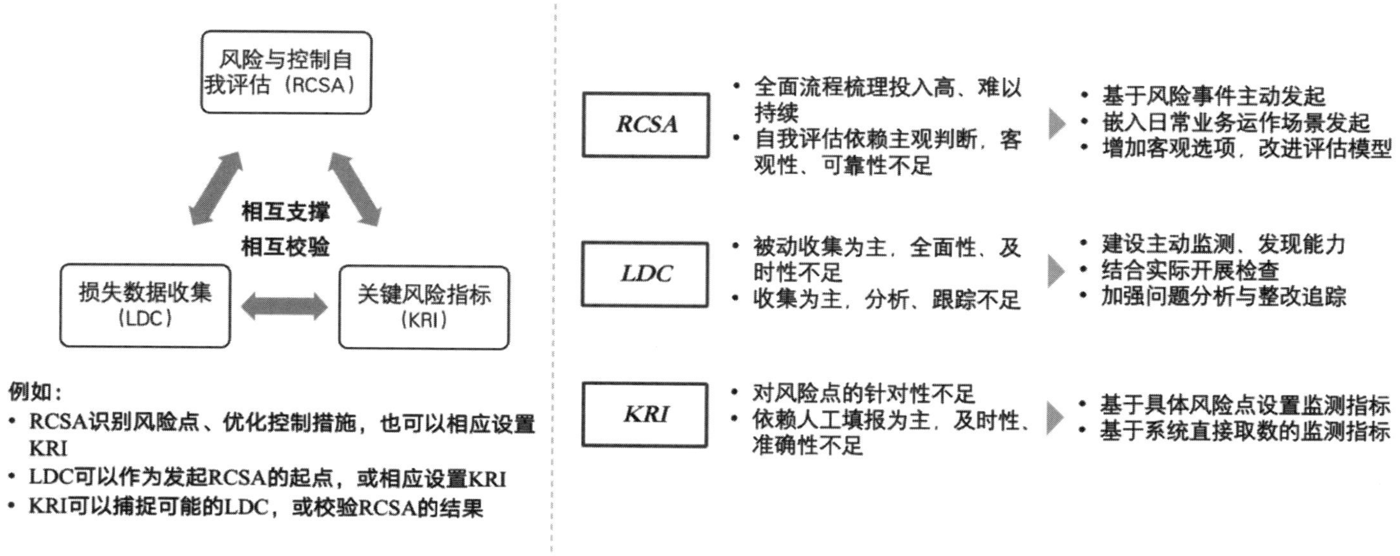

图 5－3　操作风险管理工具改进参考

第二节 操作风险识别和计量

一、操作风险的识别与评估

（一）业务流程目录

业务流程是公司对利益相关方或其客户提供有价值活动的集合体，通常由为实现特定目的的一系列步骤组成。操作风险及其控制存在于具体业务流程中，厘清业务流程是开展操作风险管理识别和评估的基础。

证券公司首先通过流程梳理，建立覆盖公司主要业务和管理活动的流程目录，流程目录可以根据需要分为业务大类、一级流程、二级流程等不同层次。证券公司可以通过建设流程目录，摸清公司各项业务与管理活动的基本情况，在此基础上开展操作风险管理。

实际工作中，流程目录建设往往因持续更新不到位、多头重复建设、应用场景单一、数据质量缺乏管控（如数据重复、交叉、错漏等）等原因难以进行，直接影响操作风险管理工作的基础。对于持续更新，证券公司可以根据自身情况明确流程目录应进行更新完善的具体场景，尽可能使其嵌入日常业务运作，避免与实际需要脱节；对于多头重复建设，证券公司应明确流程目录建设的牵头部门或组织，并可以与内部控制、合规管理、流程优化等工作涉及的、相似的流程目录建设工作协同开展；对于应用场景，流程目录的基本应用场景用于在其基础上识别操作风险点与风险控制措施，定期或不定期开展风险与控制自我评估，同时也可以应用在证券公司内控、合规、流程优化等领域。

（二）操作风险识别

操作风险识别是指对公司经营管理活动和业务流程中存在的可能给公司带来直接或间接损失的主要操作风险进行识别并确定其性质的过程，其范围应基于流程目录，涵盖公司各个层面的业务和管理流程。操作风险识别通常通过流程梳理等工具实现，也可以通过风险事件直接发现。

操作风险识别应具有前瞻性，且应识别出各业务、管理流程中存在的主要操作风险事件、风险因子、影响类型、控制措施等，为操作风险的评估、监测、控制与缓释和报告等提供依据。

风险识别建议重点关注包括但不限于如下流程或流程节点：历史上发生操作风险事件较多；涉及跨部门、跨多个岗位；涉及跨境或者境外机构；涉及人工操作较多；涉及新业务、新产品、新系统或者新近改造的流程；涉及新设机构或新员工较多的机构。

风险识别的过程可基于流程目录，使用流程图作为工具，通过绘制流程图，梳理流程涉及的部门、岗位、关键环节、风险点、控制措施以及系统、数据、表单等关键要素；同时，证券公司还可以制作流程图配套说明、岗位职责与权限表等辅助风险识别工作。

（三）操作风险评估

操作风险评估的目的是对公司操作风险及其管理情况进行判断，以确定操作风险管理关注的重点领域。

通常，操作风险评估应按照统一标准，评估固有风险、控制有效性和剩余风险，并结合对应流程的风险容忍度，确定操作风险暴露是否在可接受的范围内。操作风险评估可通过风险与控制自评估（Risk and Control Self Assessment，RCSA）等工具实现。

实践中，传统的 RCSA 工具多存在因为主观判断成分较重导致评估结果客观性、可靠性不足，固有风险、剩余风险的界限不易严格区分，评估结果缺少实际应用场景等问题，特别是在存在这些问题的情况下，推广开展全面的风险与控制自我评估往往难度较大。证券公司可以从自身实际出发，通过如下方面改进操作风险评估工作，增强操作风险评估的针对性和实用性。

1. 评估场景方面

证券公司可将操作风险评估嵌入日常业务运作，加强专项评估。一些参考场景如下：

（1）内外部发生典型风险事件，特别是重大风险事件；

（2）新业务新产品评审；

（3）信息系统建设立项、信息系统上线；

（4）重要制度发布、修订；

（5）重要流程变更、改造。

2. 评估方法方面

证券公司可以根据自身实际调整评估要素，综合利用操作风险相关的要素信息，提升评估的客观性。一些参考评估要素如下：

（1）机构属性：是否新设单位、单位新员工比例、合规风控人员配置情况等；

（2）业务属性：是否涉及新业务新产品、新系统、新近改造流程等；

（3）控制属性：是否属于系统控制、人工控制的复杂度、人工控制是否可以转为系统控制等；

（4）历史情况属性：内部检查情况、外部检查情况、历史损失事件等；

（5）风险监测属性：是否设置有风险监测指标或设置的必要性与可行性、风险监测指标是否通过系统直接取数等；

（6）调整项。

3. 评估结果运用方面

证券公司除将评估结果运用于内部检查、工作考核等常规做法之外，还可以考虑将评估中识别的可以转为系统控制的控制措施、可以设置的通过系统取数的风险监测指标，纳入相应信息系统建设立项需求并跟踪落实。

二、操作风险的控制与缓释

操作风险控制与缓释是在操作风险识别与评估结果的基础上，设计相应的控制措施对识别与评估出的操作风险进行防范和控制等，降低、分散、规避或转移操作风险，将其调整到可接受的水平。有关措施包括但不限于以下方面：

（1）应建立健全各项业务与管理活动的规章制度和关键业务环节的操作流程。针对操作风险较高的部门和业务环节，应制定专门的操作风险控制与缓释措施。（2）部门、岗位职责分工应明确、合理，不相容职责应适当分离，实现相互制衡和有效监督。（3）授权应具体、明确、合理，并通过流程设计、系统控制等严格执行，超过授权范围必须经过审批。（4）应高度重视聘用人员的诚信记录，建立和完善员工行为管理机制。（5）人员上岗前应通过培训等形式确保其熟悉相关管理规范、操作流程、系统功能等。（6）关键业务环节应双人负责并加强复核，单人单岗业务应加强监控与检查。（7）关键岗位人员应定期或不定期进行轮换或强制休假。（8）应提升各项业务与管理活动的信息化、流程化、自动化水平，完善系统功能，减少人工干预。信息系统上线前应经过充分的测试。（9）应按照最少功能、最小授权和不相容职责分离等原则分配信息系统权限，并定期或不定期复核用户权限的合理性。（10）应加强交易系统风险控制指标和参数管理，指标和参数设置应符合业务授权、风险限额等的要求。重要参数的设置、变更应事前与风险管理等相关部门确认，并应通过系统控制、流程设计等确保参数设置、变更的准确性和监控的有效性。（11）应建立交易差错处理的机制、流程和监控手段，并通过流程设置、系统控制等防范交易差错。（12）应加强对交易数据的管理，保证信息完整、有效，并予以妥善保存和备份。（13）应将发生操作风险突发事件的场景纳入突发事件应急处理机制，制订和完善应急预案，落实操作风险突发事件的处置职责。（14）应建立和完善保障业务连续运行的管理机制，确定重要业务恢复目标，建立业务连续性计划和配置必要资源，并定期开展演练与持续改进，有效降低或消除业务中断造成的影响和损失。

上述措施是对照操作风险有关监管要求及总结行业操作风险案例等形成，覆盖流程、人员、系统、外部事件四项风险因子：第（1）、（2）、（3）项主要与流程相关，第（4）、（5）、（6）、（7）项主要与人员相关；

第（8）、（9）、（10）、（11）、（12）项主要针对系统和数据；第（13）和（14）项针对内外部事件。

三、操作风险的监测

操作风险监测是对各类与操作风险相关的信息及指标等进行日常监测，了解、分析公司的操作风险状况及其控制措施的有效性，以便及时发现流程环节、内部控制等出现的问题并采取相应的改进措施。动态、持续、有效的操作风险监测对操作风险管理至关重要。操作风险监测主要通过关键风险指标等工具实现。

（一）关键风险指标定义

关键风险指标（Key Risk Indicator，KRI）是指代表某一风险领域变化情况并可定期监控的统计指标。关键风险指标用于监测可能造成操作风险事件的各风险点及控制措施，根据关键风险指标实际数值的落点，分析其风险和控制是否在可接受的范围内（如设定门槛值），并据此采取相应的行动计划。

目前，虽绝大多数证券公司已设置操作风险关键风险监测指标，部分已经建立涵盖集团、母公司、子公司、业务与管理条线的指标体系，但是指标数量、深度、广度差异较大。

关键风险指标建设可参考如下基本原则：

一是关键风险指标应明确监测分析的目的，注重指标的指向性、实用性，避免“为设置而设置”。

二是应明确指标数据来源，尽量设置取数方便、取数来源可靠的指标。从行业调研情况看，大部分证券公司的关键风险指标依赖手工填报，也有少数公司已经实现基于系统对接自动取数开展风险监测，后者明显更为及时、准确和主动，但难度也更高。证券公司也可以进一步提出指标数据应“可获取、可验证”的要求，其中“可验证”是指指标所采集的数据应可以与原始数据核对或者直接来自原始数据。

三是应清晰准确地说明统计口径，旨在便于管理，同时也为条件具备时通过信息系统进行监测提供基础。

四是合理设置指标阈值与监测频率。指标阈值可以根据历史数据或者专家判断初步确定并通过试运行、定期评估等方式调整完善。

五是建立清晰的预警与报告流程，也为条件具备时通过信息系统进行预警与报告提供基础。

六是对指标的持续改进和逐步覆盖提出要求，原因是需要对比指标运行情况与实际风险状况对指标进行评估和改进；同时，指标建设通常需要有一个持续积累、迭代更新的过程，才能逐步覆盖各重点关注领域和关键业务流程。

（二）关键风险指标分类

1. 根据关键风险指标的层级不同，可划分为公司层级指标和业务层级指标

（1）公司层级指标：用于反映公司整体操作风险情况并进行监测与预警的指标；

（2）业务层级指标：用于反映公司各业务条线操作风险情况并进行监测与预警的指标。

业务层级指标又可以进一步细化为通用指标和业务运营指标。通用指标是指在公司各业务条线均可以使用的一类指标，主要用于监测业务管理层面的操作风险变化情况；业务运营指标是在业务运营层面、对日常操作或业务运营过程中可能出现的一些操作风险进行监测，一般只适用于单个业务条线或业务板块、业务类型等，与其业务特征紧密相连（见表5－3）。

表5－3　业务层级指标示例

业务类型	指 标
经纪业务	通常与业务操作差错数量及金额、客户投诉及处理、检查发现问题整改等相关
投资业务	通常与交易系统越权操作次数、交易失败比例、技术或系统故障次数、价格偏离度、债券交收失败次数等相关
投行业务	通常与公告材料错误次数、尽调阶段底稿验收不达标次数、内核委员意见未经落实即对外申报次数等相关

续表

业务类型	指 标
投研业务	通常与报告应审批未审批次数、无资格执业或违规执业次数、相关活动未履行报备手续次数、媒体公开报道负面信息次数等相关
信息系统	通常与信息系统运行连续性、重大信息安全事件数量相关
资金清算	通常与资金调拨及时性、清算交收准确性等相关

2. 根据关键风险指标的监控对象和功能不同，可划分为风险因子指标、控制指标和风险事件指标

（1）风险因子指标：与风险因子关联。用于监控可能导致操作风险的驱动因素与业务流程中操作风险因子变化情况的指标。

（2）控制指标：与控制措施关联。用于监控控制措施是否已执行到位的指标。

（3）风险事件指标：与风险事件关联。用于对已发生的操作风险事件进行监控的一类指标（见表5－4）。

表5－4　　风险因子指标、风险事件指标及控制指标示例

指标类型	指标名称
风险因子指标	员工离职率
	客户投诉次数
	客户变动率
风险事件指标	交易超出授权限额笔数
	违规业务操作次数
	业务处理错误次数
	资金划转错误次数
控制指标	数据备份不完整次数
	参数设置错误次数
	账目核对不一致次数

（三）关键风险指标管理流程

在操作风险监测中，公司要构建关键风险指标监测体系，设定关键风险指标的门槛，并动态跟踪关键风险指标的数据信息，注意随时做出相应的调整。

概括来说，操作风险关键风险指标工作主要包含关键风险指标设立、监控以及检视与调整等几方面内容。

1. 关键风险指标设立

关键风险指标的设立包括“自上而下”和“自下而上”两种思路。“自上而下”主要从公司整体的操作风险偏好出发，在业务与管理活动的流程目录基础上，通过操作风险识别与评估有规划地逐步设立；“自下而上”则主要结合公司各项业务的风险及数据情况、内外部专家经验等因素，同时考虑指标建设的必要性、难易程度等设立。相比而言，“自上而下”更有逻辑、更利于指标建设的体系化，但也更有难度。

证券公司操作风险关键风险指标体系应与自身业务特点、业务规模、复杂程度相适应，逐步覆盖各重点关注领域和关键业务流程。指标设立主要包括建立关键风险指标清单、指标筛选及确定、明确指标信息和数据收集计划、阈值设定四个步骤。

（1）建立关键风险指标备选清单。建立清单时可根据监管要求、操作风险识别与评估结果、内外部操作风险损失数据等途径，收集并整理指标信息以及可识别设立指标的其他信息，在分析风险特征、成因及影响的基础上，对关键操作风险点与控制点设计具有针对性的指标，并将这些指标汇总形成备选清单。

（2）指标筛选及确定。关键风险指标的筛选，主要依据指标预警性和风险敏感性、数据可获取性、数据质量、指标更新频率及专家意见等，从关键风险指标清单中挑选出可使用的关键风险指标。

其中，公司层级指标需充分收集了解公司操作风险管理的偏好、目标、管理期望等，结合公司操作风险管理水平予以确定；业务层级关键风险指标则根据实际业务开展情况，从备选清单中挑选反映操作风险及控制水平的核心指标。

（3）明确指标基本信息和收集计划。针对已确定的关键风险指标，需明确指标基本信息和收集计划。基本信息包括但不限于指标名称、指标说明、指标层级、指标类型等；收集计划包括但不限于指标管理部门、指标监控部门、指标负责人、监控频率、指标更新日程、指标计算公式、基础数据项、数据来源、数据来源部门与提供人员岗位等（见表5－5）。

表5－5　　关键风险指标（KRI）数据收集计划示例

<table>
<tr><th rowspan="2">指标名称</th><th rowspan="2">指标说明</th><th rowspan="2">指标监控频率</th><th rowspan="2">指标更新日程</th><th colspan="4">数据收集计划</th></tr>
<tr><th>基础数据项</th><th>基础数据项说明</th><th>基础数据项来源</th><th>计算公式</th></tr>
<tr><td rowspan="2">员工离职率</td><td rowspan="2">每季度部门离职员工人数与部门员工合计人数的比值</td><td rowspan="2">每季度</td><td rowspan="2">每季度第一个月15日</td><td>A</td><td>部门离职员工人数</td><td>部门综合岗统计</td><td rowspan="2">A/B</td></tr>
<tr><td>B</td><td>部门员工合计人数</td><td>部门综合岗统计</td></tr>
</table>

（4）阈值设定。通过阈值设定，公司可结合关键风险指标实际数值的落点，分析风险与控制水平是否在可容忍的范围内，并据此采取行动计划。

阈值的设定可以依据操作风险偏好与容忍度、现状或历史数据、管理目标或专家意见设定，并应动态检视和调整。一个指标可设置多个阈值，依据风险管理的需求，赋予各阈值前后区间不同的意义。关键风险指标的阈值区间定义示例如下：

绿色区域：操作风险水平可承受，继续监测；

黄色区域：操作风险水平超出可承受范围，应加强管理与监控的力度，针对可能继续扩大的操作风险采取风险缓释措施；

橙色区域：操作风险水平较高，需关注并采取应对措施，将操作风险暴露降低至安全区域；

红色区域：操作风险水平过高，需特别关注并立即采取强度较大的应对措施，将操作风险迅速降低至安全区域（见表5－6）。

表 5-6 关键风险指标（KRI）门槛区间设置示例

指标名称	指标说明	门槛区间			
		红	橙	黄	绿
员工离职率	每季度部门离职员工人数与部门员工合计人数的比值	>30%	(20%，30%]	(10%，20%]	≤10%

2. 关键风险指标监控与报告

关键风险指标监控，即按照所制定的数据收集计划，通过人工或系统定期收集所需监测关键风险指标的数据，统计关键风险指标取值情况。在关键风险指标监测过程中，应注重数据信息的收集、保存和分析；关键风险指标预警时，各部门、分支机构应立即上报，并在职权范围内采取相应措施。

关键风险指标报告，即对关键风险指标的监测、预警情况和行动计划、进展等进行描述、分析和评价，并按照规定路径进行报送。报告可视情况，由指标落入不同区间、发出不同的风险预警信号触发，或纳入其他定期或不定期的风险报告。

3. 关键风险指标检视与调整

关键风险指标检视与调整，即对关键风险指标基本要素及管理体系的运行质量和效果进行评估和质量验证，并结合公司经营管理及风险变化情况对关键风险指标进行检视与调整。关键风险指标的调整包括对指标本身的调整、替换或取消、对数据收集计划的调整以及对阈值的调整等。

4. 关键风险指标数字化建设

传统的关键风险指标主要存在两方面问题：一是以事后指标为主，事前事中指标较少，对风险的监测预警能力有限；二是指标数据以手工填报为主，数据质量、可靠性、及时性都有不少局限。近年来，关键风险指标数字化建设，即通过信息科技手段直接采集业务数据进行风险监测，越来越成为证券行业操作风险管理领域的热门话题。在风险管理与金融科技应用融合的趋势下，考虑到指标对风险反映的及时性、敏感性等特征，从具体的风险点出发，直接对接系统或者数据仓库采集数据建设数字化的监测指标，逐渐被视为操作风险管理模式转型的方向。基于系统对接自动取数开展风险监测明显更为及时、准确和主动，但是指标的数字化建设和证券公司本身的业务数据质量及标准、系统化水平等因素密不可分，需要有一个持续积累、迭代更新的过程。

从开展工作的角度而言，指标设立时可以将现有业务系统、指标和基础数据情况纳入分析，综合评估指标的指向性、实用性以及数据获取和加工的难易程度、可验证性等，并通过日常操作风险评估、新业务新产品评估、信息系统建设立项等途径提出数字化指标开发需求。

四、操作风险损失数据收集

操作风险事件是指由不完善或有问题的内部程序、员工和信息技术系统，以及外部因素所造成公司直接损失或间接损失的事件。损失数据收集（Loss Data Collection，简称 LDC）即对上述操作风险损失数据的识别与收集、填报、管理、分析和报告等。

操作风险事件的发生意味着已存在风险隐患，必须重视并检视。开展损失数据收集，可以增强对操作风险成本的认识，有效识别操作风险管理薄弱环节。

（一）损失数据收集原则

操作风险损失数据收集应遵循以下基本原则：

1. 全面性

应当对所发生的符合规定的操作风险事件予以完整确认、记录和报告，严禁瞒报、漏报。

2. 重要性

应对影响较大、发生频率较高的操作风险损失事件进行重点关注和确认。

3. 及时性

应按要求及时确认、记录并报送操作风险事件及其所导致的直接和间接损失，落实行动计划，并定期撰写分析报告。

4. 全员参与

公司全体员工负有与其岗位责任相应的操作风险事件报告责任，发现或知悉操作风险事件，应及时报告。

巴塞尔委员会在2023 年1 月实施的操作风险监管资本计量新标准法对操作风险损失数据收集、分类、系统建设等提出了更高的要求。证券公司可以对照这些要求相应改进操作风险损失数据收集工作，加入操作风险计量部分。

（二）损失数据收集流程

损失数据收集流程是识别与收集、填报、管理、分析和报告等环节的有机统一。

1. 损失数据识别与收集

损失数据的识别与收集，即通过多种渠道识别与收集操作风险事件，并及时对操作风险事件收集结果进行确认与补充，确保操作风险事件的收集准确且没有遗漏。

操作风险损失数据有两个主要来源：内部和外部。

内部损失数据收集的首要步骤是明确定义和标准，并设定所需收集信息的数据项，制定合理可行的损失数据收集规则、统一的流程和标准。

根据2021 年行业调研①，几乎所有证券公司均已开始收集操作风险损失数据，大部分公司认为操作风险损失事件不仅限于造成财务损失的事件。损失数据收集金额门槛方面，大多数证券公司未设置损失数据收集金额门槛（即金额门槛为0），已设置门槛的公司，门槛值从2000 元人民币到1 万美元不等。部分证券公司也已关注到巴赛尔委员会发布的Basel Ⅲ框架下的操作风险资本计量方法，对损失数据收集提出了明确的要求。

① 中国证券业协会：《证券公司操作风险管理调研分析报告》，载于2021 年第47 期《传导》，2021 年6 月18 日。

内部损失数据的收集途径除被动报送、匿名报送外，还可通过分析内外部检查中发现的操作风险事件、内控缺陷、KRI 监控和分析相关数据等方式主动收集操作风险损失数据。通常可以通过以下渠道发现损失数据的缺漏：（1）日常工作中发现的事件与违规行为；（2）部门对其内部风险或问题进行内部排查所发现的事件及违规行为；（3）合规检查记录中分析损失事件；（4）定期不定期稽核检查中发现的事件或违规行为；（5）外部审计发现的事件与违规行为；（6）监管检查发现的违规行为及监管处罚事件；（7）重大客户投诉与纠纷事件；（8）公司员工合规考核情况；（9）诚信举报线索。

一般而言，操作风险事件应由主要责任部门或指定任一发生部门报送，若发生多个部门分别进行操作风险事件录入等情形，操作风险管理部门需对操作风险事件进行合并。对于由同一操作风险事件导致的可能在一段时间内形成的损失，应将其组合作为单个损失进行记录。

外部损失数据对操作风险管理具有重要的参考意义。目前有由不同主体建立的操作风险损失数据库，大致可分为两类：一类是由各家金融机构自己建立的、收集分析内部损失资料的内部损失数据库，为量化分析和管理建立基础；另一类是由行业协会建立的行业数据库。如操作风险损失数据交换协会（The Operational Risk Data Exchange Association）建立的 ORX 数据库。证券公司也可以通过购买有关舆情数据库或自行搜集的方式逐步收集积累外部损失数据。

2. 损失数据填报

操作风险事件发生后，应及时上报，并在详细了解操作风险事件的原因、过程、影响等事实信息后，对操作风险事件及损失数据进行填报。填报内容包括但不限于事件类型、原因、发生时间、损失金额（或非财务损失情况）、发生单位和重要细节描述等。对经评估涉及后续整改或优化的，还应填报行动计划（包括整改措施、整改措施负责部门、责任主体等）（见表 5－7）。

表 5－7　　　　损失数据收集（LDC）表单示例

<table>
<tr><td colspan="9">事件基本信息</td></tr>
<tr><td>事件名称</td><td colspan="8"></td></tr>
<tr><td>发生部门</td><td colspan="4"></td><td colspan="2">发现部门</td><td colspan="2"></td></tr>
<tr><td>报送部门</td><td colspan="4"></td><td colspan="2">其他相关部门</td><td colspan="2"></td></tr>
<tr><td>发生日期</td><td colspan="4"></td><td colspan="2">发现日期</td><td colspan="2"></td></tr>
<tr><td>报送日期</td><td colspan="4"></td><td colspan="2">事件等级分类</td><td colspan="2"></td></tr>
<tr><td rowspan="2">损失事件类型</td><td colspan="4">一级</td><td colspan="2">二级</td><td colspan="2">三级</td></tr>
<tr><td colspan="4"></td><td colspan="2"></td><td colspan="2"></td></tr>
<tr><td>事件具体情况描述</td><td colspan="8"></td></tr>
<tr><td>已采取措施</td><td colspan="8"></td></tr>
<tr><td>后续整改措施[1]</td><td colspan="8"></td></tr>
<tr><td colspan="9">事件损失情况</td></tr>
<tr><td colspan="2" rowspan="2">损失是否已确认</td><td>□否</td><td colspan="3">预计损失净额</td><td colspan="3"></td></tr>
<tr><td>□是</td><td colspan="3">已确认损失净额</td><td colspan="3"></td></tr>
<tr><td colspan="2" rowspan="8">损失金额构成</td><td colspan="4">对外赔偿</td><td colspan="3"></td></tr>
<tr><td colspan="4">法律成本</td><td colspan="3"></td></tr>
<tr><td colspan="4">监管罚没</td><td colspan="3"></td></tr>
<tr><td colspan="4">支付其他费用或款项</td><td colspan="3"></td></tr>
<tr><td colspan="4">丧失追索权</td><td colspan="3"></td></tr>
<tr><td colspan="4">资产损失</td><td colspan="3"></td></tr>
<tr><td colspan="4">账面减值</td><td colspan="3"></td></tr>
<tr><td colspan="4">利息或手续费少收</td><td colspan="3"></td></tr>
<tr><td colspan="2" rowspan="3">实际损失入账</td><td colspan="2">借方会计科目</td><td colspan="5"></td></tr>
<tr><td colspan="2">借方金额</td><td colspan="2"></td><td colspan="2">币种</td><td></td></tr>
<tr><td colspan="2">借方金额(本位币)</td><td colspan="2"></td><td colspan="2">入账日期</td><td></td></tr>
<tr><td colspan="2">损失分配</td><td colspan="7"></td></tr>
<tr><td colspan="2" rowspan="5">非财务影响</td><td colspan="4">声誉损失</td><td colspan="3"></td></tr>
<tr><td colspan="4">监管行动</td><td colspan="3"></td></tr>
<tr><td colspan="4">运营中断</td><td colspan="3"></td></tr>
<tr><td colspan="4">服务质量</td><td colspan="3"></td></tr>
<tr><td colspan="4">员工安全</td><td colspan="3"></td></tr>
</table>

注：①证券公司可以在损失数据收集的基础上，进一步开展整改追踪工作。

操作风险管理部门应对所报送信息的完备性、合理性和规范性进行确认，并定期或不定期对全公司操作风险损失事件进行内容真实性与完整性的验证和检查。

3. 损失数据跟进管理

对操作风险损失数据进行收集和上报后，还应根据事件的进展和变化以及整改措施的推进，进行跟踪和后续管理，包括数据的补充、更新、完结等。

若填报后操作风险事件信息有所更新，包括但不限于产生了新的损失、成本或回收金额，或事件调查处理有重大进展等，需对操作风险事件及损失数据进行更新。对风险事件暴露须整改的内控缺陷领域，应制订相应的整改行动方案，应及时督促执行并跟踪整改的落实和完成情况，并在整改完成后及时填报。同时，还应建立对整改完成情况的确认机制，通过核查相关支持文档、留痕数据，确保整改有效落实。

若操作风险事件同时满足以下条件时，可认定操作风险事件结束：该事件不会再有新的损失、成本或挽回发生；该事件相关信息不会再发生变化，如损失金额、损失分配等；需要整改的事件已完成整改。

4. 损失数据分析和报告

损失数据的分析和报告是操作风险管理的重要组成部分，包括专项报告和汇总报告两种形式。

专项报告通常针对单个较大或重大操作风险事件进行分析，内容包括操作风险事件的情况、原因分析、处理方式和进度、整改方案等；汇总报告通常针对一段时间内发生的操作风险事件进行分析，内容包括风险事件及影响的分类汇总分析，对具有一定共性的问题剖析其原因及改进方案，并针对某些关键个案进行思考、分析和建议等。

5. 损失数据的应用

证券公司可以从如下方面运用操作风险损失数据，包括：发起问题整改追踪；发起有针对性的流程梳理、风险评估或检查；设置有针对性的风险监测指标；纳入工作考核。有条件的公司可以在操作风险资本计量时使用操作风险损失数据。

其中，对发起流程梳理、风险评估或检查的，可参照现有监管规定、公司制度等，重点评估管控措施是否落实到位、是否存在风险隐患；对设置风险监测指标的，应首先对事件反映出的流程和控制薄弱点进行分析，尽量设置基于系统取数的数字化监测指标；对发起问题整改追踪的相关要求，详见本章第三节“二、操作风险管理中的整改追踪”相关内容。

五、操作风险计量

（一）操作风险资本计量方法的演变过程

巴塞尔委员会在2004年6月的Basel Ⅱ框架[①]中首次提出了三种操作风险监管资本计量方法：基本指标法（Basic indicator approach）、标准法（Standardised approach）和高级计量法（Advanced Measurement Approaches）。这三种方法复杂度和风险敏感度依次递增，为早期操作风险量化提供了指引。随着业界和监管实践经验的积累，巴塞尔委员会在2014年10月提出了修正的标准法（The Revised Standardised Approach）[②]，并逐步演变成2016年3月提出的标准计量法（The Standardised Measurement Approach）[③]，这两个版本均为征求意见稿。

为提升机构间横向可比性和计量模型透明度，2017年修订的巴塞尔协议Ⅲ中提出新版的标准法（The Standardised Approach），并于2023年1月实施。新版标准法将代替Basel Ⅱ下所有操作风险监管资本计量方法。

（二）Basel Ⅱ框架下的操作风险资本计量方法

Basel Ⅱ下的操作风险资本计量方法简述如下。

---

① https：//www. bis. org/publ/bcbs107. htm.

② https：//www. bis. org/bcbs/publ/d355. htm.

③ https：//www. bis. org/bcbs/publ/d355. htm.

1. 基本指标法（BIA）

要求过去三年中净收入为正的年份的净收入乘以 α（15%）求和即可。该方法十分简便，但对所有资产加以同一权重，对风险的敏感度很低，而且一般计算出来的资本要求较高。

2. 标准法（SA）

标准法允许银行将其所有业务分为八大条线，分别设置能够体现操作风险差异的资本系数，每个条线的收入分别乘以相应系数，加总后即为操作风险资本要求。该方法比基本指标法的风险敏感度更高，但仍没有使用损失数据计算操作风险监管资本，因而不能准确反映机构自身的操作风险特征，存在一定的局限。

3. 高级计量法（AMA）

高级计量法的基本原理是依据充足的内外部损失数据，运用统计方法描绘操作风险的损失分布规律，从而计量操作风险的监管资本要求的方法。由于各国监管环境和实践仍在不断更新演进阶段，巴塞尔委员会并未对操作风险高级计量法下的具体模型方法作统一规定和要求。高级计量法的风险敏感性更高且计量更加精确，有利于真实地反映操作风险暴露的情况，但存在标准不透明、可比性差、实施难度高等缺点，应用范围有限。

（三）Basel Ⅲ框架下的操作风险资本计量方法

根据 Basel Ⅲ框架下的操作风险资本计量方法，操作风险资本要求（ORC）由业务指标参数（BIC）和内部损失乘数（ILM）决定。

风险资本要求（ORC）= 业务指标参数（BIC）× 内部损失乘数（ILM）

业务指标参数（BIC）$= \sum \alpha_i \cdot \mathrm{BI}_i$

其中，BI 为业务指标，与业务规模相关；α 为边际系数；BIC 实质上是一个随 BI 变化的分段线性函数。

内部损失乘数（ILM）$= \ln\left[\exp(1) - 1 + \left(\frac{\mathrm{LC}}{\mathrm{BIC}}\right)^{0.8}\right]$

其中 LC 是该机构前 10 年[①]操作风险损失的历史数据平均值的 15 倍，此部分将操作风险资本与操作风险损失数据关联起来，历史损失越高，操作风险资本要求也越高。

内部损失乘数的曲线如图 5 - 4 所示（虚线的横坐标为 1.0，即 LC = BIC）。

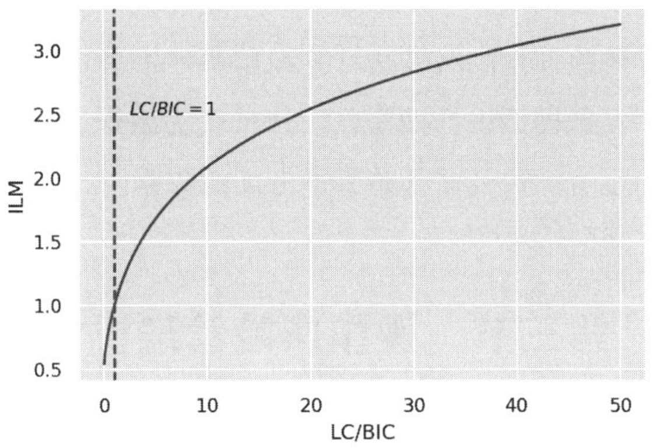

图 5 - 4　内部损失乘数曲线

从图中可以看出：

LC/BIC = 1 时，ILM = 1，风险资本 = BIC；

LC/BIC > 1 时，ILM > 1，风险资本 > BIC，即操作风险损失相对 BIC 较高时，资本要求相应提高；

LC/BIC < 1 时，ILM < 1，风险资本 < BIC，即操作风险损失相对 BIC 较低时，资本要求相应降低；

---

① （1）LC 必须基于 10 年的高质量的损失数据确定。若没有 10 年的数据，可以使用至少 5 年的数据来计算 LC。若没有 5 年的高质量数据，则仅根据 BIC 计算 ORC，即 ILM = 1。当 ILM 大于 1，同时监管机构认为 5 年之内的损失数据足以代表主体的操作风险损失敞口时，则可使用 5 年之内的损失数据来进行计算。（2）监管机构可以选择为其监管区域内的所有主体将 ILM 设置为等于 1。这意味着在这种情况下，资本要求将完全由 BIC 确定，即资本需求与银行的历史操作风险损失无关。但是，为了提高可比性，即使在 ILM 设置为 1 的监管区域中，也要求主体披露其历史操作风险损失。（3）当业务规模较小时（Basel III 规定，业务规模较小即 BI 不超过 100 亿欧元），则 ILM = 1，即不再参考内部损失数据。（4）当业务规模超过一定数值时（即 BI > 100 亿欧元），则需要利用 LC 计算 ILM。若损失数据的收集不符合损失数据收集标准，则将要求主体采用大于 1 的 ILM。（5）通常，操作风险事件造成的损失大于 20000 欧元时会被纳入 LC 的计算。

LC/BIC 值较小时，ILM 的增长速度较快，但随着 LC/BIC 值的增加，ILM 的增长速度会放缓。

该方法较少依赖复杂模型，计算标准更为清晰、统一，不同机构的资本计量具有一定的可比性。

根据中国证监会《证券公司风险控制指标管理办法》的规定，证券公司操作风险资本准备按照各项业务收入的一定比例计算，证券公司可以采取内部模型法等风险计量高级方法计算风险资本准备。实践中，大部分证券公司认为使用复杂模型进行操作风险计量较为困难，对其实际效果也存在不同看法，但也有少数公司开始了这方面的探索。

第三节　操作风险管理机制

一、操作风险报告

操作风险报告是指对操作风险状况和风险事件等进行描述、分析和评价，并按照规定职责、路线、频率进行报送的管理活动。

证券公司应建立完整的操作风险报告体系，明确报告种类及对应的报送主体、报送路径、主要内容、格式规范及报送时效等具体要求。证券公司各子公司、各部门、各分支机构等报告单位应定期、不定期报告本单位的操作风险管理情况，风险管理部门则应负责汇总并向公司管理层等报告公司整体的操作风险状况及重大操作风险事件。

通常而言，操作风险报告可分为常规报告、专项报告和重大报告。其中，常规报告主要用于各报告单位定期汇报本单位的操作风险发生情况及管理情况。专项报告主要指针对特定操作风险情形或特殊要求而撰写的不定期专项风险排查报告。重大报告主要为发生重大操作风险事件时相关单位撰写的报告。证券公司可根据需要安排常规报告、专项报告，同时需特别明确重大事件报告机制。证券公司可结合监管要求及公司自身情况定义重大操作风险事件范畴，发生重大操作风险事件时应要求相关发生单位及知悉单位立即上报，及时掌握重大风险信息，并启动应对处理程序。

操作风险报告需遵循以下基本原则：第一，真实性原则，即要客观、真实、准确、全面地反映操作风险状况；第二，及时性原则，即及时对操作风险情况进行报告，拟订合理的控制措施并及时付诸行动；第三，保密性原则，即遵守公司有关的保密管理及信息披露规定。

二、操作风险管理中的整改追踪

整改追踪是指对识别、评估、监测、报告等流程发现的操作风险相关问题，提出整改措施并追踪整改进展，形成对操作风险的闭环管理。

为了达到风险规避、分担或缓释的目的，应对落点在警戒区的风险（RCSA）、异常的指标值（KRI）、发现的问题（LDC）进行相应的整改追踪安排。需注意的是，对于某些没有造成损失但反映出风险管理存在薄弱环节的操作风险事件，也有必要纳入整改追踪，控制或消除风险隐患。发起整改追踪时，应制订详尽可行的整改方案，明确整改责任单位、整改措施、计划完成时间等要素，其中整改措施可围绕完善业务流程、更新制度规定等维度设定，且成本与收益大体相符。方案制订并经审批后，应建立对整改完成情况的确认机制，通过核查相关支持文档、留痕数据，确保整改有效落实（见表5－8）。

表5－8　　整改追踪计划表单示例

问题描述			
发生日期			
问题来源（KRI/LDC/RCSA等）			
拟采取整改措施或后续行动计划			
整改负责部门		整改负责人	
预计整改完成时间		实际整改完成时间	
整改情况说明			

行动计划的启动形式可划分为触发式和直接发起式。直接发起即针对

待完善和优化的问题，独立发起整改追踪。触发式又可划分为以下四种。

第一，流程梳理触发。对流程梳理过程中发现的缺陷进行整改固化，发起行动计划，完善业务流程，并对流程制度进行更新。

第二，RCSA 触发。根据风险评估结果发起。

第三，KRI 触发。当关键风险指标值异常（指标值超出门槛值或者落在不可接受的区域内）时发起。

第四，LDC 触发式。根据 LDC 中收录的操作风险事件发起。

此外，证券公司还可通过风险管理、合规、稽核等部门共享操作风险相关事件或问题信息，建立风险管理、合规、稽核、信息技术等相关部门的联席会议机制，建设公司内部统一的问题库管理信息系统等方式，推动内部操作风险相关问题信息的共享与协同整改。

三、操作风险管理的考核与问责

操作风险的考核与问责机制是落实操作风险管理的重要手段，有效的考核与问责机制一方面可以对单位、员工可能引发操作风险的各项行为进行约束和纠偏，另一方面可以引导员工积极参与公司操作风险管理的各项工作，以促进操作风险管理价值观的内部传导以及操作风险管理工作的有效推进。

证券公司应将操作风险管理纳入公司的风险绩效考核体系，通过对操作风险管理三大工具的运用结果，定期考核、评价所关注业务、单位的操作风险情况以及操作风险管理工作开展情况与管理效果。操作风险管理考核体系应体现过程考核与结果考核相结合的原则，通过考核指标的设置，帮助员工明确操作风险管理的理念和原则，了解操作风险管理的流程、工具、方法以及潜在风险点，强化员工的操作风险管理意识。

证券公司可以根据自身所处操作风险管理的不同阶段来设定过程考核与结果考核的权重。例如，在操作风险管理体系建设初期，证券公司应采取措施鼓励全员及时、全面、主动报送操作风险损失事件，处罚迟报、漏报、错报等现象，及时发现工作中的薄弱环节和漏洞并采取改进措施，逐步强化全员的操作风险管理意识。

四、新业务新产品的操作风险管理

巴塞尔委员会于2003年发布的《有效操作风险管理准则》（以下简称《准则》）及其修订稿，均对金融机构新产品、新业务的操作风险管控提出要求。《证券公司全面风险管理规范》与《证券公司创新业务（产品）专业评价工作指引》也对证券公司新产品、新业务的操作风险管控提出要求。监管机构对新产品、新业务的管理要求主要集中体现在组织建设、运行机制、风险管理三个方面。

（一）组织建设

《准则》中要求董事会需审查风险管理框架中是否充分考虑新产品、新业务所带来的来自外部市场变化和其他环境因素引起的操作风险，同时要求高级管理层需对新产品、新业务设置风险评估及审批流程，并采取相关管控措施对操作风险进行管控。

《证券公司全面风险管理规范》中要求证券公司需明确董事会、经理层、相关业务部门、分支机构和风险管理部门应当充分了解新产品、新业务的运作模式、估值模型及风险管理的基本假设、各主要风险以及压力情景下的潜在损失。

（二）运行机制

《准则》中要求制定相关政策、流程，以固化新产品、新业务活动、流程、系统相关审查批准过程。《证券公司全面风险管理规范》中要求证券公司需出台明确制度并规定流程运作程序，规范新产品、新业务风险管理工作。《商业银行金融创新指引》规定银行需制定金融创新发展战略及与之相适应的风险管理政策，并监督战略与政策的执行情况，制定与各类业务相适应的操作规程、内部制度和客户风险提示等，要求商业银行应制定和完善金融创新产品与服务的内部管理程序，至少应包括：需求发起、立项、设计、开发、测试、风险评估、审批、投产、培训、销售、后评价和定期更新各个阶段。

（三）风险管理

《准则》要求风险管理应综合考虑新产品、新业务的固有风险及新产品、服务或活动中固有的风险；《证券公司全面风险管理规范》中明确要求新产品、新业务投产前，应当经风险管理部门评估并出具评估报告。《商业银行金融创新指引》要求将金融创新活动的风险管理纳入全行统一的风险管理体系，并要求风险管理委员会将金融创新活动风险和其他传统业务风险进行统一管理，制定恰当的风险管理程序和风险控制措施。

一直以来，新产品、新业务都被视为操作风险的高发领域和管理的薄弱环节，且新产品、新业务运作过程中发生的操作风险事件，可能直接引发信用、流动性等方面的危机。因此，证券公司应重视新产品、新业务的操作风险管理。

从 2021 年行业调研情况看，各公司均已明确新产品、新业务的评审组织，包括：合规、风控、财务、运营等部门联合评审（占比 34.5%）；风险管理委员会进行评审（占比 20.7%）；产品委员会评审（占比 13.8%）；相对固定的评估小组评审（占比 20.7%），个别公司通过总裁办公会等形式评审。各公司新业务管理流程存在一定差异，整体上对验收、回顾方面要求较少，其中，13.8% 的公司实施评审、验收、回顾；17.2% 的公司实施评审、验收；65.5% 的公司仅进行新业务评审。20.7% 的公司反馈重大业务创新或需董事会授权的业务，可能提交董事长或董事会审批。子公司新业务方面，44.8% 的公司将子公司新业务纳入母公司审批范畴；20.7% 的公司仅对子公司经营产生重大影响或高风险类新产品、新业务进行审批，其他采取报备形式；27.6% 的公司仅要求子公司报备新业务评审情况。

从管理范畴上，新产品、新业务的管理既包括新产品、新业务涉及的操作风险，也包括已有业务流程和信息系统等可能因新产品、新业务引发的操作风险。

在管理流程上，证券公司应建立针对新产品、新业务的判定、评审、验收和回顾等全流程管控，并在此过程中持续识别和评估新产品、新业务涉及的操作风险，完善相应的管控机制和措施。此外，证券公司可在新业务评审阶段，提出操作风险专项识别与评估的要求。

第四节 操作风险案例解析

一、案例一："光大证券乌龙指"事件

2013 年 8 月 16 日 11 时 05 分，光大证券在进行 ETF 申赎套利交易时，因程序错误，其所使用的策略交易系统以 234 亿元巨量申购 180ETF 成分股，实际成交达 72.7 亿元，引起沪深 300、上证综指等大盘指数和多只权重股短时间内大幅波动。这被称为"光大证券乌龙指"事件。

（一）事件背景

2011 年以来，随着中国证监会发布的《关于证券公司证券自营业务投资范围及有关事项的决定》开始施行，多家国内券商开始进行量化投资，光大证券于 2011 年将原先的金融衍生品部调整为策略投资部，定位于基于量化对冲的风险中性交易部门。策略投资部的业绩骄人、发展迅速，但该部门长期没有纳入公司的风控体系，技术系统和交易控制缺乏有效管理。

2013 年 6 月至 7 月，光大证券策略投资部自营业务使用的策略交易系统开发完成，7 月 29 日开始实盘运行。但其与风险管理等部门的冲突却时有发生，长期以来只依赖本部门进行交易、IT 等层面风控。

2012 年下半年，为提高交易速度、频率，营造自身核心竞争力，光大证券策略投资部通过自制和外购，形成一套"铭创高频交易投资系统"。该系统订单生成部分由光大证券自制，订单执行部分由供应商上海铭创软件技术有限公司（以下简称"铭创"）提供。2013 年 6 月至 7 月，系统进行了上线前的仿真测试，光大证券及铭创项目组各有两名员工参与。2013 年 7 月 29 日，策略交易系统开始实盘运行。

（二）事件经过

2013年8月16日11点05分，中国股市惊现多只权重股瞬间出现巨额买单，上证指数突然大幅拉升，中石油、中石化、工商银行、中国银行在内的数十只权重股瞬间涨停。大量权重股瞬间被一两笔大单大幅拉升之后，随后又跟着涌现出大批巨额买单，带动股指和其他股票上涨，有多达71只权重股瞬间上涨幅度达到涨停限制。

后查明实际情况是：8月16日上午，光大证券策略投资部交易员进行了三组180ETF申赎套利，前两组顺利完成。11时02分，交易员发起第三组交易，按计划开展ETF套利交易，部门核定的交易员当日现货交易额度为8000万元，并在交易前由审核人员进行了8000万元的额度设定。上午9点41分、10点31分和11点02分，交易员先后通过套利策略订单生成系统发出三组买入180ETF成分股的订单，理论委托金额合计不超过550万元。然而光大证券ETF套利系统出现错误，第三次180ETF套利下单时，交易员发现涉及的171只权重股票买入订单中有24只未能成交，个股申报不成功，就想尝试使用“重下”的新功能自动补单，便向程序员请教。程序员在交易员的电脑上演示并按下“重下”按钮，使存在严重错误的程序被启动，补单买入24只股票被执行为“买入24组ETF一篮子股票”，并报送至订单执行系统。

错误生成的订单中先后有234亿元订单陆续通过校验进入上交所系统等待成交。直到先成交订单的成交结果返回到订单执行系统、账户资金余额实时校验显示为负时，订单执行系统的账户可用资金额度校验才发挥作用。

进入上交所系统的234亿元市价委托订单中，有72.7亿元实际成交，其余161.3亿元订单被上交所交易系统根据预先设定的“最优五档即时成交剩余撤销”的规则自动取消。

光大证券在异常交易事件发生后，根据公司《策略交易部管理制度》中关于“系统故障导致交易异常时应当进行对冲交易”的规则，开始卖空IF1309股指期货合约（截至中午休市卖空253张），并向部门负责人汇报。

同时，光大证券接到上交所问询，开始内部核查。

公司相关管理人员召开紧急会议。由于当天增加了72.7亿元股票持仓，为最大限度减少风险暴露和可能的损失，公司需要降低持仓量，但当天买入的股票只能在T+1日实现卖出。可行的做法是尽量将已买入的ETF成分股申购成ETF卖出，以实现当天减仓，也可以通过卖出股指期货来对冲新增持仓的风险。为此做了如下处置安排：对上午发生的事件所形成的过大风险敞口，尽量申购成ETF直接卖出；对于因ETF市场流动性不足而不能通过申购ETF卖出的持仓部分，逐步使用股指期货卖出合约进行全额对冲。

下午开盘后，策略投资部开始通过将已买入的股票申购成50ETF以及180ETF在二级市场上卖出，同时，逐步卖出股指期货IF1309、IF1312空头合约，以对冲上午买入股票的风险。据统计，截至下午3点收市，当日光大证券将18.5亿元股票转化为ETF卖出，并卖空7130手股指期货合约。策略投资部总共卖出50ETF、180ETF金额约18.9亿元，累计用于对冲而卖出的股指期货合约共计6877张，其中IF1309、IF1312空头合约分别为6727张和150张，加上上午卖出的253张IF1309空头合约，全天用于对冲而新增的股指期货空头合约总计为7130张。

随着光大证券自我保护式的卖出操作，以及投资者在得知真相后信心受到打击，指数逐级回落，至收盘沪深300指数收跌0.75%，盘中震荡5.52%。

这就是著名的“光大证券乌龙指”事件。光大证券于8月18日发布公告，称当日盯市损失约为1.94亿元人民币，之后在9月2日的公告中披露受到中国证监会的相应处罚：没收公司ETF相关内幕交易违法所得1307万元，并处以违法所得5倍的罚款；没收公司股指期货内幕交易违法所得7414万元，并处以违法所得5倍的罚款。上述两项罚没款共计52328万元，同时停止光大证券从事证券自营业务（固定收益证券除外）3个月，暂停审批光大证券新业务，责令光大证券整改并处分有关责任人员，并将整改情况和处理结果报告中国证监会。

（三）主要成因分析

“光大证券乌龙指”事件主要反映出以下问题：

1. 创新业务风控不足

“光大证券乌龙指”事件发生在业务创新转型过程中。光大证券积极发展基于对冲的风险中性业务，但长期以来只依赖策略投资部自我控制，没有纳入公司的风控体系。

风控部门认为这主要是策略投资部负责人的原因，策略投资部业务活动事先不与风险部沟通，要求策略投资部提供数据时存在较大困难。而其时策略投资部负责人认为，团队的专业性超出了公司风控等相关部门的能力范围。上述原因导致相关光大证券其时在创新业务的IT、风控等方面出现衔接和协作问题，风控等相关部门未能参与相关创新业务风险的梳理评估、运行监控等环节。

2. 程序设计错误且未经充分验证

据中国证监会的调查报告，光大证券策略投资部使用的“铭创高频交易投资系统”，包括订单生成系统和订单执行系统两个部分，均存在严重的程序设计错误。其中，订单生成系统中ETF套利模块的“重下”功能，在设计时错误地将“买入个股函数”写成“买入ETF一篮子股票函数”。订单执行系统错误地将市价委托订单的股票买入价格默认为“0”，系统对市价委托订单是否超出账户授信额度不能进行正确校验。

此外，由于策略投资部长期脱离于公司风控体系，导致技术系统和交易控制缺乏有效管理。订单生成系统中ETF套利模块的设计由策略投资部交易员提出需求，然后由程序员一人开发和测试。策略交易系统于2013年6月至7月开发完成，7月29日实盘运行，至8月16日发生异常时实际运行不足15个交易日。由于“重下”功能从未实盘启用，而使严重的程序错误未被发现。

（四）风险管控建议

1. 加强新业务的风险管控

证券公司应充分识别和评估新业务涉及的操作风险，通过在评审阶段纳入风控、合规、信息技术、战略、资金、财务等部门，把风险管理的端口前移，以便业务部门和中后台管理部门能在业务开展前充分沟通，协同制定风险管理框架和措施。特别是，证券公司可借助新业务评审、业务系统上线等契机，开展专项操作风险识别与评估，全面评估问题、梳理风险。

2. 完善系统需求管理与开发上线机制

根据《证券基金经营机构信息技术管理办法》，证券基金经营机构借助信息技术手段从事证券基金业务活动的，应当在业务系统上线时，同步上线与业务活动复杂程度和风险状况相适应的风险管理系统或相关功能（以下统称“风险管理系统”），对风险进行识别、监控、预警和干预。参考这一监管思路，建议证券公司风控、合规等部门可在IT系统立项阶段参与评估，与业务部门沟通完善配套的风控系统或功能（包括需具备的风控参数设置、限额设置功能等）。系统上线前，除由信息技术部门和业务部门共同参与测试验收外，风控、合规等部门可对风控需求的落地情况进行核实；如涉及交易系统风险控制参数的，应加强交易系统风险控制参数管理，使之符合业务授权、限额等的要求。此外，如涉及系统实盘运作的，应明确实盘运作的最小时长、启用前的标准和程序等。

二、案例二：三菱新加坡子公司员工未授权交易

（一）事件经过

2019年9月，日本三菱公司（Mitsubishi Corp）发布声明称，其新加坡子公司Petro－Diamond Singapore（以下简称“PDS”）因一名交易员私自进行原油及原油衍生品交易，产生3.2亿美元巨额损失。

据悉，PDS在该名交易员缺勤期间，发现其自2019年1月以来一直从事未经授权的衍生品交易，并伪装成对冲交易。由于其私自操纵PDS风险管理系统中的数据，使得衍生品交易看似与PDS客户的实际交易相关联，因此直至2019年7月油价下跌、衍生品交易出现巨大亏损，PDS方才调查发现这一事件，同时迅速平仓。

2019 年 11 月，三菱称经过进一步调查，该名交易员未授权交易所造成的损失可能占三菱整个财年预期利润的 6%，并宣布关闭 PDS。

（二）主要成因分析

1. 交易流程与控制不健全

交易员私自进行衍生品交易长达 8 个月，未有其他岗位（如交易主管、风控人员）介入并发现，反映出 PDS 在交易审批、重大及异常交易情况监控等环节可能存在流程设计、控制执行等问题，以至于在交易出现巨额亏损时，才引起关注。

2. 数据治理及流程、权限管控存在缺陷

未授权交易看似与 PDS 客户的实际交易相关联，在于交易员可操纵风险管理系统数据，这反映出 PDS 对自营、代客交易的簿记、限额等数据未作有效区分和隔离，在数据修改权限的分配、修改记录的复核生效、敏感权限使用情况的审计等方面均存在漏洞。

3. 缺乏有效的监督检查机制

多数未授权交易发生的成因之一，是公司内未建立行之有效的定期检查机制，或独立第三方检查流于形式。

（三）风险管控建议

第一，持续梳理业务流程及风险点（尤其是业务模式较新、流程较复杂、系统化水平较低、风险事件发生较多的业务），对关键岗位应通过岗位分离及复核、强制休假、定期轮换等方式，对业务情况应通过限额审批、监控等方式，明确岗位职责和管控措施，及时识别异常情况。

第二，加强数据权限管控，数据访问、修改等权限分配应遵循“最小权限原则”，并确保不相容岗位人员的权限明确分割，并可借助流程设计、系统内嵌规则校验等手段，及时发现数据不真实、不准确等行为。

第三，结合日常获取的业务监控、预警等信息，开展定期常规检查或不定期专项检查，还可考虑利用日志审计等方式，发现系统使用过程中的异常行为（如数据篡改、频繁登录等）。

第六章

声誉风险管理

第一节　声誉风险管理概述

声誉作为证券公司培育积累的无形资产，不仅是其核心竞争力的构成要素，也是确保可持续发展能力的重要战略资源。由于证券行业的特殊性，投资者、客户及其他利益主体往往基于证券公司的商业信誉和声誉选择服务机构，所谓“信心比黄金更宝贵”，因而加强证券公司声誉风险管理，培育和维护证券公司及行业的良好声誉具有重要的战略意义。

为引导证券公司有效管理声誉风险，完善全面风险管理体系，防范证券从业人员道德风险，维护证券行业形象和市场稳定，在中国证监会指导下，中国证券业协会于 2019 年起深入开展专题研究，积极探索有效的声誉风险管控机制，并在借鉴境内外金融监管实践的基础上，广泛征求行业意见，起草了证券行业专项声誉风险管理指引。2021 年 10 月，《证券公司声誉风险管理指引》（以下简称《指引》）正式落地实施。

随着互联网的飞速发展和广泛应用，媒体传播已步入全新时代，舆情信息呈现出多元化、传播性强、交互性高、可控性弱等新特点，这也使舆论环境越发复杂。当前证券行业在机构规模及业务高速发展和舆论环境愈发复杂的背景下，如何有效应对新舆论环境中的声誉风险，已成为全行业重要课题；同时，证券公司的声誉风险管理及处理舆情危机的能力也迎来了新考验。

本章着重从声誉风险舆论环境变化、声誉风险管控要求、声誉风险事件影响因素分析，并对近年公共媒体信息平台①上曝光的典型声誉风险案例进行梳理，分析主要声誉风险事件发生经过、舆情变化及应对情况，总结经验教训，为行业声誉风险管理提供指导。

① 公共媒体信息平台：面向公众，提供信息服务的平台，包括平面媒体、网站等传统媒体以及微博、微信、今日头条、百家号等新媒体平台。

第二节　声誉风险舆论环境和管理现状

一、舆论环境变化

随着互联网技术飞速发展，网络媒体突破了时间、空间的限制，信息传播速度显著加快，这也意味着网络舆情事件一旦发生，其传播范围、传播速度及舆情影响将迅速扩大，造成事件主体声誉受损。

同时，微博、微信、短视频和各类资讯客户端等开放性平台的出现，增加了信息传播自由度，而个体所具备的思想认识存在较大差异，对事件的信息掌握不全面，对事物的理解也各有不同，一旦发生网络舆情事件，各方表达的观点往往千差万别，给舆情的应对与处置工作带来极大挑战。

此外，开放性平台加速了自媒体账号数量的增加，个别账号为了博取关注，使用片面、过激措辞吸引流量，导致舆论快速成为热点话题，进一步增加了企业舆情处置难度；个别谣言及缺乏事实依据的猜测性传播甚至严重误导公众，波及行业声誉受损。

近些年，我国金融行业快速发展，证券市场投资者数量不断增长，截至 2022 年 7 月末，证券市场投资者数量已达 20737.12 万①，证券市场的受关注程度日趋提升。虽然监管层不断完善市场制度、细化从业人员执业要求，但因从业人员风险意识存在个体差异，部分工作人员风险意识淡薄，导致负面事件时有发生，而舆论环境的变化，则加剧了负面事件被扩散和传播的可能。据统计，2020 年 1 月至 2022 年 6 月，主要网络平台热搜榜及话题排行榜的证券行业负面事件近 70 起。

二、声誉风险管理发展情况

随着证券行业规模的扩张，证券公司产品日益多样化、复杂化以及金

① 资料来源：中国结算，http：//www.chinaclear.cn/zdjs/tjyb1/center_ tjbg.shtml。

融市场全球化趋势不断发展，在新时期资本市场形势下，世界各国因金融机构声誉风险导致经营困境甚至金融危机的事件时有发生。2008 年全球金融危机中，声誉风险在不同机构和市场间的传播加剧了危机蔓延，暴露了金融行业在声誉风险冲击下的脆弱性。相比其他风险类别，声誉风险具有不可预测性、次生性、交互性和强传导性等特征，对证券公司的影响更为深远，证券公司声誉风险管理日趋重要。

（一）声誉风险管理成为金融机构风险管理体系的重要组成部分

各国金融监管部门不断强化对声誉风险的监管，出台了一系列相关监管措施，特别是2008 年全球金融危机后，各国金融监管部门对声誉风险管理的重视程度进一步提升，声誉风险管理已成为金融机构风险管理体系的重要组成部分。

美国金融监管部门将声誉风险作为评估风险的基本指标，英国、加拿大金融监管部门以及我国香港特别行政区金融管理局也要求金融机构将声誉风险管理作为有效风险管理架构的重要组成部分①。以中国香港金融监管局的监管指引《Supervisory Policy Manual》② 为例，其对声誉风险管理进行了较为全面而细致的规定，包括对声誉、声誉事件、声誉风险、声誉风险管理过程及利益相关者进行了界定；对声誉风险起源、主要驱动因素及关键管理要素进行了阐述分析；突出公司治理在声誉风险管理中的作用，对声誉风险管理涉及的风险识别、评估控制、监测报告、早期预警、沟通披露、独立评审等进行了规范，以及对声誉风险监管的目标、程序及评估方法等进行了说明。

2016 年 12 月，中国证券业协会修订发布了《证券公司全面风险管理规范》，从总体框架上对证券公司开展声誉风险管理提出了基本要求，我国证券行业声誉风险管理制度建设正式拉开帷幕。2021 年 10 月，在中国

---

① 陆岷峰，潘晓惠．商业银行声誉风险管理的国际经验借鉴与思考［J］．金融发展研究，2010（5）．

② https：//www. hkma. gov. hk/chi/regulatory - resources/regulatory - guides/by - subject - current/reputation - risk/.

证监会指导下，中国证券业协会编制的证券行业专项声誉风险管理指引——《证券公司声誉风险管理指引》（以下简称《指引》）正式落地实施。

2021 年 5 月，中国证监会主席易会满在中国证券业协会召开的第七次会员大会上多次提及声誉相关内容，也是监管层首次在证券行业提及“声誉资本”，体现了监管机构对证券行业声誉风险管理的高度重视和要求。

2022 年 5 月，中国证券业协会发布《证券行业诚信准则》[①] 和《证券行业执业声誉信息管理办法》[②]，深入推进“合规、诚信、专业、稳健”行业文化建设，探索完善诚信管理和声誉自律机制，要求机构和工作人员应当注重声誉风险管理，遵守社会公德，避免发生违反公序良俗、损害行业声誉的行为，推动行业形成诚信约束、声誉约束、自律约束、规则约束，构建尊崇信义、崇尚专业、忠实责任、珍惜声誉的行业生态。

（二）《指引》为证券行业声誉风险管理进行了全面规范及指导

《指引》共包括五章共三十五条，主要内容可概括为如下几个方面：

第一，首次明确了证券行业声誉风险、声誉事件和重大声誉事件的定义。声誉风险是证券经营机构行为或外部事件及其工作人员违反廉洁规定、职业道德、业务规范、行规行约等相关行为，导致投资者、发行人、监管机构、自律组织、社会公众、媒体等对证券公司形成负面评价，从而损害其品牌价值，不利其正常经营，甚至影响到市场稳定和社会稳定的风险。声誉事件是指引发证券公司声誉风险的相关行为或事件。重大声誉事件是指造成证券公司重大损失、证券行业声誉损害、市场大幅波动、引发系统性风险或影响社会经济秩序稳定的声誉事件。

第二，明确声誉风险管理的总体原则。《指引》要求证券公司声誉风险管理应遵循全程全员、预防第一、审慎管理、快速响应的总体原则。基于声誉风险的特殊性，证券公司及其子公司、比照子公司管理的各类孙公

① 《证券行业诚信准则》自发布之日起实施。

② 《证券行业执业声誉信息管理办法》自 2022 年 9 月 1 日起生效。

司应主动识别并防范声誉风险，提升对声誉风险管理的预见性，审慎评估和判断声誉风险及声誉事件，及时主动应对和报告声誉风险事件。

第三，明确声誉风险管理架构及职责。《指引》明确了需建立包括董事会、监事会、经理层、各部门、分支机构及子公司在内的声誉风险管理架构及各层级职责。证券公司董事会承担声誉风险管理的最终责任，经理层对声誉风险管理承担主要责任，首席风险官牵头负责声誉风险管理工作。同时，要求证券公司应设置新闻发言人以及建立统一管理的媒体沟通机制。此外，证券公司应当设立或指定部门或团队牵头负责声誉风险管理工作。

第四，明确声誉风险管理的各领域全覆盖机制和管控流程。《指引》要求证券公司建立有效的声誉风险管控机制，强调声誉风险管理横向各领域广度管控要求、纵向全流程深度管控要求。其中，横向要求证券公司应在战略规划、公司治理、业务运营、信息披露、工作人员行为管理等经营管理的各领域充分考虑声誉风险，纵向要求证券公司建立对声誉风险识别、评估、控制、监测、应对和报告等全流程环节的管控机制。特别是，《指引》明确要求证券公司建立事前评估机制，这也与预防第一的风险管理原则相匹配，并根据评估结果采取相应的风险控制措施和应急机制，明确舆情信息的监测、风险事件的分级分类和报告处置流程，以及明确证券公司对外披露声誉事件的审核要求及媒体沟通机制建立要求。同时，随着近年来证券行业发生的因工作人员引起的声誉事件逐渐增多，对证券公司自身声誉及行业形象产生了一定负面影响，因而，加强对工作人员声誉约束和评价机制对证券公司及证券行业的声誉风险管理日趋重要，《指引》特别明确了证券公司应建立工作人员声誉约束及评价机制，包括制度要求、管控部门、人力资源管理、信息登记以及内控和监督管理等方面。

第五，《指引》明确了中国证券业协会对证券公司及其工作人员的声誉风险管理情况进行评估、监督、检查，并对违反相关要求的证券公司及工作人员采取自律管理措施或纪律处分。

第三节　声誉风险事件影响因素

随着证券行业舆论关注度的提升，不少证券行业事件经由媒体、公众及利益方的推动变成网络平台热议话题。参考《指引》第十八条关于引发证券公司声誉风险的主要驱动因素，将 2020 年 1 月至 2022 年 6 月主要公共媒体信息平台热搜榜及话题排行榜的证券行业约 70 起负面事件进行分类划分（见图 6－1），其中由证券公司工作人员出现不当言行及业务违规引发的声誉风险事件占比最高，两者合计占比过半；由于证券公司内部控制设计、执行及系统控制不到位引发的相关声誉风险事件位列第三，占比 14%；由证券公司股权结构变动及核心人员变动引发的声誉风险事件占比 13%。

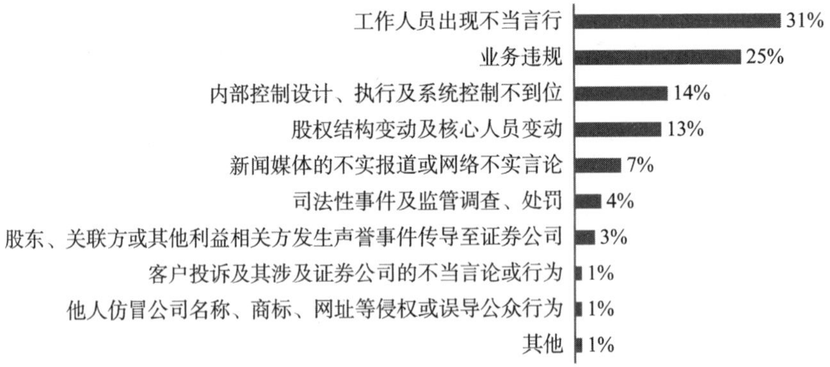

图 6－1　证券公司声誉风险驱动因素分布

从舆情传播情况看，由工作人员的个人不当言行引起的证券公司声誉风险事件，尤其是发生在公开场合或者社交平台的，形成舆情热点的概率更高；业务违规相关舆情则集中曝光于利益方回应、监管处罚正式披露之后，传播周期相对较短。

从舆情变化情况和影响看，传播内容、传播效度、背景环境则是影响声誉风险等级的重要因素（见图 6－2），这也要求证券公司需搭建满足声誉风险管理需要的信息系统或采取相应手段进行舆情监测与研判工作，依据影响范围和严重程度对监测出的声誉事件进行分级分类管理，加强对声誉风险的发生原因、影响程度、发展变化的分析和预测，及时主动应对和报告。

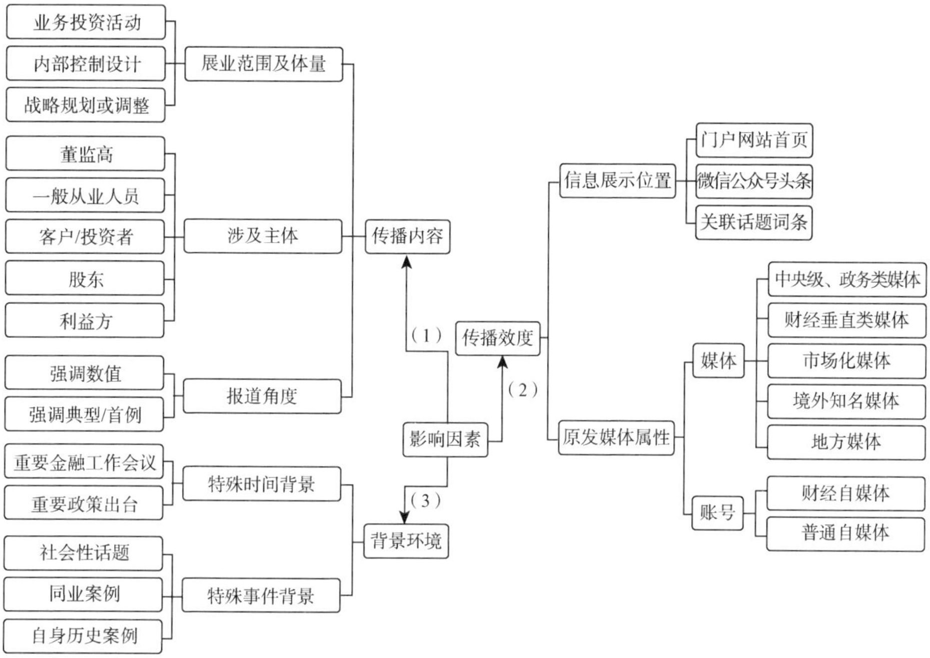

图 6－2　舆情演变的主要影响因素

注：基于 2020 年 1 月至 2022 年 6 月证券行业主要敏感舆情以及负面典型案例的舆情演变过程中的影响因素整理。

一、传播内容

证券公司展业范围、体量和涉及主体决定了事件报道的延展性，也是事件有无传播价值的重要依据，所以当负面事件的舆情曝光后，首先，应该从公司经营活动范围、事件涉及主体等角度判断舆情是否存在发酵的可能；其次，报道角度、报道内容侧重点也是影响舆情扩散传播的重要因素。

从展业范围和体量看，如果曝光内容是内部控制设计、执行及系统控制的重大缺陷，可能影响公司部分展业，尤其对于展业范围广、业务规模大的证券公司影响更大，并可能造成风险外溢，该类内容因潜在风险大而被外界重点关注，整体曝光量较高。此外，如涉及业务为近期监管重点关注领域，一旦有负面曝光，也极易被放大报道。

从事件涉及主体看，公司高管和一般从业人员是证券公司声誉风险事件中最常涉及的主体。董监高作为公司的关键管理人员，其职务的重要性决定了社会舆论对其赋予了更高的期待。董监高人员的不当言行一旦曝光，轻则有损公司形象，重则影响公司业务的持续有序经营甚至行业声誉，而由此引发的舆情危机可能造成客户流失、股价下降及监管关注。

报道角度方面，首先，事件中如涉及各类数值，因直观、可比较等原因极易吸引公众视线，经常被媒体强调报道，一些关于股市点位的具体数字预测通常因缺乏审慎思考而引发市场负面情绪，令从业人员的专业性、严谨性受到质疑；“首个”“首次”等表述也非常容易引起舆论关注，可能在短期内被集中转发，一些顶格处罚、超大额罚单事件也极易成为新闻热点，被大量传播，引发声誉风险。

二、传播效度

在媒体、自媒体账号井喷式增长的背景下，信息展示位置、关联话题词条、原发媒体属性等也成为判断负面事件潜在声誉风险的重要依据。

信息展示位置如果是网站首页、微信公众号头条推送，或者是关联到话题词条，则会增加被扩散的概率。此类舆情在监测过程中，证券公司除了要关注转发量、阅读数、评论数等指标外，还应注意评论内容的情绪变化，视情况适当调整事件风险等级。

不同类型媒体的受众人群不同，不同等级媒体的公信力和权威性也存在差异，因而事件发酵过程中，原发媒体属性也是判断舆情是否会扩散的重要依据。首先，中央级、政务类媒体发声很可能成为舆论转向的重要转折点，因而在负面事件发生、舆情发酵过程中，应给予高度关注，如带有批判性则需要视具体情况提升风险等级。其次，财经垂直类媒体作为证券公司新闻重要输出方，需要重点关注其在事件进展过程中的报道立场。再次，市场化媒体需要关注报道是否涉及众多信息串联加工，警惕事件敏感点被放大或者与其他负面事件相关联。另外，在金融业双向开放背景下，境外媒体也成为市场资讯的来源之一，但由于文化差异以及信息来源不确定等因素，此类消息可能存在误导性解读，也需引起高度重视。自媒体方面，头部财经自媒体号具有庞大的粉丝基础，且粉丝黏性较强，因而其观点极易成为社交平台的舆论方向，证券公司对于此类账号发文需保持关注。

三、背景环境

某些特定背景下，社会公众情绪可能被舆论放大，主要包括特殊时间背景、特殊事件背景等。

特殊时间背景方面，如重要金融工作会议前后，外界对金融市场信息高度聚焦，一些较小的负面事件也可能被报道而升级成声誉风险，证券公司需扩大舆情内容监测范围。又如重要政策出台后，媒体对规范文件的执行情况往往会跟进报道，证券公司应加强相关声誉风险的排查。再如，如行业重要奖项评选前后，舆论关于相关事件的关注度显著提升，一些历史事件也有可能再度被翻出引发次生舆情风险，证券公司有必要提高对相关事件的舆情监测，并强化内部合规管理。

特殊事件背景方面，如社会性话题，个别涉及违背公序良俗的不当言行，由于公众对此类行为有明显的负面情绪表达，所以一旦曝光就有可能快速演变成全民热议话题，需特别关注舆论变化，以便及时调整应对方案。又如同业案例，对比自身负面事件与同业事件是否具有共性，如果同业同类舆情事件已经让社会公众负面情绪积聚，则需重点关注个别媒体的关联性报道，防止事件影响被放大。再如自身历史案例，对于某些自身频繁出现的问题，要加强监测，关注深度分析文章，避免衍生其他负面评价。

第四节 声誉风险管理流程

《指引》要求证券公司应建立并持续完善声誉风险管理制度和机制，在战略规划、公司治理、业务运营、信息披露、工作人员行为管理等经营管理各领域充分考虑声誉风险，从识别、评估、控制、监测、应对、报告等环节实施声誉风险的全流程管控。

本节分别从事前、事中、事后三阶段阐述声誉风险管理流程。但防范舆情危机的发生和声誉风险管理是个复杂的系统性工作，尤其在新的媒介环境、行业发展背景下，影响证券行业声誉风险的因素复杂多样，舆情环境更是呈现出复杂多变的特征，如何有效管理证券行业声誉风险仍任重而道远。

一、事前防范

证券公司需充分认识到事前防范管理是声誉风险管理的核心内容，需持续提升风险防范机制，做到关口前移、以防为主，加强员工言行管控，及时排查发现潜在的声誉风险隐患，做好提前干预、应对及源头治理。

（一）搭建有效机制，明确职责分工

《指引》第二章明确了证券公司要搭建有效的声誉风险管理组织架构，并明确董事会、监事会、经理层、各部门、分支机构及子公司等各个层级在声誉风险管理中的职责，从员工管理、舆情收集、分析梳理、目标设定、方案确定、执行落实到结果反馈，每一个环节都要衔接到位，责任到人，为有效预防、及时处理声誉风险事件提供机制保障。

（二）加强全员宣导，提升防范意识

《指引》第十五条、第二十八条明确了证券公司应培育全员声誉风险防范意识，并把好选人用人质量关，要求全体工作人员主动维护、巩固和

提升公司声誉，遵守《证券行业诚信准则》《证券公司董事、监事、高级管理人员及从业人员管理规则》的要求，在业务开展中，合规展业，廉洁从业，勤勉尽责，言行一致，履约践诺，保守国家秘密、商业及个人隐私，自觉抵制违法违规失信行为；在个人生活中，遵守社会公德，不发生违反公序良俗的行为，不发表不当言论。

证券公司需要通过常态化宣导机制提高员工思想认知，强化积极正面的文化引导，将廉洁从业、道德品行、历史声誉情况等作为员工奖励提拔的重要参考指标，通过树立标杆楷模，激励员工追求踏实工作、健康生活的价值取向，把正面的价值观引导贯彻到员工及其家庭的各个方面，使员工及家属能够主动自觉地做好言行管理，也能够对导致行业和公司潜在声誉风险的事件保持警觉，避免引发不必要的危机。

（三）加强舆情监测，完善预警机制

随着互联网的迅速发展，网络舆情发生的数量和危害程度不断上升，社交平台也正在成为证券公司舆情发生、发酵的重要源头。《指引》第二十四条要求证券公司应搭建满足声誉风险管理需要的信息系统或采取相应手段进行舆情监测与研判工作。因而，证券公司需要加强对全媒体渠道尤其是社交平台的监测、跟踪，建立敏锐的预警反应机制，及时准确地监测、掌握自身舆论走向，为舆情处置提供有效依据和保证。

（四）做好风险研判，制订应对预案

全面、准确、客观地研判分析是舆情应对的必要环节。《指引》第二十四条要求证券公司应依据影响范围和严重程度对监测出的声誉事件进行分级分类管理。对于监测到的各类信息，相关人员可以结合以往舆情的发展规律，做出初步的风险识别，拟订相应的舆情防控方案，为舆情处置和化解风险做好系统性的准备，一些容易衍生舆情风险的信息应及时传达至相关业务人员，保证信息对称，也便于快速还原事件真相，确保突发情况下声誉事件管控的及时性和有效性。

（五）推进官方自有平台的建设，发布正面信息

《指引》第二十三条要求证券公司应建立统一管理的媒体沟通机制，

规范向媒体发布信息的授权、审核、发布流程，及时对外发布和沟通公司观点和立场，澄清虚假、失实信息，避免误报、误读等不实信息在公众舆论环境中的扩散和升级。但从市场典型案例可以发现，更多情况下，舆情事件发酵后，证券公司还是被动地回应媒体、对外发声。

同时，《指引》第十三条明确要求证券公司应推进官方平台建设，运用多种媒介形式推动公司正面、客观信息的主动传播。而随着渠道发展，除官方网站外，官方微博、微信公众号以及客户端正在成为公司对外发声的重要渠道，这些平台能及时有效地传递公司信息并接受公众反馈，让公众切实感受到公司态度。证券公司应重视自身官方平台的建设，利用这些渠道推动公司正面、客观信息的主动传播，塑造好形象，也为舆情处置增加发声渠道。

二、事中处置

参考市场典型案例的舆情发展过程，公司的表态、回应或者是媒体、利益方发声往往是改变舆论方向、引导公众情绪的重要影响因素，所以在舆情开始发酵后，证券公司须积极把握时间窗口，最大限度地集中资源，快速决策，系统部署，有力执行，遏制舆情扩散，降低事件影响。

（一）及时启动应急预案

舆论发展过程往往是瞬息万变的，当发现舆情有演变成声誉风险的可能性时，应立即启动应急方案。《指引》第二十一条明确证券公司应制定声誉风险应急机制及相关要求；第二十五条、第二十六条要求证券公司应根据声誉事件分级分类结果，明确相应的报告、决策和处置流程，重大声誉事件或可能引发重大声誉事件的行为发生后，要求指定高级管理人员牵头统筹，及时启动应急预案，调查核实情况，统一口径，确定应对策略等。证券公司应用动态的眼光看待舆情，密切关注舆情传播过程中媒体属性、传播方式、发酵路径的变化，一旦有明显扩散性争议舆论出现，有必要及时调整应对措施。

（二）警惕舆论被自媒体账号错误引导

发生舆情事件初期，在证券公司未及时表态或者有效解决问题前，一些自媒体账号通过拼凑、组合历史事件引导舆论持续恶化，加剧证券公司对舆情事件的处置难度。《指引》第二十二条、第二十三条明确证券公司在处置过程中应保持充分警惕，对外部舆论进行分析研判，对虚假、不实或不完整信息及时澄清，避免误报、误读等不实信息在公众舆论环境中的扩散和升级。对于恶意造谣、歪曲事实，造成了舆论扩散、影响市场稳定的行为，证券公司应及时启动法律程序，明确公司立场，平息事态发酵，降低事件影响。

（三）做好各方沟通和问题解决

参考市场典型案例，证券公司回应对象主要涉及媒体、利益方、社会公众三类主体。针对媒体，证券公司可以通过权威媒体的公信力和权威性澄清事态以遏制负面舆情发酵；针对利益方，证券公司可以通过友好协商以达成统一意见；针对社会公众，证券公司应重视公众的情绪和意见反馈，及时披露事件进展，以平复公众情绪，引导市场情绪回归理性。

三、事后改进

在国内外经济环境发展变化、智能时代新科技的发展和应用不断推陈出新的背景下，证券公司声誉风险管理形势不断变化，管理的难度和压力持续上升，这就要求我们需基于风险管理形势的变化趋势并结合市场声誉风险事件案例，深入反思，总结经验，持续改进和优化声誉风险管理机制。

（一）总结经验规律，持续优化完善工作机制

风险防范和舆情处置工作机制的建立是一个长期的工作。舆情风险处置结束后，证券公司应加强舆情风险处置经验总结和规律研究，《指引》第二十五条明确要求对引发声誉事件的问题进行有效整改。

证券公司应推广应用处理声誉风险事件的典型措施和先进经验，一方

面注重形成正面的司风，强化对员工文化价值观、合规执业、职业道德等方面的培训，深化员工对金融工作政治性、人民性的理解与认识；另一方面不断改进声誉风险管理机制，确保公司内部机制可落地，各相关部门能及时参与、各司其职。

（二）严肃落实问责，做好警示教育

过往案例中，证券公司在同类问题上重复出现声誉风险事件的情况多有发生，反映出公司没有做好复盘和处理工作。《指引》第二十八条明确了证券公司应建立工作人员声誉约束及评价机制，防范和管理工作人员引发的声誉风险；第二十九条进一步要求证券公司建立健全声誉风险管理的工作考核及责任追究机制。

此外，证券公司还应严格落实《证券行业诚信准则》《证券公司董事、监事、高级管理人员及从业人员管理规则》的相关要求，强化对工作人员依法合规展业及言行一致等相关要求的约束及管理；同时，应对相关责任人按照规定严肃处理，体现公司治理声誉风险问题的决心和态度，并做好案例的深刻警示教育宣传，避免类似问题的再次发生。

第五节　声誉风险案例解析

国内外证券公司近年来在应对负面舆情时的经验教训是我们不断完善声誉风险管理制度的重要参考资料。结合《指引》中关于声誉风险事件的驱动因素，梳理近年来证券行业发生的声誉风险事件，可以发现引发证券公司声誉风险的驱动因素主要包括如下三大类：

第一类为工作人员不当言行，主要包括证券公司从业人员在个人社交平台、公开场合发生的违反社会公序良俗的不适当言行，以及证券公司高管发布不恰当言论或从事有损公司声誉的不当行为，从而破坏公司甚至整体行业形象。

第二类为证券分析师违反《发布证券研究报告执业规范》等相关要

求，包括证券分析师在发表观点或者发布研报时违反监管要求、公司要求的行为，破坏证券行业专业、严谨的品牌印象。

第三类为公司内部控制不到位，包括公司内部制度不完善或是机制执行不到位引发业务违规或经营相关风险，不仅影响到公司业务开展，甚至会对证券行业造成负面影响。

本节按照三类驱动因素梳理复盘近年来在公共媒体信息平台上曝光的典型声誉事件的发生经过、舆情传播、舆论变化及事件涉及主体的应对情况，总结经验教训，为证券公司声誉风险管理提供一定的借鉴。

一、工作人员不当言行引发声誉风险

近年来，监管机构通过规范细则、加大处罚等多措并举持续敦促从业人员管控自身言行，《指引》已将从业人员不适当言行造成的声誉风险纳入了管理范畴，证券公司亦通过内部机制约束、加强警示教育等多项举措，持续提升员工道德和职业素养，以期从源头规避风险。然而，国内外金融机构工作人员因不当言行连累证券公司声誉受损的事件仍时常见诸报端，是影响证券公司声誉最常见的导火索之一。从证券从业人员言行相关信息的传播场域、传播路径呈现出的新态势来看，相关风险事件一般表现出三大特征。

一是监控难度大。个人行为尤其是非工作场合的行为极具突发性，而微博、微信（朋友圈、微信群）、抖音、小红书等社交平台是重要的传播媒介，部分平台私域传播特征显著，而图片、视频等传播形式则进一步加大了监测难度。此类案例中，多数传播源头始于一段聊天记录、一张朋友圈截图、一个短视频，主要是因从业人员私下的某段夸张发言或者某个不当行为而被关注，传播者不会深究其真实性或者合法性，就通过各类社交平台即时分享，加速事件传播。由于社交平台很多具有私域属性且匿名发声的特点，较难被及时发现，导致扩散后机构才可能参与到应对处理流程中。

二是传播速度快。此类信息或具有话题性，或容易引发大众共鸣，激发转发兴趣，快速形成多级传播源；社交媒体用户保持了较高的互动黏性，且信息接收者存在“首因效应”和“盲从效应”，即大众对事物的判断会产生“先入为主”的印象，同时存在从众、跟风的心理，进一步加剧了负面舆情的传播，增加舆情应对的难度①。

三是扩散范围广。此类风险一般存在于工作人员日常生活和社交场合中，公众强烈的情感共鸣带动舆论爆发。某些自媒体账号通过道听途说、持续爆料、夸大描述、断章取义等形式增加传播素材，将事件从私域传播扩散至公众平台，进而吸引媒体跟进，导致事件演变成社会性话题，危及公司声誉。

（一）员工不当言行引发的声誉事件

［案例6-1］

某证券公司首席分析师编造有关某城商行虚假信息并通过微信群发表。随后，该群聊记录以截图的方式迅速在各个社交媒体平台被转发传播，虽然该银行随即发表官方声明辟谣，涉事分析师也向公众进行了郑重道歉，但在此前部分自媒体账号的推波助澜下，该分析师相关言论还是对涉事证券公司和银行的形象造成了负面影响。最终，该事件也以涉事分析师被开除、接受公安机关治安处罚、监管机构责令改正而收尾。

聊天记录快速发酵后，分析师所在证券公司被同步曝光，媒体亦纷纷对此展开报道，舆情声量激增。除对各方表态及事件过程进行客观性陈述外，舆论将更多的目光聚焦证券公司研究业务，并针对证券公司分析师因不当言行而引发的负面舆情进行了梳理和总结，此举也导致同类舆情风险事件再度进入舆论视野，并引发舆论批评，对分析师个人及所在证券公司声誉均造成不良影响。

事件发生后，涉事各方对此事件进行了回应，包括：一是涉事证券公司在舆情爆发后第一时间对该分析师启动了合规问询，并于公司官网发表

① 张伟，秦婷：《商业银行声誉风险管理的挑战与应对》，载于《清华金融评论》，2022-7-27，http://www.thfr.com.cn/post.php?id=94290。

声明，称对该员工进行严肃问责，已与其解除劳动合同，并强调了公司坚决抵制编造、散布谣言的严肃立场。二是涉事银行在舆情发酵后第一时间发布澄清公告，驳斥了网传不实信息，表示已向公安机关报案并将追究相关主体法律责任。三是涉事分析师第一时间通过个人社交媒体账号致歉，并表示相关群聊记录未征得其本人同意外发传播，内容亦非其专业研究范围。但群聊记录经过公众转发，在多个微信群传播，分析师在朋友圈道歉未有效触达每个消息接受者，该回应未能抑制舆论发酵。

[案例6－2]

某网民在互联网论坛曝光了某证券公司从业人员的私人生活，迅速引起围观，舆情开始发酵，从单个事件到行业从业人员道德、专业能力均成为舆论攻击对象。其后，有媒体报道，该人员因违反社会公德以及造成不良影响已被证券公司劝退，舆情逐渐平息。

消息曝光后在社交媒体平台迅速形成了讨论话题，公众情绪偏向于负面，以吐槽和批评从业人员道德素养为主，私德问题的曝光激发了社交平台对从业人员道德素养的怀疑。其中，主流媒体客观报道事件经过以及公司处置情况，对从业人员私德问题引发的行业影响表示担忧。因爆料中指明了具体的证券公司，对公司声誉造成负面影响。

事件发生后，证券公司及其他相关方未作公开回应。

（二）高管不当言行引发的声誉事件

[案例6－3]

2021年初，某国际知名金融机构投行董事长因私人行程，先后两次违反防疫规定而被迫宣布辞职，作为首个金融行业最高层因违反防疫规定下台的案例迅速引发舆论关注，媒体转发传播，舆情集中发酵。涉事董事长入职前种种不当言行以及近几年该金融机构的负面事件均被同步提及，公司品牌声誉受到冲击，同时还引发了市场忧虑，股价出现波动。

事件发生后，涉事相关各方进行了回应，具体包括：一是该金融机构发布声明：经过深入调查，涉事董事长违反疫情相关规定，现辞去董事长职位，由公司另一位高管接替董事会主席一职。二是涉事高管通过新闻稿回应，因个人行为给公司带来的负面影响表示抱歉。三是该金融机构继任高管表示，已经为新战略制定了正确的方向，并将继续在公司内部打造更为强大的风控文化。伴随着各方回应及继任者信息的披露，舆情快速回落。

［案例 6－4］

某国际知名金融机构投行投资业务主管在出席某公开会议时发表了有关气候变化与金融风险的不当言论。相关言论被曝光后，遭到了气候活动人士的广泛批评，媒体大量转发传播，将公司卷入舆论风波，更让外界对公司的战略目标、相关业务开展产生了质疑。

事件发生后，该金融机构当日回应称已对当事人停职处理并展开了内部调查。该金融机构管理层在社交平台指出，完全不同意相关言论，该等观点与公司战略不符，与集团致力于实现净零的发展目标有差距，不能代表公司高层观点。次日，该金融机构管理层在公开演讲时强调，公司希望成为为工业向低碳世界转型提供融资的市场领导者。随着高管发声表态，增强了市场信心，防范了舆论风向的恶化，舆论得以有效平息。后续，涉事高管在社交媒体宣布，已辞去该金融机构相关职务。

（三）启示建议

结合案例 6－1 到案例 6－4 可以看出，随着社交媒体平台和短视频平台的快速发展，一旦发布不当言论或是夸张观点，极易引起舆论争议，且一些触及道德伦理的敏感事件因观感较差，更易引发公众关注，让舆论聚焦转向公司，进而对公司和行业产生负面影响。此外，证券公司高管作为企业经营管理的核心领导人物，对企业整体战略和日常运行都具有重要的影响，是企业形象的“代言人”，外界对高管的关注度也显著高于一般从业人员。高管的正面形象有助于传递良好的企业品牌形象；反之，其不当言行将引发负面舆论评价并影响公众对公司的印象和认知。

结合案例，证券公司及其工作人员的声誉风险管理应关注和强化如下方面：

第一，社群私域非监管空白，从业人员需“谨言慎行”。案例 6－1 和案例6－2再次为员工言行管理乃至证券公司声誉风险管理敲响警钟，证券公司应严格执行“事前防范”的风险管理要求，加强全员宣导，提升防范意识。互联网不分私域公域，最终都可能成为传播“高危”场合。相较于微博等面向公众的自媒体平台，微信朋友圈、群聊等渠道更具“熟人”特性，容易使相关人员降低或忽视发言的审慎性。证券机构应明确员工使用自媒体的管理要求，提示员工坚守“谨言慎行”的职业操守，自觉规范自媒体信息发布行为。

第二，加强对高管行为的约束和管理。案例6－3中涉事董事长入职前种种不当言行也被媒体提及报道，这也要求机构在员工入职前有必要做好背景调查与风险评估。日常管理过程中，需加强对高管行为的约束，重视考察个人信用记录、道德修养水平，强化道德品行和执业行为管理。《指引》第二十八条已要求证券公司应将工作人员声誉情况纳入人事管理体系，在进行人员招聘和后续工作人员管理、考核、晋升等情形时对工作人员的历史声誉情况予以考察评估，并作为重要的判断依据。

第三，及时回应表明态度并采取措施快速处置。案例6－1中涉事证券公司第一时间启动问询程序，并通过公司官网公布处理意见，表明了“零容忍”的态度。从舆情反馈来看，该举措有效遏制了外界对证券公司的无端猜测，舆论转至客观关注事件进展与处置结果，舆情声量快速回落，公众情绪逐步恢复理性，有效降低了负面影响持续波及自身。案例6－3和案例6－4中金融机构迅速作出停职调查的决定并及时披露调查结果，对外传达了公司的严肃态度和立场，形成了主流舆论，避免外界对公司管理、内控等方面的猜测，同时事件处理结果、接任者安排、接任者态度等集中披露，巩固了内外部关注者的信任和信心，大幅降低了舆情持续时间。

二、分析师违反执业规范引发声誉风险

近年来，问题研报逐渐成为监管关注的重点之一。尽管2020年出台

的《发布证券研究报告执业规范》与《证券分析师执业行为准则》，已从政策端对分析师执业行为作出了进一步规范，但从媒体公开报道的相关负面舆情来看，涉及问题研报及分析师不当言论类的舆情热度仍持续升高，其传播场域、风险来源均出现新态势，相关声誉风险一般呈现三大特征。

一是公众关注度高。一定时间内的热门板块、国家重点关注领域、新兴行业往往是各方追逐热点，此时证券公司研报关注度也显著提升。个别分析师为了迎合市场，在缺乏实地调研、无充分论据的情况下急于发布的研报或观点，因与众不同的形式或者夸张的修辞被广为流传，舆情声量大幅增加，最终演变成舆论危机，对机构的研报专业性形成负面影响。

二是扩散形式多。一些分析师通过私域渠道（朋友圈、微信群）发布臆测内容、无依据的投资参考建议，因观点出格、意见非主流等原因，容易引发公众关注，在各类社交圈被转发讨论，形成多个传播链，甚至将相关发言截图转至公域传播，扩大影响范围，拖累证券公司形象。

三是持续时间长。部分内容涉及违规研报、不当研究观点在舆论风波过后，虽然官方渠道已澄清，但互联网时代，信息一旦传播即扩散，无法从源头彻底解决危机，截图甚至全文仍将长期存在于网络，在行业同类型事件发生、周期性总结需要时，极易成为二次加工的重要素材被再度曝光，拉长事件对公司声誉的影响周期。

（一）研究报告依据不充分或方法不审慎引发的声誉事件

证券公司研报是投资者了解市场、上市公司的重要渠道，一旦出现研究数据不准确、研究方法不严谨等问题，极易给投资者造成误导，进而激发公众负面情绪，破坏研报的专业性和信服力，危害证券公司声誉。

[案例6-5]

某证券公司发布研报对某上市公司进行了业绩数据预测，不久，该上市公司发布业绩澄清说明公告，指出该证券公司发布的研究报告数据未经调研。消息一出，舆情声量迅速增长，该证券公司研报质量遭到严重质疑。不久后，监管部门作出处罚决定，指出该研究报告存在分析结论的合理依据不够充分、研究报告发布前质量控制不足等情形，对证券公司负责人、研报署名分析师采取监管谈话措施，并要求证券公司认真查找和整改问题，限期提交书面整改报告。此后，该研报反复被媒体提及，给该证券公司声誉造成了长期影响。

事件发生后，涉及上市公司发布业绩预告澄清说明公告，表明未接受任何形式的访谈调研，也未向外界提供过尚未披露的相关业绩数据及经营数据，证券公司研究报告结论不代表公司立场。该证券公司及分析师未作公开回应。

［案例6－6］

某证券公司在研究报告中引用了网上个人文章信息引发关注。监管部门认为，该研报存在研究依据不充分、参考资料未进行规范信息源确认、关键数据交叉验证不足、数据基础不扎实等问题，要求公司责令改正。半个月后，监管就此研报问题作出处罚，对研报署名分析师采取监管谈话措施。事件曝光后迅速引发媒体报道关注，除了关注研报质量、监管处罚力度外，舆论还关注到该证券公司高管近年来频繁变动以及公司内控管理等衍生话题，由此引发次生舆情，进一步伤害了该证券公司品牌声誉。

事件发生后，该证券公司未作公开回应。

［案例6－7］

某证券公司分析师署名研报对某上市公司业绩进行了预判，一周后，上市公司发布澄清公告，指出该研报中引用的财务数据错误，至于未来公司各产业如何布局调整，研究报告仅仅是一种推测与可能。公告一出，迅速将该证券公司、问题研报推向舆论风口，研报存在虚假陈述成为舆论关注重点，分析师职业操守、证券公司内部管理受到舆论质疑。不久后，该证券公司受到了监管处罚，时任研究所所长、研究员被诫勉谈话，证券公司被要求责令限期改正。

事件发生后，证券公司回应媒体表示，已经关注到此事，公司一直对研究工作非常重视，目前正在进行核查。公司一直按照监管部门的规定，坚持合规务实的管理风格，全面强化风险合规管理。一段时间后该证券公司因分析师未尽到应有的谨慎、诚实和勤勉尽责义务对该分析师进行了罚款。

[案例6–8]

某证券公司研究所分析师借助周易算法预测股票市场走势，并私下分享给了客户。其特殊的研究方法迅速被关注，公众在微博、股吧等自媒体平台大量转发传播，使证券公司研报质量、证券公司分析师研究态度遭到质疑，引发舆论关注。同时，因研报的研究方法过于特殊，该问题研报作为行业典型案例被反复提及报道，持续影响公司品牌形象，造成恶劣影响。最终监管部门对该分析师和证券公司分别采取监管谈话和出具警示函的措施，同时证券公司对相关责任人员采取撤职降级、扣发全年奖金等内部问责措施。

证券公司舆情发酵后的第四天，证券公司相关负责人在回应媒体时表示，该报告并非研究所正式对外发布的证券研究报告，不涉及投资建议。研究所研报均经过严格的内部审核流程。因该回应并未答复舆论关切的问题，同时证券公司的回应时间错过了“黄金24小时”，且该问题研报的研究方法过于另类，舆情热度和舆论方向并未有明显变化。

（二）社交平台违规展业引发的声誉事件

在研究报告或者研究观点经过合规审核程序并获准发布后，为方便与客户沟通，证券从业人士通过社交平台发送报告或者观点已成为常态。但从业人员“祸从口出”事件接二连三，引发外界对从业人员通过社交平台展业合规性的关注。

[案例6–9]

某证券公司行业分析师在个人微信朋友圈发布预测A股大盘点数的相关言论，截图随即被转发至公域平台，媒体、自媒体和公众纷纷加入讨论，引发了舆论风波。其中，主流媒体在报道时客观陈述了具体进展，引导舆论整体保持理性，侧重讨论行情走势，相对弱化了对事件有针对性的讨论，但仍给证券公司声誉带来了不小的负面影响。

事件发酵后，涉事分析师当晚删除了相关发文。该证券公司回应媒体称，事发当晚已启动合规调查和问责，后续将根据监管要求，进一步披露信息。此后随着分析师自曝准备离职再度引发舆情波动，该证券公司进一步回应调查暂未有正式结果后，舆情逐渐回落并消解。

［案例 6－10］

某证券公司研究所分析师在未经合规审核，也未经公司合规监督流程的情况下，在客户微信群发布了某上市公司的研究报告。此事曝光后，证券公司快速成为舆论焦点，历史负面事件再度被提及，破坏了证券公司舆情环境。对此，监管部门对证券公司出具警示函，对分析师本人采取了监管谈话的措施。

接到监管处罚后，证券公司负责人表态，将进一步加强对研究业务微信群的管控，明确要求包括公司业务活动信息在内的所有内容需提交内部审核后方可外发，并且对全员进行了多种形式的合规宣导。处罚结果既定以及证券公司第一时间表态，使舆情声量达到峰值后快速回落。

（三）因研究观点对立隔空喊话引发的声誉事件

证券公司研究人员之间的“口水战”因带有戏剧性更容易成为舆论关注对象，情绪化下的过激行为容易让小事被放大，引发舆论危机，破坏公司形象。

［案例 6－11］

某分析师在朋友圈发布了关于某新兴板块的评论，遭到了另一位业内人士的反驳和抨击。你来我往之下，两人的争辩转移到微信私聊模式，也同步上升至对个人能力和水平的质疑上，甚至出现了人身攻击的言论。涉事二人聊天记录以截图形式在网络上广为流传，媒体以“口水战”等词汇为题的报道更是吸引了公众关注，快速将两位当事人推向了舆论风口，并波及证券公司声誉。

事件发生后，该证券公司及分析师均未作公开回应。

［案例 6－12］

某证券公司发布的研报给予了某热门股票“减持”评级，随后另一家证券公司分析师通过微信发布署名文章，直言该研报是当日最大笑料，很快双方观点、研究方法以及证券公司研报质量等引发媒体和公众讨论，负面舆情声量增加，破坏了证券公司及行业形象。

事件发生后，两家证券公司及分析师均未作公开回应。

（四）启示建议

结合案例6－5到案例6－12的事情发生经过、舆情传播及涉事主体回应等方面来看，证券公司及其对分析师的声誉风险管理应关注和强化如下方面：

第一，强化对分析师的言行管理。一是加强分析师日常行为管理，强化法律合规与职业道德操守教育，奖惩分明，激励从业人员提升专业能力，应秉持数据客观、准确的最基础要求，杜绝调研、审核流于形式，共同维护证券行业专业、严谨的形象。二是加强从业人员公开言论管理，注重行为引导和教导，始终保持敏感意识和坚守谨慎的操守要求，避免随意点评市场、个股，尤其在微信群聊、朋友圈等互联网传播“高危”场合，更需时刻保持理性思考，避免情绪化发言让事件发酵，危害公司和行业形象。

第二，完善舆情监测与应对机制。做好“事中处置”是有效化解舆情风险的有效途径之一。部分案例中，公司未能第一时间发现舆情导致舆论发酵。在越发复杂的舆情环境中，证券公司须重视并加强舆情监测，密切关注自身相关舆论走向，一旦发现敏感舆情，要及时做好风险评估及应急预案，为防范和化解风险做好准备。在舆情处置过程中，有必要跟踪社交平台舆论热度与舆论风向，对于新的舆论焦点，通过主流媒体回应，降低失实、恶意炒作性文章出现的可能性，控制舆情扩散，并适时通过回应或者澄清的形式做好舆论引导，避免舆情环境恶化。

第三，迅速反应与及时表态。在舆情曝光的第一时间快速响应可有效助力舆论危机化解。案例6－9中证券公司关注到分析师社交平台不当言论后迅速要求当事人删除发文并启动合规调查，为事件后续处置赢得了时间；及时公开表态，也有效引导了舆论方向。

三、公司内部控制不到位引发声誉风险

从媒体曝光看，证券公司因内部控制管理不到位导致的声誉风险，往往是媒体重点报道对象，相关声誉风险一般呈现出发酵快、关注度高的特点。

（一）内控及管理不到位引发的声誉事件

［案例 6－13］

某证券公司债券团队两位从业人员冒用公司名义、私刻印章进行交易，在债券出现巨大浮亏后失联，该消息一传出即引发高度关注。“假公章”事件被确认存在后，舆论迅速发酵，但该证券公司的解决方案迟迟未定，市场疑虑增加，被卷入机构商讨会会议纪要流出，责任归属难解，负面情绪集中爆发，行业信誉被推上舆论风口，自媒体批判性解读文章相继推出。该证券公司采取一系列应对措施后，仍未能缓解市场疑虑，外界围绕业务交易模式、行业信誉、公司内部管理问题及公司责任展开激烈讨论，舆论持续发酵。

在监管协调和多方协商下，该证券公司承担信用债风险损失，事件才得以逐渐平息。后续监管作出处罚决定：该证券公司三项业务被暂停一年；对相关人员采取自律惩戒措施，并全部记入诚信系统，当事人被注销执业证书。该事件由于涉及机构众多，对行业影响较大，成为典型案例被媒体反复提及，在公司高管、股权发生变动时，该案例也是被报道的重点，加剧外界对公司未来发展的不确定性的担忧，给公司形象和行业声誉持续产生负面影响，长尾效应显著。

事件发生后，该证券公司共作出四次回应，具体来讲：

第一次回应为当日通过媒体澄清涉事员工具体身份，表明公司不知情及交易未出现违约的态度。从回应效果来看，从自媒体账号各类猜测讨论到媒体报道，舆情开始发酵，但不再强调“部门负责人”。

第二次回应为次日正式发布股票及债券临时停牌公告，并表示公司从业人员所涉业务中加盖的印章纯属伪造，公司未授权开展相关业务，也未

授权签订相关业务协议。从回应效果来看，由于回应指出“公章系伪造”，一方面外界对此真实性表示质疑，另一方面关于谁担责的问题讨论显著提升，舆论彻底爆发。

第三次回应为舆情发酵第四天，针对市场流传的最新进展以及质疑，公司公告强调，根据司法鉴定机构出具的鉴定结果，公章系伪造，目前公安机关已对公司被伪造印章案件立案。从回应效果来看，该回应有效消除了回应真实性的质疑，但市场关切的“责任归属”迟迟未有定论，舆论持续发酵，高度关注解决方案以及事件的行业影响等。

第四次回应为舆情发酵第八天，证券公司公告表明，虽然主要责任在于涉嫌刑事犯罪个人，但为了维护大局、履行社会责任，公司认可签署的协议，愿意共同承担责任，也将依法追究相关个人伪造公司印章的刑事责任。从回应效果来看，证券公司确认了责任归属，并给出了明确方案，舆情快速回落，媒体对各方签署的具体方案和进展保持关注，市场情绪回归理性。

（二）启示建议

从案例6－13的发生经过、舆情传播及涉事主体回应等方面来看，证券公司在声誉风险管理中应关注和强化如下方面：

第一，及时应对与口径清晰。负面舆情发生后，制定适当口径是防范舆情进一步升级或恶化的重要一环。案例6－13中，证券公司及时作出了回应，确认事实存在的部分，减少市场猜测，降低影响；与媒体接触统一由办公室负责，统一出口，减少了市场猜测及舆情传播的复杂性。

第二，解决问题与化解舆情。解决问题才是化解舆情的关键和基础，尤其是在人人都是信息传播者的时代。案例6－13中，首次商讨会、多次回应后舆论持续发酵的重要原因是被卷入机构的诉求未得到满意的解决方案，矛盾被激化。随着多方协商，达成初步框架后，舆情开始回落。

第三，采用第三方结果增加可信度。面对重大负面事件时，第三方权威机构往往更具有说服力。案例6－13中，针对外界对证券公司第二次公告中提到的“公章系伪造”的质疑，公司积极寻求第三方权威机构的支持，第三次公告回应中表明“根据司法鉴定机构出具的鉴定结果”且“公安机关已就此立案”，进一步明确“公章系伪造”的事实，从而缓释了舆论质疑的发酵。

第四，强化内部管理机制的有效实施。案例6－13中，外界认为公司回应有不想担责之嫌从而质疑的重要原因是，证券公司对印章使用、业务授权以及从业人员都应有制度约束，因而应对“假公章”事件的发生担责。证券公司应该以案为鉴，做好“事后自查与改进”，严肃问责，持续优化，完善各业务环节的规章制度、授权制度等，通过日常督促，实现各项制度有效落地执行。

纵观证券行业近年来主要声誉风险事件，证券公司声誉风险管控的核心是对人的管理，人员个体的意识和认知差异导致了防范难度的客观存在，且声誉风险的源头复杂多样，为声誉风险事前防控的质量和效力带来难度和挑战。未来行业需要持续沟通协作，加强声誉风险管控的机制协同研究，共同提升行业声誉风险管理水平。